AF751986

F IREDOM ukax mä juk'a pachanakanwa

Qullqituqit Independencia ukan sarnaqäwinakapa, África uksankir jaqinakan sarnaqäwinakapa

OLUMIDE OGUNSANWO
&
ACHANI SAMON BIAOU

FIREDOM: QULLQI TUQIT INDEPENDENCIA UKA JAQINAKAN SARNAQAWINAKAPA
Nayrïr edición.

Olumide Ogunsanwo ukat Achani Samon Biaou jupanakan qillqatanakapawa.

Taqi kunasa wakisiriwa. Aka qillqatanxa janiwa mä chiqaxa mayampi luratäkaspati, jaljatäkaspati, jani ukaxa kunaymana tuqinakata, fotocopia, grabación, jani ukaxa yaqha electrónico jani ukaxa mecánica ukanakampi, janïra qillqt'ata permiso ukampi, jani ukaxa mä jisk'a citanakampi uñt'ayata revisiones criticas ukanakan ukhamarak yaqhip yaqha jan comerciales ukanakan apnaqawipanx derechos de autor kamachirjama.

Aka libro wakicht'añatakix taqi kunas lurasiwaykchisa, qillqt'irix janiw pantjasiwinakat jan ukax jan lurawinakat juchañchkiti, jan ukax aka qillqatan utjki uka yatiyäwinak apnaqasa jan walt'awinakatxa janiw juchañchkiti.

2023-10-30

Jiwasan yatiyäw qillqatar qillqt'asipxam: firedom.substack.comEmail: hello@myfiredom.comJiwasan sitio web ukar mantasma: myfiredom.com

Table of Contents

1: Qalltañataki

Olumide Ogunsanwo: Nayax qalltañ munta taqi khitinakatix aka libro alasipki ukanakar katuqañataki. Yuspajarapxtwa ukat uka pankax juma pachpa jikxatañataki, sapa mayni nayrar sartañataki, independencia ukat libertad uka thakhin yanapt'apxañamatakiw suyt'apxta.

Aka qallta jaljanxa, phisqa tuqinakatwa uñakipt'añäni: khitinakas jiwasaxa, kunjamasa uñt'asipxta, kunatsa aka panka luraña amtapxta, kunatsa aka panka lurañaxa jani walipuníkchiti, ukatxa kunsa ullart'irinakaxa aka tuqita apsuñ munapxta panka.

Samon, jumat juk'amp yatxatañamp qalltañ munta, ukat sarnaqäwimat juk'amp yatxatañ munta.

Achani Samon Biaou: Nayan sutijax Samon Biaou satawa. Benín, África occidental uksan yuritayna ukatx 20 jila markanakanw uraqpachan jakawayta ukatx niya patak markanakaruw visitt'awayta. Nayax 8 arunak arsta. Walja jakäwinakaw utjawayi: ingeniero ukhamaw qalltawayta, consultoría de gestión ukaruw sarawayta, jichhax empresariado ukat qullqichasiwiruw chuym churawayta. Nayan nayrïr amuyujax culturas ukanakat amuyañawa, kunayman chiqanakar uñjañawa, ukat jan walt'awinak askichañawa.

Olumide Ogunsanwo: ¿Kawkïr kimsa arunaksa juk'amp arsuskta?

Achani Samon Biaou: Nayax inglés arut juk'amp arsta, ukatx francés ukat yoruba arunak arkta.

Olumide Ogunsanwo: Ukax mä juk'a pachanakanwa. Nayax yoruba arutwa yatta, ukat juk'akiw yoruba aru parlirïta. ¿Kunatsa yoruba aru wal yatiqapxta? ¿Awk taykama jan ukax familiamat laykuti?

Achani Samon Biaou: Chiqansa, mamajampi ukat familiaranakajampix yoruba aru arsta. Akax mä jisk'a uñacht'awiwa jiwasan ullart'irinakasataki: yoruba ukax janiw mä etnia ukakikiti jan ukasti África occidental uksanx mä aruw arsu. Yoruba jaqinakax yaqha markanakan jikxatasipxarakispaw, Brasil ukat Cuba markanakanx jikxatasirakispawa.

Nayax pä jan walt'awinak ullart'irinakasatak uñt'ayañ munta.

Nayraqatxa, suma kusisiñax walpun munasta, kunattix uka jak'anwa jilsuwayta. Taqi kunas Benín markan wawatpach kusisiñampi ukat suma jaqi masimp sum apasiñampiw muyuntäna. ¡Suma kusisiñampi muyuntatäñax nayatakix wali askiwa!

Olumide Ogunsanwo: [Larusiña].

Achani Samon Biaou ukax akhamawa: Payïri, nayax sapa kutiw interlanguage apnaqta, ukax sañ muniw kunapachatix arskta ukhax sintaxis ukax yaqhip yaqha paqallq arunakat uñt'at arunakat mistu. Awisax mä arutwa lup'iñ qalltta ukat yaqha arutwa tukuyta. Ukhamasti, mä muspharkañ aruchjanak ist'asax inas árabe, francés, inglés ukat yoruba arunak mistutapat ukhamächispa.

Olumide Ogunsanwo: ¡Wali muspharkañawa! Nayax francés arut juk'amp askinak lurasmati, jumatix mä qawqha francés arunak jaquntasma ukhaxa. Kunjams uka nayrir aruchjax "suma kusisiña" ukar munañat arsuwaykta ukax mayjawa, kunjams nayax (inglés aru nativo) aruchjaskä ukat sipanx mayjawa. Uka lurawitx walpun yatiqasiristxa. Nayax francés arut juk'amp askinak lurañ suyaskta.

Achani Samon Biaou: ¿ Kuna kasta francés aru yatiqañ munta uk yatiyañamawa: francés francés, francés marfil, jan ukax francés benino? Niyạ taqpach mayj mayj arunakawa [Laughter].

Olumide Ogunsanwo: [Jachaqt'asis] ¿Kunas jumatakix askïspa?

Achani Samon Biaou: Nayan taqpach interesajax jaqin experienciap juk'amp manqhan amuyt'añawa, ukax kunats jaqinakax yaqhip tuqinakat sarnaqapxi ukat kunas jupanakarux ch'amanchapxi uk amuyañawa. Jaqinakan sarnaqawip amuyañ munañax kunatix nayan munasiñajaruw puriyi, kunayman saräwinakat yatxatañ thakhinak tuqi.

Kunjams uka munañax jilxattawayi uka tuqitxa, nayax yoruba culturan uywatajaruw uñt'ta, kawkhantix jilïr irpirinakax säwimp aruskipt'apxirïna. Awk taykajasa jan ukajj tionakajasa, säwi arunak mayjt'ayasajj taqpach parlt'apjjaspänwa. Ukax janiw jaqinakan arsutanakaparuki sum amuyt'añ yatichawaykiti, jan ukasti jan arunakamp uñacht'ayatanakaparu ukhamarak sarnaqawiparus sum amuyt'añ yatichawayitu.

Olumide, naya pachpat mä juk'a yatiyañ tukuyasax jumat juk'amp yatxatañ munta. Khititasa?

Olumide Ogunsanwo: ¿Khitis nayaxa? Ukajj filosofía toqet wali ch'ullqhi jiskt'ampiw ist'asi. Nayan sutijax Olumide Ogunsanwo satawa.

Nayan valores generales ukanakax jaqi masimp apasiñanaka, k'umaräñ, autonomía/libertad, yatiqañ, ejecución (mierda luraña), aventura ukat qullqi tuqit suma sarnaqaña.

Aka valores ukanakax nayan específicos intereses ukanakaruw ch'amanchapxi, ukax tecnología, finanzas personales, desarrollo personal, libronaka, ciencia, matemáticas, podcasts, historia, fusiones y adquisiciones (M&A), empresas ukan sarnaqäwinakapa, nutrición, viajes, thuqt'awinaka ukat viajes ukan premios ukanakat wakichäwinakawa.

Wali muspharkañawa, pä intereses comunes ukanakas utjistu: viajes ukat finanzas personales.

Achani Samon Biaou ukax akhamawa: Jïsa. Parlkasajj mä juk'a llakt'ataw jikjjatasiyäta. Walja munañanakampixa, ¿kunjamatsa urunxa walja horanak jikxatasma taqi ukanak arknaqañataki? ¿Jakäwiman kunayman tiempon uka valoranakar chuym churtati, jan ukajj mä kutikiw taqe ukanak arkta?

Olumide Ogunsanwo: Nayax jakäwijanx valores ukanakamp chikaw jakaskta, ukax nayan saphintata. Janiw jupanakarux activamente arknaqkti, jupanakax amtawinak luraňanx irpapxitu ukat yanapt'apxituw pachax nayrar sartayañataki kunapachatix walja oportunidades ukat competiciones opciones ukanakax utjki ukhaxa.

Nayan munañanakajax sapa kutiw maynit maynikam yanapt'asipxi, ukat kunattix wali suma ukat kusiskañak jikxatta, ukatwa taqe ukanakatak tiempo apst'asiñ yanapt'itu, ukhamatwa nayrar ucharakta.

Achani Samon Biaou: ¿Kunjamsa machaq munañanak uñstayasma?

Olumide Ogunsanwo: Nayax yant'äwinakanx jach'a jaqïtwa, ukatx walja munañanakajax nayra yant'äwinakatw uñstawayi. Sapa phaxsiw machaq yant'äw yant'ta, yaqhipanakax lip'katasipxi yaqhipanakax janiw lip'katasipkiti. Ukhamarus, walja saräwin markanakan jakañax Lagos, Chicago, Londres, Boston ukat Miami ukanakan jakañax kunayman jaqinakampiw uñt'ayasi, kunayman jakawimp uñjawinakampi.

Taqi ukanak mayacht'asax kimsa kunayman luraňanak lurawayta. Nayax qullqichirïtwa, podcaster ukhamarak iwxt'iritwa (ukat aka libro uñt'ayañ tukuyatat qillqirïtwa):

1. Inversionista: Nayax africano qalltawinakaruw qullqichasta, Fondo

Adamantium tuqi [1].

2. Podcaster: Nayax Afrobility podcast ukan co-anfitrión ukhamarak cofundador ukhamawa [2]. Aka librox jumatakix wali askïspawa, inas podcast ukax wali askïchispa. Ukanx empresas tecnológicas africanas ukanakan sarnaqäwinakapa ukat análisis ukanakaw uñacht'ayata.

3. Iwxt'iri: Nayax qalltawinakaruw iwxt'ta. Nayax mä negocio de consultoría de independencia financiera ukanirakiwa; Nayax jaqinakarux iwxt'twa kunjams qullqi tuqitx independiente ukhamäpxaspa (aka libron tema ukar uñtasita).

Aka librox jilpachax finanzas personales ukat independencia financiera ukanakat yatxatañ muni, ukampis nayax juk'amp kunayman intereses ukanakaw utjitu, ukax inas sarnaqäwinakas uñakipt'kasax uñstaspa.

Achani Samon Biaou: ¿Kawkhans jakaskta?

Olumide Ogunsanwo: Nayax geoestrategia ukarjam kunayman markanakaruw pachax jaljta:

Miami 50%, Lagos 20%, Nueva York 5%, Londres 5%, Yaqha markanaka 20%

Achani Samon Biaou: Nayax jan amuyt'asirïtwa, jumanakan consultor ukax taqi kunas suma wakicht'ataw jutaski. Jach'a yaqha consultor masimp aruskipt'añataki ukhamarak estructura uñt'añataki.

Olumide Ogunsanwo: [Jach'a jachaqt'asis]. Ukax nayat mä juk'akiwa. ¿Kunjamsa jikisipxta?

Achani Samon Biaou: Masijax Olumide tuqitw agosto phaxsin 2022 maran yatiyawayitu, maynit maynikam aruskipt'añax wali kusiskañawa sasaw sarakitu. Uka tiemponjja, janiw uka toqet wal lup'irïkti. Jank'akiw octubre phaxsin 2022 maranx Miami markar visitt'askayäta ukatx Olumide sutipax wasitatw uñstawayi, kunatix jupax markan jakasi. Ukat masijajj Olumide kullakajj qollqe toqet independencianïtapwa säna, ukat jank'akiw nayajj amuyayäta. Olumide ukan utaparuw sarapxta, nayax qullqi tuqit independencia tuqit aruskipt'añatakiw sarawayta ukat jaqin chiqapätapata ukhamarak chiqpach kankañap laykuw qhiparawayta.

Olumide Ogunsanwo: [Jachaqt'asis] Oh, ukax wali muxsawa.

Achani Samon Biaou: Jiwasax walja yänakanïtanwa. Jumax chiqpach

1. http://adamantiumfund.com

2. http://afrobility.com

ukhamarak chiqpach jaqiwa. Ukaw nayan kasta jaqijampi sarnaqañaxa. Mä jach'a pachaw sarnaqapxta, experiencianakajat aruskipt'asa, colegionkir pä wawanakar uñtasita. ¡Kusisitäpjjayätwa!

Olumide Ogunsanwo: ¡Jïsa! Ukhamaw jikxatasïna. Jakäwinjja, mä jaqempejj jank'akiw chikañchasiyäta. Qullqi tuqit independencia tuqitxa uka común interesanïpxayätwa, ukat juk'amp manqhar juk'amp manqhar sarasipkakiyätwa. Ukat hojas de cálculo ukat presupuestos ukanakaruw chiqak saltapxta. ¡Ukajj wali kusiskañänwa! Uka viaje ukax génesis ukhamaw aka proyecto ukan mayacht'asis irnaqañataki kunatix nayax amuyta jumax mä potencialmente interesante jaqiw juk'amp uñt'asiñataki.

¿Kunatsa aka libro qillqañ munta?

Achani Samon Biaou: Nayraqatxa, aruskipäwinakasat amtañanak imañataki ukhamarak mä amigomp aruskipt'añax kusiskañawa.

Olumide Ogunsanwo: 2030 marat ukat juk'ampirus aka librot lup'iñajawa ukat Samon jupamp wali suma mayacht'asiwip amtastwa. Jiwasax mä jach'a lurawiw lurapxta, jakäwis sarnaqäwinakas uñt'ayañataki, ukat aka experienciax wiñayatakiw pankanakapan imatäni uk yatiñax wali kusiskañawa. Uka experiencia wiñayatak aka librompi codificañax kuna muspharkañas utji.

Achani Samon Biaou: Payïri, nayax mä askiw uñjta, jiwasanakan yatiqañasataki ukhamarak aruskipäwinakas tuqi jilxatañatakisa.

Olumide Ogunsanwo: Nayax amuyta, qullqi tuqit independencia ukar jak'achasiñamatx walpun yatiqasma kunatix yaqha thakhinjam sarawaytaxa. Aka librox panpachaniw maynit maynikam sarnaqäwinakat yatiqañatakix wali askixa.

Achani Samon Biaou: Nayax conexión ukat kunjams qalltatpach maynit maynikam jist'arasipxta ukx walpun munasta. Mä chiqankañax kawkhantix nayax guardiajar jaytañjama, ukat instintos de sobrevivencia por competición ukax janiw wakiskiti, chiqpachans nayatakix ch'amaniwa. Mä jach'a amigax mä pachaw kawkhantix nayax jan llakiskti, llakiskti, khitïtsa ukat kuntix lurawaykta ukanakat phinq'asirïkti. Ukajj kuna qollqenakat sipansa juk'amp ch'amaniwa.

Kimsïr amuyujax aka libro qillqt'añatakix sarnaqäwinakas mayninakar yatiyañawa. Ukampis uka tuqitx mayj mayj amuyunakaw utjitu, kunattix janiw jaqinakax experiencianakasat jan wali amtäwinakar puripxañap munkti. Suma amtanakar puriñax ch'amäspawa, ukat kuntï mayninakax lurapki uk copiañakix wali ch'amawa, ukat kuna yatichäwinaktï apnaqapkäna uk jan sum amuyt'asa. Jan ukasti, uka yatichäwinakat yatiqasiña ukat juma pachpan jan walt'äwimarjam sarnaqaña ukat kuntï lurawayktan ukat sipansa mayj lurañaw juk'amp askixa.

Olumide Ogunsanwo: Nayax iyawstwa. Amtäwinakan amuyupan lurawipawa, janiw amtawinakax pachpakiti.

Jakäwijan sapa etapapan kunanaktï lurañ munkta uk amuyt'ayäta, kunas nayar uñtasitäspa ukat kunatï nayatak askïki ukanak amuyt'ayäta, ukat limón utjkitu ukanakatjja, wali suma limonada lurayäta. Chiqpachansa janiw yaqha jaqin amtaparjam sarnaqkti.

Sarnaqäwinakas liyt'apkta ukhajja, kuntï lurapkta uk copiañat sipansa, kunjamsa jakäwimatak mä amtar purisma uk amuyt'añamatakiw ch'amañcht'apjjsma. Aka librot apst'asiñajj wali wakiskiriwa, amuyumpi ukat amtampi jakañawa.

Achani Samon Biaou: Ukanakaw nayan razonanakajajj utjäna. ¿Kunatsa aka libro qillqañamaxa?

Olumide Ogunsanwo: Nayrïr kunatix nayax kusist'añ munta ukat machaq experiencianak jikxatañ munta. Nayax 100 jila horanak Afrobility podcast ukan grabawayta, janiw nayrax mä libro qillqt'kti, ukhamax mä suma askiw yaqha yatiqañataki.

Samon jilatampi nayampejj kunjamsa uka librojj cheqapar uñt'ayasiñasa ukat kunjamsa uñacht'ayañasa uka toqet parlt'asipjjayäta. Chiqpach yatiñax juk'amp wakiskiriwa sasaw yatiyawayta, kunatix nayax chiqpach jaqinakamp chikaw tiempo apst'asiñ munta, jupanakax naya pachpakïñajatakiw jaysapxitu. Jan ukasti, maynitï mä qhawqha cheqanakap imantañapa ukhajja, jakäwijj janiw kusiskañäjjeti. Nayan suyt'awijax aka libro lurasax jan khitin jark'ataw aruskipt'añasa, samart'añasa, ukat thakhi saräwimp kusist'añasa.

Yaqha amuyuxa aka panka qillqañatakixa jaqi tuqita sarnaqawiwa. Sarnaqäwinakax kunjams jaqinakax yatiñanak mä generacionat yaqha generacionar puriyapxi ukawa.

Aka pankanxa, Samon jupax qullqi tuqit independencia ukar sarañ tuqit mä qawqha jiskt'awinak jiskt'itu, nayax ukhamarakiw lurarakï ukat jupar saräwipat jiskt'arakï. Aka formato de conversación ukax kusiskañawa, ukatx ullart'irinakax mä qawqha valoran nuggets jiwasan sarnaqäwinakat apthapipxañapatakiw suyt'askta.

Achani Samon Biaou: ¿ Kunatsa aka panka jan lurañasa?

Olumide Ogunsanwo: Kimsa amuyt'awinaka:

1. Jan uñt'at yänak ajjsaraña: Machaq yänak yant'asajj kunjamsa katoqapjjani ukat kunjamsa naya pachpa uñacht'ayaskä uka toqetwa llakista. Aka librox aljañatakiw uñt'ayasini ukatx k'umiwinakatakis jist'aratawa. Jichhax janiw sinti llakiskti kunatix mä podcast ukat mä fondo VC ukanak qalltawayta, ukampirus k'umiwinak ajjsarañax kawkhans subconsciente ukanx jikxatasiwayi.

. _ Jiwasan librosax jiwasan sarnaqäwinakasat ukhamarak experiencianakasatw uñt'ayasi ukatx jan walt'ayatanakataki ukhamarak anqäx markankirinakaruw uñt'ayi. Jiwasax qullqi tuqit saräwinakas africano inmigrantenakjamax chikancht'asipkchisa, qullqi tuqit independencia uka kamachinakax taqi chiqanw apnaqasi, maynix kuna kasta jañchiniïkis jan ukax kawkir saräwis utjchi.

3. Nivel de divulgación ukat privacidad: Libron uñstatapax jiwasan sapa mayni qullqi tuqit saräwinakas uñt'ayañawa, ukax privacidad ukat detalles compartidos ukanakat llakinak utjayaspa. Ukhamäkchisa, librox lurañjamañapataki ukat ullart'irinakatak uñt'ayasiñapatakiw ch'amachasiñäni, ukax taqpach principios ukat estrategias ukanakaw uñacht'ayasi, ukax niya sapa kutiw wali askiwa. Ukhamaraki, kunapachatix wakiski ukhax ullart'irinakaruw estrategias ukat trade-off amuyunakax phuqhasiñapatak amuyt'apxañapatakix mä específico yatiyawinak uñt'ayañäni.

Ukanakax mä qawqha reservacionanakaw utjitu, ukampis kunjamakitix ukhamakiw nayrar sartañ munta. Chiqpachansa, mä juk'a axsarañjamaw jikxatastxa, ukat nayrar sartaskakiñajax yatiraktwa.

Achani Samon Biaou: Nayax ch'iyjatätwa, ukhamaraki. Mä tuqitxa, uka librox jaqinakatakix kunjamtï uñjkaspa ukhamarjam lurañ munaraktwa. Maysa tuqitxa, patrimonio neto ukat yaqha privacidad tuqit jan walt'äwinakar sinti lup'iñaruw puriyistaspa.

Olumide Ogunsanwo: ¿Kuns ullart'irinakax aka librot apsuñ munapxta?

Achani Samon Biaou: Nayax ullart'irinakax sarnaqäwip yatiyañ yatipxañap munta. Jupanakan sarnaqäwipax wali askiwa yatiyañataki ukat yaqhanakaruw ch'amanchaspa.

Olumide Ogunsanwo: Uka tuqit filosofía ukax mä simple ukhamawa: "¡Ukham lurañakiw!" kunjamti Nike sat lema siski ukhama. Inas awisax punku uñjirinakax kunti munkta uk jan phuqañjamäkaspas ukham amuyaschisma, jan ukax janis wakicht'atäkasmas jan ukax kun lurañatakis wakicht'atäkasmas ukham amuyaschisma. Ukampis uka jark'anakat jila partejj p'eqesankiwa. Chiqans jaqinakax jach'a ch'amanïpxiwa ukat kuntix munkta uk phuqharaksnawa. Uk lurañatakejj jan ajjsaririñakiw wakisi. Jila partejj kunti amuyaski ukat sipansa juk'amp facilakiwa, juk'ampejj machaq yänak yant'asajj jan walt'ayasiñajj mä natural consecuenciaw sasaw amuyasta. Walja kuti yant'asiñampi ukat jan walt'ayasiñampi chuymacht'atäñajj mä musculowa, uka musculojj lurasmawa.

Inas aka libro liyisksta ukat akham amuyta: "Samon ukat Olumide jupanakax paqallq phaxsiw amtapxäna, mä editor ukanipxi, ukat mä editor ukanipxi. Jupanakax mä acuerdo de derechos ukar puripxañapänwa". Chiqansa, Samon jupampiw uñt'asiwayta, amtawayta aka waynarux fucking munastwa ukat qullqi tuqit independencia tuqit mä libro qillqañasawa. Mä amtaw jutapxta ukat wali jank'akiw phuqhañ qalltawaytan ukat tukuyat yänakax kuntix amparaman utjki ukawa.

Amtanakas phoqañatakejj juk'amp jark'atäki ukajja, jiwas pachpaw ajjsarañasa ukat pächasiñasa. Taqi kunatix jan walt'ayaspa ukanakat visionanak lurapxta ukat janipuniw nayrïr thakhix lurapkiti. Jupanakax "Jan ukax lurapxam" Nike estilo.

Jaqinakax janiw suma qalltañ maquinanakäkiti, ukampis jiwasax wali suma tukuyañ maquinanakätanwa. Mä kutix mä lurañ qalltawayxäta ukhaxa, juk'ampiw tukuyxasma. Jiltañatakisa ukat yatxatañatakisa jaytañamawa. Mä yatxatiri ukhamaraki yant'iri amuyunaka yapuchañawa lurañanaka lurañataki.

Samon ukat nayamp aka libro qillqañatakix tantachasipxatax laykux walpun yuspärta, ukat ullart'irinakaruw jakäwipan aski mayjt'äwinak lurañataki ukat yänak lurañatakiw ch'amanchañapa sasaw suyt'askta. Mä producto, libro, podcast, boletín de noticias jan ukax yaqha ukhama, kuntix JUMAX munkta uk lurañamawa, janiw kuntix sociedad ukax siski ukhamakiti. Ukanx mayniw sarnaqäwim ist'añ muni. Jaqenakajj wali wakiskirïpjjarakiwa ukat mayj mayjarakiwa. Sapa mayniw mä sapa sarnaqäwini. Jila partejja, mayniw utji, jupajj taqe kunatï pasawaykta ukanak wali askit uñji. Ukax jisk'a arst'äwijapunïnwa ukat amtañani: "Ukham lurañakiw"!

Achani Samon Biaou: Akax mä kunatix Olumide ukamp aruskipt'añax wali askiwa. Nayax nayratpach walja vibraciones positivas ukanakaw jikxatasi. Ukhamajj kuntï siskta ukanakat jila partejj nayaruw ist'asi. Jakäwijajj walja lurañanakampi phoqantatänwa, ukanak lurañ munkayäta. Nayax ~10 qillqatanakaw utjitu ukanak uñt'ayañ munta ukampis jiskt'asiskakiyätwa khitis ukanak uñt'ayañ munaspa.

Awisax jan walinak uñt'at qillqatanakaw uñjta, ukat kunats aka jaqix aka qillqañatakis ch'am tukuwayi sasaw amuyta. Ukatx comentarios ukanakaw uñjta kawkhantix yaqhip jaqinakax qillqatanakax ch'amañcht'kir uñjapxi. Akapachax janiw loco ukhamäkiti, ukat inas uraqpachan mä kipkakïkaspas ukham amuyasax loco ukhamästa. Akapachanjja, muspharkañ kunaymaninakaw utji. Mä jaqitakix wali askïki uka yänakax maynitakix janiw askïkaspati.

Olumide Ogunsanwo: Ukax chiqawa. Jumatï anqankir jaqïsta, jisk'a jaqësta jan ukajj yaqha markat jutirïsta ukhajja, inas awk taykanaka, yatichirinaka jan ukajj irpirinakan permisopajj kun lurañas wakisispa ukham jilsuwaysta. Tiempompejja, uka amuyunakajj subconscientemanwa saphintat uñjasi, ukat kawkhantï punku uñjirinakajj jan utjki uka cheqanakansa thaqaskakismawa. Ukampis janiw punku uñjirinakajj munaskiti. Jumaw uk lurasma. Internet ukax ch'aman yänakampi phuqt'atawa, ukatx taqi kunatix munaski ukax mä juk'a riesgo apetito ukat mä amuyt'awiwa kunatix riesgo potencial de desconveniente ukax jilpachax juk'akiw.

Aka librot mä uñacht'äwit parlt'añäni. ¿Kunas juk'amp jan walin uñjasispa? Inas jan khitis liyt'kchiti, ukampis ukax walikïskiwa kunatix janiw qullqi jikxatañatak qillqt'apkti. Samon jilatampi grabañasa ukat sarnaqäwinakat mayjt'ayañasa wali muspharkañ tiempow utjaspäna.

Walja jaqinakaw jan walt'awinak jan walt'awinakx juk'amp jach'añchapxi, ukampis juk'amp askiwa sum amuyt'aña ukat jakthapiña ukhamat amuyt'añat sipansa, apnaqañamataki. Yant'añ qalltañamawa ukat kuntix lurañ munkta uk lurañamawa ukampis qalltañ axsarañamawa. Janiw khitirus permiso munaskiti. Jumax juma pachpaw wali wakiskirïtaxa ukat kuntï jakäwiman munkta uk lurañamawa. ¡Nayrar sartam ukat lurañamawa!

Achani Samon Biaou: Olumide, sapa kutiw arsusma, nayax almajampiw chiqak arsuskta ukhamaw amuyasta. Nayax pä perspectiva yapxatañ munta kuntix jumax siskta ukaru.

Nayraqatxa, nayax taqpach iyawstwa, walja jark'awinakax amuyunakasankiwa. Jiwasatakix jark'awinak lurapxta, ukax janiw chiqpachans utjkiti.

Payïri, chiqpachansa walja jark'awinakaw p'iqisan utji, awisax chiqpach punku uñjirinakaw utji, jupanakax amtanakas jan phuqhañ yant'apxistu. Sapa kutiw mä punku p'akjañ atipjjayäta, janiw punku uñjirinakar chuym churataj laykojj ukhamäkänti. Ukhamasti, janiw ukankapxatap yatkayätti, jan ukax jupanakar uñjasax akham amuyta: "Fuck it. Nayax kunjamatsa uk luraskta" sasa.

Kun lurañ munsta ukhaxa, nayrar sartañamawa ukat lurañamawa. Ukat kuna partenakatï ch'amäki ukanakjja, sarkasaw yateqäta. Mä kunatix EE.UU. markanx munaskta ukax juk'amp jaqinakaw akanx riesgos ukar puriñ munapxi ukat machaq yänak yant'añ munapxi. Ukampis yaqha markanakan jakaskta uka markanakanjja, maynis uñch'ukisktam ukat juzgasktam ukham amuyasispa.

Pregradon yatiqirïkayäta ukhaxa, yaqhip lurañanak lurañax jaysatäpachati jan ukax kamachir jan walt'ayaspati jan ukax muspharkañjam uñjatäpachati sasaw wal llakisirïta. Ukampis jichhajj uka llakinakajj jark'kitäna ukwa amuyasta. Nayan iwxt'awijax khitinakatix machaq yant'añ munapki jupanakarux punku uñjirinakaru ukhamarak jan iyawsirinakar jan yäqapxamti, ukat ukatakix sarapxam!

Olumide Ogunsanwo: Proceso de desarrollo personal ukat yaqhip nayrïr experiencianak jan yatiqañax juk'amp wakiskiriwa. Mä suma thakhix juk'amp jach'aptayañatakix machaq amuyunakampi, saräwinakampi ukat experiencianakampi uñt'ayasiñawa. Janitï juma pachpa ch'amachaskäta ukat machaq yatiñanak thaqkasma ukhajja, jiltañasa ukat nayrar sartañasa ch'amakïspawa.

Achani Samon Biaou: Nayax pä chiqaw sapa maynin mayacht'asis jakasipxi sasaw amuyta. Permiso mayiñat sipansa, chiqak lurañak sipansa.

Nayax mä experiencia Miami markan Olumide ukamp jikxatatax uñt'ayañ munta, mä uñacht'äwi churañataki. Mä uruxa, samart'apxañajataki ukat uma jak'an qunt'asipxañajatakiw iwxt'apxitu, kunattix jupax uma jak'anwa jakasi. Edificio nayraqatan mä k'ullu thakinwa mä juk'a thaknam sarapjjta, ukat qont'asisin kusist'añatakejj mä cheqa jikjjatapjjayäta. Parlt'asipkayäta ukhajja, jaqenakajj nanak jak'an sarnaqapjjetäna, ukat nayajj jan walt'ayasiñwa qalltawayta, thakinkapktati jan ukajj ukan qont'asiñas jaysatäpachati sasaw jiskt'asirïta.

Olumide-rux mä juk'a chuymacht'añatakiw uñch'ukiyäta, ukampis jupax taqi ukanak jan yäqkaspas ukhamaw amuyasïna, samarañakiw ukat uka pachax jan akapachan jan uñjasaw kusist'askäna. Qalltanx jupat ukat samarañ amuyupat pächasiñ qalltawayta, akham amuyt'asa "khitis acera uksan ukham qunt'asi?" Nayrïr minutonakanjja, janiw sum jikjjataskti.

Ukampis mä qhawqha tiempotjja, nayaw chuyma manqhankir monologojampi jan walt'ayaskta uk amuyasta. Olumide chachajja, kunatï mayninakajj amuyapki jan ukajj jiwasan jak'ankir kamachinakatsa jan llakisisajj uka horasan kusist'añakiw walikïskäna. Ukaw naya pachpan amuyunakajat jiskt'asiyitäna, ukat qhawqha kutis naya pachpan amuyunakajasa ukat amuyunakajasa jakäwijan kusisiñajatak jark'aqta.

Olumide Ogunsanwo: ¡Janiw kunas utjkiti! Ukax wali muspharkañawa. Nayax samarataw jikxatasiyäta.

Achani Samon Biaou: Nayax amuyastaw awisax jark'aqasta kunatix yaqhip jark'awinaka ukat amuyunakax utjitu kunatix askïki ukat jaysatäki uka tuqita. Amuyt'añax wali askïkchisa, fronteras ukar ch'amanchañax jaqinakan evolución ukar irpxaruwayi.

Ukax mä kunatix nayatakix America markanx wali munatawa. Jaqinakarux amuyt'añataki, machaq yänak yant'añataki, ukat fronteras ukar ch'amanchañatakiw ch'amancharaki. Khitis yatpacha, maynix jan uñt'at kuns luraspa, ukat machaq negocio jan ukax mä amuyuw yurispa.

Jan jark'awinakampi sarnaqañax wali ch'amaniwa, ukat qullqi tuqit independencia ukar puriñax mä aski yanapt'äwiw uka chiqar puriñatakiki. Janiw ukakipkakiti, ukat yaqhipanakax janiw jach'a herramientakïkiti sapxaspawa. Ukampis qollqe toqet independencianïñajja, jakäwiman juma pachpa lurañamataki ukat machaq lurañanakat yatjjatañatakis librew yanapt'iristamjja.

Olumide Ogunsanwo: Ukax mä diseño de estilo de vida ukawa. Jumatakix askïki uka jakäw wakicht'am. Janiw nayra saräwi thakhinjam sarañax wakiskiti. Kawkïr thakhis ajllisispaw, ukampis ukatakix amtäwi,

amtäwi ukat amtäwiw wakisi. Janiw munkta uka jakañampiki sartasktati. Jumatix status quo ukar arsta ukhax mä status quo jakäwiruw tukuyäta, ukax inas jan kuntix munkta ukhamäkchiti.

Achani Samon Biaou ukax akhamawa: Jumax nayat sipan juk'amp sum arsuwaytaxa. Aka pankax khitinakatix jakäwin yaqha yänak thaqhañ munapki jupanakatakiw kunatix "kunatix" lurapxañapäki ukat sipansa. Jiwasan suyt'awisax ullart'irinakax aka pankan meta amuyt'awinak apsusipxaniwa: yaqha thakhinakax utjiw status quo uksat sipanx arktañataki.

Librojj machaq lurañanak amuyt'ayañatakiw ch'amachasi. Janiw convencional thakhinjam sarañax wakiskiti. Nayax ullart'irinakax amuyapxañapatakiw suyt'askta, chiqpachanx aka sarnaqäwix qullqi tuqitx wali juk'akiw lurasi.

Olumide Ogunsanwo: Chiqpachans uka pankax janiw qullqi tuqit parlkiti. Qullqi tuqit independencia ukax qullqi tuqit walja yänakanïña sañ muni, ukhamat jakäwimanx utjañapataki, ukampis aka librox ukat sipansa juk'ampitwa parli.

Achani Samon Biaou: Qullqi tuqit independencia ukax jiwasatakix mä jach'a ch'amanchawiwa. Aka libronjja, kunjamsa uka thaknam qalltawaytanjja, ukat kunjamsa uka thaknam sarañatak ch'amañcht'awayistu ukanakatwa qhanañchasini.

Olumide Ogunsanwo: Jiwasan pankanx "Africanos inmigrantes ukan Independencia Financiera ukan sarnaqäwinakapawa". Librox cronológicamente uñt'ayatawa, kunawsatix qhipäx uñakipt'ktan ukat lup'ktan kuna amtawinaktix kimsa tunk mara chikatan qullqi tuqit independencia ukar puriyawayktan ukanakxa.

Jiwasan sarnaqäwinakas uñt'ayañat sipansa, jach'a amtanakatw aruskipt'apxta, ukax jiwasan saräwinakasatakix wali wakiskiriwa. Aka kamachinakax jach'a estrategias ukat específicas acciones ukanakaw utji, ukax ullart'irinakax qullqi tuqit independencia ukar puriñapatakiw lurapxaspa. Jiwasax amuyapxtanwa, uka kamachinak yapuchañax jakäwimanx wali wakiskiriwa, jaya pacha qullqi tuqit suma sartañataki.

Uñakipirinakaru uka kamachinaka yatiqañataki ukhamaraki jakäwinakaparu uñt'ayañataki yanapt'añatakixa, sapa kamachinakaru uñtasita panka iwxt'awinaka uñt'ayapxaraktwa. Jiwasan suyt'awinakax sarnaqäwinakas ukat kamachinakas uñt'ayasax mayninakaruw ch'amanchañasa ukat ch'amanchañasa, qullqi jutïr pachan apnaqañapataki.

Achani Samon Biaou: Olumide, ¿kuns ullart'irinakax aka librot apsusipxañap munta?

Olumide Ogunsanwo: Aka pankatak amtäwijasti ullart'irinakaruw ch'amanchañawa, jupanakan suma jakawip jakapxañapataki, chiqpach jupanakjam suma jikxatasipxañapataki, ukat jan sociedad ukan suyt'awinakaparjam sarnaqapxañapataki. Nayax suyt'twa ullart'irinakax kunatix librot askïki uk apsupxañapataki ukat kunatix jupanakatakix jan wakiskirïki ukanak jan yäqapxañapataki.

Taqi kunat sipansa, ullart'irinakaruw ch'amanchañ munta, ukhamat qhispiyasiñ thakhinak thaqhapxañapataki. Ukax janiw qullqi tuqit qhispiyasiñak sañ munkiti, ukampirus ukax aka libron wali wakiskir yatichäwiwa. Ukatxa, libertad social, libertad de tiempo ukat libertad geográfica ukanakaw sañ munaraki. Nayax ullart'irinakax ch'amanchataw jikxatasipxañap munta, jan walt'awinak apsuñataki ukhamarak amtawinak lurañataki, ukax jupanakarux taqi tuqin jakäwipan qhispiyatäñapatakiw yanapt'ani.

Achani Samon Biaou: ¿Kawkhans qullqi tuqit qhispiyasiñax taqi yaqha qhispiyasiñanakat sipanx utji sasin amuyta?

Olumide Ogunsanwo jupax akham siwa: Jakäwin pä wali wakiskirïki ukajja, maynit maynikam sum apasiñatakisa ukat k'umaräñatakisa libre sarnaqañaw wakisispa. Yaqhip jaqinakax sapxaspawa, suma k'umaräñax juk'amp wakiskiriwa, kunatix jan ukax kuns jikxatañax ch'amawa, yaqhipanakax familiaranakampi amigonakapampix wali sum apasiñaw kusisit jakasiñatakix wali askiwa sasaw sapxarakispa.

Uka pä tuqitxa, qullqi tuqit qhispiyasiñax kimsïr jan ukax pusir wali wakiskirïpachänwa. Wali wakiskirïkchisa, janiw jaqi masimp sum apasiñampi ukat k'umaräñamp chika pesaje katxaruñapäkiti. Maynitï qullqi tuqit qhispiyasiñax juk'amp wakiskiriwa sasin arsuspa ukhaxa, nayraqat k'umaräñapataki ukat kunjamsa sum apasipxi uk amuyt'apxañapatakiw iwxt'apxsma.

Achani Samon Biaou: Nayax qullqi tuqit qhispiyasiñax yaqha qhispiyasiñanak ch'amanchañjamaw uñjta. Sañäni, wali llakit irnaqañax k'umaräñamatakiw jan walt'ayaspa. Ukampis jumatï kuntï lurañ munkta jan ukajj jan trabajkäta uk ajlliñ puedsta ukhajja, qollqe toqet libre jakasiñaw k'umaräñamatak yanapt'istaspa.

Olumide Ogunsanwo: Qullqi tuqit libertad ukax jakäwin wakiskir yänakaruw chuym churasi, sañäni, maynit maynikam sum apasiñataki (ukax mä munasiñ masimpi, familiampi jan ukax amigonakampi) ukat k'umaräñamataki. Kunawsatix qullqi tuqit qhispiyatäktan ukhax empresario samkanakamx arktasmawa ukat kunayman amuyunak tinkurañ munkta ukhamarjamaw walja pachaw apst'asisma. Ukat experiencianaka ukat aventuranaka wali askit uñjsta ukhaxa, qullqi tuqit independencia ukax flexibilidad uñacht'ayi, uka thakhinak lurañatakix kunjamtï munkta ukhamarjamaw tiempo apst'asiñama.

Esencial, independencia financiera ukax mä habilitador ukawa, ukax pä jach'a aspectos (relaciones & salud) ukar yanapt'i ukat ukhamarak kunayman kunatix jumatakix askïki kunatix ukanak lurañataki jan ukax kusist'añax qullqix munasirakiwa.

Samon, amigoja, jilaja. ¿Kunsa ullart'irinakax aka librot apsusipxañap munapxta?

Achani Samon Biaou: Aka librox mä guia ukham amuyt'am, juma pachpaw jakäwiman jakañataki ukhamarak taqpach ch'amamar puriñatakiwa. Jichhürunakanxa, jan jakt'kay uñacht'äwinakaw utji, suma sarnaqañatakisa, uñacht'äwinakas utjarakiwa. Mä consultor empresarial ukhamaxa, walja cuartonakanwa jikxatasiyäta, ukanx amuyasta, jilpach uka modelos ukanakax regular, promedio jaqinakakïpxiwa. Inas yaqhip tuqinakanx wali jach'a jaqinakäpxchispa, ukampis yaqha tuqinakanx mä irnaqäw lurañ yatipxaraki. Nayax amuyta, juk'amp jaqinakax ch'amanchataw jikxatasipxaspa, jupanakan jaysäwinakap jikxatañataki ukhamarak jupanakan thakhinakapan ch'amanchañataki.

Olumide Ogunsanwo: ¡ Chiqpachansa! Uñacht'äwinak thaqhañajj inas jan walïkchiti. Sapa mayniw mayj mayj valoranakanïpjje, ch'amanïpjje, kunanaktï munapki ukanakas mayj mayjawa. Khitirus uñacht'ayasiñamatak thaqhañat sipansa, juma pachpaw chiqpach jaqïtama ukat kuntï jakäwiman chiqpachapuni munkta uk amuyt'añax wali wakiskirixa. Inas mayninakat yatiqañax wakischispa, ukampis chiqpach jaqim uñt'añatakis sarañax chuymamat qalltapuniwa.

Modelo ukham lurañax jan waliniwa, maynin jakäwipar sinti lup'iñaxa. Uka jaqejj juma pachpaw uñch'ukiñama.

Achani Samon Biaou: Wali chuym ch'allxtayiriwa. Akapachax paralelo pistas ukanw sarnaqaski. Nayrïr pista ukax sapa mayniruw jupanakpachax sapxiwa. Ukampis inas jichhürunakanjam jan phuqkchisma. Taqinipuniw sapa kuti mayjt'ayasiñapa.

Olumide Ogunsanwo: Walikiwa. Juman arsutanakamax jan walipuniwa [Jachaqt'asiñamawa].

Achani Samon Biaou: Payïr jaylliwix mä modelon jakäwipat yatiqasiñaw sasaw sapxistu. Ukampirus llakisiñawa, chiqpachanx aka amtawix jiwas pachpa amuyt'añ ch'amasarux jark'aspawa kunatix jiwasax mayninakar copiañarux sinti ch'amancharaktanwa, jan ukax jiwasan sapa mayni amuyunakas uñstayañat sipansa.

Aka pä pistas ("jumax suficientewa" ukat "copiar un modelo") ukax medios sociales ukanakamp amplificatawa, jaqinakax jupanakat ajlliñjamaw amuyasipxi. Ukampis kunatix sapa kutix jan uñjatäki ukax sapürunjam juk'amp sumaptañax wali askiwa ukat jilxattañax wali askiwa, ukampirus mayninakan experiencianakapat yatiqañax jan chiqpachapuniw copiaña.

Olumide Ogunsanwo: Nayrïr uñtawinx FIREDOM ukax qullqi tuqit independencia libror uñtasitäspawa. Ukampis chiqpachanxa, juk'ampirus juma pachpaw nayrar sartañama, ukhamat chiqpachan munkta uka jakäwimp libre jakasiñataki.

Achani Samon Biaou: Jiwasan sarnaqäwinakas jan chiqapätap uñt'añax wali askiwa ukat kawkhantix juk'amp sum lurawayktan ukat yaqhanakax kawkhantix juk'amp sum luraspän ukax utjani.

Nayajj janiw muspharkañjam amuyaskti, ukampis taqeniw amtanakap phoqañatakejj ch'amanïpjje sasaw amuyasta. Juma pachpa amtanakar puriñasa ukat uka amtanakar puriñatakejj kunatï wakiski ukanak lurañas wali wakiskiriwa. Suma sarnaqañatakix janiw yaqhachatäñamäkiti, ukampis uka irnaqäwirux taqi chuymaw ch'amachasiñama.

Olumide Ogunsanwo: FIREDOM = FI (Independencia Financiera) + RE (Jubilasiñax nayraqat) + Libertad. ¿Kunatsa libertad ukat independencia munapxta? Jumax independencia munta ukhamat juma pachpan jakawiman jakañataki. Kawkïr markantï jakasktan ukarjamaw jakañajj 50 marat 80 marakama, aka oraqen tiempojj juk'akiw utji, ukhamajj ¿kunatsa jan kusisita ukat kusisita jakañampi sum apt'asksna?

Aka sarnaqäwix chiqpachapuniw uka tuqit arsu - munañjam jakañ jakaña, mä impacto luraña, kusist'aña, ukat mayjt'ayaña. Janiw qullqikix wakiskiti, jan ukasti wali wakiskiriwa, kunattix juk'amp jach'a ukat juk'amp suma lurañanak lurañatakiw yanapt'tamxa. Janitï qollqejj sumäkani ukhajja, qollqejj jakäwiman sapa kutiw llakisiyäta.

Aka libron sarnaqäwinakas jumanakamp chika uñt'ayañax wali kusisitaw jikxatasipxta. Munasiñan irnaqawipawa, ukat jakäwimar mayjt'ayañatakiw ch'amañcht'apxätam ukat ch'amanchapxätam sasaw suyt'apxta. ¡Jiwasamp chika thakhi saräwinx walikpun jutapxtaxa!

2: Wawa pacha sarnaqäwinaka ukhamaraki Principios de Autocreencia & Autoconfianza

Olumide Ogunsanwo: Sapa jaljaw pankanx mä jakäw etapa ukat jiwasan sarnaqäwinakas uñacht'ayasini, ukatx qullqi tuqit independencia ukan wakiskir kamachinakapat wali ch'ullqhiw uñakipt'atäni.

Jiwasan yatxatäwisax wawatpach experiencianakampiw qalltawayi, ukax jiwasan jaqi kankañasa, jiwas pachpa amuyt'asiñasa, jiwas pachpa jach'añchasiñasa, ukat kuntix jakäwisan jikxatañax wakisispa sasin amuyktan ukanakx waliw uñt'ayi.

Achani Samon Biaou: Nayax wali munastwa, wawatpach sarnaqäwinakapamp qalltañaxa. Awk taykäpki uka liyt'irinakaxa, uka sarnaqäwinakax wawanakapatakix wali askïspawa.

Olumide Ogunsanwo: Wawanakan ch'amanchawinakap yatxatañax taqinitak wali askirakiwa, kunas jupanakarux jichha pachar puriyatayna ukat kunjams uka nayrïr experiencianakax jichhürunakanx jupanakarux jan walt'ayaspa. Nayra pachanak amuyaña ukat katuqañax mä wakiskir amtawiwa kuna thakhinak qalltañataki, janiw qullqi tuqit independencia ukakikiti.

Ukatxa, jiwas pachpar iyawsañataki ukat jiwas pachpar atinisiñ tuqitwa parlt'arakiñäni. Ukanakax qullqi tuqit independencia thakinx fundamentales principios ukanakawa. ¿Jaqinakan psicología ukat amuyunakapat juk'amp yatxatañat sipansa, ¿kunas libro qalltañatakix juk'amp askixa?

2A: Olumide wawatpach sarnaqäwipa

Achani Samon Biaou: Olumide, wawatpach qalltañäni. Nayra amtawinakamat yatiyapxita.

Olumide Ogunsanwo: Nayax llätunk tunk mara chikatan Lagos, Nigeria, África occidental uksan yuritayna. Mä jach'a familianwa nasiyäta, yaqha pusi jilanakajampi. Pä jilïr kullakajampi pä sullka jilanakampi. Nayax chiqaw chika taypinktxa.

Tatajajj empresario ukhamänwa. Jupajj walja alquilat utanakanïnwa, papelanak imprimiñ negocio, qollqe mayt'asiñ negocio ukat yaqha walja negocionakanïnwa. Jupajj politicorakïnwa, awisajj cargopar sarañatakiw ch'amachasirakïna. Jupax kunayman lurañanakwa luratayna, ukatx sullkapanx periodista ukhamaw yatiqatayna.

Mamajajj uta uñjirïnwa. Ukampis wali muspharkañawa, kunapachatix niya 14 jan ukax 15 maranïkayäta ukhax jupax yatiqañ utar kutt'awayxänwa derecho ukan yatxatañataki, jichhax Gobierno Estatal de Lagos ukan abogadopawa. Kunjamsa abogador tukïna uka sarnaqäwix wali muspharkañawa. Colegionkkäyät ukhajj arumaw clasenak katoqäna, kunatsa ukham taqe jan walinakar purt'askäna uk janiw sum amuykayätti. Nayax uka tuqit jiskt'asta, ukat jupax banco ukan irnaqawip jaytawayta sasaw säna, jiwasanakar uywañataki, ukat irnaqäwipat jan jaytkasax kunas pasaspa sasaw lup'iyäta. Jupax TVn abogadonakar uñjta ukat ukax mä lurañaw sasaw amuyasta sasaw säna. ¡Ukat jupax ukham lurarakïna!

Achani Samon Biaou: ¿Kuna nayrïr experiencianakas qullqi tuqit jan ukax libertad tuqit utji?

Olumide Ogunsanwo: Tatajax familian manq'añapänwa. Jupaw qullqix utjäna, uka qullqix familiatakix churasïna ukat mamajax uta uñjirirakïnwa. Tatajaw qullqi tuqit uñjirïna, ukat mamajaruw qullqi churirïna kunayman lurañanak uta muytasin lurañataki, ukax sañ muniw mamajax tatajarux kunayman yänakataki qullqi mayt'irïna.

Ukajj maynit maynikam apasiñatakejj muspharkañ efectow utjäna, uk amuyayäta. Amtastwa interacciones uñakipt'asa ukat amuyasta akax janiw askïkiti ukat nayax amuyañajawa janipuniw mä situación ukanx maynir qullqi thaqhir sarañax wakiskiti sapa kuti. Mä dinámica de relación extraña uñstayi, ukax janiw nayatakix askïkiti.

Ukajj kunjamsa sapa kuti maynir qollqe mayiñajj jan walïki uk amuyañatakiw mä jatha yapuchäna. Nayajj cheqapuniw yatjjayäta, janipuniw ukan jikjjatasiñ munkayätti.

Achani Samon Biaou: Nayax amuyt'añ yant'askta, nayax wawatpach uka dinámica ukx yatiskäyätwa, kunatix wawatpachaw jaqinakar qullqi mayir sarasma. Jumax jaqinakarux taqi kun mayisma.

Olumide Ogunsanwo: Nayax amuyta, mä situación sub-óptima ukhamaw jaqichasiñataki kunatix mä masirux mä posición vulnerable ukar uñt'ayi. Niya qullqi tuqit independiente ukhamäñat sipansa mayjawa. Ukax mä maynit maynikam dependenciawa. Mä juk'a irnaqawimax jefemax jumar gusttamti, informes ukanakax jumar munastamti, ukat juk'ampinakat dependeriwa, awk taykajan jan walt'awipax mayjänwa kunatix qullqitakix mä jaqit dependencia ukhamänwa.

Awk taykajan sum apasipxatap amuyasax jank'akiw jakäwijan jan ukham lurañax wakisitap amuyayäta. Ukajj qollqe toqet lup'iñataki ukat kunanaktï jakäwin churkistu ukanakat lup'iñatakiw mä jach'a qalltäna.

Achani Samon Biaou: Nayax uñjtwa. Uka qhipatxa, ¿qhawqha pachas qullqi tuqit independencia ukar puriñkamax nayrïr thakhinak lurawayta? Nayax amuyta, jumax uka dinámica uñakipt'awaytawa ukat amuyaraktawa jutïrinx janiw uka cargoniñ munktati. Ukampis janiw kuntï amtapkta ukarjam kuns lurañjamäkänti. ¿Kunapachas nayrïr kuti independiente ukham amuyasiyäta?

Olumide Ogunsanwo: Aperturajax mä juk'a jisk'akiwa, kunjams independencia tuqit amuyt'awayta ukax específicamente walja qullqinak jikxatañatakiw. Yatiqañ utan sum yatiqä ukhaxa, qhipat suma pagat irnaqäwi jikxatä sasaw amuyayäta. Ukajj indirecto ukhamänwa. Ukajj académica toqet juk'amp ch'amachasiñatänwa.

Janiw nayajj pisin jakasktanti, qamirïpjjtwa siskti. Nigeria markan kamachinakaparjamax chikat jach'a qullqinipxayätwa. Sañäni, awkijaru jan ukajj mamajar kuns mayista ukhajja, janiw jupanakajj jïsa sasin sapkaspänti. Janiw sasaw sapjjerïtu jan ukajj kunatsa ukajj wakisi sasaw jiskt'apjjerïtu. Ukax kunayman jan walt'awinakaruw puriyi, kawkhantix qullqi tuqit ukhamarak qullqi tuqit mä juk'a lup'iñ qalltawayta.

Samon chachjamarakiw nayax yoruba (Nigeria markan jach'a etnia ukanakat maynïri) ukhamätwa. Wawäkayäta ukhajja, awisajj yoruba arut wakichäwinakaruw (cumpleañonaka, casarasïwinaka, amay imañanaka) irpapjjetäna, ukat thuqt'kayäta ukhajj qollqe churapjjerïtwa. Aka libron nayrïr jaljap amtasksta ukhajja, thuqt'añaw nayatak wali wakiskirejja. Nayax thuqt'asirïtwa ukat (jisk'a qullqinak) qullqi jikxatirïta. Ukajj muspharkañjamaw ist'asi, ukampis ukhamänwa. Nayax uka qullqiruw puriwayta ukat kuns uka qullqimp lurañ munta ukxat lup'iñ qalltawayta.

Bancon cuenta jist'arañ toqet mamajar jiskt'atajat amtastwa. Mamajax bancoruw irpapxitäna ukat bancon cuentap mä jisk'a q'illu pasaje librompiw apsutäna. Uka tantachäwinakan thuqt'asajj qollqe jikjjatkayäta ukjja, uchasirïtwa. Yatiqañ munañwa yateqawayta. Mä jisk'a qollqekïkchïnsa, wali valorani uñacht'äwinakwa uñacht'ayäna.

Achani Samon Biaou ukax akhamawa: ¿Qhawqha maranïyätasa?

Olumide Ogunsanwo: Nayax chiqpach marat amtañ munta. Mä chiqan 7 ukat 11 urunak saraqataruw sañäni.

Mä jisk'a pasaje libronïyätwa, ukanjja juk'at juk'at tantachaskäna uka depósito ukat interesanak uñakipt'asaw liyt'irïta. Awisajja, mamajajj janiw bancoru qollqe uchañatak irpañ munkitänti, kunattejj uka jisk'a qollqenak uchañ munataj laykojj phenq'asirïnwa.

Inas aka chiqat finanzas personales ukar munañajax jutchispa. Jan ukajj inas qollqe toqet ukat economía toqet nayatak mä interes utjchi. Kuntï yatkta ukajja, juk'at juk'atwa jutïrin qollqenïñajatak ch'amachasiyäta.

Achani Samon Biaou: Pä jiskt'awi:

1. ¿Kunjamatsa banco uka amuyunakatxa yatxatawaytaxa, ukatxa kunjamasa amuyawaytaxa wawanakaru apnaqatapa?

2. ¿Kuna experiencias jumatakixa qullqi apsuñatakisa ukhamaraki gastañatakisa? ¿Awk taykamar bancor sarapjjañapatak wakispachänti?

Olumide Ogunsanwo: Inas mä cuenta de custodia ukhamächïna kunatix mamajampikiw bancor sarapxirïta. Bancon cajeronakajj sapa kutiw depósito jan ukajj qollqe apsuskta ukhajj pasaje libror qellqapjjerïna. Mä cuentar qollqe uchañ ukat interesanak apsuñ amuyunakajj wal muspharayitäna.

Jumanjamarakiw nayax yatiqañ tuqinx wali sum yatiqawayta, ukax walja yänakampi qhispiñ sañ muni. Amtastwa biología tuqit yatichirijax kunatsa jach'a jach'a tukurïta ukat sinti atinisiyäta sasaw jiskt'itäna. Juparojj janiw nayan amuyujajj gustkänti. Nayax amuyañ qalltawayta, kunatix académica tuqinx wali sum yatiqawayta, ukat juk'ampiruw qhispiristxa. Kuntix nayax munkta uk lurañax jan waliw ist'asi, ukampis chiqpachanx independiente amuyt'awimp uñtasitawa kunatix anqäx tuqit amuyt'añ qalltasma ukat sociedad principal uksat jayarst'ayasma. Mä juk'a jan walt'ayir jaqëyätwa, ukampis mä suma thakinwa. Janipuniw kunatï sinti loco lurirïkti.

Achani Samon Biaou: Ukax wali askiwa. ¿Primaria ukat secundaria ukan experienciamat irpapxitasmati? ¿Kunjamsa amigonakamampix sum apasiyäta? ¿Kunsa amigonakamax jumat sapxi?

Olumide Ogunsanwo: Nayax nayraqat primaria ukar Grace's Children's School ukan cero ukhat phisqa jan ukax suxta ukar sarawayta. Uka toqetjja janiw wal amtaskti. Ukatx 5 jan ukax 6 marat 10 marakamaw Escuela Primaria Corona ukar sarxa, walja deportenak anatirïtax amtastwa. Awk taykajajj sapa uruw escuelar irpapjjerïtu ukat kutt'anipjjetäna. Yaqha tuqitxa, janiw uka pachat jach'a yatichäwinakax wakiskirïkänti.

10 marat 13 marakamax King's College (KC) ukan secundaria (colegio ukham uñt'atarakiwa) ukar sarawayta, ukax taqpach yuqall wawanakan yatiqañ utapawa.

Achani Samon Biaou: KC tuqit mä juk'a yatiyapxita, ¿kuns ullart'irix uka tuqit yatiñapa?

Olumide Ogunsanwo jupax akham siwa: Contexto ukatakix tatajax KC ukaruw saräna 60 ukat 70 maranakanx Nigeria markanx wali suma yatiqañ utanakat maynïrïnwa. Jichhax gobiernon apnaqatawa ukat mä juk'a shitty ukhamawa. Yatiqañ utanakax qalltanx 20 jaqinakatakiw luratäna, ukampis nayax 80 jan ukax 100 jaqinakaw yatiqañ utajan utjäna ukhamatw uñacht'äwix akham sañ muni: yuqall wawanakax nayrax uñjki ukhakama, yaqhipanakax qhuru, yaqhipanakax q'añut, manq'at awtjata, jumax sutim uñt'ayasma. Ukajj Salvaje Oeste sat cheqanakar uñtasitänwa.

Ukham infraestructura jan walt'awinakax utjkchispas, KC ukax mä qawqha yatiñan wawanakanïnwa. Corona Elementary ukanx nayrïr jan ukax payïr clasen jikxatasirïtwa janïr KC ukar sarkasa. Ukampirus KC ukanx kimsïr jan ukax pusir puriñ yatta.

Aka waynat amtastwa, jupax nayrïr chiqan jikxatasirïnwa. Jupax janiw muspharkañäkänti, janipuniw jiskt'asirïkänti ni clasensa chikancht'asirïkänti. Ukajj nayatakix wali muspharkañawa. Jakäwip apnaqañasa ukat sapa mayni amtanakar puriñasa, kuna jan walt'äwinakas utjchi ukhasa, sum sarnaqañatakiw yanapt'istaspa. Aka yatichäwix experienciajan qhanstawayxi, kunatix yatxatawaytwa, anqäx tuqit kunanakas utjkchixa, sapa mayni amtäwix kuna jan walt'awinaks atipjaspawa. Ukan sarnaqkayäta uka tiempotjja, ukajj juk'amp valoraniwa.

Achani Samon Biaou: ¿Kunjamas yatiqir masinakamax jikxatasipxäna?

Olumide Ogunsanwo: Taqi uka kunayman jaqinakamp aruskipt'añax yatiqir masinakajax kunayman qullqi tuqit jutapxatap amuyañ yanapt'itu. KC ukax mä jach'a porcentaje ukan yatiqirinakanïnwa, jupanakax pisin jakasir familianakat jutirinakawa. KC tukuyatatxa, payïr jach'a yatiqañ utaruw sarxayäta, Atlantic Hall (AHall), ukax mä co-ed yatiqañ utanïnwa, kawkhantix colegio secundario ukan payïr t'aqapax (13 maranit 16 maranit) yatiqawayta.

AHall ukax juk'amp jach'a proporción qamir yatiqirinakanïnwa KC ukar uñtasita. AHall ukanx académicos ukanakaruw chuym churayäta kunatix ukax jutïrin mä suma irnaqäw jikxatañ yanapt'itani sasaw amuyayäta, ukax juk'amp qullqiruw purini.

Achani Samon Biaou: ¿Kunjamsa taqi ukanakax libertad jan ukax qullqi tuqit independencia ukar anatt'i?

Olumide Ogunsanwo: Nayax juk'amp jan yäqañ qalltawayta. Nayax sapakiw kuns luraskäyäta kunatix académica tuqitx wali sum yatiqawayta. Nayax mä autonïyätwa ukat jan khitin jark'ataw sarnaqirïta ukat sarnaqarakirïta.

Achani Samon Biaou: ¿ Kuna maranis jumax autonïta?

Olumide Ogunsanwo: Nayax 15 maranïkasaw auto apnaqañ yatiqawayta ukax colegio tukuyañkamaw utjäna. Ukajj awk taykajan autopänwa [Smile]. Awk taykajajj janiw mä juk'a churapkänti. Jila partejj kuntï munkayäta uk lurañaw jaytapjjetäna. Kunapachatï munkayäta ukhajj misturïtwa. Kuntï munkta uk lurañatakejj taqe chuymas librëkasma ukhamwa amuyasiyäta, ukat awk taykajajj janiw kuns lurañjamäkänti.

Chiqpachansa, kunatsa awk taykajax ukham uywapxitäna uk janiw yatkti, ukampis kuntï munkta uk lurirïtax qhanaw amuyasïna, ukat ukham lurañax nayatakix wali askiwa.

Achani Samon Biaou: Ukax wali sumawa. Olumide wawatpach amigonakapat ist'awayta, jupax wali ch'amampiw irnaqäna ukat wali ch'amanchatawa ukat wali ch'amanchatawa.

Olumide Ogunsanwo: ¡Wali muspharkañawa! Chiqpachansa, nayax wal irnaqawayta ukat nayatakix wali askiwa. Walpun yatjjatayäta ukat wali kusisitaw jikjjatasirïta. Jila partejja, matemáticas ukat matemáticas avanzadas sat clasenakanwa nayrïr kusist'irïta. Ukajj wali sumapunïnwa. Yaqhep jaqenakajja, awk taykapajj yateqañ toqet juk'amp ch'amachasipjjañapatakiw wayt'apjjäna. Nayajj académico jaqëyätwa. Nayax uka mierda ukarux walpun munasta. Nayax uka q'añurux wali munastwa. Académica tuqit munañajax jichhürunakanx kunayman munañanakajaruw puri. Nayan ch'amañcht'äwijajj chuymajan utjkäna ukat chuymapan utjkäna ukanakänwa.

Achani Samon Biaou ukax akhamawa: Olumide ukax nayatakix wali ch'amawa sasaw qhanañchapxitu. Khititï kun lurañsa amtaspa ukat uka amtar puriñatakejj wali ch'amachaspa. Ukax mä sarnaqäwiwa, láser ukamp amtanakar uñt'ayañataki.

Olumide Ogunsanwo: Jïsa, nayax wali disciplinado, wali wakicht'ata, wali ch'amanchata ukat amuyt'asir jaqit uñt'ayañ munta.

¿Naya pachpat wali ch'amanïtwa sasin qhanañcht'asma? Janiw yatkti. Jila parte jaqenakamp chikachasiñatakejja, jïsa. Ukampis janiw yatiskti intenso uka aru apnaqañax wakisispati - amtastwa académicamente uñt'atäta, wali suma jaqïñ munta. Jila partejja, cheqapunit suma jaqëñ munsta ukhajja, niya sapa kutiw wali suma jaqëñ tukuyta.

Walja jaqenakajj janiw nayat sipansa juk'amp llakisipkänti. Wawäkasajj yaqha amtanakampiw nayrankapjjerïna. Wawäkasajj kuntï munkayäta uk yatjjayätwa, ukat mistusaw ukanak katoqayäta. Jilïr jaqjamax pachpakïskiwa.

Achani Samon Biaou: ¿Kunas uka maranakanx qullqi tuqit jan ukax qhispiyasiñ tuqit yatxatañ munapxta?

Olumide Ogunsanwo: Awk taykajajj finanzas personales toqet nayamp chika parlt'apjjaspäna ukhajja, wali askïspawa. Janiw nayax ist'kiriskayätti, janiw yatkti ukax mayjt'ayaspati, ukampis wali askïspawa. Kunjamtï qhepat sarnaqäwij yatiyañ ist'apkätajja, niya taqe kunatï finanzas personales toqet yatkta ukajj naya pachpaw yatichatäna.

Nayax nayrïr amtanakampiw qalltañax wakisïna: ¿Kunjamsa mä

presupuesto lurañax wakisispa? ¿Kunjamsa qullqix jilxattaspa? ¿Kunjamsa gastonakaj amuyt'asma? ¿Kunjamsa mercado de valores ukax irnaqäna? ¿Kunjamsa qullqichastaxa? Awk taykajatï ukanakat mä qhawqha yatichapxitaspa ukhaxa, mä juk'a ch'amäspawa, ukampis janiw jupanakar juchañchkti kunattix jupanakax janiw uka tuqinakat wal yatipkänti.

Nayax pächasisaw ukham arsta kunatix janiw yatiskti kunanaks yatiqañamawa janitix yatiyawinak katuqañ munksta ukhaxa. Yaqhip jaqinakax yatiyawinak katuqapxi, ukampis janiw katuqapkiti kunatix janiw wakicht'atäpkiti ukat mayjt'ayañ munapkiti. Uka tiempon awk taykajajj kuntï yatichapkitäna ukanakat kawkïr yatichäwtï katoqkiriskayätti, janiw yatkti.

Achani Samon Biaou: Inas juma pachpa yatiñanak thaqhañax chiqpachan yatiqañar yanapt'chispa. Teoría educativa ukarjamaxa, experiencial aprendizaje ukax juk'amp askiwa yatiqañataki. Ukatwa kuns yatiyañakix jaya tiempotakix janiw askïkiti. Jaqinakjamax yatiñanakx ch'amampiw lurapxta, janiw pasivamente ch'amt'añasäkiti.

Olumide Ogunsanwo: Ukax wali askiwa. Chiqansa, janipuniw yateqaskayätti. Jila partejja, nayajj yateqaskayätwa, ukajj naya pachpaw kuns amuyt'añajäna sañ muni.

Mä uñacht'äwi churapxäma. Colegio tukuyasajja, matemática ukat ciencia toqet jila parte cursonakanwa juk'amp suma notanak jikjjatawayta. Janiw yaqha jaqejj jach'ar aptañatak utjkänti, sum sarnaqañatakejj naya pachpaw atinisiñajäna. Aka autoconfianza amuyunakax jisk'atpachaw nayamp chikäski, kunatix nayax nayratpachaw mayninakat irnaqañ thaqhañat sipansa, sapak kuns amuyt'añ munawayta.

Achani Samon Biaou ukax akhamawa: ¿Kunjamsa mä yateqasiñajj mayjt'ayaspäna?

Olumide Ogunsanwo: Maynimp jikisiñax kuna jan walt'awinaks apanispa ukax kunjams jupanakamp uñt'asiwayta ukarjamaw lurasi. Yaqha jaqimp uñt'ayasiñäni jan ukax nayar uñt'ayasispa ukhax inas jan sinti jan walt'ayañjamäkaspati. Ukampis yatjjatañampi ukat yatjjatañamp jupanakar jikjjatsna ukhajja, jupanakamp parlt'añ munasmati.

Janiw mä arkirirjam jupanakan kayunakap arktañ munatax laykukiti, jan ukasti jupanakan amtäwinakap amuyañatakiw ukat kuna matices ukat trade-offs ukanakas jakäwipan ajllitanakapan utji uk amuyañataki.

Modelo de ejemplo ukax mä jan waliwa. Phuqasiñax janiw mayni jaqinakan jakäwipan lurawinakap copiañat jutkiti, jan ukasti juma pachpan jakäwimar lup'iñat juti. Mayninakar uñtasit lurañax chiqpachansa pantjatawa, kunattix janiw juma pachpax kuntï juma pachpax valoranïkta, kun lurañsa munkta, kuntï munkta ukat kuntï munkta ukanak amuyktati, ukax juma pachpa amuyt'añ yant'añat sipansa juk'amp jan waliruw puriyistaspa.

Achani Samon Biaou: Ukax wali askiwa. Ukajj sapa kutiw uñstani: janiw yaqha jaqet yateqasiñ yant'añamäkiti, jach'a jaqëkchisa. Jumax janiw jupanakan zapatonakapankktati. Jan ukasti, jach'a kankañax jumatakix kamsañsa muni uk yatxatañatakiw ch'amachasiñama. Uka thakhinjja, akapachat juk'amp yateqañamawa, ukat juma pachpat juk'amp sum amuyt'añamawa. Ukjja pä ewjjt'ampiw mä juk'a qhanañcht'irista:

Nayraqatxa, kunanakatï jank'ak luraň munkta ukanakat sipansa juk'amp yatxatañwa ch'amachasiñama.

Payïri, amuyuman yatiqasa artesanía ukar sapürunjam juk'amp askinak lurañatakiw ch'amachasiñama.

Olumide Ogunsanwo: Jim Rohn, desarrollo personal ukan uñt'at irpiripax yatiñampiw akham säna: "Janiw arkirikiti. Yatiqiriñamawa". Mä arunxa, jaqinakat yatiqasipxam, janiw jupanakar arkapxamti. Yatiqiriñax jakäwimp ch'amampiw chikañchasiña sañ muni, ukat asumciones ukanakat jiskt'asiñ munañ ukat ch'axwañ munañ sañ muni.

Achani Samon Biaou: Nayax ukax walpun munasta.

Olumide Ogunsanwo: Uka arunakax wali ch'amaniwa. Yatiqirinakan amuyunakapax arkirinakan amuyunakapat sipanx juk'amp ch'amaniwa. Yatiqirinakan amuyunakapax yatiqañawa, ukatx arkirinakan amuyunakapax copiañawa. Uka citajj nayatakix wali askiwa.

2B: Samon wawatpach sarnaqäwipa

Olumide Ogunsanwo: Samon wawatpach juk'amp yatxatañ pachaw purini. Samon, ¿mä contexto churasmati kuna medio ambiente ukan jilsuwaykta uka tuqita?

Achani Samon Biaou: Nayax mä jach'a ecléctico ukan jilsuwayta. Nayajj mä pampankir mä familianwa nasta, uka familiajj medio clasenkirïnwa. Nayan markajajj Kandi satänwa, ukajj África occidental toqenkir Benín sat jisk'a markankiwa. Uka pachanx Kandi markanx 100.000 jaqinakat juk'ampikiw jaqinakax utjäna. Tatajajj walja negocionakwa apnaqäna, ukat uka markanjja wali respetatäki uka estadista jaqënwa.

Wawäkasax Benín markan yaqhip pisin jakasirinakampiw chikañchasiyäta. Laq'a taypinwa anatapxirïta, awisax awk taykajan utapat wali jayaruw anatapxirïta. Uka markan pisin jakasir wawanakampix janiw jayankxänti. Janiw kunatsa munkayätti, ukampis janiw jan walin jilsuwaykti.

Olumide Ogunsanwo: ¿Kunatsa uka chiqa sarnaqäwimp qalltawayta? ¿Awkimasa ukat uka jak'ankirinakasa jumar yanapt'apjjtam laykuti?

Achani Samon Biaou: Jïsa, kunayman clases socioeconómicas ukan jilsuñax mayj mayjawa, taqi kasta jaqinakamp chikt'atäñax wali askiwa. Ukaw qhepat qhepat qollqe toqet independencia uñt'añatakejj yanapt'pachäna. Kunjamsa pisin jakasiñajj uk yatjjayätwa, kunattejj jila parte amigonakajajj pisin jakasipjjäna.

Yaqhep wawanakajj mä qhawqha urunak anatt'añ utat jan ukankapjjatapajj janiw juk'ampïkänti, kunattejj awk taykapajj usutäpjjänwa, jupanakajj jupanakar uñjapjjañapänwa. Qalltanjja, kunatsa jan hospitalar sarapkäna uk janiw amuykayätti. Ukampis qhepatjja, walja amigonakajan awk taykapajj janiw qollatäñatak qollqenïpkänti ukat jach'a usunakar saykatañatakejj utan lurat qollanakaruw atinisipjjerïna, ukwa yatjjayäta. Ukham jan walt'äwix familiajan jan ist'atäkchïnsa, yaqha walja familianakatakix chiqäskatap amuyasta. Yaqhep jaqenakajj qollqe toqet jan walt'ayatäpjjatap amuyayäta, ukatwa jakañajj jan walt'ayatäna, ukampis uka jan walinakar saykatañatakejj taqe ch'amampiw ch'amachasipjjäna.

Olumide Ogunsanwo jupax akham siwa: Ukajj wali muspharkañawa. Ukham jan chiqak jan walt'ayasisax ukham experiencianïñamawa.

Achani Samon Biaou ukax akhamawa: Jïsa, amigonakajan familianakapampejja, kunjamsa qollqe jan utjatapajj jaqenakar jan walt'ayi uk amuyayäta. Pachpa familiajampixa, qamir kankañax janiw sinti jach'äñapäkiti sasaw amuyayäta.

Nayrïr amtatanakajatxa maynïrix wawatpach wali ch'amani libre sarnaqañwa jikxatasiyäta. Yatiqañ utan wali sum yatiqirïta ukat walja libre sarnaqañaw utjäna, ukatwa jisk'atpach libre sarnaqañax kamsañs muni uk yatxayäta. Niya llätunk maranïkayäta ukhajja, Cotonú markan yateqañ munta sasaw awk taykajar yatiyta, ukajj República de Benín markan de facto capitalapawa. Awk taykajajj wal yatiñ munapjjäna ukat llakisipjjarakïnwa, kunatsa ukan yatjjatañ munta sasaw jiskt'apjjetäna. Jupanakajj janiw kunjamtï suykayäta ukhamarjam jank'ak uka amtar saykatapkänti. Chiqansa, ¿qhawqha kutis mä llätunk marani mä wawax yaqha markan yatxatañatak mayi?

Olumide Ogunsanwo: Jumax wawatpach mä jach'a libertad ukankatapat arsuwayta. ¿Juk'amp libre jakasiñ munasajj Cotonú markar sarañ munasmati?

Achani Samon Biaou: Janiw juk'amp qhispiyasiñ thaqhañatakix utat mistuwaykti; Nayax nayratpach librëtwa, ukatwa naya pachpaw kuntï lurañ munkta uk amuyayäta. Cotonou, capital markax nayatakix wali askiwa, kunatix Kandi markankir wali suma masijax sapa maraw verano ukan visitt'ir saratapanx uka tuqit sarnaqäwinakap uñt'ayi. Naya pachpaw ukan jakañ experiencianïñ munta.

Qalltanjja, awk taykajajj janiw uka amtar jan walt'ayapkänti, ukampis mä juk'a jilïrëjjañkamaw suyt'añajatak ewjjt'apjjetäna. Ukham jaysapxatapatxa chuym ust'ayasiyätwa, janiw mä suma amuyt'asir jan ukax jilïr jaqjam uñjapkituti sasaw amuyasiyäta. Uka qhepat amtasajja, ukham jach'a amtampi mä jisk'a wawar confiyañajj pächasiñajj jupanakatakix amuyañjamapunïnwa.

Awk taykajajj yaqha cheqar sarjjañajatak jan iyaw sañ munapjjatap laykojj wal colerasiyäta, ukatwa wali wakiskirïtaj amuyapjjañapatak ch'amachasiyäta. Qhepatjja, awkijajj panpachan awk taykan sutipjjaruw mä amtar puririna, ukat mä uru manq'at awtjatäñatak huelga lurayäta uka qhepatwa permiso churitäna.

Olumide Ogunsanwo: Mä uru manq'at pist'añax jan askïkaspas ukhamaw ist'asi [Larusiña].

Achani Samon Biaou: Uka jan walt'äwi qhipatxa, awk taykajax janiw wawakïxätti sasaw amuyapxäna. Jan amuyt'asisaw yaqha markar sarjjasmati sasaw jiskt'ta, kunjamtï 18 marani mä waynajj bibliotecar sarañatak permiso mayispa ukhama. Pisin jakasiña, qullqi imaña ukat jan pisin jakasiñax mayj mayjäki uka amuyunakax amuyasiyätwa. Naya pachpaw libre sarnaqatajat wal amuyasiyäta, ukat jakäwijan mä tiempo jan librëkaspas ukham amuyaskayäta uk janiw amtaskti.

Olumide Ogunsanwo: ¿Familianakamax qullqi tuqit jan ukax qhispiyasiñ tuqit chiqak parlt'apxiti?

Achani Samon Biaou: Jubilacionat ukhamarak qullqi tuqit independencia tuqitx janiw kuna aruskipäwis utjkänti. Awk taykajajj empresarionakäpjjänwa; janiw jubilacionax per se utjkänti.

Olumide Ogunsanwo: Nayax uñjtwa. ¿Yaqha jisk'a wawanakan experiencianakapax utjpachati, ukax jumarux libertad ukat/jan ukax qullqi tuqit independencia ukar uñjañ yanapt'awayi?

Achani Samon Biaou: Yaqha pä sarnaqäwiw jumanakamp chika uñt'ayañ munapxta, jan tukuskir curiosidad ukat yaqhax tatajan contador ukhamäñapataki. Jan tukuskir yatiñ munañampiw qalltañäni. Nayajj jan wali wawäyätwa.

Olumide Ogunsanwo jupax akham siwa: ¿Escuelan sum yatiqatamat ukham lurawayta?

Achani Samon Biaou: Jïsa, nayax "jan wali" wawat uñt'atätwa, kunatix nayax yatxatañ munaraktwa ukat kunatix jark'atäki jan ukax jan askïkaspas ukham uñjatäki ukanak yatxatañ munatax layku. Ukhamäkchïnsa, escuelanjja wali sumwa yateqawayta, ukat yateqañ yateqatajatjja, mä juk'a llamp'u chuymanïñwa yanapt'itäna. Amuyt'añataki, kullakanakajarojj chacha visitt'irinakar visitt'apjjañap jark'apkchïnjja, kunatsa ukham visitt'apjjerïna uk amuyañwa nayajj munta. Kullakanakajampi jakasir waynäkasaxa, kunatsa yaqha yuqall wawanakax jan munatäkaspas ukham uñjapxirïna uk janiw amuyirïkti. ¿Académica tuqit jan sum yatiqaptap laykuti? Ukhamarakiw tatajan periodiconakap jan utjkipan jamasat liyt'irïta, ukhamat kunatsa jupatakejj wali wakiskirïpacha uk amuyañataki.

Olumide Ogunsanwo: ¿Kawkitsa aka natural curiosidad ukax juti?

Achani Samon Biaou: Pä chiqat juti. Nayraqatxa, aka libertad uka amuyunakampiw uñt'ayasi. Machaq yänak yatxatañax janiw jark'atäkti; kuna toqet yatjjatañ munkayäta ukhajja, jan pächasisaw arknaqirïta. Wali jisk'atpachaw janipuniw nayarjam sarnaqañas ni censurañas wakiskiti sasin amuyasirïkti. Yatiqañ munirïtajajj kunarus puriyitäna ukhajja, ukarjamaw sarnaqirïta. Payïri, aburrimiento ukaw sarnaqañajan yanapt'äna. Escuelan lurañanak jank'ak purintäna ukhajja, juk'amp tiempo librew jikjjatasiyäta ukat jan sinti llakisiñ munarakta. Tiempo ina ch'usar apt'añat sipansa, machaq jan walt'äwinakwa thaqjjayäta, ukanakaw amuyunakajar ch'amañcht'itäna ukat machaq yatiñanakajaruw yanapt'istani.

Olumide Ogunsanwo: Yatiqañ munañ, jan yäqañ, sapa mayni amuyt'añ, ukat kunayman thakhinak yatxatañ munañ uñacht'awinakax walja kutiw qullqi tuqit independencia ukat libertad ukanak jikxatañatak juk'amp munañar puriyi. Kunawsatix maynix anqäx tuqit amuyt'ki, machaq experiencianakar jist'aratäki, ukat nayra normas ukarjam jan phuqhaski ukhax juk'ampiw yaqha thakhinak thaqhapxi. Independencia financiera ukax mä ukham alternativa ukhamawa, convencional 9-5 irnaqawit sipansa, 60-70 marani jubilacionakama. Sarnaqäwimatxa, uka sarnaqäwinakax inas jan uñt'at amtanakar puriñ munañamatakix yanapt'pachäna.

Achani Samon Biaou: Nayax jumanakan uñjatamax iyawstwa. Niya llätunka maranïkayäta ukhaw Cotonú markar sarañ munataj phoqawayta, uka markajj capitalankirïnwa, ukanjja mä tiajampiw qheparayäta. Jupajj sapa kutiw jayarst'irïna, nayarusa pä jisk'a tiojarus jila partejj jiwas pachpaw uñjapjjerïta. Uka experienciax sapa mayniruw independiente ukhamäñasataki ukat jakäwis apnaqañasatak yanapt'apxitu. Cotonou markan jakasajj qollqe toqet yateqañwa yanapt'itäna. Janiw kunjamtix awk taykajampi jakaskayäta ukat janiw qullqi apnaqañax wakiskiti, jichhax manq'añjam gastos ukanakatakix presupuesto lurañaw wakisïna kunatix naya pachpaw qullqix apnaqawayta ("P&L").

Olumide Ogunsanwo: Jumax janiw P&L ukax utjkänti. Jumax ukhamakiw chhaqtäwinak utjawaytam [Larusiña].

Achani Samon Biaou: [Jachaqt'asisaw] Nayax gastos ukanakax utjawayitu. Kunapachatï 11 maranïkayäta ukhajj Cotonou markar sarjjayäta ukhajja, awk taykajajj gastonakaj phoqañatakejj qollqe apayapjjetäna. Uka qollqejj nayaruw cheqak apayanipjjeta sasaw mayiyäta, janiw tiajajj jayarst'irïkänti. Niyakejjay jisk'a wawakïyätwa ukat janiw sapaki bancor sarañjamäkänti, ukatwa qollqe qollqe katoqañ munayäta. Mä phajjsi tukuykamaw presupuesto lurañ yateqawayta, kunapachas juk'amp gastasiñaja ukat kunapachas qollqe imañasa uk sum amtawayta. Nayajj wali sumwa lurañanak lurañ qalltawayta, ukat qollqe jan tukusiñajj kunja wakiskirisa uksa amuyaraktwa.

Olumide Ogunsanwo: ¿Akax 11 marat 14 marakamax pasäna?

Achani Samon Biaou: Ukax chiqawa.

Olumide Ogunsanwo: Ukham jisk'a maranix uka experiencia jikxatañax janiw iyawsañjamäkiti. Jila partejja, jaqenakajj universidadar sarañkamajj janiw ukham experiencianïpkiti. Ukajj wali waynakiwa, mä juk'a parlt'añäni. ¿Kuna yaqha experiencianakas wawatpach qullqi tuqit independencia ukar wakicht'apxtamxa?

Achani Samon Biaou ukax akhamawa: Paqallq maranïkayäta ukhajja, tatajan contadorapäjjtwa.

Olumide Ogunsanwo: Ukax wali muspharkañawa. Jumax nayratpach nayrar sartat matemáticas uñt'awayta.

Achani Samon Biaou: Pusi maraniw primaria ukar sarañ qalltawayta, janis ukax jaysatäkchïnxa. Kunjamsa uka edad mayiwiru jan walt'ayañ atipjjayäta uk janiw amtaskti.

Olumide Ogunsanwo: Nayax kunjams lurapxta uk yatiyapxsmawa. Tatamax mä waynaruw uñt'äna, jupax mä waynaruw uñt'äna, jupax mä waynaruw uñt'äna. Ukhamaw irnaqäna.

Achani Samon Biaou: [Jachaqt'asis] Inas. Uka tiemponjja, janiw uka dinámicanak yatkayätti. Mä jach'a panadería ukanïpjjayätwa, ukaw markapachar manq'añanak churapjjerïta. Nayan lurañanakajatjja, jila parte arumanakax libronak imañwa uñjirïta. Walja tunka aljirinakax utjapxitu, jupanakax wali alwat purinipxirïna, mä qawqha patak baguettes ukanakan inventariop apthapiñataki. Ukat yänakap aljañ tukuyasajja, arumaw cuentanakap pagañatak kutt'anipjjerïna. Jiwasan insumos (jarina, levadura, gasolina, ukat juk'ampinaka) ukat salidas (jakhuwi baguettes sapa aljirinakaruw puriyata) ukanakar uñakipañatakix tatajax mä papel cuaderno apnaqatayna, ukax mä declaración de Ganancia y Pérdida ukham uñt'atawa. Sapa aljirinakatakix unidad precio ukamp cantidades ukanakax waljaptayañaw wakisïna ukat taqi kuns yapxatañaw wakisïna. Awisax aljirinakax atraso ukanipxirïna, ukat qhipharux qhawqha qullqis pagañapa uk yatiñatakix uñakipt'añaw wakisïna.

Libronak equilibrio lurañatakejja, tatajajj calculadorapampiw qellqatanakar mayachthapirïna. Ukampis niyakejjay matemática toqet sum yatjjatatächïnjja, amuyunakajan taqe kun jakt'añajatakiw ewjjt'ayäta. Nayax tatajan calculadorapäñ munasaw qalltawayta, ecuaciones ukanakamp irnaqasa, 75 kuti 1243 ukat 75 kuti 419. Yatiqañ utanx multiplicación básica ukx 5 kuti 5 ukat 4 kuti 9. Qhipharux P&L ukx katuqañ munawayta gestión taqpacha. Tatajajj qalltan pächasïnwa, ukampis qhepatjja yant'añajatakiw iyaw säna.

Mä akatjamatwa mä cheqan jikjjatasiyäta, ukanjja jilïr, experienciani aljirinakajj jutapjjäna ukat saldonakap askichapjjerïna. Uka urux qhawqha piezas aljapxi uk jiskt'asirïta ukat jank'akiw jiwasan registronakasampi chika numeronakap uñakipirïta. Mä juk'a matemáticas mentales ukanakampiw qhep qhepa saldopajj pagapjjañapa uk jakt'asirïta.

Olumide Ogunsanwo jupax akham siwa: [Larusiña] ¿Jumax amenazastati, estilo mafioso, jan qullqi churapkani ukhax kayunakap p'akjañamawa? ¿Ukhamti irnaqäna?

Achani Samon Biaou: [Larusiña] Walikiwa, janiw chiqpachakiti, ukampis walja inteligencia emocional ukaw utjäna. Kunjamsa tatajajj aljirinakampi chik sarnaqäna uk yatjjatayäta. Amuyt'añataki, mä señoraw utjäna, jupajj sapa kutiw qollqep sum apnaqañatak ch'amachasïna, sapa kutiw pagañ qhept'ata jan ukajj manunïtapat pretextonak uñacht'ayirïna. Jupax kunayman yänak juchañchirïna, kunjamatix mä pasajero autox t'ant'a canastapar umamp ch'allt'ata, ukat jan wali yänakax jan aljañjamäki ukanak juchañchaña, ukat walja phaxsinakaw jisk'a qullqinak pagañ mayirïna. Ukanakax khitirus pasaspa, jupampixa, kunas jan ukax maynis jan walïkaspa ukhamänwa. Kunapachatï purinkäna ukhajja, kusiskañ yänak jaytañajj wali askiwa ukat jakhüwinakar chuym churañajj wali askiwa sasaw amuyayäta: "80.750 CFA manüpjjtawa". Ukham amuyt'awix quejas ukat excusas ukanakaruw khuchhuqawayi.

Tiempompejja, aljirinakajj kunjamsa jikjjatasipjje uk liyt'añwa yateqawayta, ukat kunjamsa ch'amäki uka aruskipäwinakar askichañsa yateqawayta, ukhamatwa aski aruntäwinakampi ukat jisk'a arunak apnaqasa, ch'ajjwañanak nayrar sartayañataki ukat ch'iyjañataki. 7 jan ukax 8 maranïkayäta ukhaxa, payllañanak apthapisxayätwa, khitinakas qullqi manüpxitu uk yatxatayäta, ukat negocion lado de suministro ukarux inventario apnaqañ uñjasax apnaqarakta.

Olumide Ogunsanwo: Jïsa, jumax wayn tawaqutpach economía ukat qullqi apnaqañ ukat taqi ukanak uñt'ayawayta. Ukajj juk'akiw utji.

Achani Samon Biaou: Nayax qhan amuyasta, kunas mä excedente ukaniñax ukat mä negocio apnaqañax sañ muni. Wawäkasas inflación uka amuyunakax amuyasta, kunapachatix tatajax mä baguette ukan chanip jiltayäna, kunatix jak'u juk'amp jila chaniniw kunjams jan walt'ayaspa uk amuyasiyäta. Nayax jisk'atpachaw uka amuyunakax mä jach'a nivel de conciencia ukat comprensión ukanïnwa.

Olumide Ogunsanwo: Wali askiwa, jumax wayn tawaqutpachaw negocios finanzas ukat finanzas personales ukanakan experiencia jikxatawayta. Nayrir sarnaqäwit pachpa P&L apnaqañan experienciamax, awkiman aljirinakampi chikt'atätapat uñjawinakamampi chikt'ata, ukax mä suma muyuñ qullqi tuqit amuyt'awiruw puriyi, uñt'at ukampis mayj mayj chiqanakanxa. Finanzas empresariales ukat finanzas personales ukax janiw pachpäkiti, ukampis wali aski yatichäwinakaw utji, ukanakax jupanak taypinx mayjt'ayasispawa. Janïr 13 maranïkasajj panpacha experiencianak jikjjatañajj wali muspharkañawa.

Achani Samon Biaou: Finanzas empresariales ukan experienciapax wayn tawaqutpachaw inmuebles ukan uraqpachar uñt'ayitu. Familiajan utapax qhathu jach'a callenkänwa, ukat tienda aljirinakaruw unidades alquilapxirïta. Sapa phajjsi alquiler pagapjjatap yatisajja, awisajj askichañatakejj qollqe pagapjjatap yatisajja, panadería negociot ganancia ukat pérdida uka principionakarjamaw alquiler negociojan ganancianakapat jakt'ayäta. Tienda aljirinakax qhawqha ganancianaksa jikxatapxi ukat uka qullqit qhawqha qullqis jupanakar tiendanak alquilasax katjapxirïta uk yatxatañ wal munta.

Markachirinakan yatxatäwinakajat tatajampi parlt'asipkta uk amtastwa. "Marka jak'an mä juk'a yatxatäwinak lurawayta, ukatx pä cuadras callin uraqininakax jiwasanakar uñtasit alquiler mayipxi uk jikxatawayta. Ukampirus kawkhantix jikxatasktan ukax juk'amp askiwa, ukhamax juk'amp qullqi mayiñasawa". Tatajajj kunjamsa uka yatiyäwinak jikjjatta sasaw jiskt'itäna, ukat mayni utaninakan yoqapampi jan ukajj phuchapampiw amigopäyäta jan ukajj parlt'asiñ ist'arakta sasaw qhanañcht'irïta.

Awisax tatajax yaqha yatiyawinak uñt'ayirïna, "aka tiendax juk'a qullqikiw payllaski kunatix jupax suma arrendatario ukhamaw jikxatasïna, ukampis negociopax janiw sum luraskiti, ukat janiw juk'amp qullqi churañ atkiti". Uka aruskipäwinakampiw jisk'atpachaw negocio tuqit kunayman tuqinakat uñt'ayawayta.

Olumide Ogunsanwo: ¡Ukax wali muspharkañänwa! ¿Kuna jach'a yatichäwinakas jisk'a wawat yatiqawayta, ukanak mä juk'a qhanañcht'añ munasma?

Achani Samon Biaou: Mä qawqha yatichäwinakaw utji:

1. Jan qullqinïñax kuna jan walt'awinakas utji uk yatxatawaytwa, pisin jakasir familianakan amigonakajampi chikt'ata.

2. Nayax nayratpachaw qullqi tuqit ukhamarak negocio tuqit uñt'asiwayta kunatix tatajan contador ukhamätwa.

3. Nayax finanzas personales, autogestión ukaruw uñt'ayawayta, chiqpachanx 11 maraniw awk taykajat qullqix t'ijtxa.

Wali muspharkañawa, juk'amp nayrar sartat jaqinakax nayraw jutapxäna kunatix nayax janïr qullqi tuqit yatxatkasax negocioruw yanapt'askayäta.

Olumide Ogunsanwo: ¿Kuns jumax wawatpach janïr jach'a yatiqañ utar sarkasax uñt'añ munta jan ukax yaqha tuqit lurañ munta?

Achani Samon Biaou: Nayax mä jach'a lurawimp uñt'ayasiñax wali askiwa, kawkhantix janiw nayax sapa kutix atipt'irïkti. Kuntï siskta uk sum amuyt'añatakejja, mä uñacht'äwiw uñacht'ayasi. Markajanjja, janiw yateqañ toqet jan ch'amanïkti ukat sapa kutiw clasejan nayrïr chimpuntayäta. Cotonou markar purinkta ukhax yaqha yuqall wawaw - qhipatx mä suma amigoruw tuküna- jupax dominante yatiqiriw jikxatasïna. Jupajj wali ch'amani ukat sum amuyt'asirïnwa, nayasti jila partejj anatt'asirïtwa.

Olumide Ogunsanwo: [Jachaqt'asis] Jumax suma kusisiñax wali askiwa.

Achani Samon Biaou: [Jachaqt'asis] Jïsa, suma kusisiñax nayatakix wali askiwa, jupax wali ch'amanïkchïnsa.

Nayax mä pampat jutta, janiw juk'a uñt'atäkiti, jupax walja qillqatanakaruw puri, Voltaire, francés wali uñt'at qillqirin qillqatanakapa.

Awkipax gobiernon ministrupawa, tatajax empresario ukhamarak comunidadan yanapt'asiñapatakix wali ch'amanchatawa.

Jakäwijajj mayj mayjänwa, jupajj markan sarnaqañatakejj autompi ukat conductorampiw utjäna, nayajj motojaruw atinisiñajäna ukat naya pachpaw thakinakan sarnaqañajäna.

Taqi notanakapasa ukat sapa mayni grandes ukanakapas walja asignaturanakanx nayat sipan juk'amp jach'änwa. Jupax jilpach yänakanx wali sumapunïnwa ukat taqpachanx wali sumarakïnwa.

Matemáticas ukat Física ukanakanx wali sumapunïnwa ukat jupat sipansa juk'amp sumwa yatiqirïta, ukampis francés ukat historia ukanakanwa juk'amp sum yatiqäna. Jupax taqi kasta sofisticado arunak yatïna ukat francés arunak examenanakanx wali suma puntunak apsuñ yatïna. Mä pampan jilsusajja, janiw ukanak wal uñjkayätti.

Olumide Ogunsanwo: Yaqhip kasta yatichäwinakan lurawipax exposición ukampiw wali correlacionata.

Achani Samon Biaou: Chiqpachansa. Ukapachaw nayrïr kuti jan kunatak askïtaj amuyayäta.

Olumide Ogunsanwo: Ukax wali askiwa. ¿Kunatsa ukham ch'amani aru, "jan amuyt'asir" arunak apnaqta?

Achani Samon Biaou: Nayax mä kutikiw payïr chiqan jikxatasiyäta, kunapachatix pampan jikxataskayäta ukhaxa, ukatwa naya pachpax wal colerasiyäta. Nayax jiskt'asiwaytwa, liwxatañ qalltawaytati ukat kunats jan jilïr posición ukar jan chhaqhayañjamäkti.

Olumide Ogunsanwo: Wawäkasax walja ego ukaw wali suma jaqïñatakix uchawayta. Ego ukax ukaruw uñt'ayasïna. ¿Ukhamti jumajj siskta?

Achani Samon Biaou: Janiw yatiskti, nayax ukham sutinchañ munta.

Olumide Ogunsanwo: Janiw iyaw sañ munktati, ukampis ukhamaw ist'asi. Ukatwa jumajj chuym ust'ayasiyäta.

Achani Samon Biaou: Nayax nayraqat uñt'ayasiñatakix taqi kunatix wakiski ukanak amuyt'añajawa ukat luraňajawa sasaw amuyasta. Nayrïr numeronïñatak ch'amañcht'atajajj janiw mayninakamp chikachasiñat ch'amañcht'atäkänti, jan ukasti naya pachpaw juk'amp sum lurañ munayäta.

Olumide Ogunsanwo: Nayax amuyasta. Janiw yaqha jaqinakamp chikachasirïkänti. Ukat mayninakan luratanakap uñjasas juk'amp sum lurañatakejj chuymajanwa ch'amañcht'asirïta. Janiw yaqha jaqenakamp chikachasiñatakejj ukhamäkänti.

Achani Samon Biaou: Nayrïr conjunto de examenes ukanakat qhiparux. Nayax payïr chiqankäyätwa. Jupax taqi kunatix janiw Matemáticas ukat Física ukanak apnaqkänti. Nayatakix mä sartawipunïnwa kunatix francés arun suma jikxatasiñax janiw munañampikix uk amuyasta; Wakicht'asiñatakejj juk'amp ch'amachasiñaw wakisïna. Uka mayni yateqerejj pantjasitanakajasa, pantjasitanakajsa qhanstayäna, ukat mä qhawqha tiempow colerasiyäta. Nayax taqi kasta excusanakampiw juk'amp jisk'a lurawix racionalizar yant'awayta, kunjamakitix "jupax Ministro de Estado ukan yuqapawa, ukhamax chiqans, taqi uka recursos extras ukanakax inakiw katuqaraki".

Mä qhawqha tiempojja, janiw jupar gustkitänti, ukat sinti ch'amanïtapa ukat chuym ch'alljjtayasirïtapwa amuyayäta.

Olumide Ogunsanwo jupax akham siwa: Jupajj janiw sum anatt'irïkänti.

Achani Samon Biaou: Jïsa, jupax janiw kuna anatt'asirïkänti. Amigonakajarojj akham sasaw sapjjerïta: "Janiw jupajj thaya wawakïkiti" sasa.

Qhepatjja, mä asnu jaqëjjatap amuyasta. Uka jan walt'äwejj taqe kunatï nayatak ch'amañcht'kitäna ukawa. Mä libronak aljir tiendaruw sarayäta, ukat sapa phajjsit qollqe churapkta ukat chikat francés qellqat libronak jikjjatkayäta ukanak alañataki. Jupanakar qollqe churañatakejja, mä uru manq'añat sipansa, janiw awk taykajar yatiyirïkti.

Olumide Ogunsanwo jupax akham siwa: ¿Jumax machaq manq'at pist'añ manq'añ qalltawaytati? [K'aja]

Achani Samon Biaou ukax akhamawa: Jïsa. Matemática ukat física ukanakat janiw sinti yatxatañax wakiskiti sasaw amuyayäta. Antisas qellqatanak liyt'asaw machaq arunak yateqawayta. Mä maratjja, qellqatanakan qhept'atäñat sipansa niyas atipt'asirïtwa. Sarnaqäwimp chika. Junior mara janïr qalltkipanjja, vacacionajan taqpach tiempow yateqañatak apst'asiyäta. Nayax wali ch'amampiw irnaqawayta ukat Cotonú markar kutt'asax jupar t'unjañatakix wakicht'ataw jikxatasiyäta.

Olumide Ogunsanwo: Jumax wali ch'amanïtawa.

Achani Samon Biaou: Nayan ch'amanchawijax jan kuns lurañjamäkaspas ukhamaw jikxatasiyäta. Jichhajj kuntï luraskta ukat sipansa juk'amp ch'amanïtti sasaw jiskt'asiyäta. Kunawsatix verano samarañ tukuyatat yatiqañ utar kutt'awaykta ukhax jach'a atipt'asir masijax Benin markan francés yatiqañ utar sarxatapat yatisax walpun muspharta, ukax qhipatx Francia markan jach'a yatiqañ utar sarañax janiw ch'amäkaniti. Nayatakix t'ijtxaspa ukhamänwa.

Aka sarnaqäwix wali suma jaqinakamp muyuntat uñjañ munatax uñacht'ayañatakiw uñt'ayawayta, janis jupanakax pachpa yatichäwinakan sum yatiqapkchïnxa, nayra maranix ukham jaqinakamp uñt'ayasiñax wali askiwa. Uka qhepat amtasisajja, pampankir yaqhep maranakajj ina ch'usar tukuskaspas ukhamwa uñjta, kunattejj yateqer masinakajampikiw muyuntatäyäta ukat wali suma yatiqirinakampejj janiw uñt'asirïkti.

Amuyt'añäni, jisk'äkayäta ukhajj Bill Gates chachar uñtasit jaqemp chikäñajj utjaspa ukhajja.

Olumide Ogunsanwo: Jichhax mayjt'awix Internet ukawa. Jaqinakax jank'akiw uñt'ayasipxi, jumax akapachan wali suma jaqïksta ukhasa. Computadoras ukat Internet ukax chiqpachapuniw janïräkipan jilsuwayapxta. Jichhajj aka liyt'asksta ukhajja, jumatakejj juk'amp faciläspawa.

Achani Samon Biaou: Mä aski yatichäwi yatiqawayta, ukax mä juk'a llakimpiw jutäna. Amigojar jan nayraqat jan uñt'atajat arrepentistwa, inas Norte toqenkkayäta ukhas arrepentista. Jupamp jank'ak uñt'asiristjja, inas nayratpach francés aru ukat geografía toqet juk'amp yatiñ munjjayäta.

Jichhajj amuyasta, kunapachatï mä toqet sum yatjjatkta ukhajja, kuna jiltäwisa ukat nayrar sartañas utjani uk janiw amuyañjamäkiti. Ukatwa machaq experiencianak thaqhañatakisa ukat juk'amp uñt'ayasiñatakis wal ch'amachasiwayta. Sapa kutiw viajta, machaq amigonak jikxatta, ukat kunayman tuqinakan qhipa amuyunaka ukat kunanakatï utjki ukanak amuyañatakiw ch'amachasta.

¡Jutïr jaljan uñjañäni!

2C: Principios de Autocreencia & Autoconfianza uka tuqita

Olumide Ogunsanwo: Sapa jaljanx pankanx jakäwisat arsusaw qalltapxtanxa, ukatx qullqi tuqit independencia tuqit específicos principios ukanakatw arsupxta, ukax sarnaqäwinakatakix juk'amp wakiskiriwa sasaw amuyapxtanxa. Aka jaljanxa, jiwas pachpar iyawsañataki ukat jiwas pachpar atinisiñ tuqitwa parlt'añäni. Jupa pachpar iyawsañampi qalltañäni.

Jupa pachpa iyawsañaxa, mä jaqixa amtanakapa phuqañataki ukhamaraki jark'awinaka atipjañataki iyawsaña sañ muni. Qullqi tuqit independencia ukax lurañaw wakisi, ukat uka lurawinakax amuyunakamarjamawa. Ukatwa, autocreencia, ukax autopercepción, autovalor, ukhamarak kunjams yatiyawinak apnaqañ ukanakaw utji, ukax nayrïr amtawinakat maynïriwa, qullqi tuqit independencia ukar puriñatakiwa.

Achani Samon Biaou: Jumatix mä pasajero ukhamästa, kuntix taqinix lurapki uk lurasa, qullqi tuqit independencia ukax ch'amakïspawa. Ukax mä amtar puriñawa. Mä amtar puriñatakikix ukar iyawsañaw wakisi, kunatix sociedad ukax siwa 70 maranikiw jubilasma, inas amuyt'añ qalltaraksta, qullqi tuqit independiente ukhamäñatakix excepcional ch'amanchawi jan ukax yatiñanakax wakisiwa, ukanakx janiw utjktamti. Uk atipjañaw wakisi ukat qullqi tuqit independencia ukar puriñatakikix ch'amanïtawa ukat chiqpachapuniw munañama sasaw amuyañama.

Olumide Ogunsanwo jupax akham siwa: Jupa pachpa iyawsañan ch'amapax janiw qullqi tuqit independencia ukat juti, jan ukasti jakäwin kuna askinak lurañat juti.

Jila parte autobiografías ukanakanjja, kunapachatï uka jaqejj cheqapuni akapachan mayjt'ayaspa uk amuyasi ukhawa. Chiqpachansa, kunatï wakiskirïki uk lurapxaspawa. Jaqinakax jach'a ch'amanïpxiwa, ukampis ch'amanïpxatap amuyasipxaspa ukhakiw ch'amanïpxi. Janitï ch'amanïtam creysta ukhajja, janiw kuns lurkätati.

Amuyt'añataki, khitinakatix Jilïr Irpirir tukupxaspa sasin amuyapki ukanakax uka amtar puriñkamax juk'ampiw nayrar sartapxi, khitinakatix jan amuyt'apki ukanakat sipansa. Aka jaljanxa, wawanakan sarnaqäwinakapat parlkchixa, yatichäwinakax taqi kasta maraninakatakiw yanapt'i.

Janiw uka pachpa thakin qhiparañax wakiskiti, ukax jakäwiman aka chiqar puriykistu. Inas yaqha tuqinakatxa kuntï munkta uk jakäwiman apsusma, jichha amtäwimarjam jan sarantasa. Yatiqañax amuyunakamar mayjt'ayañawa ukat kunayman amuyunak uñt'ayañawa.

Jumatix aka libro liyt'asksta ukhax Europa jan ukax América uksan jakasksta, jan ukax juk'amp qamir chiqan jakassta, ukax nayrar sartaskir markanakanwa. Ukax inas sañ munchi, jumax walja ventajas ukaniwa, uraqpachan mayninakax janiw amuyapkaspati (q'uma amuyu, k'umara janchi, ukat kuna yatiyawinaktix munkta Internet tuqi kuna pachas puriñjama). Jumatakix qalltawix amuyunakam mayjt'ayañawa, ukhamat taqi kunas jakäwiman lurasispa sasin amuyañataki. Aka uñjawix juk'amp amuyt'awinak jikxatañataki ukhamarak apnaqañataki kunatix nayratpach jumatakix utjkän ukanak jikxatañataki ukhamarak apnaqañataki.

Achani Samon Biaou: Jumax impulso uñstayañ yatiñamawa. ¿Ukajj jiwas pachpar creyiñ toqet kamsañsa muni? Nayraqatxa, pachamamarux kunayman yänakampi ukat jaqinakampiw phuqt'ayañama, ukanakax lurañjamäkaspas ukhamaw iyawsayañama, ukat kuna yänakas ukat jaqinakas contrario ukar iyawsayañ yanapt'iristam ukanak apsuñama.

Olumide Ogunsanwo jupax akham siwa: Familiama ukat amigonakamäpkchisa. Mä chiqax kunatix yaqhip jaqinakax jan wali autoimagen uñstayapxi ukax kunatix jupanakarux jan walinak yatiyapxiw masipa, chacha, warmi, amiga, kullaka, awki, tayka, yatichiri, jefe, etcetera. Uka jaqinakat jithiqtañamawa ukat kawkhantï jumax askïkasmas ukham amuyaskta uka chiqar puriñamawa.

Jan ukhamäkanixa, uka jan wali amuyunakax qhipäxar jaquntapxätamwa. Jilïr jaqëjjasajj janiw ch'amäjjeti. Chuyman jaqinakax jupanakpachas sumankañan jikxatasipkaspa ukhamawa ukat mayninakan uñjataparux janiw sinti yäqapkiti, kunatix jupanakax yatipxiw jupanakpachan valoracionapax chuymapat juti ukat yaqha jaqinakax janiw jupanakat llakisipkiti kunjamtï amuyapki ukhama. Jumatï waynäsksta ukhajja, uk yapuchañ qalltaraksnawa ukat mayninakajj jupanak pachpat juk'amp llakisipjjatap amuyaraksnawa, janiw jumat lup'iñatakis tiempo apt'asipkiti. Ukhamasti, janiw khitis khitïtas uk qhanañchkaspati. Jumaw jakäwin wali askïtap qhanañcht'tajja.

Achani Samon Biaou: Juma pachpar iyawsañatakix amuyunakamar yatichañamawa, ukhamat kuntï lurañ yatkta ukanakar atinisiñataki. Mä aski lurawix jisk'a amtanakar puriñawa, ukax mä sensación de cumplimiento tiempompix uñstayi. Kunjamtï jisk'atpach kusist'añanakansa, anatt'añanakansa jan ukax yateqañ tuqit sum yatxatt'at wawanakax kuntï lurañ yatipki ukar juk'amp iyawsapkixa, ukhamarakiw sapa kuti yatiqasa juma pachpar iyawsañ costumbrenïsma. Amuyt'añataki, tenis anatir wawanakax sapa kuti ensayasax yatiñanakaparux juk'amp sumwa yatiqapxi, ukhamatwa janiw tenis anatt'añatakikix juk'amp sum yatiqapkiti, jan ukasti yaqha anatt'añanakansa juk'amp sum yatiqapxañapatakiw juk'amp atinisipxi.

Jaqinakar activamente apsuñama, jupanakax janiw kuns lurañjamäkiti sasin amuyayapxtam ukat aski influencianak yapxatañamawa, jupanakax jakäwiman amtanakam phuqhañax ch'amanïkaspas ukhamaw jikxatasipxi.

Olumide Ogunsanwo jupax akham siwa: Aka pankax jaqinakarux chuym ch'allxtayi, jupanakax jan walt'ayat jaqinakawa, anqäx markankirinakaru, jisk'a jaqinakaru ukhamarak yaqha markat jutirinakaru. Chiqansa, uka librox taqinitakiwa kunatix qullqi tuqit independencia uka kamachinakax taqinitakikiwa.

Jumatix mä jisk'a jaqi, anqäx jaqi, jisk'a jaqi jan ukax yaqha markat jutir jaqit uñt'ayassta ukhax machaq situacionanakax juma pachpar iyawsäwima ukat juma pachpar atinisiñ yant'aspawa, uk yatiñax wali askiwa. Nayratpach wakicht'asisajja, jan uñt'at cheqanakar sarkasajj jan ajjsarirïsma ukat taqe chuym churasma. Amuyt'añataki, jumatix Uganda markankir inmigrante Dakota del Sur uksar sarxsta ukhax machaq pacharuw mantasma, kawkhantix 90%+ jaqinakax jan jumar uñtasit jan uñnaqt'anïpkchiti. Jumax pä kutiw juk'amp jisk'achañama, juma pachpat khuyapt'ayasiñama ukat juma pachpat uñjañamataki, ukhamat juma pachpar iyawsäwima ukat juma pachpa uñt'ayasiñamataki, kunawsatix aka machaq pachan jan walt'awinakapar saraskta ukhaxa.

Achani Samon Biaou: Nayax identidad tuqit mä uñt'at amuyuruw ch'amanchañ munta. Yaqha markat jutir familianakax walja kutiw wawanakar uywañ jan walt'äwin uñjasipxi, jupanakax cultura saphinakapat jan chikañchataw jikxatasipxi ukat mä crisis de identidad ukamp ch'axwapxi.

Mä aski thakhix uka tuqit askichañatakix wawanakarux ch'amanchañawa, jupanakax patrimonio cultural ukar taqpach katuqapxañapataki, sañäni, nayra aru arsuñapataki jan ukax markapar visitt'añataki. Ukax wawanakarux jupanakpachan juk'amp suma jikxatasiñatakiw yanapt'i, ukat juk'amp ch'amampiw identidad ukat jupanakpachar iyawsäwir puriyaspa. Ukham amuyt'asax wawanakax saphinakap taqpach katuqapxaspaw ukat sapxaspawa, sañäni, jupanakax estadounidenses ukanakaw Nigeria markankir jaqinakawa. Uka identidad ukarux jan phinq'asisaw taqpach katuqapxi.

Jan ukax yaqhip yaqha markat jutir familianakax kawkhantix sarapki uka markan identidad ukar taqpach katuqañ amtapxaspa, kunjamakitix wawanakaparux identidad americana ukar katuqapxañapatak ch'amanchañataki. Mä amtar taqpach ch'amanchañax wali askiwa, chika thakhinjam sarañat sipansa, ukax jan walt'awinakaruw puriyaspa ukat maynix jan qhanpach amuyunakaparux puriyaspawa.

Olumide Ogunsanwo: Jupa pachpar atinisiñax manqhan ukhamarak anqankir tuqinakatw uñt'ayasi, ukax pachamamampiw uñt'ayasi. Jilïr jaqëjjasinjja, juk'ampiw pachamamar apnaqañ yatta, ukampis wawanakajj awk taykaparu ukat yatichirinakapatwa juk'amp dependipjje, ukhamatwa kunanakatï jakapki ukanakar uñtasitäpjje. Ukatwa, awk taykanakatakis yatichirinakatakis wawanakar ch'amañcht'añax wali wakiskirixa, ukhamatwa jupanak pachpa sum amuyt'asipxañapataki, jupanakpachas wali askit uñjasipxañapataki, ukat jupanakpachas iyawsapxañapataki. Jan ch'aman autocreencia ukampix wawanakax psicológicos jach'a jark'awinakampiw uñjasipxaspa, jupanakan autoimagen ukanakap juk'amp sumaptañataki ukhamarak jan wali lurawinakap qhipa jakawipanx p'akintañataki, kunapachatix qhipharux sapa mayni desarrollo ukat qullqi tuqit independencia uka thakhipar mantapxi.

Mä qawqha libronakan iwxt'awinakapaw yanapt'añatakix kunjams sarnaqañasa ukat jakañas jupa pachpar iyawsañasa:

Nayraqatxa, " Jaqix kun sañs muni uk thaqhatapa [1]" Victor Frankl sat chachan qillqata. Mä Holocausto ukan qhispiyat jaqit sarnaqäwipa, jupax mä campo de concentración nazi ukan jan iyawsañjam jan walt'äwinakan

1. https://www.amazon.com/Mans-Search-Meaning-Viktor-Frankl-ebook/dp/B009U9S6FI

uñjasiskchïnsa, amtap jikxatañatakix jupa pachpaw iyawsäna.

Payïri, " Máximo Logro [2]" Brian Tracy sat chachan qillqata. Brian jilatajj wali jan walinakansa uñjaskchïnjja, mä urunak irnaqt'irïkchïnjja, escuelat mistjjäna ukat familiapan jan yanapt'anïkchïnjja, qhepatjja jupa pachpaw wali ch'amachasïna. Jupa pachpar uka iyawsäwipax jupa pachpaw nayrar sartañapatak yanapt'äna, ukat jupa pachpatakix mä kusisit jakañ utjañapatakiw yanapt'äna.

Uka pä libronakajja, jaqenakarojj jupanak pachpar juk'amp creyipjjañapataki ukat jan tukuskir ch'amanïpjjatap amuyapjjañapatakiw yanapt'aspa. Chiqpach mayjt'awix amuyunakaman, filosofía, amuyunakamar, ukat manqhan aruskipäwiman irnaqañamp qalltawayi. Ukhamatwa juma pachpa nayrar sartañataki ukat qullqi tuqit independencia lurañatakix kuns lurasma.

Jichhax jiwas pachpar iyawsasiñ tukuyxtan ukhaxa, ¿ukampi chikt'at amuyunakax jiwaspachar atinisiñ tuqitx saraskakiñäniti?

Achani Samon Biaou: Jïsa, ukat juk'ampinaka. Jupa pachpa atinisiñajja, ch'amachasitaparu ukat kuntï lurañ yatki ukar atinisiñawa. Mä jach'a cajonat mä vaso apsuñapatak mayit pä wawanakar amuyt'añäni. Mayni wawax kuns makhatañatakix thaqhaspawa, mayni wawax awk taykapar jawsasaw jilxattañapatak mayispa. Nayrïr wawax independiente ukhamawa. Payïrix wali amuyt'atawa mä sistema de apoyo uka tuqita.

Olumide Ogunsanwo: Jan walt'awinak askichañar jak'achasiñatakix pä thakhiw utji. 1) Kunjamsa juma pachpa jan walt'äw askichasma uk sum amuyt'asma jan ukajj 2) Khitis jan walt'äw askichañ yanapt'iristam uk amuyt'asma.

Jan autoconfianza ukan jan walt'awipax yaqha jaqinakar atinisiñax mä subconjunto de espacio de solución completa ukakiw uñacht'ayi. Jaqinakax chiqans mä especie comunal ukhamawa, ukhamax natural ukhamawa jaqinakar jikxatañax yanapt'añataki solucionanak lurañataki. Ukampis kunjamsa yaqha jaqinakax yanapt'apxiristam uk jan amuyt'asïta ukhaxa, inas jan chiqpachapuni taqi ch'amamarjam lup'kstati. Awisax jumakiw uka jan walt'äw askichasma.

Achani Samon Biaou: Jumatix mä extremo de independencia completa

2. https://www.amazon.com/Maximum-Achievement-Strategies-Skills-Succeed-ebook/dp/B004PYDB1C

ukat mayninakat taqpach dependencia ukanakat ajlliñax wakisispa ukhax mä extremo de independencia ukamp qalltañax wali askiwa. Jumatï jakäwiman jaqenakar jumatak kuns lurapjjañapatak mayïta ukhajja, janipuniw kun lurañsa yateqkätati. Ukat kunapachatï uka jaqinakax jan utjxani ukhaxa, tornillompiw jaltxapxäta.

Jupa pachpat atinisiñampi qalltañax kuna jan walt'äwis utji uk amuyañatakiw yanapt'tamxa. Juma pachpa jan walt'awinak askichañ yant'añax juk'amp sum amuyt'añatakiw yanapt'i, khitimpis maynimp chikt'atäñ tukuyasma, jupanakan irnaqawipax kunjamas uk yatiñataki.

Ukhamaraki, qullqi tuqita independencia ukaru puriñatakiwa, jupa pachpa atinisiñaxa wali wakiskiripuniwa. Ukaw yatiñ munir chuymar puriyi, ukat jan walt'äwinak askichañ yateqañatakiw ch'amañcht'tamjja, ukat uka toqet kuntï lurapkta uk sum amuyt'añajj wali askïspawa. Kunapachatï juma pachpa mä luraw tukuyäta ukhajja, juma pachpaw jach'añchasïta, ukat uka suma arunakajj machaq jan walt'äwinakar saykatañatakiw ch'amañcht'tamjja.

Jupa pachpar atinisiñax mä suma ciclo ukhamawa, ukax juk'amp independencia, suma sarantäwi ukat sapa mayni satisfacción ukaruw puriyaspa.

Olumide Ogunsanwo: Samon ukat nayax aka jaljan amuyunakapat amuyt'kasax principio de responsabilidad temprana ukar uñt'ayañ amtapxta. Aka amuyt'awix Samon wawatpach experiencianakapat amuyt'ayatawa, kawkhantix juparux kunayman yant'awinak churapxäna ukat jisk'atpachaw responsabilidad ukanak katuqapxäna. Nayra pachan responsabilidad ukat independencia ukax wali sum chikt'atawa.

Awk taykjamax kunjams uka pä amuyunakax mayacht'asipxi uk amuyt'añax wali askiwa. Wawamar mä juk'a lurañanak churañasa ukat kuntï lurañ yatki ukarjam ch'amañcht'añasa, jilsuñapatakix wali askïspawa. Luräwinakampi jupanakar atinisiñam uñjasaxa, jupanakax juk'ampiw independiente ukhamäpxani, ukax jilïr jaqïxasax wali askiwa.

Juma pachpa atinisiñat sipansa, taqiniruw jakäwiman jan walt'äwinak askichañ yanapt'apxätam atinisiñama. Ukampirus qullqi tuqit independencia ukax amtawinak lurañaw wakisi ukat lurawinakaw wakisi, ukax jichha trayectoria ukar mayjt'ayi ukat qullqi tuqit mä suma thakhi personal ukar uñt'ayañataki. ¿Kunjamsa mayninakar atinisisma, kunapachatï jumajj lurañanak lurañatakejj wakiskäta ukhajja? Janiw ukhamäkaspati, ukhamasti juma pachpar atinisiñ yatiqañamawa.

Amuyt'añataki, utan qollqejj juk'aptayañaw wakisi sasin sañäni, kunattejj ukajj mä mararuw qollqe toqet jan khitin jark'atäñatak yanapt'ätam. ¿Kunjamsa utanakan qullqip jisk'achapxi uk nayraqat jaqinakar jiskt'añax juk'amp askïspa? ¿Kunjamsa jupanakan jaysäwipax jumatakix askïspa, kuna kasta utanakas jumatakix askïspa, kuntï munkta ukat munañanakamarjamäki uk yatta ukhaxa? Cheqas janïr anqan yanapt'a thaqkasajj chuymat qalltañaw juk'amp askejja.

Achani Samon Biaou: ¿Kunsa jaqinakax lurapxaspa jupanakpachar atinisiñataki? Janiw wawanakamarux videojuegos jan ukax qullqi apnaqañ uñtasit anatt'añanakak alañamäkiti, jan ukasti chiqpach qullqi apnaqapxañapatakiw ch'amañcht'añama.

Janiw mä negocio apnaqañax wakiskiti jupanakar qullqi tuqit yatichañataki - mä utan presupuesto apnaqañax mä suma thakhiw qalltañataki. Amuyt'añataki, utan gastonakapatakejj mä presupuesto churañamawa ukat gastonak apnaqañ yanapt'apjjañapatakiw mayisma, ukat gastonak apsuñapatakiw mayisma. Ukhamatwa jupanakarux dueñopjam amuyasipxani, ukat wali aski yatiñanakwa yatichapxani. Ukhamarus, manq'añanak aljir saräwinakat recibonak churaraksnawa, ukhamat aritmética mental ukar yatiqapxañapataki ukat yänakan qullqip amuyapxañapataki ukat kunjams utan presupuesto ukar jan walt'ayi uk amuyapxañapataki. Ukham chiqpach yatiqañ utanakar churasaxa, wawanakamarux jupanakpachan atinisiñapatakiw yanapt'asma, ukat juk'amp suma jilïr jaqir tukuñatakiw yanapt'asma.

Olumide Ogunsanwo: Kunjams impuestos ukanakax irnaqapxi uk qhanañcht'am. Kunatsa 42 dolaranak pagawayta sasin jiskt'apxätamxa, kunapachatï taqi yänakax alasitamax 40 dolaranakäkäna ukhaxa, sapxañamawa kunattix 2 dolaranakaw gobiernorux impuesto aljañ tuqit saraski.

Achani Samon Biaou ukax akhamawa: Chiqpachansa, Wawanakarux jan walt'äwinak askichañ yatiñanak utjañapatakix mä thakhix gastos apnaqañamp sapuru jan walt'awinak askichañawa. Amuyt'añataki, jupanakarux jiskt'asiraksnawa: "¿Kuns jisk'achañasa jan ukax jilxatayañasa wakisi, ukhamat gastos ukanakax sum apnaqañataki?" Ukaw jupanakarux sum amuyt'añ yatipxañapataki ukat kuna lurañas wakisispa uk amuyapxañapatakiw yanapt'aspa. Kunapachatï awk taykanakax wawanakax wali jisk'äpxiwa, janiw yaqhip lurañanak lurañjamäkiti sapxi ukhaxa, awk taykanakax jupanakpachax janiw sum lurañ yatipkiti. Yaqhip awk taykanakax "wawanakax wawakïpxpan" sapxiwa. Kunanakas jan mistuñatakejj amuyasiñasawa. Janiw nayax wawanakamar wawanakar irnaqañapatak qillqantapxam sapksmati.

Olumide Ogunsanwo: Jan ukax pallapallanakan yatiqañ utar khitapxam [Larusiña].

Achani Samon Biaou: Janiw wawaman jilsuñapatakix ch'amanchañamäkiti. Wawamax qullqim jan utan apnaqkchi ukhaxa, inas jakäwipanx qhipharxchispa sasaw amuyta. Nayax 7 maranïkayäta ukhax tatajan negociopan contabilidad luraskäyäta, janïr 10 maranïkasax wawamarux utaman contabilidad lurañapatak mayisma, ukat utan contabilidad ukax contabilidad empresarial ukat sipanx janiw sinti ch'amäkiti sasaw niyaw sista.

Olumide Ogunsanwo jupax akham siwa: Ukajj jiwas pachpar creyiñampiw wali sum apasi. Jilïr jaqjama, awk taykjamax juma pachpat wali askit uñjassta ukat juma pachpar atinisisma ukhaxa, wawamarux juk'ampiw lurañama. Jumatï pächassta, juma pachpat jisk'achassta, inas wawamarojj jan lurañanak churañ munksta. Ukatpï taqi uka amuyunakax mayacht'asipxta - jiwaspachar iyawsaña, jiwaspachar atinisiña, ukat jisk'a wawanakan lurañanakapa.

Chuymankipstatjja, juma pachpaw jakäwiman lurañama. Nayatakix muspharkañawa yaqhip jaqinakax janiw wawanïxiti ukat 20 jan ukax 30 maranïpxaspawa, jupanakax kuntï awk taykapax jisk'äkasin jupanakar lurapkäna uka tuqitwa parlapxi. Ukham sañax nayatakix wali llakiskañawa, ukampis 18 marat jiläxäta ukhaxa, jakäwimat juchañchañamawa.

Nayax jaqinakarux ch'amancharaktwa, kuntix wawatpach jupanakar paskatayna uk amuyapxañapataki, katuqapxañapataki, yatiqapxañapataki, ukat nayrar sartapxañapataki. Mä chiqax responsabilidad ukat jakäwimar apnaqañax nayra pachanak jaytañawa, khitinakatix chuym usuchjapktam ukat jan suyt'awinakamarjam sarnaqapki ukanakar pampachañawa.

Nayajj yattwa, sañajj facilakiwa, ukat janiw taqenin kuna jan walinakansa uñjasipjje uk yatkti. Ukjja nayajj amuyasta. Nayax yatxatwa taqiniw kunayman tuqinakat sarapxi, ukampis jilïr jaqjamax nayra pachat kuntix munkta uk yatiqañax juk'amp askiwa ukat nayrar sartañamawa. Taqi khitinakatix jumar aynacht'ayapki ukanakarux pampachañamawa ukat nayrar sartañamawa ukat juma pachpaw jakäwimatxa responsabilidad katuqañama. Janiw excusanak lurañamäkiti. Juma pachparuw iyawsañama, juma pachparuw atinisiñama, ukat taqi kuntï munkta uk jakäwit apsuñ suyt'añamawa.

Janiw qharürut jaqinakax jichhüruman jan walt'ayapxañamäkiti. Nayra tiempon fantasmanakapajj janiw jichha tiempon cheqätam jan walt'ayañamäkiti. Taqi jakäwimax nayrar sartaskakiwa, kunjamtï munkta ukhamarjam kusist'añataki. Jupanak contra envidiacionanakajj indirectamente juma pachpa contra katt'at cadenanakawa. Wawatpach chuym ust'ayasiñatakix wali ch'amawa, juma pachpar iyawsañasa jan ukax wali jach'añchasiñas ch'amakiwa. Jiwasa pachpa pampachasiñax mä thakhi taqiniw qalltañasa, nayra pachan katxarutapat qhispiyasiña ukat ch'amanchaña jutïr pachanak lurañataki.

Achani Samon Biaou: Nayax arsuwinakaw ch'axwañjam ist'asi, ukampis janiw ukhamäñapäkiti. Jumatï qamirïtamampi wawamajj jan jupa pachpa sarnaqañapatak apnaqäta ukhajja, jan walinak lurasktajja. Amuyt'añataki, Jumatix clase de negocios ukan avionat sarasksta ukat wawamampix jikxatassta ukhax clase económica ukar uraqpachamp chikaw uchañama. Mä wawax janiw kuna negocios ukankiti clase de negocios ukan qunt'atäski. Pacha.

Payïri, wawamampi experienciamaxa, suma manq'añ utanakar sapa kuti sarañax utjaspa ukhaxa, sapuru manq'añ utanakar irpañ yant'añamawa, ukhamat kunayman amuyunakanïpxañapataki.

Olumide Ogunsanwo jupax akham siwa: Kunjamatix McDonald's [Larusiña].

Achani Samon Biaou: Wawamax kuna luxus alañatakix qullqi mayt'ätam ukhax kimsa t'aqa qullqi churañamawa. Kimsïr jikxatañatakix mä thakhi jikxatapxañapatakiw mayiñama, kutt'anipxam ukat inas qhipharkir kimsïr churapxchisma. Wawamarux jupa pachpa atinisiñ thakin uchañamawa.

Ukat kunjamtï Olumidex nayraqat siskänxa, yaqhip jaqinakax jilïr jaqinakäpxiwa, jaqichatäpxiwa, ukat juk'ampinaka ukampirus waliw kuntix awk taykapax wawatpach jupanakatak lurapkän ukanakxat arsusipkaki. Inas jan sum apasiñak t'unjkchisma, jan ukasti janiw jilsuwaykätati. Kunjamsa juma pachpax kunanaksa askichasma uk thaqhañamawa. Awk taykamasa jan ukax amigonakamasa jan ukax familiamasa kunsa lurapkchïnxa, juma sapaki kuns askichañ jikxatañkamax janiw jilsuwayktati.

Ukatxa, 18 maranïxäta ukat niy universidadar sarxäta ukhaxa, janiw familiamar jak'ankir universidadar sarañamäkiti. Kawkhantï awk taykamajj jank'ak jak'achasipktam uka cheqan jayarst'añama. Awk taykaman qullqip maysar apanukuñ qalltañamawa ukat juk'amp jiltayañatakiw ch'amachasiñama.

Janiw awk taykamarux kunanaks churañamäkiti, jan ukasti qullqi mayt'asim. Kunanakatï jakäwimar ch'alljjtayapki ukanakat taqe kun lurañamatak mä cheqaruw uchasiñama.

Olumide Ogunsanwo: Mä jak'at uñt'at amuyunakax utjiwa, fijo versus crecimiento amuyunaka. Fijo amuyunakax sañ muniw aka pachar mä conjunto de habilidades, capacidades, conocimientos, intelecto, ukat jupanakax jakäwijanx fijos ukhamawa.

Jiltañ amuyunakax janiw ukhamäkiti. Nayax aka pacharux mä conjunto de habilidades, conocimientos, intelecto, capacidades ukanakampiw jutta, ukat tiempompix jilxattaspawa ukat jilxattaraktwa. Nayax wali musphataw jikxatasiyäta khitis mä fijo amuyun iyawsaspa kunatix qhanaw yatiqasktan ukat sapa kutiw jilxattaski. Sapa kutiw jilxattaskta, juk'amp sumaptaskta, yatiqaskta ukat machaq yänak yant'askta, ukat jaqinakatakix ukax wali askiwa amuyunakapar jank'ak puriñapataki.

Kuntï munkta uk yateqasma. Jichhax 38 maranïxtwa, astronauta ukhamäñ amtasma, mä qawqha clasenak apsuñjama, licenciatura ukat astronauta ukham tukuñ amtasmati. ¿Kunjamarak maynix jumatakix jan lurañjamäkaspas ukham iyawsaspasti, yaqha jaqinakax ukham lurapxchi ukhaxa? Chiqansa, jumax uk lurasma. Jumax mä jaqiwa jan tukuskir ch'amanïtaxa, ukat kuntix munkta uk lurasma.

Inas jumax yaqha jaqinakax jumat sipan juk'amp suma, yatiñani, suma uñnaqt'anïpxatap amuychisma, ukatwa jumat sipansa juk'amp jakäwit katuqañax wakisispa. Walikiwa, nayajj jumanakar yatiyañatakiw akanktxa, ukajj janiw cheqäkiti. Jumax mä complejo inferioridad uñstayawaytaxa, ukat ukat mistxasma. Uk iyawsañas juma pachpar iyawsañaruw kutt'i. Ukatwa aka jaljax wali wakiskirixa.

Nivel de autoestima ukax yaqha jaqinakat sipan juk'amp jan waliw sasaw amuyayi. Jumax janiw ukhamäktati. Jaqinakaxa wali ch'amaniwa. Machaq yatiñanak yatiqañataki, yatiyawinak katuqañataki, jaqinakamp uñt'asiñatakis pacha apst'asisma ukhaxa, yatiqañamawa ukat kuns lurasma. Mä jiltañ amuyux super importantewa, ukat jumatakix wali askiwa ukax nayratpach yapuchañama kunatix jupa pachpaw lurasi. Ukhamaw aka librox qalltawayi. 2020 maranx mä podcast lurañjamaw sasaw amuyasta ukat Bankole ukamp uñt'asiwayta ukat Afrobility ukar qalltawaytanxa. Ukat podcast ukatw Samon ukat nayax aka FIREDOM libro lurapxta.

Achani Samon Biaou: Janïr wawanakamax ch'ikhi kutkatasiñapatakix, amigonakapar entrevistapxam ukat khitinakatix entrevistat jan pasapki ukanakarux wawanakamar jan uñjapxañapataki. Mä entrevista entrevista jiskt'äw uñacht'ayapxäma, wawaman prospectivo amigopar jiskt'apxam kunjams matemáticas ukan sum yatipxi. Matemática tuqit jan sum yatkti sasin jaysapxani ukhaxa, jank'akiw wawamarux uka amigonakamar uñjañapatak jark'añama.

Yaqha wakiskir amuyt'awix akawa, jila qullqin yatiqañ utanakax janiw suma yatiqañ utanakamp kikipäkiti. Wawanakamar yatiqañ utar khitañax pä jach'a amuyuniwa: jaqi masimp chikt'atäñataki ukhamarak yatiqañataki. Awk taykjamaxa, kuntï socialización tuqix jikxatañ munkta uk sum amuyt'añamawa. Mä yatiqañ utax utjchi, kawkhantix jilpach yatiqirinakax "nayax kuns lurasmati" sasin suma amuyunïpxchi ukhaxa, uka yatiqañ utan wawamar qillqantañax wali askïspawa. Ukax kunatix wawanakax wali amuyt'asirïtapatxa, jak'apankirinakan amuyunakaparjamaw sarnaqapxi.

Francia markan tutor ukhamäkayäta ukhax walja wawanakaw "Matemáticas ukax ch'amawa" uka amuyunakapat wali uñt'at wakicht'äw yatiqañ utanakar katuqatäñar mayjt'ayañ uñjta. Nayax jupanakar yanapt'añ atipxta, kuna jan wali sarnaqäwinaktix jupanakax uñt'asipkän ukanak ch'amanchañataki ukhamarak amuyunakap mayjt'ayañataki, qhipharux suma sarantäwiparuw puriyi.

Olumide Ogunsanwo: "Janiw X ukan sumäkti" uka arsuwix janiw lurañjamäkiti kunatix mä autolimitante iyawsäwiruw uñt'ayi. Amuyt'añataki, janipuniw kuns lurañ yatkti sañ munkti, sañäni, manq'a phayt'añax kunatix nayax yattwa taqi kunatix lurañajax juk'amp suma manq'a phayt'añatakikix

Internetar sarañakiw wakisi, mä qawqha recetanak apkatañataki, ukat ensayaña, iteraña ukat juk'amp suma jikxatasiña. X ukanx janiw sumäkti sañax mä autolimitante iyawsäwiwa kunatix juma pachpat iyawsäwimampi ukat autovalor ukampix janiw kawkhantix utjañap wakiski ukankiti. Yaqha jaqix kuns luraspa ukhaxa, jumax lurarakismawa, uk amuyañamawa. Uk yateqañatakejj tiempo apst'asipjjäna. Ukajj jumajj yateqarakismawa sañ muni.

Tukuyañatakix, autoconfianza ukar ch'amanchañatakix wali askiw autolimitar iyawsäwinak jaytaña ukat jiltañ amuyunak katuqaña. Jumatix mä qawqha yänak thaqhasksta ukax aka lurawimp yanapt'añatakiwa, akax mä qawqha pankanakaw iwxt'ata, autoconfianza tuqita:

Nayrïr librox " Me, Inc [3]" Gene Simmons sat chachan qillqatawa. ¡Ukajj wali muspharkañawa! Ukanx mä yaqha markat jutir jaqitw arsu, jupax América uksaruw sarxatayna, sistema americano ukarjam yatiqatayna, inglés aru arsuñ yatiqatayna, ukatx Kiss ukan nayrïr cantador ukhamaw tukuwayi, ukax uraqpachanx jach'a rock bandas ukanakat maynïriwa. Musparkaña! Nayax aka librorux walpun munasta. Mä librot sipansa, juk'amp jisk'achataw qellqatäna.

Ayn Rand jupan pä pankapa, " La cabeza de fuente [4]" & " Atlas Shrugged [5]". Ayn Rand jupax jan iyawsañjam qillqiriwa kunatix pankanakapax jaqinakan jach'a lurawinakap amuyañatakiwa, jupanakax jupanakpachar iyawsapxi ukhax anqäx tuqit jan walt'awinakax utjkchispas ukhama.

Qhiparusti, " Martes con Morrie [6]" Mitch Albom jupan qillqata. Uka libronjja, jakäwin wali ch'ama yatichäwinakapatwa yatjjataski, ukat khuyapt'ayasiña, munasiña ukat katoqatäñajj kunja wakiskirisa uk yatichistu. Mä yatichäwix wali ch'amanchataw ukat apsuwaytxa, jiwañasar katuqasa ukat jiwañax taqiniruw suyt'askistu uk uñt'asax mä sapa uñakipäw jikxattanxa, jiwas pachpar iyawsäwi, jiwas pachpa pampachañ ukat jiwas pachpa munasiñ yatiqañataki. Jakawix jan ch'amanïtapa ukat tukusiñapawa, ukax chiqpachapuni, suma chuymampi ukat yuspärañamp jakañatakiw ch'amañchistu.

---

3. https://www.amazon.com/Me-Inc-Build-Unleash-Business-ebook/dp/B00I2PG3TW
4. https://www.amazon.com/Fountainhead-Ayn-Rand-ebook/dp/B002OSXDAU
5. https://www.amazon.com/Atlas-Shrugged-Ayn-Rand-ebook/dp/B003V8B5XO
6. https://www.amazon.com/Tuesdays-Morrie-Greatest-Lesson-Anniversary/dp/076790592X

Musparkaya! Ukham sasaw aka jaljan jist'antañäni, ukatx jutir jaljanx taqiniruw uñjañäni.

3: Jach'a yatiqañ utan sarnaqäwinakapa ukat Principios de Pensamiento & Curiosidad Independiente

Olumide Ogunsanwo: Aka jaljanx Samon ukat nayax machaq markanakar sarxapxta ukat jach'a yatiqañ utar wayn tawaqunakjam qalltawaytan uka tuqitwa. Kawkïr anqäx jaqinakatakis jan ukax jan ch'aman jaqinakatakis wali askiwa, jupanakax mä pachamamar machaqäpxiwa. Nayax aruskipäw suyt'askta, Samon jupax Europa markan jach'a yatiqañ utan aventuranakapat yatxatañ munta, ukat americano jach'a yatiqañ utan aventuranakapat amtaskta.

Achani Samon Biaou: Nayax uka jach'a yatiqañ utan maranakanx kuna kamachinakas juk'amp wakiskirïn ukanak yatxatañ suyt'askta:

Yatiqañ muniri, ukax taqi amuyunakax jist'arañawa, taqi ukanak katuqañawa, ukat kunanaktï inas jan nayraqatamankchi ukanak lup'iñawa

Independiente amuyt'awi, ukax juma pachpaw taripäwinak lurañama kunjamatix akapachan apt'atäki ukhamarjama, kunatix sapa kutiw FOMO (Fear Of Missing Out) jan walt'awix utji.

Olumide Ogunsanwo: Yatiqañ munañamawa ukat juma pachpaw amuyt'añama, ¿kunas uka pä yänakat sipan juk'amp wakiskirïspa?

Achani Samon Biaou: Nayax wali kusisitaw kunjams machaq pachanakar uñt'ayasiñ yatipxta ukat derecho ukanipxta, sapak soberano amtäwinak jakäwisatak utjañapataki.

3A: Olumide Jach'a Yatiqañ Utan sarnaqäwipa

Achani Samon Biaou: ¿Kawkhans ukat kunapachas jach'a yatiqañ utan experienciamax qalltawayi ukat tukuyawayi?

Olumide Ogunsanwo: Colegio ukan experienciajax 16 maranïkayäta ukhaw qalltawayi (2001 maran) ukatx 21 maranïkayäta ukhaw tukuyawaytxa (2006 maran).

Achani Samon Biaou: ¿Experienciamax pachpa markan utjpachati?

Olumide Ogunsanwo: Nayax pä yaqha jach'a yatiqañ utan yatiqawayta. Nayrïr jach'a yatiqañ utan experienciajax América markan 17 marat 21 marakamaw utjäna, ukampis janïr ukax Nigeria markan mä jach'a yatiqañ utan mä juk'a pachaw 16 marat 17 marakamax sarawayarakta, aka aruskipäwinx panpachatw arsuskä uka experiencianaka.

Nigeria markan Universidad de Lagos (UNILAG) ukan qalltawayta, 2001. Qalltañatakix jach'a yatiqañ utar sarañ qalltawayta, Nigeria markan Universidad de Lagos (UNILAG) ukan 2001. Ukankkasax kunjams experiencia ukar sarañax uk yatxatañaw wakisïna . Nayax sapa uruw autot yatiqañ utar sarawayta kunatix jichhakiw mä qawqha phaxsi janïr universidad qalltañkamax auto apnaqañ yatiqawayta. Familiajat jichhak independencia jikjjatatajajj qhespiyasiñatakïnwa, ukat jakäwijar juk'amp apnaqañsa ukat ch'amanïkasmas ukhamwa amuyasiyäta. Jichhajj familiajat juk'amp librew sarnaqjjayäta.

Mä mara qhepatjja, 17 maranïkasaw América markankir Instituto de Tecnología de Illinois (IIT) ukar sarjjayäta, ukhamat universidadan yateqaskakiñataki. Nayax Ingeniería Química ukan yatiqawayta kunatix matemáticas, física ukat química ukanakaruw walpun munasta. Nayrïr kuti Chicago markar uraqir puritax amtastwa, Lagos markar uñtasitx pachamamax juk'amp suma ukat q'uma ukhamaw uñjasi. Ukatjja, lavadora, secadora, expendedora ukat restauranten manq'a mayiñaw nayrïr kuti experienciajarakïnwa.

Jichhax, experienciajan qullqi tuqit amuyt'añäni. Ukajj nayatakejj qollqe sum apnaqañatakejj mä oportunidadänwa. Awk taykajajj mä qollqe churapjjetäna, ukat kunjamsa América markan apnaqañajj uk amuyt'añama sasaw sapjjetäna.

Achani Samon Biaou: ¿Nigeria markankir awk taykanakax ukham lurañax walikiti?

Olumide Ogunsanwo: Nayax janiw kuntix yaqha awk taykanakax lurapki uk yatkti. Mä 17 marani waynatakix ch'amanchañänwa, mä juk'a qullqiniïkaspas ukhamaw amuyasiyäta, ukax qhip qhipa jikxatañajawa. Awk taykajajj qollqejj tukusjjaspa ukhajj kunas pasani uk janiw yatipkti sasaw qhan sapjjäna. Nayratpach ajlliñ churapxitaspäna ukhaxa, juk'amp uñjatäñapatakiw mayiristxa. Ukampis qhepat amtasisajja, juk'amp lurañanak katoqañajj nayatakejj wali askipunïnwa, uk amuyayäta.

Achani Samon Biaou: [Jachaqt'asis] Jumax P&L (declaraciones de Ganancia & Pérdida) ukarux apnaqawaytawa.

Olumide Ogunsanwo: Ukax wali kusiskañänwa. Nayrïr kuti manq'añanak mayiyäta uk amtastwa. Kung Pao wallpajj nayatak wali munatänwa. Jakäwijan juk'amp apnaqatäkaspas ukhamwa amuyasiyäta.

Achani Samon Biaou: Ukax wali askiwa. ¿Kunjamsa ukajj qollqe toqet independencia toqet amuyt'añamatak yanapt'äna?

Olumide Ogunsanwo: Nayax janiw uka tuqit amuyt'kti. Qullqi tuqit independencia uka amuyunakatxa janipuniw ist'irïkti. Ukajj qollqejj juk'amp tiempotak apnaqañatakïnwa. Naya pachpaw nayan mierdaj amuyt'asirïta. Sañäni, clasenak jaytasajj janiw atipkayätti. Jach'a yatiqañ utanakanx estadounidenses ukanx janiw khitis kuntix pachamamp lurapkta ukx yäqkiti, ukatwa sistema ukax juk'amp autonomía ukaniñatakix utt'ayata. Kunatï utjkäna ukajj qhanaw amuyasïna: nayajj yaqha markat jutir jaqëtwa, Nigeria markankir jaqëtwa, Chicago markanwa jakasiri. Nayajj uk lurañaw wakisïna ukat sum lurañaw wakisïna. Ukat nayax lurawayta - clasejanx juk'amp jach'a GPA jikxatawayta ukat uka thakhix wali kusisitaw jikxatasiyäta. Wali sumpunw irnaqäna ukat universidadan experienciajax wali kusisitaw jikxatasiyäta.

Ukat finanzas personales ukan yaqhip yatiñanakapat yatichasiraktwa, nayraqatax qullqi jilxatayañat sipansa, gastonak jisk'achañatakiw ch'amachasiyäta. Ukampis universidadan experienciajatjja, kunjamsa apnaqañaja uk yateqañaw juk'amp wakiskirïna.

Achani Samon Biaou: Kunawsatix sapa maynix América uksar sarxapxi, uka markanakax janiw consumismo ukar uñt'apkiti, jupanakax mä akatjamat kusisiñamp juk'amp qullqinak apsuñ munañampiw uñjasipxaspa. ¿Jan sinti qollqe gastañ yant'äkaspas ukhamti amuyasiyäta? Ukhamächi ukhajja, ¿kunjamsa ukanak askichawayta? Maysa toqetjja, jumatï yant'ajj jan amuyasksta ukhajja, ¿kunas uka yant'ar jan aynacht'añat jark'tamjja?

Olumide Ogunsanwo: P'iqijax qullqinïñ munañatakiw alambrada. Qollqe gastañat sipansa, qollqenïñaw juk'amp askixa. Amuyt'añataki, nayrïr semestre ukanakat maynïrix cálculo ukan yatiqirïta ukat yatichäw librox munasïnwa. Uka fucking yatichäw librox 175 dólares ukjaw aljasi. Ukax nayatakix janiw kuna amuyunikïkänti ukatwa apnaqat yatichäw libronak alañ yatiqawayta. Mä yatichäw libro apnaqat librox 100 dólares ukjatw yatiqañ utan portal tuqi jan ukax 80 dólares ukjat chiqak yaqha yatiqirinakat alasispa, jupanakax nayrax cálculo curso ukaruw sarapxäna.

Nayatakix eficiencia ukax wali askiwa. Inas mä cableado psicológico ukhamächi jan ukax mä desarrollo markat jutatax layku. Janiw kunatsa ukham sistan uk sum yatkti. Nayatakix qullqi imañasa ukat nayatakix imañax juk'amp askipunïnwa, janiw kunanak lurañas utjkänti.

Achani Samon Biaou: Mä cita pachaw utji. P'eqejajj qollqe utjañapatakiw alambratäna, janiw qollqe gastañatakejj alambratäkänti.

Olumide Ogunsanwo: Jïsa, psicológicamentex bancojan qullqi tantachasitap uñjañax juk'amp askiwa, gastañat sipansa.

Achani Samon Biaou: ¿ Yaqha experiencianakax yatiqirjamax utjawayiti, ukax qullqi tuqit independencia ukamp chikt'atawa?

Olumide Ogunsanwo: Jach'a yatiqañ utanx pä amtaw utjawayitu: Taqi A's ukanakax apsuñamawa ukat jan p'akjañamawa. Jach'a yateqañ utan qollqe apnaqañaruw chuym churayäta. Janipuniw qollqe tukusiñar jak'achaskti, janirakiw tarjeta de crédito apsuñatakis llakiskti.

Yatiqirjamax qullqi imañax mä juk'a ch'amäkaspas ukhamaw jikxatasïna kunatix gastonakajax juk'akiw utjäna. Campus ukan jakañax qullqix juk'akiw utjäna, ukatx janiw autox munaskänti kunatix Chicago markan tren ukan sistemapax wali sum irnaqäna. Kawkhantï suma, suma isthapt'at isinak mä qollqempi aljañ yateqawayta, ukat janiw jila alani markan sutinak alañat llakiskti

Achani Samon Biaou: ¿Yaqhanak uñt'ayañ munasma, ukax qullqi tuqit independencia ukar sarañatakix wali askiwa?

Olumide Ogunsanwo: Jïsa, kunjams amuyta ukat amtäwinakaj uñacht'ayañatakiw alcohol umañ jaytawayta, uka sarnaqäwit yatiyañ munta. Sarnaqäwix elementos de pensamiento independiente ukaniwa ukax qullqi tuqit independencia ukatakix wali wakiskiriwa.

IIT ukan yatiqaskayäta ukhax taqi jaqinakjamaw alcohol umayäta, mä particular jan walt'äwix janiw sinti lup'iwaykti uk amuyañkama. Londres markan kullakanakajar visitt'asajja, mä fiestaruw sarapjjta, ukanjja taqeniw umapjjerïta. Ukampirus mä akatjamat p'iqi ch'allxtataw jikxatasiyäta ukat bañoruw sarawayta ukat akham amuyta: "¿Kuns akan luraskta? ¿Kunas pasaski? Mä juk'a muspharkañjamaw jikxatastxa. Janiw aka fiestanx ukham kusist'kti".

Chicago markar kutt'asax kunats nayrïr kutix umawaytxa ukat kunas jakäwijar apaniwayi uk lup'iñ qalltawayta. Umañax kuna askinakas utji ukat kuna jan walinakas utji uk jan amuyt'asax juykhükaspas ukhamaw uka kamachirjam sarnaqatax amuyasiyäta. Mä qhawqha minutonak lup'isajja, 17 jan ukajj 18 maranïkasaw jan umañ amtawayta, qont'asisin cheqapuniw kuns sum amuyt'asma ukhajja, kunanaksa mayjt'asma ukajj muspharkañawa.

Akax nayrïr amtawiwa, ukax masinakajat sipan mayjawa, kunatix uka pachakamax janiw yaqha nigerianonakat sipan mayj mayjäkti, jupanakax América uksaruw sarxapxatayna. Inas jakäwijan wali suma amtäwinakat maynïrjam saraschispa. Waynäkasin sayt'asisajja, umañat walja jan walinakat jitheqtjjayätwa, ukat kuna jan walt'äwinakarus juk'amp amuyt'asis ukat amuyt'asisaw jak'achasirïta.

Akax kunjams umañ jaytawayta uka tuqitwa parli.

Achani Samon Biaou: Akax wali muspharkañawa. Ukhamatwa mayninakat sipan mayjäyätam sasaw sista. Mayj mayjäñax mä enabler ukhamäspawa kunatix janiw conformidad ukar thaqktati. ¿Kunjamsa mayjäñajj jikjjatasïna uka toqet parlt'asmati?

Olumide Ogunsanwo: Jïsa, uka tuqitx yaqha uñt'at sarnaqäw yatiyasaw parlt'asma. 12 marat 14 marakamajja, mä usuchjataw uñjasta, ukat walja phajjsinakaw nayraqatajan mä jach'a punkitäna. Wawäkasajj phenq'asitaw jikjjatasiyäta, kunattejj jaqenakajj jank'akiw uk amuyapjjäna. Ukampis uka experienciajj kuntï mayninakajj nayat amuyapki ukat jan sinti llakisiñajataki ukat jaqenakamp chikäpki ukanakat jitheqtañatakejj sum sarnaqañwa yatichitäna. Janipuniw tamanakan suyt'awinakaparjam phuqhañax wakiskiti sasin amuyaskti, ukax IIT ukan jach'a yatiqañ utan yatiqañ qalltawaykta ukhas sarantaskakiwa.

Amtastwa maynir "Olumide is a loner" sasin ist'ataja ukat mä jach'añchäwiw sasaw amuyayäta, jisk'achasiñamp arsutäkchisa. Janiw kuna grupo social ukankirïkti, wali suyt'äwinakanïtwa, ukat wawatpach usuchjasitajatjja, sapakïña ukat naya pachpaw lup'iñar yatintatäna. Kuntï lurañajäki jan ukajj jan lurañajäki uka toqetjja, janiw nayratpach amuyirïkti.

Machañ jaytañ amtatajat kuntï mayninakajj amuyapkäna ukajj janiw nayatak ch'amäkänti. Jichhax kimsa tunk maranïxtwa, mä tendencia jan/ jisk'a alcohol ukar uñt'awayta, ukat jaqinakax kunats jan umañax uk jiskt'apxitu. Ukax wali muspharkañawa, jupanakax religionapatw ukham lurapxi sasaw amuyapxi, mä tama jaqinakan sarnaqatapat ukhamäkaspas ukhama. Kunapachatï naya pachpaw 17 maranïkasin uka amtar puriwayta sasin qhanañcht'ta ukhajja, kuna askinakas utji ukat kuna qollqes munasini uk yatjjatasajja, jupanakajj uka amtar katoqañajj ch'amakiwa.

Awisax jakäwiman yaqha askinak jikxatañatakix mayj amuyt'añaw wakisi. Jumatix status quo ukar arsta ukhax status quo jakäwiruw tukuyäta.

Achani Samon Biaou: Uka sarnaqäw uñt'ayañax yuspajarapxsmawa. Qullqi tuqit independencia ukar puriñatakikix kunayman lurañanakaw wakisi, jilpach uraqpachan jaqinakat sipansa, jupanakax janiw qullqi tuqitx independientes ukhamäpkiti. Mayj mayjäñamp mä chuymacht'äw uñstayañax mä jach'a amtawiwa, FI thakhinjam puriñatakisa ukat thakhinjam sarañatakisa.

Olumide Ogunsanwo: Jiltañatakix walja kutiw jan walt'awinak apsuñax wakisi. Jeff Bezos jupax mä marco ukaniwa: Mä thakhi punkunaka (jan kutt'ayañ amtanaka) ukat pä thakhi punku (janiw kutt'ayañ amtanaka).

Wali askiw amtäwix sum uñakipaña, ukhamat kutt'ayañjamati jan ukax jan kutt'ayañjamakiti uk yatiñataki. Ukhamatwa kunjamsa jank'ak nayrar sartasma uk amuyt'äta. Yaqhip amtawinakax jan kutt'añjam mä thakhi punkunakawa, janiw jasak mayjt'ayatäkaspati, sañäni, wawanïñ amtasksta ukhax wiñayatakiw ukat ukampiw jakañama. Mä thakhi punkunakampi juk'ata juk'ata ukhamaraki wali amuyumpi sarnaqaña.

Ukampis jila parte amtanakajj mayjt'ayasiñawa. Riesgos jan walt'awinak amuyasa ukat jakthapisax jaqinakarux ch'amancharaktwa jan axsart'añataki ukat "ukham lurañakiw" uka amtawinakampi. Uka amtanakampi jank'ak sarnaqañax juk'amp sumaw jikxatasma, walja kuti yant'asa, pantjasisa ukat mayninakax kuntï amuyapki uk jan yäqasa. Wakisispa ukhajja, inas qhepat uka amtanakar mayjt'aychisma.

Ukhamaraki, yaqha jach'a yatiqañ utan sarnaqäwipax utjarakituwa.

Achani Samon Biaou: ¡Yaqha jaqi! Jach'a, ist'apxañäni.

Olumide Ogunsanwo jupax akham siwa: Payïr amtäwisti religionatänwa. Nigeria markanwa wawatpach cristianjam jilsuwayta.

Achani Samon Biaou: ¿Uka tuqitx juk'amp qhanañcht'asmati? Nigeria markanx religionanakax wali ch'amäspawa ukat kunayman tuqitwa uñacht'ayasispa, ukat inas jan taqinix uka dinámica ukar yatipkchiti.

Olumide Ogunsanwo: Jïsa, Nigeria markan religionapat mä qhawqha sarnaqäwinakat yatiyapxäma. Nigeria markanx demográfico religioso ukax wali equilibrado ukhamawa, niya 40-50% jaqinakaw musulmanes ukham uñt'ayasipxi ukatx 40-50% jaqinakaw cristianos ukham uñt'ayasipxi. Ukampirus religiosos ukanakan jaljawipax janiw mä kipkakïkiti ukat geografía ukarjamax mayj mayjawa. Amuyt'añataki, Nigeria markan alay tuqin jakasksta ukhax juk'ampiw musulmanäta (jan ukax Kaduna markax 90% jila musulmanawa); ukampirus, jumatix sur uksan jakasta ukhax juk'ampiw cristiano ukhamäsma (santi, Lagos markan yaqhip chiqanakax jilpachax cristianonakawa). Ukatjja, Nigeria markankirinakatjja, sapa patakat mä qhawqhanikiw África toqenkir nayra religionanakarojj sarnaqapjje.

Religión tuqit experienciajat parlkasaxa, janis Diosar yupaychir jaqïkchiyätxa, cristianjamaw jilsuwayta. Mamajax religioso ukhamarak jilanakajaru ukat nayaruw iglesiar irpapxirïtu inas sapa pä semanan iglesiar irpapxirïtu, tatajax religioso ukhamäkchïnsa janiw iglesiar sarañ munkänti ni ukarux chikañchasirïkänti.

Achani Samon Biaou: ¿ Nigeria markankir cristianox jumar uñtasitati jan ukax juk'amp Diosar yupaychiricha?

Olumide Ogunsanwo: Nigeriano típicos ukanakax Diosar yupaychiripxiwa, ukax sañ muniw niya sapa semanaw iglesiar sarapxi, semananx walja kutiw Bibliat yatxatañanx chikanchasipxi, ukatx iglesian lurawinakanx irnaqapxi, ushers ukham irnaqapxi. Ukatjja, religionapan creencianakapat parlt'añajj khitïnsa uk yatiñatakejj wali wakiskiriwa. Nigeria markan jilskayäta ukhajja, religionajj janiw jakäwijan wali wakiskirïkänti, ukatwa mayninakampis uka toqet jan parlirïkti.

Kunas ukham ch'amañcht'awayi uk janiw amtaskti, ukampis universidadanwa religionat taqe kunsa yatjjatañ qalltawayta ukat yateqañsa qalltawayta. Walja yatxatäwinak lurañ qalltawayta. Naya, YouTube, Wikipedia, Reddit ukat World Wide Web ukanakaw utjäna, ukat chiqa yatiyäwinak jikxatañatakix mä thakhinjam sarapxayäta.

Qhipharux amuyasta religión ukax taqpach luratawa - jaqinakan inventopawa, kunatix jaqinakax jan amuyapki ukanak qhanañchañataki ukhamarak jaqinakan sarnaqawip apnaqañataki. Nayra pachanx jaqinakax janiw cientificonakan amuyt'apkänti, jallu, nina ukat intix naturaleza ukan utjki ukanakxa. Ukanak qhanañchañatakix jallu, nina, inti diosanak lurapxta. Uka diosanakaw uka natural elementonakar apnaqapjjaspa sasaw amuyapjjäna, ukat oracionampi ukat sacrificio lurasaw chuymacht'apjjaspa sasaw amuyapjjäna. Jaqenakajj akapachan jan amuyt'kay yatiyäwinakap qhanañchañ thaqhasipkäna ukhajja, religionajj qhanañchäwinak churañataki ukat jan kuna jan walt'äwin uñjasiñapatakiw mayjt'awayi. Tiempompejja, religionanakan institucionanakapajj jaqenakan creencianakaparu ukat sarnaqäwinakap apnaqasaw ch'amanïpjjäna ukat ch'amanïpjjäna. Ukhamatwa mä qhawqha autoridadanakap jan chhaqhañapatak yanapt'äna, ukat kunatï valoranïpki ukat kuntï munapki ukarjamaw sociedades ukanakar uñstayapjjarakïna.

Nayax wali jank'akiw jan religioso (aka ateo) ukhamaw tukuwayta, kunapachatix 19 jan ukax 20 maranïkayäta, uka amtäwix alcohol jan umañ amtatajamp sasiwa, ukat familiajat amigonakajat juk'amp mayjätwa. Jaqenakajj uka toqet ukham jan walinak lurapjjäna, ukajj wali muspharkañänwa. Jan religioso ukhamätajatjja, alcohol umañat sipansa juk'amp jan walipunïnwa, inas alcoholajj jaqenakan jan uñt'atätap layku ukhamächïna. Uka reacciones ukanakax wasitatw qhananchtʼawayi, jaqinakat saparstʼatäñataki ukat mayj mayjäñatakix walja chʼamaw munasispa.

Religionax kunjamsa phuqt'ata ukat kunjamsa chiqpachan taqpach luratäna uk yatiñax janiw creyiñjamäkänti. Uka tiempojj jakäwijanjja, walja yatichäwinakwa yateqawayta.

Taqi kuns ullart'awayta - Biblian sarnaqäwipa, Corán, cristianismo - taqi kuns walja kutiw ullart'ta, documentales ukanakat qalltasa, artículos, blogs ukat libronakakama. Kunatï Biblian utjañapäki uka toqet mä amtar puriñatakejj parlt'asiñanakajj utjaskakiwa, ukajj wali muspharkañawa. Chiqansa, Bibliax tiempompix mayjt'awayiwa ukat jaljanakaw yapxatasiwayi ukat apsutaraki, ukhamat jichhürunakan utjkistu ukar puriñatakisa. Ukanjja, kuna cheqanakatï jan amuyt'asirïkäna jan ukajj wali loconakäpkäna uka cheqanakatwa parlt'asipjjäna. Janipuniw uk yatkayätti, kunattejj janiw khitis iglesian uka toqet arskänti. Bibliajj nayratpach jichhajj kunjamäskis ukhamakïkaspas ukhamwa amuyayäta.

Yatjjatañasa ukat akham jiskt'añasa wali muspharkañänwa: '¿Ukajj cheqäpachati? ¿Kunatsa ukajj jan cheqäki? ¿Kawkitsa ukajj jutäna? ¿Kuna ch'amanchawinakas uka jaqinakax utji? ¿Kunatsa ukajj walja tiempo pasäna?' sasa.

Mä juk'a arumpixa, uka pä amtäwinak qhipäxan amtäwip uñt'ayañax - 17/18 urunx janiw alcohol ukax utjkänti ukat 19/20 urunx ateísmo ukax - jakäwijanx taqpach uñt'ayawayitu. Jichhürunakanxa, janiw alcohol umkti ukat Diosar jan iyawsirïtwa.

Kuntï jila parte jaqenakan lurapki ukat sipansa wali mayjäki ukanak lurañatakiw taqe chuyma ch'amachasiñama. Ukajj qollqe toqet independiente jaqëñatakejj wali wakiskirïkaspas ukhamawa.

Achani Samon Biaou: Akax wali muspharkañawa. ¿Uka toqet mä juk'amp parlt'snati? Nayax pä uñtasit amuyunakax utjitu. Nayraqatxa, ¿kunjamsa jan kamachirjam sarnaqatamax familiamampi amigonakamampix sum apasiñatakix yanapt'awayi?

Payïri, nayax amuyta, mä ullart'iritakix khititix religionapampi wali ch'amampiw uñt'ayasi, inas kuntix jumax siskta ukampix qhiphart'ayatächispa. ¿Mayni religiosojj qollqe toqet jan kuns jark'aspati? Maynix qullqi tuqit independencia sarnaqañatakix religionap jaytxañapawa, kunjamtï jumax lurkta ukhama.

Olumide Ogunsanwo: Jach'a jiskt'awinaka. Nayrïr jiskt'ajj akhamänwa: ¿Kunjamsa jan ist'asirïtajajj mayninakamp sum apasiñatak yanapt'awayitu?

Chiqansa, janiw 99% jaqi masinakajarux jan walt'aykiti. Jila parte jaqenakajj religionanïpkchejja, cheqapuniw jan cheqätap amuyasaw yatipjje, janis sapkchejja. Jaqinakax religión tuqit mä racional, lógico aruskipäwir mantañ munapxi ukax juk'akiw kunatix religionax jilpachax mä experiencia emocional ukhamarak comunal ukhamawa janiw chiqawjanakar uñt'ayatakiti.

Ciencia ukax mä sistematico proceso ukawa, chiqpach uñt'ayañataki, experimentación, yatiqañ ukat adaptación ukanak evidencia empírica ukarjam uñt'ayasa. Maysa tuqitxa, religionax juk'ampiw emocionanakat ukat subjetividad tuqit llakisi, ukat jan mayjt'ir amuyunakaru ukat estasis ukaruw chuym churañ yati. Cienciat sipansa, machaq yatiyäwinakar uñtasit mayjt'ayañataki ukat mayjt'ayañatakiw jist'arasi, religionajj walja kutiw saräwinakaru ukat utt'ayat iyawsäwinakar atinisi, inas jan mayjt'ayañjamäkchiti.

Religioso jaqenakamp parlt'añasa jan ukajj ch'ajjwañasa janiw walïkiti. Ukhamäspawa, kunattix yupaychäwipan iyawsäwinakapax walja kutiw markachirinakan amuyunakapampi ukat uywatapampix wali sum chikt'ata. Yaqha tuqit amuyt'ayañ yant'asax janiw sum parlt'asiñax utjkaspati, kunattix iyawsäwinakapax walja kutiw wali saphintata. Awk taykapasa jan ukax tamapas pantjasipxatapa sañax janiw askïkiti, kunattix inas maynit maynikam jan walt'ayasiñataki ukat uñisiñanak utjayañatakik yanapt'chispa. Maynitï uka toqet mä qhawqha ch'ajjwañ munchi ukhajja, kuna toqettï parlki uk mayjt'ayañ yatta. Ukatwa, Janiw walja jaqi masinakajarux jan walt'aykiti kunatix tipo de personalidad ukax janiw argumentativo ukhamäkiti. Ukham sasinjja, religionar jan taqe chuyma servitajajj inas yaqhep munasiñanakajar jan walt'aychïna, ukanjja mä chachajj juk'amp Diosar yupaychir jaqerojj juk'amp munpachänwa. Ukampisa, janipuniw ukham jaqimp tukuykti.

Payïr jiskt'aruw sarañäni, ukajj akham sänwa: ¿Jaqenakajj religionanïpjjaspati ukat qollqe toqet jan khitin jark'atäpjjaspati?

Jumatix aka liyt'asksta ukat qhiphart'ayasksta ukhaxa, nayraqatax janiw qhiphart'añamäkiti. Kunapachatï akapachan uñjäwimarjam jan mayakïki ukanak ist'asajj janiw colerasiñas ni chuym ust'ayasiñ horasäkiti, ukwa yateqawayta. Jan ukasti, kunatsa inas mä juk'a kuns lurasma uk amuyt'añatakisa ukat amuyañatakis mä aski tiempowa.

Jumatix musulman jan ukax cristiano ukhamästa ukhaxa, jan chuym ust'ayasimti. Ukajj janiw religionar atacañjam uñjañamäkiti. Yaqha jaqinakax jumat sipan mayj ajllisipxatap amuyt'añäni, ukat kunsa jupanakan ajllitanakapatxa yatiqasma. Yatiqañax janiw mayjt'ayañax wakiskiti.

Uraqpachan suma kusist'añax juk'amp facilakiwa, jumat sipan mayj jaqinakar katuqasa. Jan ukhamäkanixa, inas ch'axwañar puripxchisma ukat maynit maynikam sum apasiñatakis ch'amachasipxarakchisma. Aka libro liyt'asajj inas jumat sipansa mayjätaj amuyaschisma. Ukax taqpach walikïskiwa. Nayax kunayman jakäwinak ajlliwayta, ukampis janiw ukax jumar jan walt'ayañapäkiti. Janiw chuym ust'ayasiñamäkiti, janiw libro kutt'ayañamäkiti [Jachaqt'asiñamawa].

Taqinipuniw mayj mayjätanxa ukat katuqañ yatiqañax wali askiwa. Jila parte religionat parlir libronakajja, katoqañwa parli. Nayan uñjawinakajax janiw jumanakar ataque ukhamäkiti. Nayax kuna amtawinaktix lurawaykta ukanak qhanañcht'askta, ukat jumatix mayj mayj amtawinak lurasma ukhax walikïskiwa. Jiwasatakix jaqinakjamax juk'amp wakiskiriwa, maynit maynikam ch'axwañat sipansa, maynit maynikam amuyasiñasa, katuqañasa.

Achani Samon Biaou: Yatiyirirjam arsu, jan religioso jaqitaki. Mayninakar tolerañax wali wakiskiriwa kunatix akapachanx kunaymaninak jilxattaski. Nayax nayra pachanx jaqinakan amuyunakapar jan katuqatapata jan ukax jan yäqatajat juchañchataw uñjasta, juk'ampis jan formalmente yatxatat jaqinakataki. Tiempompejja, jupanakat yatiñ munirïtwa, kunjamsa amuyapjje uk amuyañatak ch'amachasiñajataki, janiw kunjamsa amuyasta ukarjam taripañ munkti. Uka toqejj inas jaqenakan kunjamäsipkisa uk sum amuyt'ayäta ukat juykhunakaj uñjarakchirista, qhepatjja mayninakat yateqarakiristwa.

Olumide Ogunsanwo jupax akham siwa: Jiltañax juk'ampiw machaq, jan suyt'at jakäwir jak'achasiñ yatiqañat juti, janiw kunjamtix nayratpach lurawaykta ukhamarjam lurañat sipansa. Kunawsatix nayan sarnaqäwix ist'apxäta, cristiano jilsuñat ukhamarak ateo ukar tukuñ tuqita, janiw automáticamente Diosar jan iyawsirinakax jan wali jaqinakäpxiwa ukat cristianonakax suma jaqinakäpxiwa sasinx jaysañamäkiti. Jan ukasti, kunsa aka sarnaqäwit yateqasma uk amuyt'añamawa. Pä cristianos mayjäpxaspawa. Kunatix wali wakiskirïki ukax tolerancia, katuqaña, ukat maynit maynikam amtäwinakat kuns yatiqapxasma uk jikxataña. Ukat inas aka libro alasiwaysta. Jumax qullqi tuqit independencia, qullqi tuqit jan ukax africano inmigrantes ukanakan sarnaqäwinakap uñt'ayañ munaraktawa.

Inas jakäwisajj jumat sipansa mayjächispa, ukampis aka libro alasitamatjja, kawkhantï jikjjatasktan ukar puriñatakejj kunjamsa amtapjjta uk mä juk'a interesatwa sañ muni. Ukajj yatiñ munirïñataki ukat yateqañatakis mä oportunidadjam apnaqañamawa.

Achani Samon Biaou: Mä patrón de decisiones independientes ukat uka amtawinak propiedad ukax wali askiwa. Janiw amtanakar puriñ suykasmati ukat janirakiw ukanak lurañat taqpach juchañchañamäkiti. Amuyt'añataki, maratón t'ijuñ munsta ukhajja, kunas jan walt'ayaspa ukat uka jan walinakampi sum sarnaqasma uk amuyt'añamawa. Awisax jaqinakax mä amtar puriñ munapkaspa jan ukax jakäwipan kuns mayjt'ayañ munapkaspa ukham amuyasipxi. Ukampirus janiw taqpach internalizapkiti jupanakax uka amtäwitx responsabilidad ukax katuqapxañapawa, ukhamax kunapachatix mierdax ventilador ukar purinxi ukhax jank'akiw yaqhanakar thaqhañ qalltapxäna jupanakamp responsabilidad uñt'ayañataki.

Olumide Ogunsanwo jupax akham siwa: Phuqat dueño ukat responsabilidad ukax aka libro uñstayañatakiw yanapt'awayi. Yatiyirinakampi, editoranakamp ukat walja jaqinakampiw irnaqapxaspäna, ukampis Samon ukat nayax uka libro apañatakix mä jach'a responsabilidad ukat propiedad ukanak katuqañ amtapxta. Chiqansa, Samonar jan sinti munaskäyätxa, naya pachpaw aka libro luraspäna. Ukhamatwa, janiw khitis juchañchañas utjkaspati, janiw chika taypinkiris utjkaspati, nayakiw juchanïristxa. Nayax muntwa premios ukanakax ch'amanchawinakajamp chika, ukat mä directo lineal thakhi uñjañ munta, qawqha ch'amanchawinaktix lurawaykta ukat mistuwinak taypinxa. Jach'a yatiqañ utan sarnaqäwix mä qawqha puntonakampiw tukuyä:

Jumatï universidadar sarir wawanakanïsta ukhajja, ch'amañcht'am, kunanaktï presupuesto ukat tarjeta de crédito ukanak apnaqañ yateqapjjañapataki. Nayrajj qollqe apnaqañ toqetwa parlt'awayta, ukampis crédito apnaqañajj wali wakiskirirakiwa. Uka qhepat amuyt'asajja, nayratpach tarjeta de crédito jist'arasirïta ukhajja, juk'amp sumäspawa, ukhamatwa juk'a qollqenak apnaqañajj wakisispa uk amuyañataki. Tarjetanakar taqpach pagasa, puntonak jikjjatasa ukat crédito juk'amp jach'a puntuación jikjjatasajj uk yateqasirïtwa.

Jumatï universidadan yatiqirïsta ukhaxa, yatiqañatakisa ukat jach'a clasenakat sipansa juk'amp jilxattañatakiw ch'amachasiñama. Kunawsatix yatiqirïkayäta ukhax 99% amuyunakajax académicos ukanakaruw uñt'ayasïna. Yatiqañ tukuyatatxa, amuyasta, inas mä juk'a académica lurañax juk'amp askïchispa, mä juk'a deportes, mä juk'a social mingling ukat mä juk'a desarrollo personal ukanak luraña. Juk'amp suma amuyt'asirïñaw juk'amp askejja, académica toqet juk'amp jan walikïskchisa.

Kunayman munañanakax jakäwiruw juk'amp kusiskañ tukuyi, ukat ukax janiw yatiqirinakatakis wayn tawaqunakatakis wakiskiti jan ukasti jilpach jilïr jaqinakatakis ukhamarakiwa.

Achani Samon Biaou: ¡Jach'akiwa! Yuspajarapxsmawa yatiyapxatamata.

3B: Samon Jach'a Yatiqañ Utan sarnaqäwipa

Olumide Ogunsanwo: ¡Jichhax sarañäni! Samon, kuna yatichäwinaks qullqi tuqit independencia tuqit yatiqawayta jach'a yatiqañ utan yatiqawayta?

Achani Samon Biaou: Jach'a yatiqañ utankkasax pä aski yatichäwinak yatiqawayta: qullqituqit ukhamarak costo optimización. Aka amuyunakax qullqi tuqit independencia ukar puriñatakikix wali wakiskiriwa, ukatx qhipharux pankanx juk'amp manqhar uñt'ayañäni.

Qullqi jikxatañ tuqitxa, qullqi jikxatañatakix yatiqañ utat anqäxan irnaqañ amtampiw uñt'ayasiwayta. Técnicas de optimización ukampix kuna irnaqäwinakas wali askïspa uk uñt'añ atipxta, ukax qullqix juk'amp utjañapatakiw yanapt'itu.

Costo tuqitxa, optimización presupuestaria tuqit amuyt'awinak jikxatawayta ukatx frugalmente jakañax kuna askinakas utjaspa uk jikxatawayta, jan calidad de vida ukx jaytasa. Uka experiencianakajj kunjamsa gastonakaj sum apnaqañasa ukat kunatï utjkitu ukanak sum apnaqañsa yatichitäna.

Olumide Ogunsanwo jupax akham siwa: Optimización ukax mä kunaw yaqhip jaqinakarux kusisiyi, naya pachpas ukhamaraki. Mä alañ jan ukax amtäwinak sum apnaqañ thakhinak jikxatañ amuyt'awi, sañäni "¿Mä comparable producto juk'a qullqimp jikxatasmati? ¿Kunas calidad ukan tradeoff ukax? ¿Kuns sacrificios luraskta jan sinti qullqini opción ukar ajllisaxa? ¿Tiempojax wali amuyump apst'asisktati". ¿uka tuqit lup'iñatakisa?" ajanujar mä jachaqt'asiwi apaniwayi.

Inas aka aspecto librox jan taqinirus chuym ch'allxtaykchiti, Samon ukat nayaruw kusisiyitu, jumatix ukhamarakiw uka kusisiñ yapuchasmaxa, qullqi tuqit independencia ukar puriñkamax apalancamiento ukaw churaspa.

Achani Samon Biaou: Jach'a yatiqañ utan yatiqatajax jilkasax yaqhip saräwinakaruw ch'amanchawayitu, sañäni, independiente amuyt'iriñax wali askiwa, ukat jan juykhüki jaqinakar arktañax wali askiwa. Ukhamarus, "mentalidad jiwayir" ukaniñax wali askiwa sasaw yatiqawayta - mä ch'amanchawiw taqi kunan amtanakax phuqhañataki. Aka sarnaqäwinakanx kunjams independiente amuyunakax ch'amanchawayta, jiwayir mentalidad uñstayawaytxa, qullqix juk'amp sumaptawaytwa, ukatx costos ukanakax juk'amp sumaptawaytwa uk uñt'ayaraki.

Sapa mayni amuyt'awinakat parlt'añäni. Jach'a yateqañ qalltkayäta ukhajja, yateqañ toqerukiw chuym churañajatak ewjjt'apjjetäna. Qalltanjja iyaw saskchiyätjja, escuelajj nayatakejj mä juk'a facilätapwa mä qhawqha tiempot amuyayäta, ukat juk'a ch'amachasisajj sum irnaqt'irïta. Nayra thakhinjam juykhükasin sarnaqañat sipansa, kunanaksa juk'amp lurasma sasaw jiskt'asiyäta. Jila parte yatiqirinakajja, jan sinti ch'amachasiñajj wakiski uka trabajonak thaqhañ yatipjje, ukampis nayajj janiw uka amtanakaruki jaytkti. Amuyt'añataki, granjanakanjja, uywanak cargañatak mä trabajo jikjjatta, ukanjja wallpanaka, pavonaka ukat gansos ukanakaw jiwayañ utanakar sarir camionanakar apkatapjjerïna. Horas impar ukhamäkchïnsa (jilapart chika arumt 4:00 alwakama), uka irnaqäwix sapa kuti yatiqir irnaqäwinakat sipansa pä kutiw juk'amp pagasïna.

Olumide Ogunsanwo: ¿Kunjamsa nayrïr kutix aka irnaqäw ist'apxta?

Achani Samon Biaou: Uywa cargañ irnaqäw jikxatañax mä chiqanx medio ambiente ukar escanear ukat amuyañ yatitajatw utjawayi, ukampis mä qawqhax suerteruw uñt'ayarakta. Nayax mä amigojaruw jiskt'ta, jupax yatiqir irnaqäwinïnwa, yaqha oportunidades ukanakat yatiti, ukax ukhamarakiw jan ukax juk'amp qullqini, ukat jupax mä irnaqäwitw arsüna, uka irnaqäwix sapa horax 15 jan ukax 20 dólares ukha qullqiw pagasi, ukat yatiqañ utar sarañ horas anqäxankiwa. Uka ewjjt'ajj yatiñ munañajaruw ch'amañcht'itäna, ukat yaqha lurañanak lurañwa ch'amachasiñ qalltawayta.

Uywanak cargañ trabajonjja, niya 23 jayp'u horasaruw sarapjjañajäna, ukat mä hora jilaw autot sarapjjañajäna, uka granjajj Bretaña (Francia) markan inti jalanta toqenkir Bretaña markankir mä jisk'a markanwa jikjjatasïna. Granjan irnaqasajja, Francia markan pampankir jaqenakan sarnaqäwip uñjañatakisa ukat amuyañatakis yanapt'itäna, ukajj Benín markan granjanakan jilkasajj mä qhawqha toqet uñtasitänwa.

Olumide Ogunsanwo: Walikiwa.

Achani Samon Biaou: Nayax kimsa horaw pavo jan ukax wallpanak camionanakar apkatayäta, janïr Brest markar kutt'kasaxa, uka markax Francia Noroeste uksankiwa. Muspharkañawa, beca qullqijampi ukat awk taykajax pregrado tukuykasax apayapkitäna uka qullqinak mayacht'asisaw uka irnaqäwit juk'amp qullqi jikxatawayta. Aka experienciax qullqi jikxatañax wali askiwa sasaw yatichawayitu.

Olumide Ogunsanwo: Chiqpachans sarnaqäwimx wali askiwa kunatix mä wakiskir yatichäwiw uñacht'ayi. Pregradon sarnaqäwijanx nayax académicos uksat sipans juk'amp yatxatañ munta sasaw sista ukat yaqha oportunidades ukanakat amuyt'añ munta. Akax khitirus wali askiwa, 27 marani mä irnaqäwin jan ukax 38 marani empresario ukhama. Nayraqataman utjki uka oportunidades ukanakat sipans juk'amp uñakipañax wali askiwa, ukat machaq thakhinak uñakipaña. Mä principio común sapa mayni jiltañatakix sapa kutiw experiencias ukat oportunidades ukanakar jikxataña ukat ukar uñt'ayaña, ukax axsarayi. Sapa kuti zona de confort ukat juk'amp jayarst'asaxa, juma pachpaw ch'amäsma ukat juma pachpaw nayrar sartasma. Ukax kunaymaninak jaqinak nayraqatan arst'añat paracaidismo ukar puriñkamaw utjaspa, kunapachatix fronteras ukar ch'amanchaspa ukat sapa mayni jilxattañapataki.

Ukax wali askiwa, uka oportunidades ukanakax janiw carrera ukar lantintañapäkiti, janirakiw jank'ak qullqi jikxatañas wakiskiti. Amuyt'añataki, mä sapa estadounidense jaqix niya kimsa horanakaw television uñch'ukiñatak sarnaqapxi. Seinfeld ukat Game of Thrones ukanakan ukham walja pachax utjaspa ukhax machaq oportunidades ukanakat yatxatañataki ukat juma pachpaw nayrar sartasma.

Qhipharux aka jaljanx sapa mayni amuyt'añ yatiñaw ch'amanchasi, ukatx sapa mayniw nayrar sartañapatak qullqichxaraki, kuna maras jan ukax kuna pachas jakäwinx utjchi.

Achani Samon Biaou: Juman arsutamax optimización de costos uka tuqitw irpxaruwayi. Jilïr jaqjamax gastos ukanakax qullqichasiwinakar tukuyañ amtampikis yatxatawaytwa, ukampis universidadan yatiqañ tukuykasax jan yatkasaw uka amtarux uñt'ayawayta. Amuyt'añataki, mä estudio apartamento ajlliwayta, uka apartamentojj jisk'a tamaparjamaw phoqasïna, ukatwa wali jila alanïna. Nayax 200 ukhamarak 250 € ukhakiw phaxsit payllañax wakisïna.

Olumide Ogunsanwo: Walikiwa.

Achani Samon Biaou ukax akhamawa: Ukhamarakiw gobiernox yatiqirinakarux 150 € ukjaw kutt'ayawayi, utanakan qullqip phuqhañataki.

Jila partejja, alquiler pagañajajj niyas janiw kunäkisa.

Olumide Ogunsanwo: Llakiskañawa, nayatakix kimsa maraw jach'a yatiqañ utankkasax campus ukan jakawayta. Kimsïr maranïkasaw yaqhanakamp parlt'añ qalltawayta, ukat jan campus ukan jakasiñajj juk'amp qollqenikïspawa sasaw amuyayäta. Janipuniw mä qhawqha cuadranak jayan jakañax amuyirïkti, ukax waranq waranqa qullqinak qhispiyaspäna. Janipuniw ukat juk'amp uñch'ukkti.

Achani Samon Biaou: Nayax wali iyawstwa kuntix jumax arsuwaykta uka tuqitxa, kunatix juk'amp uñakipañax wali wakiskiriwa. Yaqhip amigonakajax ukhamarak Benín markankir yaqhip yatiqirinakax campus ukan utanakap jikxatañ atipxatayna, awk taykapan yatichirinakamp chikt'atapxatapata. Aka sistema de apoyo ukax Francia markanx utjawayiwa. Ukampirus uka sistema de apoyo ukan jan utjatapax yaqha amtawinak uñakipañatakiw yanapt'itu ukat jaqinakamp aruskipt'añatakis yanapt'itu, ukat qhipharux juk'amp suma oportunidades ukanakaw jikxatasi.

Estudio ukan apartamentojar jikjjatasajja, kuna amtampis uka qhepat alañajajj wakisïna. Nayraqatxa, janiw kuna kusist'añanakas alañ amtkti, kunattix Francia markankañax nayratpach yateqañ tuqit lup'iñakiw sasaw amuyayäta.

Olumide Ogunsanwo: Juman kusist'añanakamax yatichäw libronakamänwa [Larusiña].

Achani Samon Biaou: ¡Jïsa! [Jachaqt'asis] Suxta phaxsitxa, mä televisor alañ amtawayta. Ukampis kunatsa alawayta, janiw francés markan yatiyäwinakap ni medios de comunicación uñch'ukiñatakïkänti. Ukhamakipansti, inglés aru yatiqañ munta, kunatix Reino Unido markan irnaqasax juk'amp qullqi jikxatañjamaw sasaw ist'awayta. Uka tiempon sapa gasto luratajajj jutïritak mä qollqe uchañänwa.

Mä gastojja, auton pasaje alañaw utjäna, ukhamatwa camionanak apt'at trabajiñajatak arumanakajj viajiyäta. Semanan kimsa uruw 11PM pachat 4-5AM pachakama irnaqirïta ukatx alwa pacharuw clasenakar sarawayta. Uka qullqichasiwix transporte tuqitwa, irnaqawijampi, yatxatäwinakajampix sum chikancht'asiñajatakiw yanapt'itu.

Olumide Ogunsanwo: Janiw iyawsayañjamäkiti. ¿Kunatsa ukham amuyt'asirïta? ¿Kuna iwxt'anakas utji yaqha jaqinakatakix uka mentalidad ukar puripxañapataki?

Achani Samon Biaou ukax akhamawa: Mä independiente amuyt'ir jaqin amuyupampiw qalltawayta. Janiw "kunjams yänakax utjañapa" uka tuqit nayratpach amuyt'awinakamp qalltawaykti. Jan ukasti, jaqinakar taqi kunat jiskt'añatakiw mä amtar puriyäta, ukat juk'amp yatiyäwinakwa apthapiyäta.

Ukatjja, wali ch'amañcht'ataw jikjjatasiyäta ukat sapa oportunidadajj juk'amp sum apasiñatakiw ch'amachasiyäta. Kunjamtï nayrajj sisktanjja, pisi qollqeni wawanakamp anatt'asaw jilsuwayta, ukhamajj janiw granjan irnaqañatakisa ni kuna jisk'a irnaqäwinakansa irnaqañatakis jark'kayätti.

Yatiñaniñajj janiw qollqe jikjjatañatakejj wali askïkänti, uk amuyayäta. Jan amuyt'asir ch'amachasitanakat kunanaksa yateqasma uk yatiñwa wal munayäta. Uywanak cargañ irnaqäwijanjja, granjanakan irnaqt'ir mä tripulacionampiw chikañchasiyäta. Jila partejj 30 marat 50 marakamaw familianakapamp yanapt'añatakejj utjäna. Uka maranïkasajj mä qhawqha qollqe gganañajj kunja ch'amasa uk uñjkchiyätjja, sarnaqäwinakapajj jan creyiñjam amuyt'asirïtapwa amuyayäta.

Nayajj jumanakjamarakiw qollqe gganañsa ukat jan jank'ak gastañsa nayrankta. Kunapachatï bancon nayrïr kuti 1.000 dolaranak qollqe jikjjatkayäta ukhajja, wal kusisiyäta ukat jiljjattatap uñjasajj wal kusisiyäta. Janiw creyirjamäkti. Nayax jilxattatap uñjañax walpun munta ukat mä juk'a anatañaruw tukuwayi nayatakix qawqha qullqis qhispiyasispa uk uñjañataki. Yatiqañ tukuyañkamajja, jila parte masinakajat sipansa juk'amp qollqe imatäjjpachänwa.

Olumide Ogunsanwo: Nayax janiw muspharkti. Qullqi tuqit independencia thakinkasktawa, banco cuentaman valoran jilxattatapat uñjañax juk'amp kusiskätamxa, jan valoran yänakap alañat sipansa, sañäni, isinak ukat televisoranaka.

Qullqi tuqit independencia ukar puriñatakikix mä amuyu mayjt'ayañaw wakisi. Qullqi tuqit independencia ukar puriñax jumatakix lurasispawa sasaw iyawsañama.

Chiqpach parlt'añäni. Taqi kunatix qullqi tuqit independiente ukhamäñatakix wakiski ukax internet ukat pankanakanw utji, ukampis janiw ukarjam lurañamäkiti, chiqpachanx jikxatañjamaw sasin iyawsañkama ukat mä ch'aman "kunatsa" utjañapkama.

Jiwasan sarnaqäwinakas uñt'ayasax, nayrïr jakäwinx kuna psicológicos mayjt'awinaktix lurawayktan ukanak uñacht'ayañ suyapxta, ukax qullqi tuqit independencia thakhinjam uñt'ayatawa. Janiw suyt'apkti experiencianakasat copiañamataki, jan ukasti, qullqi tuqit amtanakam phuqhañatakix amuyunakam mayjt'ayañax wali askiwa uk amuyañamawa.

Achani Samon Biaou: Nayax qhipa urutakiw wali suma yänak imawaytxa. Nayax pregradon maranakan juk'amp ch'amanchañ experienciap uñt'ayañ munta. Ukanjja, Francia markankir pachpa universidadan chino yateqeriw utjäna, jupajj nayat sipansa juk'amp jilïrïnwa, francés arusa janiw sum parlkänti. Jupax janiw yatkayätti, jupax mä programa de lengua ukan qillqantatäpachati jan ukax francés arut yatxatatäpachati. Jach'a yatiqañ utan machaq jutirjamaxa, yaqha internacionales yatiqirinakamp chikt'atäñax juk'amp jasakiw jikxatasïna. Mä urojja, chino yateqerejj dormitoriopar invitt'asaw manq'a phayt'itäna, ukat amigonakajaruw tukupjjayäta. Payïr jan ukajj kimsïr visitt'kasajja, jupar sum uñt'añatakiw jiskt'asta, ukat masinakapat sipansa jilïr uñnaqt'anïtap amuyarakta.

Nayrïr yatichäwix irnaqäwin ch'amachasiñax kunja sumas uka tuqitwa parläna. Kunjamsa Francia markar jutañatakejj qollqe apthapisïna uka toqetwa sarnaqäwip yatiyäna, ukajj wiñayatakiw nayatak ch'amañcht'itäna. Jupajj ikiñap uñacht'ayitäna, colchón apthapïna, ukat 25.000 dolaranakwa qollqe apsutäna, ukajj taqpachaw dolaranakäjjäna, Francia markan euro qollqejj utjkchïnsa. Jupajj niya tunka maranakaw qollqe jikjjatañatakejj mä fabrican irnaqt'äna, ukat uka parlt'asajja, maynejj wali ch'amampi trabajiñasa, ch'amachasiñasa wali wakiskirïtapwa yatichitäna.

Payïr yatichäwejja, wajjt'asiriñ toqetwa parläna. Mä urojja, chino amigojajj kunjamäsktsa sasaw jiskt'itäna, ukat beca qollqejj niyaw puriniñap suyaskayäta sasaw sista, ukampis uka tiempokamajja, inas awk taykajar qollqe yanapt'a mayiñajächïna. Ukajj janïr chika uru jamach'inakar cargañ lurañ qalltkayäta ukhawa. Jan pächasisaw 1.000 dolaranak imañ utapat churañ munäna, ukat akham situwa: "Aka apsuñamawa, ukhamat jan estresasiñamataki. Janiw kutt'ayañamäkiti" sasa. Qalltanjja, wal muspharta ukat janiw munkayätti, ukampis jupajj akham sasaw ch'amañcht'itäna: "¿Kunjamsa jakasïta?, apsusim" sasa. Jupajj kunjamatsa jan walin uñjasitaj amuyasjjäna, janis llakitäkchiyätjja, ukat wajjt'asirïtapajj wiñayatakiw ch'amañcht'itäna.

Mä juk'a arumpixa, aka chino yatiqirimpi jikisiñax wali askiwa, ch'amampi irnaqaña, ch'amampi irnaqañasa, qullqi churañasa wali askiwa sasaw yatichawayitu. Nayatakix janiw amuyt'añjamäkiti, khititix tunka maraw 25.000 € qullqi jikxatañatak ch'amanchawayi, ukat waranq qullqix khitirus pä kutikiw uñt'awayki ukar churaspa.

Olumide Ogunsanwo: ¡Wali muspharkañawa!

Achani Samon Biaou: Kunas wali jach'apuniw utjäna, ukax walja filantropía ukat generosidad ukaruw ch'amanchawayi, ukax qhipat uñstayawaytwa. Uka experienciajj nayatakejj wali ch'amapunïnwa.

Chino amigojampi jikisiñajj walpun yanapt'itäna, ukat universidadar sarañatakejj tunka mara jan qollqe imañajj wakiskäna ukajj kunja askisa uk amuyayäta. Ukaw kuna oportunidadanakatï utjkitäna ukanak wali askit uñjañ yanapt'itäna ukat ukanak sum apnaqañatakiw ch'amañcht'itäna. Jupan wali ch'ama irnaqatapa, amtäwipa ukat wajjt'asirïtapat sarnaqäwipajj wiñayatakiw chuymajar purt'itäna, ukat amtanakaj phoqañatakejj juk'amp ch'amachasiñajatakiw ch'amañcht'itäna.

Olumide Ogunsanwo: Janiw iyawsañjamäkiti. Sapa mayniw ch'axwawinakapampi, jan walt'awinakapampix utji. Ukham sarnaqäwinak ist'asajj alt'at chuymanïtwa. Limonadanak utjkäna ukanakat limonada lurapjjerïta, ukampis qalltañatakejj mä qhawqha suma limónanakaw utjäna. Kuna jan walinakansa uñjasisma, kunayman tuqitwa jan walt'äwinakam askichasma. Kunapachatï mayjt'ayasma ukat kunayman yant'anak yant'asma sasin amuyasksta ukhajja, janipuniw aynacht'añamäkiti.

¿Yaqha amuyunakax janïr aka jalj tukuykasax yapxatañ munasmati?

Achani Samon Biaou: Nayax yaqha sarnaqäwiw utjitu, gastos ukanakax inversiones ukar tukuyañax wali askiwa, jan ukax mä ratuk gratificación ukar tukuyañax wali askiwa. Francia occidental uksan jach'a yatiqañ utajat París markan ingeniería yatiqañ utar sarxasinx pachpa amuyumpiw uraqir puriwayta: ¿kuns akan qullqi jikxatañatakix lurasmati? Mä beca ukat tatajajj qollqemp yanapt'apjjetäna, ukampis janiw walja qollqe gastjjayätti. París markan jach'a yatiqañ utan yatiqirinakar yatichañax nayat sipan jach'a yatiqañ utan yatiqiritakix wali askïspawa sasaw amuyayäta, ukatwa yatiqirinakajan utanakapar kayuk sarañ qalltawayta.

Tutor sarantaskayäta ukhajja, juk'amp yatiqirinakar puriñatakejj auto apnaqañajj qollqe toqet juk'amp jiljjattaspawa, ukatwa mä auto alañ amtawayta. Janiw kusist'añatakejj auto alasirïkti, jan ukasti qollqe jiljjatañatakiw alasiriïta. Nayax calendario de tutorías ukarux walpun optimizayäta ukatx naya pachpaw clasenakajat qhiparux qhipa qhipa tutorías ukar tukuyta. Ukat markan mä fiestar sarañ munapkayäta ukhajj amigonakajar mä autot sarañatakis wali askirakïnwa.

Ukampis yateqer masinakajampi fiesta luraña jan ukax tutoría ukat qullqi jikxatañat mä amtar puriñajarakïnwa. Miércoles jayp'unakajj yateqer masinakajajj cerveza umapjjerïna ukat mayacht'ataw sarnaqapjjerïna. Sullka yateqerinakat maynïrïkchiyätsa, jilïr jaqjamaw jikjjatasiñ qalltawayta, ukat trabajirïta ukat qollqe jikjjataskä ukhajj tiempo ina ch'usar apt'asiñajj janiw walïkiti sasaw amuyayäta. Qhep qhepa mara tukuyarojja, niya 10.000 dolaranakwa imayäta.

Olumide Ogunsanwo: Nayan sarnaqäwijan mayjt'awipax qhanawa. Nayax académica tuqitx walpun chuym ch'allxtayäta, ukatwa nayrïr irnaqäwix jikxatta, yatiqir yatichirit irnaqt'asa, jach'a notanak katuqatajatxa. Nayajj juk'amp samarañwa jikjjatasirïta ukat janiw kuna askinaksa thaqkayäta. Qhepatjja, mä amigojajj sábado urun valetjam irnaqt'añ arskäna ukhakiw juk'amp qollqe jikjjatañjamätap amuyayäta.

Anqäx tuqit amuyt'añax janiw yatiqañ utar sarañatakik yanapt'kiti. Ukax mä aski yatiñawa sapa mayni jiltañataki ukhamarak nayrar sartañataki. Mä ratuk kusisiñ thaqhañat sipansa, jutïrimar qollqechañamawa, ukhamatwa jaya tiempo sum sarnaqañatakejj mä cimiento lurasma.

3C: Principios de Pensamiento & Curiosidad Independiente uka tuqita

Olumide Ogunsanwo: Sapa jaljanx libron sarnaqäwinakas uñt'ayapxtanwa, ukatx qullqi tuqit independencia ukan específicos principios ukanakaruw uñt'ayapxtanxa, ukax uka sarnaqäwinakatakix wali askiwa. Aka jaljanxa, sapa mayni amuyt'añatakisa, yatxatañ munañatakisa kamachinakatwa parli.

Jupa pachpa atinisiñ tukuyasaxa, sapa mayni amuyt'aña ukhamaraki yatxataña munañaxa wali wakiskiriwa qullqi tuqita independencia ukaru puriñatakiwa. Jan walt'awinak atipjañataki ukhamarak amtanakam phuqhañatakix yatxatañ munañamawa ukat lurañ yatiñaw wakisi, ukat sapa mayniw amuyt'añama ukat jan mayninakamp jan walt'ayasiñataki jan ukax FOMO (Fear Of Missing Out) ukar jan katuyasiñataki.

Mayj mayjäñax walikiwa ukat mä thakhinjam sarañax walikiwa, uka thakhix jilpach jaqinakax janiw askit uñjapkiti, jumatakix wali askiwa sasin amuyta ukhakama. Sapa mayni amuyt'añax wali wakiskiriwa, kunattix jumakiw chuymaman kuntï munkta ukat kuntï munkta ukanak chiqpachapun amuyasta. Mayninakan amuyunakapampix mayjt'ayasiñ munsta ukhaxa, kuntï chiqpachapuni munkta ukat munkta ukanakxa janiw amuyasxätati. FOMO ukax mä thakhinjam irpapxiristam, uka thakhix janiw amtanakamamp jan ukax valores ukanakamp chikancht'atäkiti. Amuyt'añataki, amigomax mä uta alasiskta sasaw säna, ukat jumax mä uta alañ horasäxiwa sasaw amuyasta, kunattix jakäwimanx kawkhantï utax munaski uka chiqanktawa. Jumax amtanakam lurawaytawa ukat ukanak phuqhañatakix lurawinakat sum amuyt'añax wali askiwa. Jila parte jaqenakajj janiw amtanakam yatipkiti ukat jupanakan amtanakapajj mayj mayjawa, ukhamajj luratanakapajj jila partejj janiw jakäwimatak wakiskirïkiti.

Independiente amuyt'awinak yatiqañatakix, norma ukar jithiqtañax sumakiw jikxatasiñama, ukat inas jan wali uñt'atäñama ukat jan wali uñt'atäñapa. Ukax inas mä thakhinjam sarañ sañ munchispa, uka thakhix juk'a thakhinjam sarañapawa, ukampis qhiparuxa, uka thakhix valores ukanakamp chikachasiñapatakiw utjani.

Qhiparusti, jakäwimawa, ukat jumaw luratanakamat jan walt'äwinakar saykatañama. Khitinakatï ewjjt'apktam jan ukajj amtanakamar yanapt'apktam uka jaqenakajja, janiw kuna jan walinakansa uñjasisma ukhajja, kuna jan walinakansa uñjasisma uk askichañatakejj janiw ukankapkaniti.

Aka toqet amuyt'añäni: Maynitï pusi wawaniñamatak ewjjt'ätam ukhajja, ¿jupajj jumatak wawanakar uñjpachänti? Janiwa! Kunjamtï munkta ukhamarjamaw walja wawaniñama. Maynitï kimsa ikiñ uta alasim sasin sischi ukhaxa, ¿hipoteca jan ukax alquiler pagaspati? Chiqansa janiw ukhamäkiti! Mä uta jikxatañamawa, ukanxa walja ikiñanakaw utji, jan ukax janiw kunjamatsa alañ amtañamakiti. Kunjamatsa jan walt'äwinakar saykatañamawa, ukhamax ¿kunatsa chuymaman munañanakamaru, munañanakamaru ukat amtanakamarjam sapa mayni amtanakam jan lurañama?

Achani Samon Biaou: Nayax mä uñacht'äwiw ch'axwañ munta ukat religionat aruskipt'añ munta. Religionatjja walja qhanañchäwinakaw utji, yaqhepajj jaqejj janiw kuna lurañas utjkiti sasaw sapjje, kunattejj taqe kunas Diosan apnaqatawa. Taqinipuniw iyawsäwip ajlliñapatak derechonïkchisa, yaqhipanakax qhana lógica ukarux nayrar sartayapxi, yaqhipanakax iyawsäwiruw nayrar sartayapxi. Kawkïr ajlliñsa, kuntï creykta ukat sipansa mayjäspawa, uk amuyañajj wali wakiskiriwa. Aka amuyt'awix jan suyt'at jan walt'awinak utjañapatakix jist'arat amuyuniñatakiw yanapt'ätam.

Ukampis mä sapakiw utjaspa sasin amuyt'asax wali ch'amampiw katxarusta, ukhamax jan walt'äwinwa jikxatasïta. Mä arunxa, jumax tornillowa.

Olumide Ogunsanwo: Harry Brown jupan " Kunjams mä jan libre pachan libertad jikxatawayta " [1]uka librox libertad tuqit wali suma libronakat maynïriwa. Kunayman sipitanakat yatxati, ukanakax qhispiyasiñ jark'istu, ukat seguridad trampa ukax utjarakiwa. Aka sipitax kunapachatix mä resultado particular ukar 100% seguridad ukamp iyawsktan ukat jan uñt'ktanti riesgos ukat incertidumbres inherentes con decisiones.

Yaqhip amuyunakax wali jach'a jan walt'awiwa, sañäni, religionax jaqinakarux chiqpachapuniw amuyt'ayi. Maysatxa, probabilístico amuyt'awix

1. https://www.amazon.com/How-Found-Freedom-Unfree-World/dp/0965603679

factores de probabilidades ukat riesgos ukanakaruw uñt'ayi, kunjamatix uñacht'awix uñjasi, <1% chance de accidente de automóviles jan alcohol umañamp ukhamarak jan kuna jan walt'awimp apnaqañamp. Mä amtäwix chiqpachapuniw chiqaw sasin iyawsañax chiqaw sañ sipitar jaquntañ chimpuwa. Niya janiw kunas jakäwinx chiqapäkiti - ukhamakiw amuyapxtanxa.

Sapa mayni amuyt'añax janiw sapüru chiqaw sañax sañ munkiti. Ukax sañ muniw mayni jaqinakan amuyunakap amuyañataki, ukampirus lurawinakamatx juma pachpaw juchañchasiñama. Ukax suma chuymanïñawa ukat jan axsart'iriñawa, amtawinakamat responsabilidad katuqañataki, ukampirus ukax juk'amp jan askïkchisa.

Achani Samon Biaou: Independiente amuyt'awix janiw jupa pachpa amuyt'añakikiti jan ukasti pantjasispawa sasin uñt'ayañawa, ukat amtawinakax kuna askinakas utjani ukanak uñt'ayañawa".

Janïr 35 maranïkasax taqpachanx 5-6 marakiw alquiler pagawayta, ukax pä maraw escuela de negocios ukat kimsa marax pregrado ukat graduado ukanak yatiqawayta. Uka tiemponjja, jan sinti gastonak lurañaw amtayäta.

Semanan irnaqäwijan qhiparapkta uka puntonak apsuyäta, ukhamat semana tukuyanakan hotelanakan sarnaqañataki. Mamajajj mä uta alañajatakiw ch'amañcht'itäna. Amigonakajajj janiw hipotecanïtaj laykojj jakäwijan qhept'atätwa sasaw sapjjetäna. Jupanakan ewjjt'anakaparjam sarnaqayäta ukhajja, jichhürunakan kawkins jikjjatasiristjja sasaw jiskt'asta, kunattejj jupanakat waljanejj qollqe toqet independencia jikjjatañatakiw ch'amachasisipkaki.

Nayan independiente amuyt'awijax taqiniw mä amtar puriñkamax t'ijtapkaspas ukhamaw amuyasta, uka amtax janiw nayamp chikachaskänti. Pachpa pista ukankapkchiyätsa, yaqhepajj jisk'a t'iju t'ijupjjerïna, yaqhepasti maratón t'ijupjjerïna. Maratón t'ijtkasajj mä juk'a t'ijt'ir jaqejj jumar pasaspa ukhajja, aynacht'atäñajj janiw kunäkisa. Akax kunjams FOMO ukax chiqpach jakäwin irnaqaski uk uñacht'ayi. T'ijuñ t'ijuñ uñt'añasa ukat kamachinakaparjam sarnaqañasa wali wakiskiriwa. Sapa kutiw mayninakat yatiqasisma, ukampis jupanakan luratanakapat juykhükasin yatiqasiñax janiw askïkiti" sasa.

Olumide Ogunsanwo: Ukatpï Ray Dalio-rux walpun munasta. Jupax creibilidad ponderación uka tuqitw arsu.

Nayax ñik'utajan jan walt'äwinïsta ukhax dentistaruw ist'añ munta, ukampis janiw nutricionista ukar ist'käti. Ukampisa, manq'añanakajat mä jan walt'äwi utjchi ukhajja, nutricionistaruw ist'ä, janiw dentistar ist'käti.

Taqeniw ewjjt'añ munapjjtamjja, ukampis janiw taqenis kuntï parlapki uk yatipkiti. Nayax qullqi tuqit iwxt'awinak thaqhaskä ukhax Samon juparuw ist'ä kunatix jupax 30 maraniw qullqi tuqit independiente ukhamaw tukuwayi. 82 marani mä waynarux janiw ist'kirismati, jupax wali irnaqaskiwa ukat qullqi tuqitx janiw sum sarnaqkiti.

Ukatpï jiwasa pachpa iyawsäwi ukat jiwas pachpar atinisiñ tukuyatat sapa mayni amuyt'añ tuqit aruskipt'apxtanxa. Juma pachparu iyawsasa, juma pachpar atinisisa ukat kun lurañatakis juma pachpa atinisisaxa, sapa mayni amuyt'añax juk'amp sumaw jikxatastaxa.

Achani Samon Biaou ukax akhamawa: Kawkhantix independiente amuyt'awix jan utjki uka instancias uñt'añ yatiñanak uñstayañax wali wakiskiriwa. Ukatakejja, maynejj akham jiskt'asiñapawa: "¿Mä toqet confiyañajati?' sasa. Amuyt'añataki, CNN ukax sapa kutiw África uksan yatxatat jaqinakar uñt'ayi, jupanakax continente uksan kunayman lurawinakatx jan axsarasaw arsupxi. Walja ullart'asipkchisa, jupanakan amuyunakapax iyawsayañjamäkaspas ukham uñjañ munta, jupanakax nayraqat africano culturan jakañ experiencianipxchi ukat taqpach ch'amanchasipxaspa ukhakiw amuyasta

Olumide Ogunsanwo jupax akham siwa: Mä juk'a tiempo jan walinak lurañatak apst'asiñäni. Sapa mayni amuyt'añax jan walt'awinakaniwa, nayax yatxa kunatix sapa kutiw ukanakamp uñkatasta. Walja jaqenakaw jan walin uñjasipjjani jan ukajj jan walinak lurapjjani. Sañäni, inas akham sapxchispa: "¿Mä ikiñ utan jakasta? Jutam, ¿kunatsa mä uta jan alasma?" jan ukax "¿Chiqapunit qullqi tuqitx independiente ukhamätati? Jutam, chiqans janiw qullqi tuqitx independiente ukhamäktati. Mä irnaqäw jikxatasma ukax $X payllaw utji, ¿janit uka irnaqäw katuqasma?" Jaqinakax inseguridad ukat jan autocreenciap jumar proyectapxi uk amuyañatakix ch'ama janchiruw jilxattañama.

Independiente amuyt'awix jan walt'awiwa, mayj mayja, k'umiwi, ukhamarak taripatäñax walikïskiwa, ukampis ukax wali askiwa kunatix mä juk'a pachax juma pachpaw jakäwiman jakaskta sasaw amuyasta. Jaqinakax jan jiskt'asipkiti kunats jan "normal" lurañanak luraskta ukat jan juk'amp "tradicional" ukhamäñamataki, conformar, kunjamtix nayratpach luratäki ukhamarjam lurañamatak mayipkchiti, ukhamax inas jumax ukhamästa janiw chiqpachans independiente amuyt'irïkiti ukat jaqinak taypin mä chiqaki.

Achani Samon Biaou ukax akhamawa: Independencia amuyt'añajj qaritäspawa, uk nayajj yattwa. Awisax janiw llakisiñ munktati, uk amuyapxtwa.

Olumide Ogunsanwo: Jach'a, wakiskir jakäw amtanakatakix independiente amuyt'awix nayrankañapawa. Janiw walja horanak jan yäqañ amtanakat yatxatañax wakiskiti, sañäni, kuna calcetinanakas uchasiñama. Ukham amtawinakatakix, default opciones ukax wakisispawa. Ukampis wali wakiskir amtanakar puriñatakejja, sapa mayniw lup'iñasa, janiw juykhükaspas ukham jaqenakar arktañas wakiskiti. Maynix jupa pachpaw chiqapar sarnaqañapa, kunawsatix default opciones ukanakax ajlliski ukhaxa.

Jakäwin wali wakiskir amtanakar puriñatakejja, kunanaktï jumajj valoranïki, kunanaktï munkta ukat kunanaksa munta uk amuyt'añaw wakisi.

Achani Samon Biaou: Mä sociedad ukanx consumo ukarux nayrar sartayapxi, independiente amuyt'awix juk'amp wakiskiriwa. Uk amuyt'añatakejja, aka uñacht'äwit amuyt'añäni:

Compañerojampiw California markan mä rey cama alasipxta, ukax apartamentojatakiw alasipxta. Ukampirus jichhax niya kimsa t'aqa ikiñ apnaqapxta. Jan wakiskir ch'usawjanak utjayawayi, ukat jiwasatakix maynit maynikam jak'achasiñax ch'amawa. ¿Kunatsa uka qollqe apt'asipjjta? Nayax amuyta, mä sapa ikiñan ikipki uka chacha warminakax juk'amp tiempow jakasipxaspa ukat juk'amp sum apasipxaspa, kunattix janïr ikiñar sarkasax ch'axwañanakar askichañatakiw wayt'asipxi, kunattix janiw kawkirus sarañax utjkiti.

Olumide Ogunsanwo: [Larusiña].

Achani Samon Biaou: Mä chacha warmix California King size camanïpxchi ukhax sapa mayni ikiñ utanakan ikiñjam wali askïspawa. Jiwasan jan walt'awisanxa, amparanakaj luqxatasax janiw janchi tuqit masijar llamkt'irjamäkti, ukat janiw jisk'a jaqïtax laykux ukhamäkiti. Arumanakax ikiñat jaquqasirakispawa, ukat qhipür alwakamax janiw uk amuyirïkti.

Olumide Ogunsanwo: [Histérico larusiña].

Achani Samon Biaou: Ukhamaraki, ¿kunatsa mä jaqix suma uñjat thakhinak apnaqirix mä jach'a SUV alañ amtaspa? Amtäwix jupanakan estado jan ukax qamiriñ uñacht'ayañatakïchi ukhaxa, ukham autoniñax wali wakiskirïspawa.

Olumide Ogunsanwo: Jach'añchasiñ derechos ukat jach'añchasiñ estrategias ukax aka libron anqäxapankiwa.

Achani Samon Biaou: Mä fundador ukar uñt'awayta, jupax patak millones de dólares ukjaw empresanak aljawayi, ukatx mä umañaw mayacht'asis umapxta. Jupax mä wali jisk'a mini Chevrolet auto apnaqatayna, nayax mä luxus auto apnaqirïta, janis autonakat sinti munaskti. Ukampis autop uñjasajja, janïr alañ qalltkasajj janiw jaya tiempo ukat ch'amampi lup'irïkti sasaw amuyayäta. Mä juk'a jan amuyt'asirjamaw amuyasiyäta, kunattejj janiw patak millón qollqenïkti, ukat kunanaktï juk'amp valoranit uñjkta ukanak lurañatakiw qollqejj apt'asispäna. Jichhat uksarux payïr ikiñ alasisma ukhax janiw California rey alasirïkti, ukat yaqha auto alaskä ukhax mä luxus auto alañajawa, ukatakix mä gusto uñstayañakiw wakisini.

Olumide Ogunsanwo: ¡ Walikiwa! Uka qillqatanxa, uka tuqit yatxatt'añ munañ tuqit parlt'añäni.

Achani Samon Biaou: Qalltañäni, yatxatañ munañax mä kusisiñ munañawa, kunatix jichha lurawinakamatakix jank'akiw wakiskirïki ukat sipansa. Uk amuyt'añatakejja, manq'at awtjata mä wawat amuyt'añäni, jupajj nayraqatapan manq'añanak jan yäqasa, uka lantix pampan q'illu ch'akhanakaparuw chuym churaraki. Ukajj inas muspharaychisma jan ukajj chuym ust'aychisma, ukampis wawajj wal yatiñ munirïtapatwa ukham luraspa, ukajj biología toqet manq'añ munatapat sipansa juk'amp ch'amakïspawa. Ukaw yatiñ munañax ch'amanïtap uñacht'ayi.

Jichhajja, mä jilïr jaqet parlt'añäni, jupajj juk'amp suma irnaqt'añ munatap uñacht'ayi ukat juman ewjjt'a mayiraki. Jichhakamax kunanaksa lurapxi ukat kuna kasta irnaqäwinakas munapxi uk jiskt'asma, ukat jan sum yatisksta ukhaxa, inas jan sum yatiñ munapkchiti. Ukaw machaq irnaqäw jikxatañax jupanakatakix jan nayrankkchiti sasaw amuyt'ayistu. Maynitï chiqpachapuni irnaqäw jikxatañatak ch'amañcht'ani ukhaxa, sapa kutiw kuns lurani ukat yatiyäwinak apthapiñatakiw yatxatarakini.

Kunapachatï yatxatañ munkta ukhaxa, uka nayrïr thakhi lurasma ukat taqi kunatix jak'aman utjki ukanak uñakipt'ta, yatiyawinak apthapisinxa, ukanakx juk'amp sum uñakipt'asma ukat ukarjam lurasma. Mä ch'amaw utji, ukax nayrar sartaskakiñatakiw ch'amañchi ukat kunatix jank'ak uñjaski ukat sipans juk'ampiruw uñch'ukiñama. Ukaw yatiñ munir jaqenakarojj jan yatiñ munir jaqenakat sipansa mayjäjje.

Uka jan walt'äwit lup'iña ukat jak'aman utjki uka yänak jank'ak utjki ukanakat kunjams jan interesasta uk amuyt'añamawa. ¿Kunatsa ukham paspacha? Kunatsa jan yatxatañ munkta uk amuyasma ukhaxa, inas uka jan walt'äwinakar askichañatakix kunjamsa jikxatasma.

Olumide Ogunsanwo: Inmigrantes ukat expatriados ukanakax wali askiwa kunatix jupanakax machaq markar sarxañatakix walja curiosidad ukanipxi, ukanx mä sociedad ukamp jikisipxi, ukax kuntix yatiqapki ukat sipan mayjawa. Uka machaq lurawix jupanakatakix jank'akiw yatxatañ munañap jan chhaqhañapatak yanapt'i. Nayra sarnaqäwinakamat ukat sarnaqäwinakamat kuna askinakas utji uk yatiñax wali wakiskiriwa. Ukampirus, Misisipi markankir mä jaqix Universidad de Misisipi ukar saririx juk'amp jisk'a nivel de curiosidad ukaniwa, kunatix taqpach jakäwipanx pachpa estado ukan jakasi ukat akapachan lurawinakar yatintatawa.

Aka jalj liyt'kasaxa, yatiñ munañax kuna askinaksa apanispa uk qhan amuyasta, ukampis janiw qhanpach arsuñ munktanti, uk qhanañchañ munapxta. Ukhamakipansti, kunjams jumax jakäwiman yatxatañ munañ yapuchasma ukat ch'amanchasma sapa kutiw qullqi tuqit independencia ukar puriñ yanapt'asma sasaw jiskt'asipxta.

Achani Samon Biaou: Kunjamas wawanakan yatxatañ munañ phichhantañax ukxat aruskipt'añäni. Suma yatiyäwix wawanakax naturalmente jiskt'asiñ munapxi kunatix taqi kunas jupanakatakix machaqäxiwa kunapachatix yurki ukhaxa. Awk taykjamax wali wakiskiriwa, janiw jupanakan natural curiosidad ukar jark'añasäkiti, jan ukasti juk'amp ch'amanchañawa. Wawamarux yatxatañ muniriñapatakiw ch'amañcht'añama, ukhamatwa jupanakamp yatxatañapataki ukat jupanakamp chika chikancht'asiñapataki.

Nayax uka extremistas ukanakat mayniritwa, jupanakax kunanaks yant'apxañapatakiw jaytapxi, "jan wali" yänakas ukhamaraki, kunapachatix jan sinti usuchjasipki ukhakama. Sañäni, kuna ch'aphimpi anatt'asipkchi ukhajja, jan sinti jan walinak lurapkaspa ukhakamaw anatapjjañapa, kunjamtï nayranakap khuchhuqapkaspa ukhama. Jupanakatï usuchjatäpjjani ukhajja, jupanakatakix yateqañjamaspawa.

Olumide Ogunsanwo: Yatiqañ munañamatakixa, wawatpach experiencianakamat yatiñ munasaw lup'iñama. Jumatï suma experiencianakanïsta ukhajja, kunjamsa uka yatiñ munir jan jaytjasisma ukat ch'amañcht'asma uk amuyt'añamawa. Ukampisa, experiencianakamax jan yatxatañ munirïkchi ukhaxa, kunatsa jan yatxatañ munkta uk amuyañatakix juk'amp ch'amachasiñamawa.

Sapa mayniw jan yatxatañ munapkiti, kunattix janiw kunanaktï kusisiñap pique ukanak jikxatapkiti. Kusisiñampi ukat yatiñ munirinakampix maynit maynikamaw yanapt'asipxi, ukat maynix mayniruw puriyi.

Jakäwimatakix mä uñjäw lurañamawa, ukax kusiskañawa, kunatix ukax yatxatañ munañamatakiw ch'amanchani ukat amtanakam phuqhañatakix wakiskir thakhinak thaqhañatakiw ch'amancharakïtam. Tony Robbins jupan qillqatapax walpun munasta, ukax akham siwa: "Kunapachatix mä ch'aman kunatsa utji, kunjamas ukax wali qhanaw uñjasi".

Mä kutix mä qhana amtäwi ("kunatsa") ukat mä suma uñt'at uñjäwi utjk ukhax naturalmente juk'amp ch'amanchataw ukat machaq amuyunaka ukat experiencias ukanakat yatxatañatakix juk'amp ch'amanchataw jikxatasïta

Achani Samon Biaou: Ukax iyaw satawa. Inas jan yatiñ munir jaqir jan qullañjamäkchixa, kuna experiencianakas utjistu ukarjamaw ewjjt'anak churaraksna. Naya pachpatakix kunapachatï yatxatañ munañax juk'amp jilxattaski sasin amuyasta ukhaxa, markajan machaq chiqanakar sarañasa jan ukax uñt'añas wasitat qhant'ayañatakiw yanapt'itu sasaw amuyasta. Amuyt'añataki, barrioman taqe manq'añ utanakar uñt'añatakejj mä amtar puriñajj juk'amp ch'amañcht'kiristamwa, janiw pachpa uñt'at cheqanakar sapa kuti chuymacht'atäñatak sarañat sipansa. Inas yaqhepajj kunatsa jan p'akjatäki ukanak mayjt'ayañapa sasaw jiskt'asipjjaspa. Kunatix jan kunanaks mayjt'aykäta ukhax JUMAX p'akintataw uñjasisma.

Olumide Ogunsanwo: Wow, ukax wali ch'amawa.

Achani Samon Biaou: Sapa kutiw pachpa manq'añ utar sarañax kunatix uñt'atäkaspas ukhamaw amuyasi, ukax jan walt'awinakaruw puriyaspa. Inas uka jak'ankir manq'añ utajj uka pachpa manq'at juk'amp suma lurat versión mä juk'a qollqemp aljaski uk amuyasajj arrepentisisma, ukhamatwa yaqha amtanakar jan jank'ak yatjjatasajj loqhe jaqëkasmas ukham amuyasta.

Ukxarusti viajañawa: Viajañax nayatakix wali askiwa, kunattix ukax yatiñ munirïñamatakiw wayt'tamxa. Amuyt'añataki, jumatix América markatästa ukat Europa uksar sarasma ukhax euros ukat tasas de cambio ukanakat jiskt'asiñjamawa, ukat ukax kunats tasas de cambio ukanakax mayjt'i uk yatxatañaruw puriyaspa. Viajes ukax mä sapa ch'amaniwa, ukax juma manqhan yatxatañ munañ ch'amanchañataki. Ukampirus, naturalmente yatiñ muniriñatakix wali ch'amachasksta ukhaxa, kunapachatï jan suyt'at kunampis jikista ukhaxa, "kunatsa" jiskt'asiñwa amuyun yatiqasma. Uka yatxatañ munañax jupa pachpar atinisiñ amuyumpiw mayachasi. Amuyt'añataki, jiskt'asiña "kunatsa jaqinakax qullqi apnaqapxi?" yatxatañ munañamataki ukat juk'amp yatxatañamatakiw ch'amañcht'ätamxa.

Mä juk'amp amuyt'awix nivel de curiosidad ukar jilxatayañatakix mä "crisis" ukham lurañawa. Ukajj mä muspharkañ amuyt'añjamäkchisa, wali askïspawa. Amuyt'añataki, inas awisajj llavenak jan sum uchasma, ukhamatwa kawkhantï jakaskta uk juk'amp sum uñjañamatak yanapt'ätam. Ukatjja, jumar gustki uka jaqenakamp parlt'añ qalltañ yant'am ukat kunjamsa chuymaman ritmojj ist'asi uk uñjañamawa.

Mayninakat yatiñ munasaxa, walja amuyunakaruw jist'arasma. Amuyt'añataki, maynitï jumar munaskta ukajj jan munkaspa ukhamächi ukhajja, inas juma pachpat amuyañ munsta. Ukampis jupanakar juk'amp sum amuyt'añ thaqhasajja, inas sarnaqäwipajj janiw jumamp kuns lurkiti, jan ukasti jupanakan jakäwipan kunatï pasaski ukawa.

Olumide Ogunsanwo: Yatiqañ munañax wali askiwa janïr qullqi tuqit independencia ukar puriñkama, uka pachana, ukat qhipatsa.

Janïr qullqi tuqit independiente ukhamäkasaxa, yatxatañ munañax mä chispawa, ukax kusisiñaruw sartayaspa ukat jutïrin qullqi tuqit juk'amp sum sarnaqañatakis ch'amañcht'arakiristamxa.

FI saräwinx yatxatañ munañax mä ch'amanchawiwa, thakhinjam sarnaqañ yanapt'i, kuna jark'awinakas jan ukax thakhi mayjt'ayañax wakisi ukhas.

Qullqi tuqit independencia ukar puriñ tukuyasax, yatxatañ munañax askinakaw uñstaski. Thakhinx kunayman munañanakat ukhamarak lurawinakat yatxatasma, sañäni, bowling, salsa thuqt'awi, jan ukax viajes ukanakax juk'amp jasakiw uka thakhinak lurañarux mayjt'añax juk'amp jasakiw qullqi tuqit independencia ukanx libre ukat pachax utjani.

Jumatix khititix jiskt'asisksta kunats qullqi tuqit independencia tuqit mä librox curiosidad tuqit mä t'aqa utjayaspa, ukat "walja qullqi" jikxatañak munsta ukhaxa. Aka libronjja, juma pachpaw kuntï munkta ukhamarjam jakañamatak yanapt'ätam, ukat ukajj janiw walja qollqe jikjjatañ sañ munkiti.

Kunjamakitix jumatakix mä suma yatiyäwiw utjitu, curiosidad ukax juk'amp qullqi jikxatañ yanapt'i kunatix janiw jakäwimanak yanapt'kiti jan ukasti negocio ukat carrera ukaruw yanapt'i. Amuyt'añataki, jumatï pä irnaqerinakan mä gerente ukhamästa ukhajja, ¿khitirus jach'añchasma: khititï churat lurañanak tukuyki ukaru jan ukajj jiskt'asirïta ukat kunatsa lurañanak lurañajj wakisi uk amuyañ thaqeri?

"Paqallqu costumbres de personas altamente efectivas" uka pankax nayrïr costumbre ukarux proactivo ukham uñt'ayi. Mä actitud proactiva, independiente amuyt'añ yatiñanaka, ukat mä curioso amuyuniñax mä amuyun componentes interconectados ukhamawa, ukax amtanakam phuqhañ tuqiruw irptamxa.

¿Khitis juk'amp sum sarnaqaspa? Maynix yatxatañ muni, independiente, ukat proactivo, jan ukax maynix laid back, jaqinakarux arkta, ukat tama taypin chhaqhi, kuntix amigonakapax, familianakapax ukat sociedad ukax lurañapatak sapki uk lurasa. Wali qhanawa - janiw jaysañax wakiskiti.

Achani Samon Biaou: Jan yatxatañ munañax qullqi tuqit independencia thakin chhaqhayaspawa. Kunjamatsa jan yatiñ munasax uka chiqar puriñjamäkchixa, inas llakit jubilat jaqir tukurakchisma. Kunjamtï Olumide chachajj siskänjja, yatiñ munañajj aka viajen yanapt'iristamwa. Jan walt'äwinak askichir jaqjam uñjatästa ukhajja, jach'añchatäsmawa. Jan walt'awinakax utjiwa kunatix askichawinakax janiw qhankiti, ukhamax jan walt'awinak askichañatakix lurañ amtanakat yatxatañatakix jist'aratäñamawa.

Olumide Ogunsanwo: Peja anqäxan creativamente amuyt'añamawa, ukax juk'ampiw lurasispa, jumatix yatxatañ munsta ukhaxa.

Achani Samon Biaou: Pasivo qhiparañax risqiwa, kunatix mayninakax yatxatañ munapxi ukat jupanakpachaw nayrar sartasipxi, ukhamax qhipharux qhipharuw qhiparapxäta.

Olumide Ogunsanwo: Mä qawqha pankanakat arsusaw tukuyä, uka pankanakax independiente amuyt'añ ukat yatxatañ munañ amtanakar ch'amanchañ yanapt'i.

Nayrïr libron iwxt'awipax " The Courage to be Disliked [2]" Ichiro Kishimi ukat Fumitake Koga jupanakan qillqatawa. Aka pankax pä japonés qillqirinakan estilo narrativo ukan qillqt'atawa ukatx kunjams jakäwimar apnaqasma, ukat kunjams yaqha jaqinakan amuyunakapax kusisiñamarux jan walt'ayaspa uka tuqitw arsu.

Payïrix " Antifrágil [3]" Nassim Taleb jupan qillqatapatw iwxt'apxsma. Aka uñt'at librox antifragilidad uka amuyunakaruw uñt'ayi, kawkhantix kuna jan walt'awis chiqpachanx jumatakix wali askiwa. Mä ch'aman sistemax anqäx estrés ukarux qhispispawa, ukampis mä sistema antifrágil ukax kunapachatix estrés ukar purinxi ukhax juk'amp sumaw jikxatasi. Independiente amuyt'awi, curiosidad ukat sistemas antifrágiles amuyt'awinakax mayakiw sarapxi. Mä sistema antifrágil ukar diseñar lurañatakix yaqha nivel de pensamiento ukaruw munasispa. Nassim jupax contracultural amuyt'ir jaqiwa, ukax ullart'irinakatakix wali askiwa.

Achani Samon Biaou: Nayax Adam Grant jupan mä librop uñt'ayañ munta, ukax " Think Again [4]" satawa. Amuyt'añäni, amuyunakamax mä gas ukar uñtasitawa, ukax mä tubo ukan comprimido ukhamawa ukat jupax jutasinx amuyunakam jilxattayaraki. Kunanaktï jan walit uñjktan ukanak desconstruir yanapt'i. Ukaw uñacht'ayistu, kunanakatï jak'an utjki ukanakajj janiw kunjamtï amuyktan ukhamäkiti.

Olumide Ogunsanwo: Wali muspharkañawa. Uñxatt'apxatamat yuspärapxsmawa. Jutïr jaljanwa jikisiñäni.

---

2. http://www.amazon.com/The-Courage-to-Be-Disliked-audiobook/dp/B07BRPW98K
3. https://www.amazon.com/Antifragile-Things-That-Disorder-Incerto/dp/0812979680
4. http://www.amazon.com/Think-Again-Power-Knowing-What/dp/1984878107

4: Nayra Carrera sarnaqäwinaka ukat Principios de Ambición & Valor

Olumide Ogunsanwo: Nayax wali kusisitaw nayrïr irnaqäwinakasat formal irnaqäwinakasan sarnaqäwinakap America corporativa ukat Europa uksan uñakipt'añaxa. Qalltan irnaqäwinakasasa, sueldonaksa ukat jefenakasasa, kunjamsa jiwasajj qollqe apnaqañ toqet amuyt'tanjja, ukat walja jaqenakas sum amuyt'apjjta ukaruw yanapt'istu.

Ukatxa, jach'a jach'a tukuñ tuqit ukat jan axsart'iriñ tuqitwa parlt'añäni. Mä amtanakar puriñatakisa, jan ajjsaririñamawa, ukat jan ajjsaririñamawa, jan walt'äwinakansa jan ukajj ajjsarañas utjkchi ukhasa.

Walja jan walt'äwinakampi, jark'äwinakampiw uñjasisma. Ambición ukat jan axsarañax qullqi tuqit independencia ukaruw irpapxätam ukat juma pachpan jakäwiman jakañ yatiñatakiw irpapxätam.

Achani Samon Biaou ukax akhamawa: Kunjamsa jach'a amtanakasajj ch'amañcht'awaytan ukat ukanak phoqañatakejj jan ajjsarirïtanwa uk yatiyañäni. Kunjams uka kamachinakax nayrïr carreranakasar yanapt'awayi ukat qullqi tuqit independencia ukar puriñ yanapt'awayistu uk yatiyañax janiw suyt'añjamäkiti. ¡Qalltañäni!

4A: Olumide jupan Nayra Carrera ukan sarnaqäwipa

Achani Samon Biaou: ¿Kunas nayrïr irnaqawimax ukat kunjams jikxatasi? Ukhamaraki, jach'a yatiqañ utat irnaqawimar mayjt'ayasax qullqi tuqit independencia tuqitx kuna amuyunakax utjawayiti?

Olumide Ogunsanwo: Jach'a yatiqañ utan Ingeniería Química ukan yatxatawaytxa, Economía ukan doble grado luraň amtawayta ukampis qhipharux janiw uk amtkti. Pregradon tukuyañampïskäyät ukhajja, clasenakajj mä juk'a aburritò ukhamaw jikjjatasiyäta, ukampis trabajojajj juk'amp askïspawa sasaw suyayäta. Nayax 2006 maran 21 maraniw jach'a GPA ukamp yatiqañ tukuyta, ukampis mä juk'a ch'amaw nayatakix mä irnaqäw jikxatañax kunatix janiw kuna pasantías ukanakas lurawaykti. Ukax kunatix visa de trabajo de estudiante estadounidense ukax lurasiwayi, ukhamat internacionales yatiqirinakax yatiqir visanakapamp pasantías lurapxañapataki, ukampis walja empresanakax yatiqirinakarukiw pasantías churañ munapxäna, jupanakax qhipatx sapürunjam irnaqäw jikxatapxañapänwa, ukat nayat sipan yatiqirinakatakix juk'amp ch'amaw tukuwayi. Ukatwa verano phajjsin yaqha trabajonak jikjjatañajäna.

Nayax mä tutor ukhamaw irnaqawayta ukax kusiskañ ukhamarak jan ch'amäkänti. Ukhamarakiw mä irnaqäw katuqta, ex alumnos ukanakar jawsañataki, yatiqañ utan qullqi churañ mayiñataki (limosna?). Ukajj ch'amapunïnwa. Mä qawqha jan wali ukat qhuru jaysäwinak katuqapxta. —¡Jichhax jaytapxita! —¡Janipuniw aka jakhuru jawst'apxitati! —¿Khitis akaxa? —¿Kunjamatsa jakhuxa katuqapxtaxa? Uka experiencianakax janiw kusiskañakkänti ukat Ingeniería Química ukan licenciaturajampis janiw kunas luraskänti, ukampis qullqi jikxatañatakix kuntï lurañajäki uk lurañaw wakisïna. Llamayu irnaqañax jilpach pachax chuyma ch'allxtayiriwa, ukampis ukax wali sumaw pitching ukat teléfono tuqi aljañ yanapt'itu.

Kunawsatix 2006 maran jallupachan yatiqañ tukuyañax jak'achasxän ukjax sapürunjam irnaqäw mayiñ qalltawayta ukatx Honeywell UOP ukan entrevistawaytwa. Entrevistas ukanakax wali sumpun sarantawayxi, ukat ingeniero de diseño de procesos ukham nayrïr irnaqäw churapxitu. Nayax 2006 maran septiembre phaxsinw Indiana markan mä refinería ukan qalltawayta, Chicago marka jak'ankiwa, sapa uruw mä qawqha autobuses ukanakamp irnaqäwir puriñjama. Sueldojajj 56.000 dolaranakänwa, ukat qalltasajj wal kusisiyäta. Nayax software ukampiw kunayman kasta refinería ukan yänakap diseñar sarawayta, intercambiadores de calor, bomba, ukat juk'ampinaka, ukhamarak yapu tuqir sarañaw wakisïna, kuna yänaktix lurawaykta ukanakan instalación ukar yanapt'añataki.

Achani Samon Biaou: ¿Ukax Chicago markanx utjkänti?

Olumide Ogunsanwo: Aka irnaqawix Indiana markan refinería ukanïnwa, ukampis Chicago marka jak'ankxänwa, sapa uruw mä pä autobuses ukar sarañax irnaqäwir puriñjama. Nayax janiw auto alañ risqiñ munkti, kunatix visa de trabajo temporal de inmigración ukampiw jikxatasiyäta. Ukaw nayrïr irnaqäwijan sarnaqäwipa ukat kunjamsa jikjjatawayta.

Achani Samon Biaou: Wow, América markan yaqha markat jutir yatiqirinakan jan walt'awinakapax yatiqañ utat irnaqäwir mayjt'ayañanx qhanaw uñjasi. Empresanakax yatiqirinakaruw pasantías ukanakax churañ munapxi, jupanakax qhipatx jasakiw taqpach pachan contratatäpxaspa, jan irnaqäw autorizacion munasa, kunjamatix taqi yaqha markat jutirinakatakix ukhama.

Olumide Ogunsanwo: Chiqpachansa. Gobiernox empresanakarux pasantías ukanakax churañapatak jayskchisa. Ukajj wali llakiskañänwa. Departamentojan GPA ukax juk'amp jach'äkchïnsa, yaqha irnaqäwinakampiw phuqasiñajax wakisïna, uka irnaqäwinakax janiw licenciaturajampi saskänti. Mä juk'a muspharkañänwa, ukampis ukanakxat atipjasmawa. Ukhamaw inmigración ukax utt'ayata.

Achani Samon Biaou: Jumatix estadounidense ukhamästa ukhax janipuniw visas ukanakar jark'añ tuqitx amuyt'kasmati. Kunapachatï francés markankir yaqhep amigonakajajj yaqha markanakat jutir yateqerinakajj trabajotak permiso munapjjatap laykojj muspharapkäna uk amtastwa. "¿Kunas ukax?" sasaw jiskt'apxirïna, jan amuyt'asisaw jiskt'apxirïna. [K'aja].

Olumide Ogunsanwo: [Larusiña].

Achani Samon Biaou: Kunawsatix sapürunjam irnaqañax utjki ukhax mä estrategia irnaqäw thaqhañax utjtamti? ¿Nayrïr ofrecimientojj mä trabajo jikjjatañajj ch'amakïtap laykuw katoqta jan ukajj juk'amp amuyumpit suma trabajo suyt'ta?

Olumide Ogunsanwo: Nayax qullqiw munasïna. Verano phajjsinwa yateqañ tukuyta ukat mä trabajo jikjjatañaw wakisïna. Carrerajan qhepatjja, walja trabajonakat ajlliñatakejj juk'amp autonomía ukat apalancamiento ukanakaw utjäna. Patronampi irnaqirimpixa equilibrio de poder ukaxa wali askiwa amuyaña. Uk jan amuyasksta ukhaxa, inas patronamax jumar taqi ch'amanïchispa.

Mä juk'a amuyt'añataki: Nayrïr carrerajax 21 marat 25 marakamaw (2006 maran 21 maranïkasin jach'a yatiqañ utan yatiqañ tukuyta, ukatx 2010 maranw 25 maranïkasinx escuela de negocios ukar sarawayta). Nayrïr carrerajan mä juk'a qhanañcht'atajja, jila partejj chuyma usu ukat llakisiñawa. Kunjamtix arsuwayktxa, Honeywell UOP ukan ingeniero de diseño de procesos ukhamaw irnaqañ qalltawayta, uka pachax Honeywell ukan aljatäñampïskänwa. Ukampirus llakisiñawa, empresa combinada, Honeywell UOP, ukax janiw visa permanente de trabajo ukar uñt'ayañ atkänti, ukatx kimsa phaxsitx nayrïr irnaqawijat antutapxitu. Ukajj wali llakiskañänwa.

Achani Samon Biaou: Ukax mä jach'a uñacht'äwiwa.

Olumide Ogunsanwo: Aka jan walt'awix enero phaxsin 2007 maranw utjawayi, mä juk'a pachatx septiembre phaxsin 2006 maran irnaqañ qalltawayta, wali p'inqachataw jikxatasiyäta ukat phinq'achataw jikxatasiyäta. Mä all-star yatiqirjamax pregradon clasenakajanx mä jach'a GPA ukampiw programajanx jikxatasiyäta, ukat aka turkakipäwix walpun muspharayitu. Markat sarxañax wakisispa ukhax kunas pasaspa (visa temporal ukan 90 urunak jan irnaqäwinïtapat) amuyunakax chuymajar t'aqhisiyañ qalltäna.

Uka tiempojj nayatakejj wali ch'amänwa. Sapakiw cuartojan jachir jikjjatasiyäta, janiw kun lurañsa yatkayätti. Janiw khitimpis uka toqet parlt'añjamäkänti, juk'ampejj walja amigonakajajj mä qhawqha phajjsinak nayrakiw jach'añchapjjetäna. Mä ch'amaka chiqaruw espiral ukar sarawayta, kawkhantix ch'aman dinámica ukar amuyañ qalltawayta. Jakañax mä tabla de ajedrez ukar uñtasitaw sasaw amuyayäta, ukat mä peón ukhamakïñat sipansa juk'amp libre jakasiñ churir mä estrategia thaqhañaw wakisïna.

Ukajj jakäwijan juk'amp jisk'a puntonakat maynïrïnwa, janiw pächasiñasäkiti. 21 maranïkayäta ukhajja, kunanaksa sum amuyt'añatak ch'amachasiskayäta, walja urunak jachaqt'asirïta uk amtastwa.

Achani Samon Biaou: Ukax mä jach'a uñacht'äwiwa. ¿Kunjamsa uka jan walt'äwir saykatawayta, ukat kunjamsa ukajj mayjt'ayawaytam?

Olumide Ogunsanwo: Wali askiwa, janïr irnaqäwit jaqunukuñ jan walt'äwix utjkipanx janiw kuna jach'a alañanaks auto jan ukax uta ukham lurawaykti. Jach'a yateqañ utankkasajj kunjamtï mä juk'a tiempokiw jakaskayäta, ukat cuartojankir masinakajampiw mä apartamenton jakasiyäta. Ukham luratajajj jakañajajj juk'akïskänwa sasaw yuspärapjjta. Nayraqatax trenanakaru ukat autobusnakaruw atinisiyäta, awisax irnaqir masinakajampiw autot sarapxirïta.

Autonakamp chika sarnaqir masinakajat maynïrejj persa warminïnwa, jupajj IIT sat cheqanwa yateqarakïna, ukat Ingeniería Química sat toqet Maestría sat yateqañwa yateqarakïna, ukampis nayajj licenciatura ukakwa tukuyta. Muspharkañawa, pachpa irnaqäwinïkchïnsa, nayat sipansa sapa marax 1.000 dolaranakakiw juk'amp qullqi jikxatäna, ukat 57.000 dolaranakwa sueldo katuqäna. Ukaw pä uñjäwir puriyitu.

Nayraqatxa, empresanakax janiw maestría ukarux bachiller ukar uñtasitx wali askit uñjapkiti, ukax qhanstawayiwa. Yaqha yatiqañ utan yatiqañapatakix pä maras jakäwipan qullqix munaskäna ukat 40.000 dólares qullqis munasïna, ukampis sueldo jilxatayañax juk'akiw utjäna. Autopa ukat hipoteca pagasajj juk'a qollqekiw qheparäna sasaw walja kuti quejasirïna. Ukajj wal muspharayitu, kunattejj nayajj uka toqet experiencianïtwa ukat qollqejat mä jach'a qollqe imañsa atipjawayta.

Payïrix, qullqi gastañ amtanakasax jakäwisarux walpun mayjt'ayaspa sasaw amuyasta. Sueldonakajajj niya kipkakïkchïnsa, mayj mayja askinak jikjjatapjjayäta. Nayax mä jisk'a alquiler 300-350 dólares phaxsit payllawayta, Nekheel amigojampiw mä apartamento sotano ukan jakasipxirïta, ukampirus persa amigojax hipoteca ukanïnwa, ukax alquilerat sipanx juk'amp jach'apunïnwa. Nayajj sapa phajjsi 75 dolaranakwa pasaje público apnaqirïta, jupajj autopatak gastonak apt'asirakïna, seguro, gas ukat askichañanaka.

Uka tiempon mä uta ukat mä auto alasispäna uk amuyt'añäni. Nayajj katjatäskäyätwa. ¿Kunsa nayajj 30 maratak hipotecampi luraspäna?

¿Kunjamsa uka autompi uñjasispäna? ¿Jach'a chhaqtäwimpi aljaña? Uka jan walt'äwejj wali jan walipunïspänwa, kunatï utjkitu ukanak aljañajataki ukat inas markat sarjjañajatakis wayt'aspäna.

Uka amtawinakax wali ch'amampiw amuyujan utji. Uka experienciajj ch'amañcht'itäna ukat corporacionanakar jan sinti confiyasa uñch'ukiñatakiw yanapt'itäna. Corporacionanakar janiw atinisiñjamäkiti, kunattejj janiw nayat llakisipkänti, uk sum yatiyäta. Ukaw naya pachpan qollqe toqet, qollqe toqet independencia ukat janïr jubilasiñatak ch'amañcht'itäna. Ukaw qollqe toqet independenciar puriñ qalltäna.

Achani Samon Biaou: Uka sarnaqäwix uñt'ayawaykta ukax jan iyawsañjam chuym ch'allxtayiriwa. Ukajj wali llakiskpachänwa ukat atipjañatakejj ch'amäpachänwa.

Olumide Ogunsanwo: Walja jaqinakaw PTSD ukar uñt'apxi, ukax Trastorno de Estrés Postraumático sañ muni. Mä condición mental de salud ukawa, ukax sapa mayniruw jan walt'ayi, jupanakax experiencias traumáticas ukankapxi, veteranos ukanakar uñtasita, ukat jupanakax trauma ukarux wasitat jakayapxi ukat sapa uru jakawiparux jan waliruw puriyi, ukampirus jaqi masimp chikt'atäñataki ukhamarak irnaqañataki.

Maysatxa, trauma ukarux mä juk'a uñt'at jaysawiw utji, ukax PTG, jan ukax Crecimiento Postraumático satawa. Ukax kunjams sapa maynix jilxattaspa, jilxattaspa ukat mayjt'ayaspa uka tuqitwa, ukax mä trauma ukan jikxatasisax utjaspawa. Walja tuqinakatx jakäwijanx PTG pachaw sasaw amuyasta.

Jichhakamax janiw uka sarnaqäw jan jacht'asis yatiyirjamäkti, kunattix kunjamsa jikxatasiyäta uk sum amtasiyäta. Ukampis mä kutejja, mayniw akham sitäna: "T'aqhesiñ experiencianakamat juk'amp qhanañcht'äta ukhajja, juk'amp faciläjjewa" sasa. Ukajj cheqätapwa cheqañcharista.

Achani Samon Biaou: Jumax arsuwayta, jumamp Nekheel amigomampix alquiler jan sinti utjañapatakix sotano ukan jakasipxta. Uka uñacht'äwimpiw nayratpach qollqe uchasiñajj kunja wakiskirisa uk qhanañchañ munta. Kunawsatix jaqinakax nayrïr kutix sueldo jikxatañ qalltasipki ukhax jupanakax walja qullqinak apthapiñ munapxatap amuyasipxi, machaq qullqi apnaqañ jikxatatapatxa. Ukampis qullqi tuqit independencia jikxatañatakix qalltatpachaw gastos ukanakat amuyt'asiñama. Juk'amp qullqi gastasax juk'a qullqikiw utji ukat tiempompix compuesto lurañataki. Ukhamakipansti, gastos ukanakax qullqichasiwinakaruw tukuyi, sañäni, yatiqañ utanakar jan ukax machaq irnaqäw jikxatañatakix red ukan irnaqañataki.

Qullqix jilxattaski ukhamarjamaw automáticamente gastos ukax jilxattaspa, ukax contraproducente ukhamawa, juk'ampirus jilxatata gastos ukax valores ukanakamp jan walt'ayaspa ukhaxa.

Olumide Ogunsanwo: Qullqi tuqit independencia ukar puriñatakikix walja estrategias ukanakaw utji.

Mä estrategia ukax juk'amp qullqi jikxatañatakiw ch'amanchasi, maynix juk'amp qullqinak apsuñatakiw ch'amanchasi. Kunayman jaqinakax naturalmente mä lado jan ukax yaqha tuqiruw juk'amp ch'amanchasipxi, ukax kunjam jaqïpxisa, kunjams uñt'ayasipxi, kuna oportunidades ukanakas utji, kawkhans jikxatasipxi, yatiñanakaparjama, saräwiparjama jan ukax yatiqatanakaparjamaw uñt'ayasi.

Ukampirus, panpacha estrategias ukanakax mä pachan arktañax wali askiwa. Sapa mayniw qullqi jikxatañatakix ch'amachasipxañapa, sapa kutiw nayrar sartasipxañapa, machaq yatiñanaka ukat yatiñanaka jikxatañataki. Uka pachparakiw, jupanakax jisk'achapxañapawa qullqinakxa, amuyuparjamaw valores ukanakaparjam qullqinak apthapipxañapa, kuna tuqinakattix jupanakarux kusisiyapki ukanakaruw nayrar sartayapxañapa, ukat jan wakiskir gastos ukanakax jisk'achapxañapawa jan ukax chhaqtayapxañapawa. Ukax wali askiwa, qullqi jikxatañax juk'amp qullqini ukat qullqinak juk'amp jisk'achañax mä equilibrio jikxatañawa, amuyuparjamax mä aspecto ukar jach'añchañawa, ukax etapa específica de vida, circunstancias ukat oportunidades ukanakarjamawa. Ukanwa uka matiz ukax utji. Ukax nuance satawa.

Amuyt'añataki, jumatï 21 maranïsta ukat jichhak machaq markan irnaqañ qalltawayta ukhajja, qalltanjja, juk'amp qollqenak apsuñatakejj juk'amp wakiskirïspawa. Machaq chiqanx kuna utanakas utjani ukat kuna transporte ukanakas utjani uk amuyt'añamawa. Ukampirus, mä kutix jach'a costo áreas ukanakar optimizado ukhax juk'amp askïspawa, qullqix juk'amp jach'aptayañ tuqir mayjt'ayañax juk'amp askïspawa. Ukax irnaqäw jach'anchayañ, lado hustles, empresarial experimentos jan ukax proyectos creativos ukanakat yatxatañaw wakisispa. Janiw askïkaspati pä kuti qullqinak jisk'achañax kunatix retornos marginales ukanakax juk'aptaski kunapachatix qullqi tuqit juk'amp oportunidades ukanakax utjki ukhaxa.

Yaqha uñacht'awix 38 maraniw frugalidad ukat presupuesto ukarjam sarnaqirïsta, ukat pusi wawanïsta (pä jisk'a wawanaka, pä colegion wayn tawaqunaka ukat mä universidadan yatiqiri). Costos ukanakar sum apnaqañax mä juk'a ch'amäspawa aka situación ukanxa, ukat inas yaqha qullqi jikxatañ thaqhañ pachaw purini.

Comunidad de independencia financiera ukax walja kutiw costo minimización ukaruw ch'amanchapxi, empresarionakax qullqix maximización ukaruw ch'amanchapxi. Nayan iwxt'awijax panpacha estrategias ukar arktañawa ukampis mä consciente ajlliñamawa mä nayrar sartayañataki circunstancias específicas ukarjama.

Achani Samon Biaou: Aka aruskipäwix citables momentos ukanakamp phuqt'atawa. Jutïr phaxsi carrera ukar sarañа: yatiqañ tukuyatat mä qawqha phaxsitx irnaqäw jikxatañ tuqitw arsuwayta, ukampis llakt'asiñjamawa, irnaqäwit jaqunukutaw uñjasiwayta. ¿Kunas uka qhepat pasäna?

Olumide Ogunsanwo: Jank'akiw mä amtar puriñ qalltawayta. Nayajj 90 urunak saraqataruw América markat sarjjañajäna, ukatwa maestría ukar sarañ amtawayta. Ukhamatwa yaqha visa de estudiante visa churapjjetäna, uka programajj utjkäna ukhakama, ukajj pä marawa. Nayax Departamento de Ingeniería Química ukan Decano ukar jak'achasisinx Honeywell UOP ukan kunas utji uk qhanañcht'awayta. Nayax maestría ukax jank'akiw qalltañ munatax uñacht'ayawayta, ukatx mä beca mayiwayta, ukax programa ukan qullqip phuqhañataki. Taqi logística ukan irnaqañ tukuyasax Ingeniería Química ukan maestría ukar qillqantawayta, 75% beca ukamp. Yatjjatkasajja, mayampwa trabajonak mayiñ qalltawayta, qhepatjja yaqha trabajo jikjjatawayta, arumanak clasenak katoqasajj uk lurawayta.

Achani Samon Biaou: ¿Kunjamatsa ukham jach'a beca katuqañax wakisisipa? ¿Jumax wali ch'amampiw aruskipt'awayta?

Olumide Ogunsanwo: Nayax wali ch'amampiw aruskipt'awayta kunatix janiw chiqapäkaspas ukhamäkänti, mä licenciatura ukax janiw chiqpachans munaskänti. Nayax nayratpach pachpa fucking undergrad grado Ingeniería Química ukan jikxatasiyäta.

Achani Samon Biaou: Yämas kunatix jumax yatisktawa mä Maestría ukax persa irnaqir masimat juk'at kutt'aniñapxa.

Olumide Ogunsanwo: Chiqpachansa. Maestría ukan yatiqkchïnsa, sueldopax 1.000 dólares/marakiw nayat sipan juk'ampïna, kunapachatï uka tiempon Bachillerakïkayäta ukhaxa. ¿Kunatsa Maestría ukan yateqañatakejj 40.000 dolaranak pagañaja? Ukampirus kunatix nayatakix uka amtäwix juk'amp lurañjamawa, machaq cargox niya 50% ukha qullqi kutt'ayañaw utjäna. Ukajj programajan jila parte qollqejj pagatäñapänwa. Ukatjja, machaq empresajj visa de trabajo mayiñapatakiw wakisïna, kunattejj janiw mayampsa inmigración toqet sarañ munkayätti. Nayax RRHH ukat equipo jurídico ukanakamp chikaw chiqanchawayta, jupanakax visa ukan mayiwiparux uñjapxani.

Mä uru irnaqañax ukat arumanakax walja horanak clasenakar sarañax wali ch'amänwa. Urunakajajj loqtatäjjänwa. Nayax llätunk urut phisqa urukamaw irnaqirïta, ukatx suxtat llätunk jan ukax llätunk urukamaw chiqak clase ukar sarañ munta. Ukaw jutïr pä maranakan jakäwijajj utjäna.

Achani Samon Biaou: Ukax mä jach'a uñacht'äwiwa. ¿Arumanakax internacional yatiqirjamax clasenak katuqañax jaysatäpachati?

Olumide Ogunsanwo: Jïsa, internacional yatiqirjamaxa, kuna pachas clasenak katuqañatakix flexibilidad ukanïnwa, arumanthix clasenakas utjarakiwa. Ukat yateqerinakan irnaqt'añatakejj visampiw trabajiñajatak permiso churapjjetäna.

Achani Samon Biaou: ¿Machaq irnaqawix juk'amp sueldompiw juti?

Olumide Ogunsanwo: Jïsa, machaq sueldojax 58.000 dólares/mara ukhanïnwa, nayrïr irnaqäwijat sipanx mä juk'a jilaw jikxatasïna. Uka irnaqäwimpixa, mä auto alañwa amtawayta. Ukax mä serie BMW 3 apnaqatänwa, ukax 17.000 dólares ukjaw aljasi. Uka irnaqäwinjja, juk'amp segurow jikjjatasiyäta, kunattejj visa de trabajo churañatakiw iyaw sapjjäna. Nayax uka autox walpun munasta, exterior ukat interior ukax ch'iyara ukaniwa, ukat placas de vanidad personalizadas ukanakas utjarakituwa, ukanx "OLUMIDE" ukham qillqt'atawa. Autompiw wal kusist'ayäta.

Achani Samon Biaou: Ukax wali askiwa.

Olumide Ogunsanwo: Uka autot wali sum amtaskchiyätsa, qhepat uñakipt'asajja, qollqe toqet sarkasajj mä qhawqha pantjasitanakajat maynïrïpachänwa. Janiw auto alañ amtäwix pachpakiti jan ukasti kunatix janiw walja pachanak apst'asipkti kunayman transporte ukanakat yatxatañataki ukhamarak asociado costo total de propiedad (TCO) ukanakat yatxatañataki.

Payïr irnaqäwinjja, walja suma experiencianakwa jikjjatayäta, ukampis uka sarnaqäwijj wasitatwa mä juk'a mayjt'äna. Estados Unidos markan irnaqäw H1-B visa ukax sistema de lotería ukanw apnaqasi, ukatx llakisiñawa, nayrïr pä kutiw solicitud ukanx janiw ajllitäkti. Ukajj janiw jank'ak jan walt'aykitänti, kunattejj yateqer irnaqt'añ visajj utjaskakïnwa. Ukampirus 2008-2009 maranakax purinkäna ukhax qullqi tuqit jan walt'äwimp ukat qhipatx mayiwix juk'ampiw jilxattawayi. Ukatwa 2009 maran payïr trabajojat jaqsutäjjayäta, ukajj 24 mara phoqañatak mä juk'a tiempokiw utjäna.

Achani Samon Biaou: Ukax mä jach'a uñacht'äwiwa. Wasitampi!

Olumide Ogunsanwo: Janiw taqpach muspharkañakkänti, kunatix jilpach equipojankirinakax 6 phaxsiw antutatäpxäna. Ukampis mä juk'a llakitaw jikxatasiyäta. Mä irnaqäwi chhaqhayañax sapa kutiw phichhantayi. Ukatpï nayrïr carrerajan sarnaqäwipax chuyma ch'allxtayiri sarnaqäwiw sasaw sista. 23 maranïkayäta ukhajja, niya 24 maranïkayäta ukhajja, nayrïr pä trabajot antutatäjjayätwa.

Industria petrolera ukat gas ukax ciclos ukan irnaqapxi, ukatx kunapachatix petroleo ukan chanipax jilxattaski ukhax empresanakax qullqip jisk'achañ thaqhapxi. Mä qhawqha maranak nayrajj kunatï nayrïr trabajojan paskäna uk amtasiskaktwa, ukatwa aynacht'atäyäta.

Ukampis 2006 maran nayrïr kuti irnaqäw apt'asitajat sipansa, aka kutix amuyunsa qullqi tuqitsa juk'amp sumaw jikxatasiyäta. Nayax pä maranakanx taqpachax niya 40.000-50.000 dólares (50% tasa bruta de ahorro salarial) ukjam qullqi imañ atipxta, ukhamat qullqi tuqitx wali sumaw jikxatasiyäta.

Nayajj Nekheel jilatampiw pachpa sotano utan jakasipkayäta. Alquilajajj janiw sinti jiljjatkänti. Nayax 21 marat 25 marakamax $300-$350/phaxsi alquiler pagawayta.

Niyakejjay gastonakaj sum apnaqjjayäta, ukatwa mä juk'a ch'amanïki uka cheqat amtasirïta ukat kun lurañsa amtayäta. Nayajj qhuru amuyunïyätwa ukat kun lurañatakis wakicht'atäyätwa. Wali askiwa, janiw markat sarxañax wakiskänti kunatix maestría ukan yatiqir visa ukax utjaskakiwa. Chuymajan yatiyätwa Ingeniería Química ukax janiw nayatakikiti, ukatwa jach'a yatiqañ utan economía tuqin doble grado ukar puriñ amtawayta, ukat kunats nayrïr pä irnaqäwinakajatakix jan ch'amanchatäkti.

Juk'amp irnaqäwinak mayiskakiñat sipansa ukat sistema de lotería inpredecible ukamp apasiñat sipansa, tornillo sasaw sista ukat escuela de negocios ukar sarañ amtawayta ukat jakäwij mayjt'ayañ amtawayta. Escuela de negocios tukuyatat kuntï lurañ munkta uk janiw sum yatkayätti, ukampis qollqe toqet, tecnología ukat negocio toqet mayacht'atäñap yatiyätwa. Nayax 2009 maranw negocios ukan yatiqañ utanakar mantañ qalltawayta, ukatx jutir jaljanx uka tuqitx juk'amp yatxatañani.

Achani Samon Biaou: Ukax mä jach'a uñacht'äwiwa. Aka sarnaqäwix wali llakitaw jikxatasi. Jichhakiw yatiqañ tukuyirïta, pä tunk maranïxtawa, ukampis nayratpach walja experiencianak yatiqawayta.

Olumide Ogunsanwo: Janiw khitis uñjirïkti. Awk taykajajj janiw ukankapkänti. Nayax uka markan yaqha markat jutirïtwa, 23 maranïkasax pä kutiw irnaqäwip apt'asiwayta.

Achani Samon Biaou: Nayrar sartaskir markanakan jakasir jaqinakax inas sarnaqäwimx jan yäqapkchiti, América markan jakañax niyaw juk'amp suma jakañ churi, ukampis sapa mayniw jan walt'awinakapanx utji, qawqha sumas jakäwipax uñstaspa.

Europa ukat EE.UU. ukanakax wali mayj mayjawa. Francia markanx mä escenario ukham amuyt'añax ch'amawa, maynix pä kutiw ukham qalltawinx antutatäspa, pä razonanakatwa:

1. Empresax bancarrota ukar puriñ jak'ankchi ukhax antutatäñax wali ch'amawa. Empresanakax janiw juk'amp jisk'achapkiti, ganancias ukanakax utjañapataki.

2. Jaqunukutaxsta ukhaxa, 90 urut jilaw machaq irnaqäw jikxatañatakix utji. Kunapachas pasäna uk janiw amtaskti, ukampis juk'amp khuyapt'ayasiriwa.

Olumide Ogunsanwo: Oh, yaqha markat jutirinakatakis ukhamaraki?

Achani Samon Biaou: Jïsa, juk'amp khuyapt'ayasiriwa. Francia markanx mä sapa jark'awikiw utji, ukax mä irnaqäw jikxatañawa. Janiwa sistema de lotería ukaxa utjkiti, ukatxa yatxatatanakama pachpa nivel ukana irnaqawixa utjchi ukhaxa, permiso de trabajo ukawa apsutaraki.

23/24 maranïkasaw escuela de negocios ukar mantañ amtañ qalltawayta sasaw sista. Ukampirus janiw 29 maranïkayäta ukhakamax escuela de negocios ukar mantañ munkti, Francia markanx walja jaqinakaw MBA ukar jan yäqapkiti. Ukhamarakiw mä iyawsäwix utji, irnaqäwinx walja experiencianïñamawa ukat jilpachax 30 maraniruw jak'achasiñama, ukhamat solicitud ukar mantañataki. Tiempo ukat perspectivas ukanakax mayj mayjawa, ukat Europa uksanx kunaymaninak juk'amp qhiphart'atawa. Amuyt'añataki, Alemania markanx walja jach'a yatiqañ utan yatiqirinakax janiw yatiqañ tukuyapkiti ukat pä tunk mara chikatanit irnaqañ qalltasipki. Corporativo jakäwix Europa uksanx juk'amp ch'amanchataw uñjasi, ukampirus América uksanx juk'amp ch'amanchataw uñjasispa.

Sarnaqäwim ist'asajj kuna jach'a chuymanïñas nayatak ist'asi uk mä juk'a qhanañcht'ä: Nayraqatxa, uka nayrïr irnaqäwit juma pachpat jark'aqasiñamatakix wali muspharkañawa ukat amuyasxaraktawa. Payïri, escuela de negocios tuqi wayn tawaqur tukuñ jan ukax machaqar tukuyañ thaqhasax yaqha tuqit jakäwimar apnaqañ amtañamawa.

¿Kuns jaqinakax jumat yatipxañapa uka nayrïr maranakanx kunatix qullqi tuqit independencia ukatakix wakiskiriwa?

Olumide Ogunsanwo jupax akham siwa: Taqi sarnaqäwijanx hilo subyacente ukax nayax mä dedicado jaqit uñt'atawa. Ukatwa, kunapachatï negocios escuelar sarañ amtkta ukhajja, taqe kunwa lurawayta. Ukaw nayatak nayrankjjäna, niyas sapürunjam irnaqt'añjamarakïnwa. Nayajj wali alwat sartasirïta, duchar sarjjayäta ukat escuelaruw yatjjatañatak sarirïta. Maestría yatiqirïkayäta ukatwa campus ukan qhipararïta, ukat clasenakajax jayp'uruw sarapxirïta. GMAT libronakaj mä aularuw apaniyäta, ukat arumanakajj clasenakajajj qalltañapkamaw yateqasirïta. Kunapachatï mä amtanïktan ukhajja, uka amtar puriñatakejj taqe thaknam sarañaw wali wakiskirejja.

Nayax uka kasta jaqitwa, taqpach compromiso ukat taqi tiempo ukat ch'amax mä lurañatakiw apst'asirïta. Kunawsatix GMAT ukan 700 jila puntuacion jikxatañ amtayäta ukhax niya sapa uruw yatxatañax wakisi sasaw qhan amuyasiyäta. Kunatsa atípico ukham uñjatätap amuyasta, kunapachatï jaqinakax muspharapxirïna, kunapachatï nayax jak'achasiñax yatiykta ukhaxa, kunjamsa jayarst'añ munta.

Amuyt'añataki, niya 3-5 phaxsinakaw aka libro tukuyañatakis ukat uñstayañatakis munasini kunatix jiwasax dedicado ukhamarak pasionado ukhamaw proceso ukaru. Awisax, kunatix jumatakix wakiskirïki ukarjamaw juma pachpax iyawsäwinakam utt'ayañama, janïr anqäx chiqanchañ thaqhkasa. Nayraqatax anqankir tuqinakat atinisisma ukhaxa, inas chuymaman ch'amañcht'atamat jiskt'asiñamatak yanapt'chisma.

Mayninakan chiqapar uñjatäñat jan atinisisaw juma pachpan chuymaman iyawsäwim ch'amañcht'añama.

Achani Samon Biaou: Jumax amtayistawa mä punto qalltawin aruskipt'awaytan kunatix janiw munktanti jaqinakax aka librot apsusipxañapxa. Uraqpachax plantillas ukat anatt'añ libronak lurawayi, jaqinakan arktapxañapataki. Kunjams uka anatt'añ libronak arktañakix qullqi tuqit independencia ukar puriyaspa uk amuyt'añax ch'amawa. Sarnaqäwimanx janiw mayninakan amuyunakap thaqhapktati, GMAT ukar wakicht'añatakix kuna ch'amanchawis utji. Jumatakix wali wakiskirïtap yatisktawa, ukatwa máxima intensidad ukamp apnaqañ amtawayta.

Olumide Ogunsanwo jupax akham siwa: Chiqpachansa, ritmo natural ukarjam phuqañamawa, ukhamatwa ch'amañcht'asisma. **Janiw kuna fucking anatt'añ libro, regla libro, guia jan ukax plantilla jakäwitak utjkiti. Taqi kunatix qhiparki ukax juma pachpakïñamawa ukat sapa uruw juk'amp sumaptañama. Taqi kunas jan walinak lurañawa.** Janiw 70 maranïñ munktati, walja arrepentisiñanakampi. Jichhaw kunanaktï lurañasäki ukanak phoqañ horasäjje.

Janiw kuna contrafactualsa yatkti, kunatï jan trabajonïkayäta ukhajj paskaspäna. Nayax pächasta, uka trayectoria ukan sarantaskäyätwa, Ingeniería ukan ejecutivo ukar tukuñataki, 17 mara experiencia de diseño de procesos ukan irnaqañataki. ¿Kunjamsa uka jakäwix akapachankirïspäna?

Taqi kunas walikïskänwa, kunattix jakañatakix jan walinakar puriñajatakiw obligatäyäta. Inas jan taqinix pachpa influencianakanïpkchiti, ukax nayarux jan walt'awinakar puriñar ch'amanchawayitu, ukampis jupanakax jan walt'awinak katuqañatakix ch'amanchasipxaspawa.

Achani Samon Biaou: Yaqhip jaqinakax inas jan amuyapkchiti kuntix jumax risqinak apsuñax sañ munkta ukxa. Ghana markan qamir familiankir 18 marani mä waynax jan walinakar puriñax kamsañs muni? Jan ukax mä estadounidense jaqitakix kunatix nayratpach mä suma, sapuru, jan estrés ukan jakawipax riesgos ukar puriñapataki? ¿Nayratpach suma jakasir jaqinakatakix jan walinak lurañax kamsañs muni?

Olumide Ogunsanwo: Nayax qhanañcht'añ yant'ä. Nayraqatxa, sapa mayniw jakäwipat lup'ipxañapa, ukat kuntix jikxatañ munapki ukanak mä amtar puripxañapawa. Aka amtawix amtanakampiw uñt'ayasispa, ukax jaqi masimp chikt'atäñamp, k'umaräñ tuqita, empresariado tuqita, carrera tuqita, qullqi tuqita, experiencia tuqita, jan ukax kunayman tuqinakatw uñt'ayasispa.

Uka sapa kasta amtanakar puriñatakikix walja thakhinakax utjaspawa. Amuyt'añataki, pusi jan ukajj phesqa thakinakaw utjaspa, ukhamat sum apasiñataki. Aka walja thakhinakax taqpachaw kunayman niveles de riesgos ukanakamp chikt'ata.

Sapa kasta amtanaka taypinxa, uka amtanakar puriñatakikix walja thakhinakax utjaspawa. Amuyt'añataki, pusi jan ukax phisqa thakhinakax utjaspawa, maynit maynikam sum apasiñataki, sapa mayniw kunayman niveles de riesgos asociados ukanakampi. Walja jaqinakaw conservador ukarjam ajllisipxi, utt'ayat thakhinjam sarapxi ukax juk'amp jan walt'ayir amtawiwa (jaqinakar arktasa). Nayrïr amuyujax jaqinakar ch'amanchañaw juk'amp calculado riesgos ukanakar apsuñ amtapxañapataki, juk'ampirus kunapachatix jupanakax sum uñakipapxi ukat amuyapxi kuna jan walt'awinakas utjaspa. ¿Kunas chhaqhayañasa? Walja jaqinakaw, juk'ampis Europa jan ukax América uksankirinakax juk'amp jan walt'awinak apt'asipxaspa, kunatix redes de seguridad ukat backstops ukanakax jupanakan utji.

Uñacht'äwinakanx arsuwayta, kawkhantix maynix qullqi tuqit wali suma jikxatasi, ukax nayraqatax qullqi tuqit uñjatapatw arsu. Jakañax janiw qullqi tuqit sipansa juk'amp wakiskirïkiti. Aka librox qullqi tuqit independencia tuqit parlt'atäkaspas ukhamäkchisa, chiqpachansa, kunjam jakañtï munkta ukhamarjam luraña ukat jakañ tuqitwa parli. Munat jakañax qullqi tuqit sipansa juk'ampiwa. Uka jaqejj inas maynimp sum apasiñatak amtanakanïskaspa, sañäni, munasiñ masi jikjjataña, jan ukajj k'umaräñ amtanaka, yaqhanakampi. Ukatwa, jupanakax mä thakhi uñacht'ayapxaspaw ukat juk'amp jan walt'äwinakar puriñ thakhinak jikxatapxarakispa kunatix jupanakax qullqi tuqit jakäwin askipakiw askichapxi.

Achani Samon Biaou: Kunawsatix kunas jan ch'amäki ukhax yaqha amtanakaruw thaqhaskta. Janitï jan walt'äwinakar puriñjamäkaspa ukham amuyasksta ukhajja, kuntï nayratpach luraskta ukatakiw juk'amp ch'ama amtanakar purisma.

Kunapachatï kunas jan ch'amäki ukhajja, machaq amtanakaruw thaqta. Janitï jan walt'äwinakar puriñjamäkaspa ukham amuyassta ukhajja, jichhajj kunanaktï lurañ munkta ukanakanjja, juk'amp jach'a amtanakaruw purisma. Amuyt'añataki, Alemania markan irnaqkayäta ukhax kunayman markanakar sarañax utjawayitu, Emiratos Árabes Unidos uksaruw sarawayta. Emiratos Árabes Unidos markan mä qhawqha tiempo qhepatjja, trabajojat sipansa machaq lurañanak munañaw utjäna. Ukapachaw Dubai markan computadoranak alañ amtawayta, Benín markan aljañ amtawayta. Ukajj janiw trabajojampejj mayacht'atäkänti, kunattejj ukanjja niyaw qollqe jikjjataskayäta, ukampis machaq ch'amäkaspas ukhamwa uñjayäta.

Olumide Ogunsanwo: Chiqpachansa, ukat akax mä qawqha jakäw chiqanakaw kawkhantix juk'amp jan walt'awinak apsuñax katuqasispa: jaqi masimp apasiña, k'umaräña, sapa mayni nayrar sartawi/jiltawi/yatichäwi, empresariado, qullqichawi, jañchin pacha, ukat experiencianaka.

Mä juk'a arumpixa, nayrïr maranakax chuyma ch'allxtataw ukat llakitaw jikxatasiyäta. 23 maranïkayäta ukhajj walja trabajonak apt'asitaj laykojja, jakäwijan mä machaq thak lurañaw wakisi sasaw qhan amuyasïna. Ukatwa jakäwij wasitat utt'ayañ amtawayta ukat escuela de negocios ukar mantañ amtawayta.

4B: Samon nayrïr Carrera ukan sarnaqäwipa

Olumide Ogunsanwo: Samon, kunas universidad tukuyatat pasäna?

Achani Samon Biaou: Jach'a yatiqañ utan yatiqañ tukuyasax kunayman irnaqäwinakaruw mayiñ qalltawayta, ukat Reino Unido markan irnaqäw jikxatañax juk'ampiw munasïna. Francia markat jutir jaqinakan Reino Unido markar juk'amp suma jakañatak "qhispipxatapat" sarnaqäwinakat ist'awayta. Ukanx yaqha chiqäkaspas ukhamaw amuyasïna, taqiniw inglés aru arsupxäna ukat negocios ukanakax mayj mayja lurapxäna. Currículum ukax monster.com ukham sitios web ukanakaruw apkatawayta ukatx Francia markan empresanakaruw solicitud uñt'ayawayta.

Olumide Ogunsanwo: Juman amuyumax nayraqatax Francia anqäxan internacionales ukanakan oportunidades ukanakap jikxatañatakiwa, chiqpachanx Reino Unido uksanx?

Achani Samon Biaou: Jïsa, taqi kunat sipansa, inglés aru apnaqañax mä chiqan irnaqañ munta. Reino Unido markax mä natural ajlliwjamaw amuyasïna, ukampis yaqha amtawinakat amuyt'araktwa, Escandinavia, Suiza jan ukax Alemania, ukat qhiparux kawkhantix tukuyawaytxa.

Olumide Ogunsanwo: ¿Qhawqhas uka pachax inglés arut yatxatatäyäta? Jichhax inglés arumax wali muspharkañawa.

Achani Samon Biaou: Uka pachanx inglés aru yatiñanakax mä nivel intermedio ukanïnwa.

Ukhamarus, janiw yatiskti kunjams inglés aru yatiqawayta uka sarnaqäwit jumanakamp chika yatiyapxsma. Chiqpachansa, uka tuqitxa walpun chuym ch'allxtayäta. Yatiqañ utan yatichatäki uka currículo ukarux janiw arkkti. Tunka maranïkayäta ukhajja, inglés americano amuyt'añsa arst'añsa wal munjjayäta. Cintas de casete alasiyäta ukat Centro Cultural Americano de Cotonú uksaruw uka arump ch'alljjtañatak sarawayta.

Irnaqäw thaqhañar kutt'asax "francófono-ness" ukax uraqpachan uñt'ayasiñax limitaskiw sasaw amuyasta. Kunapachatï yatiyäwinak liyt'añ munkayäta ukhajja, francés arutwa liyt'asirïta. Taqi akapach uñjawimax mä arurukiw uñt'ayasi, uka arux janiw inglés arukïkiti.

Olumide Ogunsanwo: África francófona ukat África anglófona ukanakax qhan mayjt'ayatawa. Nigeria markan jilsuwaykasax inglés arux markan arupänwa, ukax sañ muniw Nigeria anqäxan jutïr pachat amuyt'asax Reino Unido jan ukax América ukax nayrïr amtawinakawa, Canadá markax ukhamarakiw lurasispa. Arux maynix jutïr pachan askinak jikxatañapataki ukhamarak jakañapatakix wali ch'amanchatawa.

Jumatix aka libro liyt'ir awk taykästa ukat juma pachpataki ukhamarak/ jan ukax wawanakamatakis qullqi tuqit independencia ukar munassta ukhax walja arunakan regalo churañax wali muspharkañäspawa. Amuyt'añataki, kullakajajj Nigeria markankir jaqëtap laykojja, jisk'atpachaw wawanakapar francés aru parlir mä escuelar qellqt'ayäna. Jupanakax jisk'atpachaw francés aru sum yatipxi, ukax jupanakatakix walja askinak jist'araraki.

Nigeria markax francés aru parlir markanakamp muyuntataw jikxatasi, ukatwa francés aru parlir walja yatichäwinak katuqañax wakisïna, ukampirus uka pachax janiw wali askit uñjkayätti, kunatix janiw suma yatichirinakas ukat currículos ukanakas utjkänti. Ukampis jumatï qollqenïsta ukhajja, walja arunak nayratpach wawanakamar churañajj wali askïspawa. ¿Kunsa jumajj uka toqet amuyasta?

Achani Samon Biaou: Nayax juk'amp extremo uñakipäwinïtwa. Nayax amuyta taqi khitinakatix lurañ yatipki, qullqi tuqitx nayratpach independiente ukhamaw tukupxañapa, ukhamat wawanakan yatiqawip, wawanïñ amtapxchi ukhax mä irnaqäwjam uñjapxañapataki. Wawanakanïrist ukhaxa, 10 maranïkasax pusi arunak yatipxañapwa munasmati, ukatakix amuyuparjamaw markanakan jakañax wakisispa, ukanxa janiw yatiqañ utan uka aru yatiqapkiti, jan ukasti uka culturaruw ch'allxtasipxaraki. Aruxa janiwa mä sapa amuyt'awikiti; ukax cultura ukampix wali ch'amanchatawa. Amuyt'añataki, mä noruego markankir jaqit parlt'añäni, jupax Noruega markan yoruba aru yateqaraki ukat parlaraki. Inas walja kutix "Jichhürunakanx pachax wali sumawa, ukat nayax wali kusisitaw jikxatastxa" sasaw sapxi. Ukax janiw kuna jan walt'awis utjkiti, ukampis Nigeria markankirinakax janiw sapa kuti aruskipäwinakanx pacha tuqit aruskipt'apkiti. Cultura ukar ch'amanchasax mä visceral ukat niyas esencial aru amuyt'añaw jikxatasi, janiw jaqukipañakikiti.

Olumide Ogunsanwo: Nayax taqpach iyawstwa. Jakawixa experiencianakatakiwa, ukat maynix chiqpachapuniw uka experiencianakarux wali askit uñjaspa, kunapachatix jaqinakamp chika arupamp chikt'atäspa ukhaxa. Ukax ukhamarakiw sapuru. Janiw ventajas profesionales ukat financieras ukanakat arsuñax wakiskiti, ukax secundario amuyt'awinakawa.

Achani Samon Biaou: Walikiwa, kunjams uka irnaqäwir tinkuyäta uka sarnaqäwit kutt'añäni. Uka tiemponjja, janiw qollqe toqet yatjjatañatakejj trabajo ajlliñajäkänti, ukat sueldonaksa janiw sinti ist'irïkti. Nayatakix wali wakiskirïki ukax mä jach'a irnaqäwin jikxatasiñawa ukat kuna aski luraňas utjarakiwa. Sueldo ukax mä amuyt'äwïkchïnsa, janiw yatkayätti, sueldonak taypinx wali mayjt'äwinakaw utjaspa. Nayax CV Monster ukar apkatawaytwa ukatx inglés arut mä carta de presentación qillqt'awayta. Qhipharux Francia markan Accenture ukan mä oferta katuqawaytwa, ukax niya 32.000 € maratakiw pagapxirïna.

Jan suyt'ataw Alemania markankir Deutsche Telekom Consulting sat empresat jawst'itu. Francia markan empresanakapax janiw candidatos ukanakarux avión ukar apayapkänti jan ukax Francia markan entrevistas ukanakatakix viajes ukanakat qullqinak phuqhapkänti. Ukampirus Deutsche Telekom Consulting ukax París markat Bonn markaruw entrevista ukar avionat apayapxitu, janiw kuna qullqis boleto ukan qullqipat llakisisa.

Nayrïr kutiw Alemania markar visitt'irïta, ukat wali kusisitaw jikjjatasiyäta. Francia markan nayrïr entrevistanakajanx uñacht'ayañakiw suyt'ata, janiw viaje gastos ukanakat aruskipt'añax utjkänti, ukat chiqans janiw chika uru manq'añax churapkitänti. Francia markan mä entrevistan manq'añ vale katuqatajat amtastwa.

Entrevistajj saraskäna ukhajja, qhepatjja sueldo toqet parlt'añwa qalltapjjta, ukat kuntï suykayäta uk jiskt'apjjetäna. Jan axsarasaw 38.000 € uk mayiwayta, ukax 25% ukjaw Accenture ukan churatapat sipanx juk'ampi. Ukham iyaw sapjjani ukhajja, qamirïristwa sasaw amuyayäta. Nayatakix wali muspharkañawa ukat kusisiñajatakiw oficial de Recursos Humanos ukax jaysawayitu, niyas perdón mayiñjamaw ist'asi, "Ay, yatisktawa, 45.000 € ukjaw churapxäma. Ukaw akan sueldonak qalltañaxa".

Olumide Ogunsanwo: [Larusiña].

Achani Samon Biaou: Nayax mä segundo congelatätwa. Ukax niya 50% ukjaw Francia markan nayan ofrecimientojat sipanx juk'amp jach'a. Walja jiskt'anakaw amuyujar umamp phuqhantäna. —¿45.000 € ukha qullqixa?

—¿Kunatsa wali jach'äpacha? "¿Kunjamarak akax lurasispasti, kunapachatix 32.000 euros ukax nayratpach mä jach'a sueldo ukhamaw uñjasi, Francia markan pachpa nayrar sartat markanx mä juk'a frontera uksanx?" —¿Kunatsa aka tuqita jan yatkayäta? —¿Qhawqha qamirïñaxa? —¿Kuna katjañas utji?

Mä ratukiw yatiñ munirïta ukat Francia markat anqäxan kuna oportunidadanaktï nayrax jan yatxatawaykta ukanak jan yatxatatajat arrepentisiyätwa. Alemania markar sarañ amtaskä ukhajja, janiw ukham pantjasjjañajäkiti sasaw amtayäta. Nayax yaqha geográfico chiqanakan oportunidades thaqhañ amtawayta, zona de confort ukat sipansa.

Qamiriñ suyt'äwitjja wal kusista. Francia markankir francés ukat francófono africano amigonakajajj kunatsa Alemania markar sarjjañ amtta sasin jiskt'asipkäna ukhajja, envidiasipjjäna jan ukajj janiw yatipkänti. Ukat ukham markar sarjjañajj kuna jan walinakansa uñjasispa uk amuyt'awaytati sasaw jiskt'apjjetäna.

Janis sum amtkchiyätjja, yaqha markat jutirinakajj ukan sum jakapjjaspa ukhajja, nayajj amuyt'arakiristwa sasaw amuyayäta. Yaqha cheqanakat yatjjatañ wal munta. Entrevistajanjja, janiw khitirus esvásticas uchasir uñjkti ni kuna jan uñt'at yänakampis jikiskti.

Olumide Ogunsanwo: [Larusiña] Janiw muspharkañ tatuajes ukanakax utjkiti.

Achani Samon Biaou: Alemania markanx walikïskäwa sasaw amuyayäta. Mä qawqha yaqha Ch'iyara jaqinakar uñjta ukat mä jach'a turco jaqinakampiw jikista. Alemania markan jakäwipat yatiñ munasaw uka jak'ankir jiskt'asta. Yaqhep jaqenakajja, jach'a, sumankañ, cheqapar sarnaqer sasaw sapjjäna. Yaqhipanakax racismo ukat nayrar sartañ jan walt'awinakapatw arsuwayapxi, mä Ch'iyara jaqirjam gestión tuqina. Alemania markax Francia ukhamarak yaqha occidental markanakar uñtasitaw suma jaqinakaw utji ukat racismo uñacht'awinakas utjarakiwa sasaw tukuyta. Nigeria markanx kunayman etnias ukanakanx ukham dinámicas ukanakax utjarakpachänwa.

Olumide Ogunsanwo: Nayrir jaljanx pregradon maranakatxa, amtampi ukat juk'amp jach'a uñakipäwimpiw oportunidades ukanakat uñt'ayasi. ¿Kunatsa jan pachpa amuyumpi irnaqäw thaqhañar jak'achasipkta? Trabajo thaqhañamax jan sinti amtampis luratäkaspas ukhamawa.

Achani Samon Biaou: Nayax kusisitaw uka jiskt'a jiskt'atamata. Undergrad ukan yatiqir irnaqäwinak thaqhaskäyät ukhax chiqpachans amuyujat ukhamarak aventurero ukhamaw jikxatasiyäta. Ukampirus kunapachatix yatiqañ tukuyatat irnaqäw thaqhañax utjkän ukhax Reino Unido ukat Alemania uksat amuyt'awaytwa, ukampirus uka markanakanx sapa kutiw telecomunicación ukan irnaqañatak mayiwayta. Francia markanx Accenture ukat Alcatel ukham uñt'at empresanakaruw solicitud uñt'ayawayta.

Nayax Reino Unido ukat Alemania markanakaruw irnaqäw thaqhañanx uñt'ayawayta kunatix inglés arut yatiñanakax apnaqañar uñt'ayañ munta. Ukampirus qullqi tuqit askinak jikxatañatakix mä juk'akiw amuyta kunatix uka pachanx janiw jakhüwinak sum amuyawaykti. Qhepatjja, qollqe toqet independencia toqet juk'amp sum amuyt'awayta. Kunatï uka viajen yanapt'kitäna ukajja, yatiñ munirïña ukat atipt'asiñ munañaw utjäna. Janis kuntï munkta uk sum amuyt'irïkchiyätjja, machaq yänak yant'añatakejj jist'aratäyätwa. Uka yatiñ munañajja, jan suyt'at oportunidadanak jikjjatañatakiw yanapt'itäna.

Janitï zona de confort ukar jaqunukuñ munkäta ukat yatiñ munir sarkäta ukhaxa, janipuniw kuna oportunidades ukanakas utji uk yatkätati. Nayajj kuna carrera lurañtï munkta uk lurasmati sasaw creyiyäta. Chiqansa, khitinakatix nayratpach ukham lurapki ukanakax mä ventaja especial ukanipxpachati?

Olumide Ogunsanwo: Jïsa. Jumax akham amuyta: "¿Kunatsa nayas jan ukham lurkiristxa?"

Achani Samon Biaou: Chiqansa, ¿kunatsa jan lurañax wakiski ukat juk'amp sum lurañaxa?

Alemania markan experienciajar kutt'asax 2006 maranw Deutsche Telekom Consulting ukar 24 maraniw mantawayta, ukatx 45.000 € sueldo katuqatax walpun kusista. Ukampis thakinjja, mä qhawqha muspharkañanakampiw jikista. Nayraqatxa, Alemania markanx Francia markar uñtasit juk'amp impuesto payllañax wali muspharkañawa. Muspharkañawa, tukuyañatakix niya pachpa qullqi neto jan ukax inas mä juk'amp qullqi jikxatañar puriwayta. Payïri, machaq irnaqäwijat pä jan ukajj kimsa phajjsikiw Sudáfrica markan kimsa phajjsitak mä proyecto internacional lurañatak mä oportunidad churapjjetäna. Uka asignación katuqañax sueldo jilxatañaruw puriyaspa, ukatx Alemania markanx qallta sueldo neto ukax niya 2.000 €/phaxsi (24.000 €/año) ukhat niya 2.500 €/phaxsi (30.000 €/año) ukharuw mä juk'a jilxattañap suyt'ayäta.

Olumide Ogunsanwo: Ukax mä jisk'a sueldo neto ukhamawa. €24.000 neto ukax €45.000 bruto sueldo ukat apsutawa. Ukax loco ukhamawa.

Achani Samon Biaou: Impuestonakjja, walja qollqew pagawayta, ukanakat mayajj impuesto a la renta regulara, Alemania occidental toqen inti jalsu toqen wasitat sayt'ayasiñatak yanapt'añatakejj impuesto de solidaridad ukat iglesian impuesto opcional ukanak pagawayta. Jan practicar cristianjamajja, iglesian impuesto pagañat mistjjañwa amtawayta.

Olumide Ogunsanwo: Mä perspectiva purapat racional tuqitxa, juk'amp askiwa iglesiar jan afiliatätamat yatiyaña ukat sapa patakatx mä juk'a qullqi churañaw wakisi, jan ukax gobiernox jumatakix qawqha qullqis uk amtañapa. Ukham lurapxaspäna sañax locokïkaspas ukhamawa.

Achani Samon Biaou: Kimsa phaxsi Deutsche Telekom Consulting ukar mantawaykta ukat octubre phaxsin 2006 maranx mä asignación internacional ukaruw machaq mara jak'an qalltawayta, ukatx payllaw neto ukax niya kimsa kutiw jilxattawayi, 7.000 € phaxsitx. Janïr 2007 mara tukuykipanx sueldo ukat bono ukanakat 100.000 jila euros qullqiw apthapita. Uka empresajj hotelanakan qurpachasiñwa churapjjetäna, clientenakar visitt'añatakejj autonak alquilañatak qollqe churapjjetäna, ukat taxi pagañatak qollqe gastapjjañajsa jaytapjjarakïnwa. Walja qollqe imañwa puedjjayäta.

Olumide Ogunsanwo: ¿Qhawqha pachas hotelanakan qhiparawayta? ¿Qhipharux empresanakan utanakapar sarxapxtati?

Achani Samon Biaou: Sudáfrica markan hotelanakan qurpachasiyäta, ukatx qhipatx Dubai markanx qurpachasipxaraktwa. Dubai markanxa, mä subsidio ukaw utjäna, ukampiw mä chiqa alquilañatak yanapt'apxirïta. Mä irnaqir masijampiw mä 3 ikiñ uta alquilasipxta, ukax mä muspharkañ barrio ukanw jikxatasïna, ukax Isla Palm Jumeirah satawa.

Kunanakas janiw nayatakejj amuyaskänti. Mä qhawqha phajjsinak nayrajja, Francia markanwa yateqerïta, uka markajj nayrar sartatänwa. Ukatx Alemania markaruw sarxapxta ukatx Francia markax juk'amp jisk'a economía ukaniwa sasaw amuyasta, ukax janiw nayax yatkayätti kunatix Alemania markax francófono uraqpachanx juk'akiw aruskipt'ata. Nayatakix janiw computañ munkänti. Alemania markanjja, mä empresan autopampiw qalltawayta, ukajj Mercedes C-Class satänwa, ukat combustiblejj taqpach pagatäjjänwa. Sudáfrica ukat Dubai markanakaruw saraskayäta, Francia jan ukax Alemania markan 20 mara irnaqasax jaqinakax juk'amp qullqi jikxatapxirïta. ¿Kunatsa taqe ukanakajj nayar pasäna? Nayax jan iyawsañjam kusisitaw jikxatasiyäta ukampis kunjams ukax uñstawayi uk yatiñ munta.

Olumide Ogunsanwo: ¿3X sueldo jilxatäwix mä subsidio internacional de dificultad ukat utjatapatati?

Achani Samon Biaou: Jïsa, kunayman yanapt'awinakaw utjäna, jan walt'äwinakat qullqix utjarakiwa. Ukhamarus, mä maran suxta phaxsit jilaw Alemania anqäxan irnaqirïta, ukat mä juk'a impuesto ahorros ukanakax utjawayitu kunatix Alemania markanx janiw taqpach impuesto pagañax utjkänti.

Deutsche Telekom ukan nayrïr marax walja chiqanakaruw sarawayta, walja machaq jaqinakampiw uñt'asiwayta, ukat inglés aru juk'amp yatxatawaytwa. Nayax 23 maraniw luxus hoteles ukan qurpachasiñ yatitäna, septiembre phaxsin 2022 maranw mueblenak alawayta, uka pachakamax universidadan jan wali muebles ukanakat jithiqtawayta.

Olumide Ogunsanwo: Khitinakatix sarnaqäwim uñxatapki ukat suerte ukhamakïkaspas ukham amuyapki jupanakatakix kuna principios ukanakas ukat apsusipxaspa?

Achani Samon Biaou: Jach'a amtäwix janiw juma pachpan saräwim yaqha jaqimp chikachasiñakiti ukat jupanakan lurawinakap suerte ukham uñt'ayañ yant'añawa. Taqi jaqin thakhipax mayj mayjawa, ukat yaqhip jaqinakax qullqi tuqit independencia thakhix qhipa maranakan qalltapxarakpachänwa. Yaqhepasti inas awk taykapajj walja millón millón qollqenïpjjatap laykojj qollqe toqet jan khitin jark'atäpjjchïna.

Olumide Ogunsanwo: [Histérico larusiña].

Achani Samon Biaou: Principios ukanakax juk'amp yatxatañ munañawa ukat jach'a amtäwinakawa. Kunanakatï jak'aman utjki ukanak uñjañamawa ukat machaq oportunidadanak uñakipañatakiw ch'amachasiñama.

Janiw mayninakjam pachpa thakhinjam sarnaqañamäkiti. Yatiqañ munirïñamawa ukat atipt'asiñamawa, sapa kutiw juma pachpat sipansa juk'amp ch'amachasiñama. Jichha pachanx kunayman jan walt'awinakampi, pachamamampix complaciente ukhamäñax jasakiwa, ukampis ullart'irinakaruw ch'amanchapxsma, jan kuntix jikxatapkani ukx limitapxañapataki. Ukaw sarnaqäwijat nayrïr apthapitaxa.

Olumide Ogunsanwo: Sinti jaqinakax sinti askinak jikxatapxi. Inas jan sinti jach'a jaqit uñt'ayasiñ munkti, ukampis jakäwiman mä suma mayjt'äw luräñatakix agresivamente ch'amachasiñax mä muspharkañawa. Jumatï kawkhantï jikxataskta ukampi kusisitästa ukhaxa, inas jan kuns lurkchiti. Ukampis kunjamtï Samon chachan sarnaqäwipax siskixa, yatiñ munatapa ukat auto apnaqatapatwa kuna oportunidadanakatï utjkäna ukanak sum apnaqañapatak yanapt'äna. Laureles ukar samart'añax janiw qullqi tuqit independencia ukar puriykaspati.

Mä principio ukaw sarnaqäwimat apsuwaytxa, activamente oportunidades ukar thaqhañawa, yatiñ munañawa, ukat riesgos calculados ukanakar apsuñ munañawa.

Jumatix mä caucásico francés wawa ukhamästa, París markan jilsuwaysta, francés amigonakapamp muyuntat ukhamarak Francia markan sapak yatiqirïsta ukhax Arabia Saudita jan ukax Emiratos Árabes Unidos markar sarxañax axsarañjamawa. Seguridad ukat riesgos ukanakax jach'a llakinakäspawa. Ukampirus, inmigrante ukhamäñax aprovechamiento ukarux jan uñt'at ventajas ukanakaw utji. Yaqha chiqat sarxasaxa, jan uñt'at culturanakaruw yatintasta ukat machaq yänak yant'añax walikïskiwa. Amuyt'añataki, Samon jilatajj yaqha markat jutirïnwa, janïr Francia markar sarkasajj Benín markan yapu pampan jakañsa ukat markanakan jakañsa yatjjänwa. Uka saräwix juparux Sudáfrica jan ukax Emiratos Árabes Unidos markan proyectos internacionales ukanakar katuqañax juk'amp jasakiw tukuyäna, kunatix jupax juk'amp flexible ukhamarak machaq pachanak uñakipañx janiw axsaraskänti.

Taqi kunatix jakäwiman pasawaykta ukanakax khitïtas uk uñt'ayawaytam. Nayra sarnaqäwinakam katuqañamawa ukat ukampiw jutïr pachax juk'amp suma luräñama. Historiamax juma pachpan ventajamawa. Ukax jumanakan superpoder de uniqueness ukawa, mä mundo ukanx blando uniformidad ukar ch'amanchaski.

Jumatï sapa uru escuelar walja horanak kayuk sarañajj wakiskäna uka cheqan jilsuwaysta ukhajja, jan walipunïkaspas ukhamwa amuyasma. Ukampirus mä juk'amp suma amuyt'awix sarnaqañax k'umaräñ tuqit muspharkañ askinakat amuyt'añawa, introspección ukatakix juk'amp pachaw utji, ukat jaqinakamp uñt'asiñ ukhamarak markan kunayman chiqanakap uñt'añax utjarakispawa. Janiw kuna realidad objetiva ukax utjkiti, jiwasan interpretación subjetiva continua de vida ukakiw utji. Ukhamajj ¿kunatsa jakäwiman sarnaqäwimat sum amuyt'añax ch'amañcht'asiñama? Ukhamatwa quejasiñat sipansa ukat yaqhanakar juchañchañat sipansa juk'amp askïni.

Achani Samon Biaou: Ukax iyaw satawa. Ukatjja, qollqe pachpajj janiw uka tiempon nayatak ukham wakiskirïkänti. Amtañajj wali wakiskiriwa, qollqempi jan ukajj yänakampi sapak chuym churasma ukhajja, janipuniw kusisit jikjjatasjjätati, ukat qollqejj kuna cheqpach valoranïñatsa janiw jikjjatasjjätati.

Olumide Ogunsanwo: Nayax ukaruw juk'amp sawurani. Maynix qullqi tuqit yatxatt'at jaqit amuyt'añäni. Pä tunk mara chikatani qalltasipkchisa, qullqi tuqit independencia ukar puriñatakikix 10 marat 15 marakamaw munasispa. Mä sapa jaqitakix 30 jan ukax 50 maranakaw munasirakispa. Uka maranakanxa, jakäwin kusisiña ukat phuqt'asiñ jikxatañax wali wakiskiriwa, ukat rosas sat quqanak thuqt'añax wali wakiskiriwa.

Ukatwa janiw kunas wakiskiti jumatix finanzas personales ukan sum yatisksta jan ukax mä regular joe ukan ch'amanchañax kunatix wakiski ukanak amuyt'añataki, ¡qullqi tuqit independiente ukhamäñatakix walja maranakaw jakäwiman munasispa! Qullqi tuqit sinti llakisxäta ukhaxa, qullqi tuqit qhispiyasiñ suyt'kasax walja maranakaw jakäwiman jan walt'ayasma. Qullqix janiw qhipa amtäwinïñapäkiti. Qullqi tuqit independencia thakinx VIAJE ukamp kusist'añamawa kunatix uka thakhix jakäwimawa.

Achani Samon Biaou: Nayax walja tuqinakatw ukham jan walt'ayat uñjasta. Jakäwipan kusist'añajj walja qollqe ina ch'usar apt'aña jan ukajj gastañ sañ muni sasaw jaqenakajj amuyapjje. Janiw ukhamäkiti. Walja thakhiw utji kusisiña jikxatañataki ukhamarak amtañ experiencianak lurañatakix ch'amamampi ukat jutïr pachar jan jan walt'ayasa.

Olumide Ogunsanwo: ¿Yaqha sarnaqäwis uñt'ayañ munasmati, ukax qullqi tuqit, qullqi tuqit independencia, perspectiva jan ukax vision ukar mayjt'ayi?

Achani Samon Biaou: Ukax mä juk'a pachanakanwa. Nayax mä nayrïr emprendimiento empresarial ukanakat mä sarnaqäwiw utjitu, ukax nayax uñt'ayañ munta. Aka experienciax walja qullqi jikxatañax kuna askinakas utji uk amuyt'añ yanapt'itu.

Kunjamtï amtapkta, tatajajj walja negocionakanwa irnaqt'äna, ukatwa kunayman proyectonaka ukat emprendimientonak uñakipañajj naturaläkaspas ukham amuyayäta. 2007 maranx mä qawqha phaxsikiw carrera ukanx sueldo neto take-home ukax kimsa kutiw jilxattawayi, Alemania markanx 2.500 € ukhat 7.000 ukhamarak 9.000 € phaxsitx expatriado ukhamaw Sudáfrica, Dubai, Malasia ukat yaqha chiqanakanx jilxattawayi. Ukatjja, empresajajj qurpachasiñ utanaka churirïta ukat luz ukat uma facturanakas phoqarakirïtwa, ukatwa uta lurañatakejj juk'ak gastonakajj utjäna. Ukhamatwa qullqix mä jach'a qullqi imañ yanapt'itu, Alemania markanx niya paqallq kutiw juk'amp qullqix apthapita, kunatix contrato expatriado ukax juk'a qullqikiw utjäna.

Olumide Ogunsanwo: ¡Janiw iyawsañjamäkiti!

Achani Samon Biaou: Nayax 27 maranïyätwa, kimsa maraw DT ukan irnaqawayta, ukatx aburrido ukhamaw jikxatasiñ qalltawayta. Mä microemprendimiento ukar jilxatayañ amtawayta, Francia markan yatiqirjamax yatiqañ utan vacacionapanx arktawaytwa. Uka tiemponjja, Francia markat Benín markaruw computadoranak apaniyäta ukat mä amigojan yanapt'apampiw aljasirïta. Nayax Emiratos Árabes Unidos markankäyätwa ukatx juk'amp capital ukaw utjäna, ukatwa akax mä jach'a negocio ukar tukuyañax wakisispa sasaw amuyayäta. Francia markat laptops alañat sipansa, Emiratos Árabes Unidos markat alañ amtapxta kawkhantix juk'amp qullqini.

Ukampisa, mä qhawqha jan walt'äwinakanwa uñjasipjjayäta. Emiratos Árabes Unidos markanx tecladonakax QWERTY ukhamawa, francés arut tecladonakax AZERTY ukhamawa. Ukhamarus Emiratos Árabes Unidos markanx cables de energía ukanakax Benin ukat Francia ukanakan cables de energía ukanakat sipanx mayj mayjawa. Uka jan walt'awinak askichañ jikxatañaw wakisïna, janïr laptops ukanakax Emiratos Árabes Unidos markat Benín markar aljañatak apkasaxa.

Qhipharux economía unitaria de laptops ukat cables cargañ ukanakat amuyt'apxta ukampis teclado ukan layout ukan jan walt'äwipampiw qhiparapxta. Ukat amigojax Benin markan Emiratos Árabes Unidos markan tecladonakapan francés letranak pintapxañaw sasaw iwxt'itu!

Olumide Ogunsanwo: [Jachaqt'asis] ¿Nayat sawkasisktati? Ukax 100% loco ukhamaw ist'asi.

Achani Samon Biaou: Qhipharux pegatinas alañ amtapxta ukatx teclados QWERTY ukar uchañaw mä solución juk'amp práctica ukhama. Jiwasax uka ch'amampiw sartasipxta ukat mä negocio qalltawaytanxa, mä empresa ukar 20.000 € (sapa maynix 10.000 €) qullqimp uñt'ayawayta. Nayan lurawijasti Emiratos Árabes Unidos markat laptops alaña ukat Benin markar aljañatak sarañaw utjäna. Tiempoparjam pedidonak lurañatakejja, mä barco apnaqasaw laptops ukanakar cargampi apayapjjerïta. Vuelon qollqep sum apnaqañatakijja, Kenya Airways sat empresampiw Nairobi markan avionat sarapjjerïta.

Olumide Ogunsanwo: Ay, suma jaqïtwa. ¿Kunjamsa walja laptopanakamp sarnaqañax askichawayta? ¿Jupanakar uñakipt'apjjtati? ¿T'unjatäpjjañap ajjsarayätati?

Achani Samon Biaou: Qalltanjja, jila parte computadoranakajj equipaje de mano ukan apt'asisaw cablenak uñakipt'ayäta. Negociox jilxattawayxän ukhax yaqhip laptops ukanakar uñakipañ qalltawayta, jan jan walt'ayasiñatakix isinakamp acolchado. Kunayman chiqanakanx chaninak wali sum uñjapxta ukatx Francia jan ukax Dubai uksatx wali suma chaninakarjamaw apayapxirïta. Qhepatjja, China markatsa alañsa qalltapjjaraktwa. Uka negociojj wali sumpun jiljjattäna, sapa marajj 200.000 jila dolaranakwa aljasïna, ukat mä qhawqha maranakanjja niya tunka kutiw kutt'anïna.

Mä avenida tuqi qullqi jikxatañax wali askïkchisa, janiw ukakipkañamäkiti, uk yatiqawayta. Yatiqaskakismawa ukat machaq oportunidades ukanakat yatxatasma.

Nayajj mä suma posiciónankäyätwa, janiw qollqe laykukejj uk lurirïkti. Mä arbitraje jikjjatta ukat uka toqetwa sarawayta. Janiw mä computadorampiki uk lurkti, jan ukasti patak patak computadoranakampiw juk'amp jach'a escalar lurawayta.

Ukampis qhepatjja, uka negociojj jan walt'äwinakanwa uñjasïna. Jiwasax "pantjasiw" lurapxta, chiqapar sarnaqañax impuesto uñt'ayasa ukat seguridad social ukamp Benin markan irnaqirinakajataki. Mä urux impuesto ukankirinakax jutapxataynawa, ukat uka chiqan jilpach negocios ukanakax chiqpach aljasiñanakapat niya 10% ukjakiw yatiyapxi sasaw qhananchtʼapxatayna. Jupanakax mä proyecto de ley de impuestos ukaw apsusipxäna, ukax nayrir maranakan revisiones ukanakaw utjäna. Ukat wal muspharapjjayäta ukampis jan ch'amanïkaspas ukhamwa amuyasipjjayäta. Janiw sistema ukar chʼaxwañjamäkänti, inventario ukar liquidación ukat negocio ukar thayampi tukuyañ amtapxta.

Ukhampachasa, aka experienciax empresariado ukan akapach uñtʼayawayitu. Irnaqirinakar contratapjjañajänwa, inventarionak apnaqapjjañajänwa ukat negocionakan qollqenak sum apnaqañaw wakisïna. Ukajj wali valoraniwa, ukajj janïr negocio lurañ escuelar sarkasaw pasäna.

Achani Samon Biaou: Sarnaqäwin moral ukax machaq oportunidades ukanaka thaqhañawa, kunapachatix jan samarañjam jikxatasktan ukat curva de aprendizaje ukax aplanado ukhamawa. Janiw sinti suma chuymanïñamäkiti ukat jan sinti llakisiñamäkiti; sapa kutiw machaq yänak yapxatañatak chʼamachasiñama. Akapachax jan tukuskir lurañanakampi ukat oportunidades ukanakampiw phuqtʼata. Machaq yänak yatiqasa ukat machaq yatiñanak uñstayasa, chuyma manqhan kusisiña ukat satisfacción ukaw utji, janis jank'ak qullqi tuqit askinak jikxatañax utjkchixa.

Olumide Ogunsanwo: Suma uñnaqtʼani. Jumanakan sarnaqäwim uñtʼayapxatamat yuspajarapxsma.

4C: Principios de Ambición & Valor uka tuqita

Olumide Ogunsanwo: Jichhax jiwasan sarnaqäwinakas uñt'ayawaytanxa, jiwasan amuyunak mayjt'ayañäni ukat específicos principios ukar ch'amanchañäni, ukax qullqi tuqit independencia ukar jank'ak sarañax utjaspawa. Aka jaljanxa, jach'a amtampi, jan axsart'iriñ tuqit kamachinakat yatxatañäni, ukax kimsa t'aqaruw jaljata. Nayraqatxa, uka kamachinakat qhanañcht'añäni. Payïri, kunjamsa qullqi tuqit independencia ukar puriñkamax yanapt'asipxaspa uka tuqitw aruskipt'añäni. Ukat tukuyañatakix, uka kamachinak juk'amp yatxatañatakix libron iwxt'äwinakap churañäni.

Ambición ukamp qalltañäni, ukax mä ch'aman munañawa kunatix mä amtampi ukat ch'amampi irnaqañaw wakisi. ¿Kunjamsa jach'a amtäwix nayraqat arsuwayktan uka kamachinakampi chikt'ata, ukat kunjams qullqi tuqit independencia thaqhañarux yanapt'aspa?

Nayraqatxa, jiwas pachpar iyawsañataki ukat jiwas pachpar atinisiñ tuqitwa parlt'apxta. Jumax mä amuyt'aw uñstayta, ukax juma pachpaw jark'aqasiñ iyawsäwinak chhaqtayi ukat kuns lurañ yatiñ iyawsäwiruw ch'amancharaki. Ukat juma sapakiw jakäwimat lurañama. Ukxarusti, yatxatañ munañamax machaq oportunidades ukanakat yatxatañatakiw irptam ukat sapa mayniw amuyt'añama, jan axsarañat (FOMO). Jumax wali kusisitaw jikxatastaxa ukat kunjamsa jakäwix tukuspa uk yatiñ munarakta.

Ukxarusti, jumax munkta uka jakäw uñstayañ munañaw jilxattayi, ukax qullqi tuqitx independiente ukhamawa. Uka nina nakhaskir munañax jach'a jach'a tukuñawa. Natural ukhamawa, jupa pachpar iyawsañat, jupa pachpar atinisiñata, yatiñ muniriñat ukat sapa mayni amuyt'añat juti. Ambición ukax juk'amp wakiskiriwa, underdogs, anqäx markankirinakataki, expatriados ukanakataki, nómadas, minorías ukat inmigrantes ukanakataki. Anqäx markankir jaqirjamaxa, machaq pachamamar amuyañasa ukat kunanaktï lurañjamäki uk uñt'añasa wali wakiskiriwa. Jach'a jach'a tukuñajja, machaq jakañ amtañataki ukat ch'amachasiñatakiw yanapt'i.

Achani Samon Biaou: Nayax taqpach iyawstwa. Qalltanx qullqi tuqit independencia ukatakix qullqix munaski ukax axsarañjamawa. Amuyt'añataki, jumatix 12.000 dólares phaxsit ganasma ukat qullqi tuqit independencia ukar puriñatakikix mä millón dólares ukjaw munasispa sasin amuyasta ukhax natural ukhamawa, janiw lurañjamakiti sasin amuyt'añama ukat jan yant'asis jaytañama.

Ambición ukax mä estado de ánimo ukawa, ukax aspiracionales amtanakar uñt'ayañ ukhamarak phuqhañ yatiñaruw iyaw sañ yanapt'i. Ambición ukax independiente amuyt'awimpiw wali sum chikt'ata ukatx amtanakamp ch'amanchatawa. Jakäwimatakix mä vision lurañatakix samkanakamar munañanakamaruw uñt'ayañama, mayninakat sipan mayj amuyt'añ yatiñaw wakisi.

Ukampis jan amtanakanixa, jach'a jach'a tukuñakix janiw kuna chiqarus puriñapakiti ukat jan amuyt'asis ch'amachasiñanakaruw puriyi. Ukhamaraki, jan jach'a jach'a tukuñampixa, jisk'a amtanakaruw purisma, uka amtanakax jan phuqañjamawa.

Olumide Ogunsanwo: Suma arsuta. Ambición ukax qhipa jaljat independiente amuyt'awimp amtäwinak uñstayañamp puente ukhamaw irnaqäna, ukatx jutir jaljanw aruskipt'añäni. Robert Kiyosaki jupax sapa mayniruw ch'amanchasipxañapatak iwxt'i [1], amuyunakaparux mayjt'ayasa, "janiw qullqix utjkituti" ukat "kunjamarak qullqix utjkitusti?". Aka amtawix jach'a thakhinak ukhamarak jan walt'awinakaruw apnaqasispa, "janiw lurañjamäkiti" jan ukax "janiw lurañjamakiti" sañat jithiqtasax Ukhamakipansti, jach'a amtan jaqinakax ch'amanakaparuw iyawsapxi ukat proactivamente kunayman lurawinakaw lurasispa.

Aka libro alasisax qullqi tuqit independencia ukar puriñ munatamxa nayratpach uñacht'ayawaytaxa. Ukampisa, janiw sapakix uñstkaniti. Jichhürunakan lurañaw wakisi, janiw qharürukiti, janiw jank'akikiti ukat chiqpachansa janiw "jutïr pachanx" lurañamäkiti. Jichhürunakanx mä amtar puriñamawa, ukhamat suma thakhinjam sarañataki.

Achani Samon Biaou: Jumatix jach'a amtäwinak yapuchañ thaqhasksta ukhax akax mä qawqha libron iwxt'awinakawa. Qalltañatakix " The Power of Ambition [2]" Jim Rohn jupan qillqatapax mä suma yäwa. Aka librox juk'amp

1. https://www.goodreads.com/quotes/645564-i-can-t-afford-it-shut-down-your-brain-it-didn-t

jach'a amtaniñatakix juma pachpan ch'aman ch'amap sartayañatakiw ch'amanchasi.

Olumide Ogunsanwo: [Jachaqt'asis] ¿Jumax yatisktati kunas jan iyawsañjamäki, Samon? Nayajj uka pachpa librotwa ewjjt'añ munjjayäta. Janiw iyawsayañjamäkiti kunatix janiw nayrax iwxt'awinak tuqit aruskipt'apkti jan ukax aruskipt'apkti.

Achani Samon Biaou: Jïsa, chiqpachansa. Uka librojj wali amuyt'asir librowa. Qillqirix lurawipanx jach'a amtäwix mä estado de mente ukhamaw sasaw wasitat qhanañchi, janiw mä lurawikïkiti. Chiqpach jach'a jach'a tukuñax janiw mä juk'a tiempotakïkiti, jan ukasti chiqañchatäñawa, wali munañani ukat niyas sinti munañawa sasaw saraki. Mä amuyt'awi apnaqañax wali askiwa, kawkhantix sapa kutiw jutir jach'a lurawimat lup'iskta, jan ukax jichha pachan sarnaqawiparjam askichañat sipansa. Mä maratón sum t'ijt'asma ukhajja, janiw ukakipkañamäkiti; mä triatlón ukar sarañ amtañamawa.

Olumide Ogunsanwo: Principio de ambición ukax wali sumawa, kunawsatix qullqi tuqit independencia ukanx walja kutix aruskipt'apxtan ukhax jaya chiqanakaruw apnaqapxi desarrollo personal ukanxa. Ambición ukax mä negocio qalltañatakiw ch'amañchiristam, mä compañero jikxatañataki jan ukax kuna amtar puriñatakisa. Qullqi tuqit independencia thaqhañan yapuchatäki uka amuyunaka, yatiñanaka ukat ch'amanïñax sapa kutiw yaqha jach'a jakäw tuqinakar puri, sañäni, jaqi masimp apasiña, k'umaräñ, empresariado ukat juk'ampinaka.

Achani Samon Biaou: Kunjamtix sapkixa, jumax empresa ukax uñjatawa. Jan jach'a jach'a tukur jaqenakamp muyuntatäñajja, juma pachpaw munañamajj jark'aspa, juma pachpas sum sarnaqañ munaraksta ukhasa. Jichhax mä jach'a mayjt'äw lurañ amtasksta ukhaxa, wali askïspawa, jach'a amtanakar puripki jan ukax ch'amachasipki uka amigonakampi juk'amp tiempo apst'asiñaxa. Mä pachpa amuyuni ukat ch'amanchata jaqinakan compañía ukankatax ch'amañcht'asmawa, wali aski amuyunaka churarakïtamwa, ukat yanapt'awinak churarakismawa, kunawsatix juma pachpa amtanakam phuqhañatak ch'amachasipkta ukhaxa.

Olumide Ogunsanwo: ¿Adivina khitis popularizado uka común aru,

2. https://www.amazon.com/Power-Ambition-Awakening-Powerful-Within-ebook/dp/B09FNP7GCX

"jumax promedio phisqa jaqinakamp juk'amp pacha sarnaqañax"?

Achani Samon Biaou: ¿Khitis?

Olumide Ogunsanwo: [Larusiña] Jim Rohn. Ukajj nayaruw muspharayitäna. Jïsa, pachpa Jim Rohn jupaw uka libror qillqäna, jupaw jumax iwxt'awaytaxa. Círculo social ukat nivel de ambición ukax maynit maynikam chikt'atawa.

Jila parte principionakajj maynit maynikamaw mayacht'asi. Amuyt'añataki, mä qhawqha jaljanak nayraw jiwas pachpar creyiñ toqet parlt'awaytanjja. Jumatï juma pachpar wali confiysta ukhajja, jan ajjsart'asaw lurañama. Jichhax, jach'a amtäwinakat yatxatasktanwa. Mä jach'a amtar puriñatakejja, jila partejj jan ajjsaririñaw wakisi. Uka amuyunakax pankanx sapa mayniw uñacht'ayasispa, ukampis artificial distinciones ukanakawa. Jiwasan amtäwisax jumanakar ch'amanchañawa, uka sarnaqawinak uñstayañataki ukhamarak uywañataki ukhamarak jakäwiman mä muspharkañ jikxatañ ch'amamar iyawsañataki.

Achani Samon Biaou: Ukax mä juk'a pachanakanwa. Wali askiw ambición hueca ukat ambición determinada ukanakat mayjt'ayaña, kunatix qhipïrix yaqha rasgos vitales ukanakamp chikt'atawa, kunjamakitix ejecución. Envidiasiñamp irpata jach'a jach'a tukuñajj inas jan cheqpach amtanakamampejj mayakïkaspati.

Qalltkasax kunatï chiqpachapuni llakisiyki uk ajlliñax wali wakiskiriwa, kunattix yaqha jaqin suma sarantäwip jach'añchasksta ukat ukar uñtasit lurañ munsta ukhasa, janitï chiqpachapuni uka tuqit munasksta ukhaxa, janiw wakiskiti ch'amachasiñamäkiti . Mä arunxa, jach'a amtäwimax jan chiqpach munasiñanïkchi ukhaxa, inas taqi uka lurañ tukuykasax ch'amañcht'asiñamataki ukat ch'amachasiñamatakix ch'amachaschisma.

Olumide Ogunsanwo jupax akham siwa: Aka jach'a jach'a tukuñ tuqit jaljax mä amtampiw independiente amuyt'awinak tuqit arkta. Nayra jaljat lup'isajja ukat sapa mayni amuyt'asiriñar ist'asajja, kunanakatï cheqpachapuni jumar ist'ktam ukanak lurañwa juk'amp munasma. Jila partejja, juma pachpat jan jitheqtaskakiñaw jumatakejj juk'amp sumäspa.

Achani Samon Biaou: Jumatix kunatï jumatakix wali wakiskirïki ukanak wali munasiñanïsta ukhaxa, inas sum jikxatasma ukat kuntï amtkta ukanak phuqasma. Ukampis janiw ukhamäkiti, mayninakat envidiasisa jan ukajj mayninakan uñt'atäñ munasakejj jach'a amtanakam arknaqasma ukhajja, inas munat cargomar purisma, ukampis inas jan cheqpach phoqatäkasmas ukham amuyassta.

Olumide Ogunsanwo: Chiqpachansa, jach'a amtanakamax manqhat jutañapawa ukat jumatakix mä significado personal ukaniñapaw. Jichhax, mä qawqha iwxt'awinak lurañ munta. Nayax qalltanx "El poder de la ambición" ukx iwxt'añ munta, ukampis kunatix jumax nayraqat arsuwaytaxa, ukax jaytxarakïwa. Ukhamakipansti, " Herramientas de Titanes " ukar [3]iwxt'apxsma , Tim Ferriss ukan qillqata. Aka pankanx kunayman tuqinakat uraqpachan uñt'at uñacht'ayirinakaw uñacht'ayasi. Sarnaqäwinakap tuqiw ullart'irinakax wali aski amuyunaka jikxatapxaspa, janiw lurawinakap copiañakikiti, jan ukasti jupanakat yatiqasipxaspawa. Mayninakax jach'a luräwinak jikxatapxchi ukhaxa, juma pachpaw jach'a amtanakar purisma, uk amuyañ qalltasma. ¿Kunatsa jan jakañ munkta uka jakäwimpix jikxatasiñama, kunapachatix mayninakax samkaparjam jakasipki ukhaxa?

Ukhamatwa jach'a jach'a tukuñ amtäwix tukuyi. ¿Ukjjarojj jan ajjsarirïñ toqet parlt'añäni?

Achani Samon Biaou ukax akhamawa: Jïsa , jan axsart'irïñ tuqit parlt'añäni, ukax nayatakix wali munat yatichäwinakat maynïriwa. Jan axsarañax axsarir wallpa ukat jan axsart'ir león ukarux walja tuqinakatw jaljayi. Patak patak maranakaw jaqinakax wali askit uñjapxi, ukat chiqapuniw ukham uñjapxi. Jan axsart'añax amuyun ch'amapawa, ukax janiw kuntï suyktanti, machaq lurañar mantañamp jan ukax jan walt'äwinakan jan jaytjasiñampis ch'amañchistu. Ukax jark'awinakaru, jan walt'awinakaru, jan walt'awinakaru p'iqit p'iqir saykatañatakiw ch'amañchistu, jan walt'awinakan uñjasisas jan mayjt'ir ch'amampiw atipjañatakix ch'amañchistu.

Olumide Ogunsanwo: ¡ Ch'amani! Qullqi tuqit independencia ukar puriñkamax jan axsarañax wali askiwa, uka thakhix jach'a jach'a tukuñanakampi, desvíos ukat jan walt'awinakampiw phuqt'ata. Jan ajjsarirïkasajja, aynacht'añasa, aynacht'añas facilakiwa. Ukampisa, jan axsarasaw uka jan walt'äwinakar atipjasma, ch'amañcht'asiskakisma, ukat amtanakam phuqañkamax nayrar sartaskakismawa. Jan axsart'añax kunatix qullqi tuqit independencia ukar puripki ukanakarux jaljayi, khitinakatix thakhinx janipuniw arknaqañ yant'apkiti jan ukax jaytapki ukanakat sipansa. Ukax Phil Knight, Nike ukan utt'ayiripan mä arst'äwipat amtayitu:

3. https://www.amazon.com/Tools-Titans-Billionaires-World-Class-Performers/dp/1328683788

"Ajjsaririnakax janipuniw qalltapkänti, ukat jan ch'amaninakax thakhin jiwapxi. Ukax jaytawayistu".

Jiwasan amtäwisax jumatakix mä jakäw jikxatañawa, ukax jumatakix wali askiwa ukat uka thakhi saräwir sarañ munañamawa kunatix jumax wali askiwa sasaw amuyasta. Jan axsart'añax uka thakin jan jaytjasiñatakiw ch'amañchtamxa.

Achani Samon Biaou ukax akhamawa: Taqeniw ajjsarañan uñjtanjja, ukampis jan ajjsaririñajj uka chuymar purt'kistu uk uñt'añawa, kunjamsa uka chuymar purt'istu uk amuyañasa, ukat ukhamäkchisa nayrar sartaskakiñawa.

Olumide Ogunsanwo: Ajjsarañax niyas jan jark'ataw wakiskir lurañanakan. Ajjsaraña, vulnerabilidad, incertidumbre ukanak katuqañamawa ukat nayrar sartaskakiñamawa kunaymaninak uñjasa.

Achani Samon Biaou: Wali askiw uñt'añaxa, jan axsart'ir jaqix janiw khititix jan walt'awinak jan uñjki ukakiti, jan ukasti khititix uñjki ukat kuna axsarañanaks apanispa uk uñt'ayi. Ukampis chuyma manqhan mä ch'amanïpjjewa, ukaw ajjsarayasisajj uka jan walt'äwir saykatañatak ch'amañchi. Jan ajjsaririñatakejj janiw mä extraordinario jaqëñamäkiti; ukat kunjamsa jikjjatasta uk apnaqañ yateqañamawa, ukat mä jan walt'äwir saykatañatakejj kuna jan walinakas utjaspa uk amuyañamawa. Amtañäni, chiqpach pantjasiwix janiw yant'añakïkiti, ukat axsarañanakamar saykatasa ukat kun lurañas wakisispa ukhaxa, kunanaktï lurañjamäki ukampi muspharasmawa. Nayax uka jan walt'äwirux uñt'twa. Inas atipjchisma, ukampis nayrar sartaskakïwa ukat ukhamakipans uka tuqitwa askichä.

Uka tuqit amuyt'añatakix mä anécdota yatiyä: Mä comandantempi soldadonakapampix mä isla katuntañatakiw wakicht'asipxäna. Botenakapar makatasaw qota lakar puripjjäna, ukampis pallapallanakajj wali kusisitaw jikjjatasipjjäna, janirakiw kuns amuyapkänti. Ukat comandantex juk'amp uraqi manqharuw soldadonakar irpxaruwayäna ukat ukanwa jaytawayäna, ukhamat kawkhantï jikxatasipkäna uk katxaruñataki. Jupax wali jan axsart'ir pallapallanakampiw quta thiyar kutt'awayxäna ukat botenakaparux ninamp phichhantapxäna, ukhamat kuna qhipharux kutt'añax utjkän ukanak chhaqtayañataki. Ukhamatwa taqe soldadonakajj jan jaytjasis ch'amampi nuwasiñatak wayt'äna. Soldadonakapajj nuwasiñat sipansa, janiw kuna lurañas utjkaspati uk yatipjjani ukhajja, juk'amp jan ajjsariripjjaspawa sasaw comandantejj amuyäna.

Olumide Ogunsanwo: Jiwasax janiw kutt'añ munktanti. ¡Nayraru sartañäni jan ukax jiwxañäniwa! K'uchirasiña.

Achani Samon Biaou: Kunawsatix pallapallanakax nina nakhaskir barconakap uñjapxäna ukhax pallapallanakax amuyun mayjt'äwip uñjapxäna. Jupanakax wali axsarapxänwa, ukampis qhana tuqit jutki uka amtäwinïpxänwa. Ch'axwaña jan ukax jiwaña. Jan axsart'añax janiw ajjsarañaniña sañ munkiti, jan ukasti, ukax chiqa thakïskiwa sasin amuyt'ayasiña ukat amtampi nayrar sartañ sañ muni.

Olumide Ogunsanwo: Samon, jichhax mä suma pachaw MJ DeMarco jupan libropat " Unscripted "[4] ukan mä amuyt'äw uñt'ayañataki , ukax FTE (Fuck This Event) satawa. Ukax kunapachatix mä jaqix mä chiqar purinxi, kawkhantix qala manqhar ch'allt'atap amuyasi ukat jank'akiw jakäwip mayjt'ayañapa ukat yaqha thakhinjam sarañapa.

Janïr 24 maranïkasaw walja trabajonak apt'asiwayta, empresanakajj janiw nayatak askïki ukanak amtapkänti, uk jank'akiw amuyayäta. Jakäwijampi yaqha lurañaw wakisitap yatiyäta. Jilapart jaqinakax jiskt'asipxañapawa: ¿FTE ukax lurasiñap suyt'añ munasmati? ¿Empresaman antutañap suyt'añ munasmati? ¿Qala manqhar puriñkamax suyt'añax wakisispati, jan ukax JANIW mä traumático evento FTE ukan amtanakam phuqhañatakix proactivos pasos ukanakax lurasispati ?

FTEs ukax jan jark'ataw lurasi. Irnaqt'kta uka empresajj janiw familiamakïkiti, kuntï sapkätam ukhasa. Jupanakajj janiw juman askimatak chuymaman utjkiti. Jupanakax kuna chances ukanakatix utjki ukanakax tornillo ukham lurapxätam. Jupanakax irnaqawimatakik apnaqapxi.

Achani Samon Biaou: Empresanakax awisax empresan taqiniw mä misión compartida ukankapxi sasin sapkchisa, sapa mayniw misión personal ukankapxi uk amtañax wali askiwa, ukat qhipharux jupanakan carrera ukat suma jakawipatw irnaqapxi. Inas irnaqir masinakax amigonakax tukupxchispa, kunatix kunayman jan walt'awinakaw utji, ukampis taqiniw thakhiparjam sarnaqapxañapa, kunapachatix jan walt'awinakax mayjt'ani ukhaxa.

Olumide Ogunsanwo: Amtanakamar puriñkamax mä thakhi saräwir

4. https://www.amazon.com/UNSCRIPTED-Life-Liberty-Pursuit-Entrepreneurship/dp/0984358161

mantañatakix jan axsarañax wakisiwa. Ukampirus, jan utjkchi ukhax mä FTE ukax qhipharux kunjamakitix ukhamakiw kuns lurañamatak wayt'ätam. Ukhamaraki, calculado riesgo-taking ukax wali wakiskiriwa. Jan ajjsaririñasa ukat suma jakasiñaman qheparañasa janiw kikpäkiti. Kunatï utjki ukarjam sarnaqañajj janiw qollqe toqet independencianïñatak yanapt'kaniti, ukat zona de confort zonajj kunatï utjki ukarjam jan walt'ayaskätamwa. Jan axsart'añax uka qullawa.

Achani Samon Biaou: Arunakamax mä francés poema ukar amtayitu, ukax akham siwa: **"A vaincre sans peril, on triomphe sans gloire" (Jan jan walt'awimp atipt'asma ukhax jan jach'a jach'a tukusaw atipt'asma)** . Kunawsatix zona de confort ukan jikxatasktan ukhax chiqpachanx mä anatäwin atipt'askta, kawkhantix jan kuna ch'amäki.

Olumide Ogunsanwo: Ukax satäkis ukhamawa, " Loqhe anatt'awinak anatañamawa ukat loqhe premionak atipt'añamawa. "Zona de confort ukan qhiparañax mä juk'a llamp'u chuyman anatt'añamp sasiwa. Jumax sumakiw rutina segura ukat nayratpach amtat thakhimar arkta ukat juma pachpaw 3% marat jiltayañax walikïskiwa ukat jakäwimax aksa tuqinx "walikiw" sasaw amuyt'ayasma. Ukampis ¿kunatsa suma jakañampi sarantasma, kunapachatï muspharkañ jakañan jakaskta ukhaxa?

Qullqi tuqit independencia 40 maranïñ amtasksta ukat 48 maranïñ tukuyañ amtasksta, ukax status quo ukat sipanx juk'amp askiwa. Inas status quo ukax 75 marakama irnaqañapatak yanapt'chisma, janiw jakhüwinakatak parlkiti; ukax jutïr pachat kusisiñatakiw ch'amanchañawa ukat jan axsart'iriñawa ukat uka jutïr uñstayañatakix jach'a amtanïñawa.

Riesgos calculados ukanaka apsuñaxa qullqi tuqita independencia ukatakixa wali wakiskiriwa. Samon chachajja, ajjsarañajj kuna lurañanaktï luraski uka toqetwa nayraqat parläna. Inas machaq oportunidadanak thaqhañ ajjsarchisma ukat ukar uñtasita, ukampis irnaqäwimasa jan walinakanwa uñjasiraki. ¿Uka jan walinakat sum amuyt'tati? ¿Kunas pasaspa kunapachatix empresamax amtki ukhax janiw servicios ukanakax munasxiti? Mä q'uma amuyt'awitxa, jan walt'awinakamat jark'aqasiñax wali askiwa ukat wali amuyumpiw sarnaqañama. Jichha pachanx kuna jan walt'awinakas utjaspa uk sum uñakipt'asax juk'amp jakthapit jan walt'awinak apsuñatakiw ch'amanchasispa.

Achani Samon Biaou: Chiqpachansa yatiñan arunaka. ¿Kunjamsa jan axsarañax qullqi tuqit independencia ukar puriñ yanapt'i? Jan axsart'iriñax qullqi tuqit independencia escaleraruw irptam ukat juk'amp makhatañamatakiw yanapt'iristamxa, sasaw amuyt'añama.

Olumide Ogunsanwo: Janiw suyt'añati mä FTE jan ukax anqäx circunstancias ukanakax jan axsart'iriñamataki. ¿Qhipa jakawikamax FTE ukan luxus jan utjkchi ukhax kamachasmasa? Inas suxta tunka maranïxsta, qullqimxa wali askit uñjañamawa ukat jubilasiñatakix tunka marakiw utjxi uk amuyasta. Uka horasanjja, inas nayrajj jan kuns lurapjjatamat arrepentisisma. ¡Jichhat qalltam! Mä juk'a jilïr jaqëksta ukhasa, janipuniw qalltañatakejj qhepükiti. Janiw khitimpis t'ijuñankktati.

Jila parte jan walt'äwinakat amuyasajja, jan ajjsariríñajj juk'amp facilakiwa. Jan axsart'ir jaqix janiw juykhükaspas ukham nuwasïwir sarkiti; ukax khititix wali amuyumpiw jan walt'awinak uñakipi ukat wali nayrar sartañ amtki kunatix jupanakax amuyapxiw askinakax qullqit sipanx juk'amp jach'awa. Ukampis kuna askinakas utji uk yatiñatakejja, nayranakam jist'arañamawa, amuyt'añamawa ukat kuna jan walinakansa uñjasisma uk sum amuyt'añamawa.

Achani Samon Biaou: Olumide jupax kunjams aka FTE evento jakäwiman lurañax ukxat jiskt'asiwayi. Wawanakamatï jan axsart'iriñ munsta, juma pachpat atinisiñ munsta ukat jupanak pachpar iyawsañ munsta ukhaxa, jumat jayarst'añatakisa ukat jakäwipan suma jikxatasiñatakisa tiempo apst'asiñax wali askiwa. ¿Nayrïr arsuwaykta uka nina nakhaskir barcot anécdota amtastati? Wawamar mä chiqar jaytanukusma ukham amuyt'añäni, jan kuna tuqit yanapt'a mayisma. Jupanakajj kunjamsa jupanak pachpa jakapjjaspa uk amuyt'apjjañapänwa.

Yaqhep jaqenakajja, ukajj mä jan wali amuyunïkaspas ukhamwa amuyapjjaspa, kunattejj wawajj wiñayatakiw traumatizado ukhamäspa. Ukampis akax akawa: chiqpach pachat jark'aqasaxa, chiqpachansa jakäwipanx juk'amp jach'a jan walt'awinak utjayapxi. Jumax jupanakarux akapach kuntix chiqpachan utjki ukhamarjam uñt'ayañat jark'askta, mä k'ari aski experiencia uñstayasa. Wawanakarux mä juk'a independencia uñt'ayasipxañapataki ukhamarak jan walt'awinakar saykatapxañapatakix, inas jupanakarux wali askinak jiltañapatak churarakchisma.

Olumide Ogunsanwo: Jïsa, taqi kunas riesgos ukar kutt'awayxi. Jupanakar jan sum independencia churañasa, jupanakpachar sum sarnaqañsa ukat jupanakpachar iyawsañasa kuna jan walinakansa uñjasispa uk jisk'achañax juk'amp jach'a jan waliruw puriyi. Uka herramientanakampi jan equipasajja, inas jutïrin sum sarnaqañatakejj jan wakicht'askstati. Ukajj wali llakkañawa.

Achani Samon Biaou: Aka tuqit amuyt'añäni, kunapachatix wawanakamar sinti jark'aqapxtaxa ukat jan walt'äwinakar jan puripxañapatak jark'apxtaxa, chiqpachansa jaya pachanx pantjasipxañapatakiw wakicht'apxtaxa. Jan walt'äwinakar saykatañasa ukat jupanak pachpa kuns amuyt'añasa wali wakiskiriwa.

Amuyt'añataki, wawanakamax irnaqäwir mantapki ukampis irnaqäwi jikxatañatakix ch'amachasipki uk amuyt'añäni. Jumatï empresaman jupanakatak mä irnaqäw luraň amtasma ukhajja, jan amuyt'asisaw jaya tiempo sum sarnaqapjjañapatak jark'asma. Ukham lurasax wali wakiskir yatiñanak yatiqapxañapatakiw jark'apxtaxa, ukat jupanakpachan sum jakasipxañapatakix wali valorani experiencianak jikxatapxaraki. Ukatjja, ¿kunas pasaspa kunapachatï jupanakar fianzampi qhespiyañatak jan ukankjjta ukhajja? Jan walt'äwinakar saykatapjjañapataki ukat independencia uñstayapjjañapatak jaytañajj wali wakiskiriwa, mä juk'a tiempotak jan walt'äwinakampi jikisiñas wakiskchi ukhasa. Jupanakajj qamirïtam herenciat katoqapkchejja, juk'ampiw uka qollqe apt'asipjje, kunattejj janiw independiente ukhamäñ yateqapkiti.

Jilïr jaqjamajja, jan ajjsarirïñajja, jefemampi parlt'añ yatiña ukat juma pachpat arxatañ sañ muni. Amuyt'añataki, jan pächasisaw akham sasma: "Ey, ukanak phoqawayta, ukat jach'añchatäñaw wakisi sasaw amuyasta" sasa. Ukatxa, kunanakatï jan sumäkani ukhaxa, yaqha tuqinakatwa yatxatasma sasaw amuyt'arakisma. Juma pachpa arxatañataki ukat jichha cargomat anqäxan irnaqäw thaqhañatakix ch'amanïñax wali askiwa, juk'ampirus jumatix juk'a qullqi churata, jisk'achata jan ukax jan sum apnaqata sasin amuyassta ukhaxa.

Olumide Ogunsanwo: ¡Jan ukax inas kimsa tuqit mä kutikix experiencianïchispa! [K'aja]

Achani Samon Biaou: Mä irnaqäw entrevistanxa, inas mä entrevistadoramp jikischisma, jupax chuymaman ch'amanchañ yant'i. Jupanakan iyawsäwinakap ch'axwañatakisa ukat juma pachpat sayt'asiñatakisa jan axsarañamawa. Janiw ajjsarañamäkiti: "Perdón, ukampis kuntï aka cheqan matemática toqet uñjkta ukarjamajja, cheqäkaspas ukhamawa. ¿Kuna razonanakas creenciaman utji uk qhanañcht'asmati?"

Olumide Ogunsanwo: Jisk'a, sapa uru lurawinakampi jach'a amtäwinak ch'amanchasa, jach'a amtanakar phuqhañatakix ch'amanchapxtawa, sañäni, qullqi tuqit independencia ukar puriñkama.

Achani Samon Biaou: Steve Magnus jupan " Ch'ama lurañanak luraña "[5]librot uñt'ayañ munta . Ukax axsarañ atipjañatakiw yatxati ukatx deportes ukat yaqha tuqinakanx ch'amanchañax wali askiwa, jan walt'awinakar saykatañataki. Magnus, cientifico ukhamarak entrenador de atletas de alto rendimiento, jupax amuyunakampi ukhamarak janchimp irnaqañax wali askiwa, ukhamat mä jach'a rendimiento ukar puriñatakiki. Magnus jupax walja pilaranak tuqiw manqhan ch'amanchañatak ch'amanchañ amti, ukanakax akanakawa:

- Chiqpach uñt'ayañax situación ukarjam katuqasa ukat kuna fachada ukar jaquntaña.
- Cuerpomar ist'aña ukat kunjamsa estrés ukat jan walt'äwinakar saykataspa uk amuyaña.
- Ajjsarañampi ukat t'ijt'añampi jan amuyt'asis lurañat sipansa, cuerpomar jaysaña.
- Amuyt'at lurañanak lurañatakix chiqawj luraña ukat resiliencia ukat ch'amanïñ yapuchañataki.

Olumide Ogunsanwo: Reacción ukax automática ukhamawa, ukampis jaysawix amuyuparjamawa. Ukax mä microcosmos de independencia financiera ukawa: Automático status quo jakäwix intencional jakäwimp chika.

Achani Samon Biaou: Steve Magnus jupax qhipa pilar arski ukax jan walt'awinak jilxatayañawa. Medios de comunicación ukat publicidad ukax walja kutiw conveniencia ukat luxus ukanak qhipa amtäwirjam ch'amanchapxi, ukampis uka amuyunakax sapa maynin jilxattañapatakix jark'aspawa. Amuyt'añataki, kunapachatï mä wawax matemática tuqit jan

5. https://www.amazon.com/Hard-Things-Resilience-Surprising-Toughness/dp/006309861X

sum yatiqki ukhaxa, awk taykanakax janiw wali jach'ätap sapxañapäkiti.

Olumide Ogunsanwo: [Larusiña] Jan ukax yaqhip pachax awk taykanakax yatichiriruw juchañchapxi.

Achani Samon Biaou: Jan walt'awinak jilxatayañax wali wakiskiriwa kunatix jan ukax jan ukax janiw kunas jakäwinx askinak jikxatkätati. Awisax janiw lurañjam amuyasksnati, ukampis juk'ampi ch'amañcht'asiñatakix ch'amachasiñasawa.

Olumide Ogunsanwo: Nayax pä libron iwxt'awinakapaw utjitu. Nayrïrix " Shoe Dog [6]" Phil Knight, Nike ukan utt'ayiripawa. Aka librox kunjams Nike ukar qalltawayi ukat kuna jan walt'awinakas utjawayi, qullqi tuqit jan walt'awinaka, kamachinak tuqit ch'axwawinaka ukat wali ch'axwawinakat mä muspharkañ yatiyaw uñacht'ayi. Nike sat barcon taqpach saräwipan jan ajjsarirïtapa ukat jan jaytjasirïtapatjja, taqeniw yateqsna. Emprendimiento ukax qullqi tuqit independencia ukatak mä suma thakhiwa, ukat aka librox mä crudo jan maquillaje ukan uñjawiw mä negocio lurañataki.

Payïr iwxt'awix " Jakäwimar mayjt'ayir uru [7]" Jim Rohn jupan qillqatawa. Aka pankax sapa mayni jaqinakan uñacht'äwinakapawa, jupanakax jakäwipanx mä jach'a pacharuw puripxi, kawkhantix mayjt'ayañax wakisitap amuyasipxi. Jupanakax qala manqharuw ch'allt'asipxi ukat amuyasipxiw nayrar sartasax kunayman yänakar jak'achasipxañapa. Nayax 21 maranïkayäta ukat 23 maranïkayäta ukhax panpachan irnaqäwinakap apt'asiwayta, ukat aka librox kunayman uñacht'äwinakaw jaqinakan FTEs ukat jan walt'äwinak utjki ukanakat uñacht'ayi.

Aka panka qillqañ amtäwisax jichha pachan jan walt'awinakapat sipans juk'amp amuyt'añatakiw ch'amanchañawa, ukat chiqpachan munat jakawipar sarañatakiw ch'amanchañawa. Jiwasax juma pachpaw jiskt'asiñ munsma: "¿Chiqapunit aka jakäwix nayan jakañ munta?" ukat mä mayjt'äwi luraña. Jiwasax amuyapxtanwa, awisax mä t'aqhisiñ lurawiw wakisi aka kasta amuyt'awinak sartayañataki, ukampis jiwasan librosax mä catalizador ukhamaw jakäwiman aski mayjt'awinak utjañapatak yanapt'aspa sasaw suyt'apxta. Janiw complacencia ukat sipansa, chiqpachapuni kusisiykir jakañar sarañamawa. Ukampixa, aka jalja tukuyapxaraksnawa, jutïri jaljan

6. https://www.amazon.com/Shoe-Dog-Phil-Knight-audiobook/dp/B01CRJA470

7. https://www.amazon.com/That-Turns-Your-Life-Around/dp/B01M7VOBM8

uñjasipxañäni.

5: Escuela de Negocios ukan sarnaqäwinakapa ukat Principios de Ejecución de Metas & Desarrollo Personal

Olumide Ogunsanwo: Nayax escuela de negocios ukan jikxatasitax wali kusisitaw amtasta, ukat sarnaqäwinakat yatiyañax wali kusisitaw jikxatasi, ukat kunjams capital humano ukar jilxatayañax qullqi tuqit independencia ukar thakhi jist'araspa ukxat aruskipt'añax wali kusiskañawa.

Achani Samon Biaou: Aka jaljanx negocios ukan yatiqañ maranakan experiencianakasat yatxatañäni, ukax catalizadores ukhamaw wali jach'a jiltäwitak irnaqäna ukatx jakäwisatakix machaq thakhinak uñacht'ayäna.

Olumide Ogunsanwo: Ukhamarus, amtanakar puriñ tuqit ukhamarak jaqinakan nayrar sartañapatakix kamachinakapatw aruskipt'añäni. Jach'a amtanakar puriñasa ukat uka amtanakar puriñatakejj juma pachpaw ch'amachasiñama. Musparkaya. ¡Sarxañäni!

5A: Olumide jupan Escuela de Negocios ukan sarnaqäwipa

Achani Samon Biaou: Olumide, nayrïr jaljanx nayrïr irnaqäwimatw aruskipt'apxta, ukat jan wali irnaqäw chhaqhayatamat ukhamarak escuela de negocios ukar sarañ amtampiw jakäwimar wasitat utt'ayañ amtawayta. ¿Kunjamsa uka viajejj pasäna uk yatiyasmati?

Olumide Ogunsanwo: Chiqpachansa. Escuela de negocios ukar sarañatak ch'amanchañax jakäwijan juk'amp apnaqañ munañatw uñstawayi ukat juk'amp jach'a potencial trayectoria ukar uñt'ayasiñatakiw ch'amanchawayta. Uka tiempon kunjamsa jikjjatasiyäta uk qhanañchañatakejj mä dibujo pintä. Mä auton 10 jaqinakamp sarnaqkasmas ukham amuyt'añäni, sapa mayniw mayj mayj thakhinak uñacht'ayapxätam ukat kunayman amuyunakapxarakïtamwa. Yaqhepajj llamp'u chuymampiw mayjt'ayapjje, yaqhepasti jan uñjañwa jark'apjje, juk'ampiw thaqt'apjje ukat kayump takt'apjje. Kunawsatix walja anqäx influencianakax utjki ukhax sarnaqañax ch'amäxiwa ukat jakäwimar apnaqañax ch'amäxiwa. Uka jaqinakax jakäwiman kunayman jan walt'awinak uñacht'ayapxi, sañäni, jefenaka, irnaqir masinaka jan ukax khitinakas ch'amanchapki ukanaka. Inas jumajj uka auto apnaqerïsta, ukampis uka autojj phisqa jaqenakatakik luratächïna, jan ukajj deporte autojj pä jaqenakatakik luratächïna. Aka uñtasïwinxa, qhipa amtäwix autox samarañampiw apnaqañawa, pä amparapampiw ruedan apnaqañama, ukat juk'a distracciones ukanakaw utji, ukhamat jakäwimar wasitat apnaqañamataki.

Juk'amp agencia thaqhayäta, ukat escuela de negocios ukax mä reset ukaw utjani sasaw amuyayäta, ukhamat machaq yänak yatiqañataki, jaqinakamp chikt'atäñataki ukat juk'amp qullqini irnaqäw jikxatañataki. Akax kunjams escuela de negocios ukan saräwijax uñstawayi:

Contexto: 2009 maranwa, nayajj 24 maranïyätwa. Nayra irnaqäwijan jan walinak utjatapat mä jan walt'äwin jikxatasiyäta, kunjamtï nayrïr jaljan arsuwayktxa. América markan qhiparañatakix arumanakax maestría ukan yatiqaskakiyätwa.

Yatiqañ utan ajlliñ: Nigeria markan 17 maranïñkamaw jakawayta, ukatx América markan jakawayta, Europa uksan jakasax yaqha experiencianak jikxatañ munta. Nayrajj mä qhawqha kuti Europa markar visitt'irïkchiyätjja, janipuniw ukan jakasirïkti. Europa markan negocios ukan yatiqañ utar sarañax wali kusiskañjamarakïnwa, ukat Oxford markamp mä sentimental conexión ukanïnwa kunatix tatajax paqallq tunk maranakanw jach'a yatiqañ utar saratayna. Nayraqatax Europa markan jach'a uñt'at yatiqañ utanakaruw uñt'ayawayta, LBS, Oxford, Cambridge ukat INSEAD ukanaka, mä qawqha americano yatiqañ utanakaw respaldo ukhama.

Luräwinaka: GMAT wakicht'awinakaruw ch'amanchawayta, taqi wakiskir pankanaka ukat yatichäwinak katuqawayta. Urunakajax wakicht'ataw uñjasiwayi, sartañ qalltawaytwa, duchas ukat IIT ukar sarañ qalltawayta, GMAT ukar wakicht'añataki, ukatx arumanakax yatichäwinakaw utjawayi. Inas monotono ukat aburrido ukhamächispa, ukampis uka lurañax nayatakix wali askiwa, kunattix jakäwij mayjt'ayañ yatta. GMAT ukanx wali sumpunw irnaqawayta ukatx taqi yaqha aspectos de solicitud de MBA ukanak phuqhawayta, cartas de recomendación ukat ensayo ukanak phuqhawayta.

Ukax akham sañ muni: Oxford markat 11 uru diciembre phaxsit 2009 maran mä correo electrónico katuqatajat sum amtastxa, ukax mä ambiguo tema "Oxford MBA Program 2010/11" ukampiw uñt'ayasi. Correo electrónico jist'arasax, admisión ukan ofrecimientop uñjta. Chuyma ch'allxtataw jikxatasiyäta ukat kusisiñat jachaqt'asisaw niyaw jachirïta. Nayax cuartojan thuqt'asirïtwa (kunjamakitix thuqt'añax nayatakix wali askiwa, kunjamtï nayrïr jaljan sisktanxa). ¡Ukajj wali jach'apunïnwa ukat jakäwipsa mayjt'ayarakïnwa! Jakäwijajj janipuniw nayrjamäkaniti, uk sum yatiyäta.

Escuela de negocios ukan solicitud ukar sarañax jilpachax sapakiw irnaqawayta. Janiw awk taykajarux solicitud uñt'ayañ amtatax yatiykti, janirakiw grupon yatxatañarus mantawaykti jan ukax khitirus solicitud ukan ensayonakap uñt'ayawaykti, ukhamat amuyt'apxañapataki. Ukat kawkïr escuelas de negocios ukanakarus mayisiñaja uk janiw ewjjt'a thaqkti. Chiqans janiw taqpach sapakïkänti, nayrir irnaqir masinakajat ukhamarak yatichirinakajat recomendación cartas ukanakaw munasïna (shoutout taqi khitinakatix escuela de negocios ukan recomendación cartas qillqt'apki ukanakataki). Jichhürunakanjja, janiw khitirus uka amtar puriñatak ewjjt'kirismati. Nayax uk lurawayta kunatix janiw khitirus uñt'kti khititix uka thakhinjam sarawayki jan ukax MBA uka pachanx yatiqawayki, kunatix jilpach masinakajax 20 maranïpxänwa ukatx carrera qalltasipkänwa.

Walja maranak qhipatx uka experienciat lup'isax Europa uksan yatiqañ utanakat ajllitax Europa uksan jakañ munatax utjatapat jan ukax sistema americano ukar jan satisfacción ukamp irpatati sasaw lup'iyäta. Trabajo apt'asitajat kunanakatï paskäna ukanak uñjasajj wali chuym ust'ayasiyäta ukat sistema americanojj aynacht'ayitu sasaw amuyayäta. Ukatwa, Europa markar sarxañ amtatax mä chiqanx América uksat jaltxañat sipansa, Europa uksar mä específico atractivo ukhamäspawa.

Achani Samon Biaou: Aka chiqanx walja jan walt'awinakaw utji. Escuela de negocios ukar sarañ amtam wasitat uñakipt'añäni. Sistema americano ukan aynacht'ayat jikxatasiña, Europa uksan jakañ munaña, ukat awkiman alma mater Oxford ukamp emocional conexión ukanakat arsuwayta. Ukampirus janiw qhan arsuwayktati qullqi tuqit independencia ukax mä factor conductor ukhamawa. ¿Uka pachanx qullqi tuqit independencia tuqit amuyunakamat juk'amp qhanañcht'asmati?

Olumide Ogunsanwo: Nayax jisk'atpachaw finanzas personales ukan interesanïta. Ukax nayrïr irnaqäw jikxatatatx sarantaskakiwa kawkhantix hojas de cálculo lurañ qalltawayta qullqi imañanakax pronóstico ukat blogs de finanzas personales ukar ch'amanchawayta 2006 ukat 2010. Walja blogs ukanakaw ullart'awayta Get Rich Slowly [1](JD Roth), Early Retirement Extreme [2](Jacob Lund Fisker) ukat Nayan Qullqi tuqit Blog (Jonathan Ping) [3]. Ukhamarakiw yaqha sitios web ukanakax jichhax jan irnaqkiti, thesimpledollar.com, allfinancialmatters.com, netbanker.com, bargaineering.com, ukat juk'ampinaka. FIRE (Independencia Financiera y Jubilación Anticipada) ukax uka pachanx mä juk'a jisk'akiwa, ukat uka aruxa janiw taqpach uñt'atäkänti. Ukhamatwa, uka blogs ukanakax juk'ampiw recursos personales de finanzas ukham uñjta, janiw qhan FIRE ukamp chikt'at fuentenakjam uñjkti.

1. http://getrichslowly.org
2. http://earlyretirementextreme.com
3. https://www.mymoneyblog.com/

Achani Samon Biaou: ¿Kunas uka blogs de finanzas personales uka pachanx irpxaruwaytamxa?

Olumide Ogunsanwo: Finanzas personales tuqit liyiñax nayatakix wali askiwa, ukat janïr negocios escuelar sarkasax qullqimp juk'amp sum irnaqañax kunjamas uk jikxatañax nayatakix wali askiwa. Kunawsatix escuela de negocios ukan solicitud lurañ qalltawayta ukhax nayrïr amtanakajax mayjt'awayiwa, juk'amp suma irnaqäw jikxatañataki, juk'amp qullqini. Qullqi tuqit independencia ukax janiw qhanpach amuyujan utjkänti; Nayajj juk'amp qollqe gana\u00f1wa juk'amp llakisiyätwa.

Achani Samon Biaou: Ukhama, jiwasan ist'irinakasar qhananchañatakiki, kunapachatix irnaqäwim apt'asiwaykta ukat escuela de negocios ukar mantañ qalltawayta, ukatx yaqha maestría ukar sarañ qalltawaytaxa, nayrïr amtäwimax wasitat apnaqañ ukhamarak jakäwimar wasitat uñstayañänwa. Finanzas personales ukar munañax utjkchïnsa, qullqi tuqit independencia ukar puriñax janiw jumatakix mä amtakïkänti, escuela de negocios ukar mantañkama.

Olumide Ogunsanwo: Ukax chiqawa. Qullqi tuqit independencia ukax janiw uka pachanx nayatakix wali ch'amampiw thaqhatäkänti, janirakiw taqpach amuyt'kayäkänti. Jumatix 2009 maran uka tuqit jiskt'apxitasma ukhax janiw uka amuyt'awix amuykiriskayätti. Qamirïñax kun sañs muni uk yatkchiyätsa, qullqi tuqit independencia uka amuyunakax janiw uka pachanx walpun arsutäkänti, janirakiw wali uñt'atäkänti.

Achani Samon Biaou: ¿Kunjamsa escuela de negocios ukan experienciamax jikxatasïna?

Olumide Ogunsanwo: ¡Wali sumapunïnwa! Escuela de negocios ukan yatiqaskayäta ukhaxa, qullqi tuqit independencia tuqit pä yatichäwinak yatiqawayta.

Nayraqatxa, capital humano ukar jilxatayañax wali wakiskiriwa, ukhamat qullqi jikxatañ ch'amanchañataki. Janiw escuela de negocios ukar sarañax wakiskiti jan ukax maestría ukar puriñax wakiskiti, ukampis desarrollo personal ukar chuym churañax wali askiwa, ukat qullqix juk'amp jilxatañatakiw yatiñanakamar jilxatayañax wakisi.

Payïr yatichäwix machaq jaqinakamp machaq amuyunakampi uñt'ayasiñax wali askiwa, ukhamat juk'amp jach'aptayañataki. Aka pä yatichäwix maynit maynikam chikt'atawa kunatix akapach uñjawim jilxatayañax capacidad personal jiltañatakix jilxati, ukax qullqi jikxatañ ch'amaruw ch'amancharaki. Capital humano ukar jilxatayañax kunayman tuqinakatw jikxataspa (santi, YouTube, Coursera, ukat juk'ampinaka apnaqañax wakisispawa), jaqinakamp jikisiñax ukat machaq experiencianak utjañapatakix mä aski thakhiwa, uraqpachan uñjawinakam ukhamarak qullqi jikxatañ amtanakam jilxatayañataki. Ukanakax pä jach'a yatichäwinakawa, khitinakatix aka sarnaqäwit qullqi tuqit independencia ukar munapki ukanakataki. Akax pä jach'a apthapiwiwa khitinakatix qullqi tuqit independencia ukar sarañ munapki jupanakatakix sarnaqäwijat. Janis escuela de negocios ukar sarksta ukhasa, uka kamachinakax kunayman tuqitwa phuqasispa.

Achani Samon Biaou: Suma arsutawa.

Olumide Ogunsanwo: Jichhax, Oxford ukat MIT ukan experiencianakajat mä qawqha específicos detalles ukar ch'allt'añäni.

Jilpacha graduado yatiqirinakat sipansa, jupanakax pregrado ukat graduado ukanakanx wali mayjt'ataw jikxatasipxi, Oxford markanw 25 maranïkasin qalltawayta, ukax pusi marakiw pregrado tukuyatatxa. Niya mä extensión de experiencia de pregrado ukhamaw amuyasi kunatix nayax wali waynäkayäta.

Oxford markanx mä amuyumpiw amtawayta, pregrado ukan pantjasitanakax jan mayamp lurañajataki, ukanx académica ukakipkarakiw lup'iyäta. Ukhamasti, juk'amp suma muyuñwa amtawayta, ukat taqe kunatï negocios escuelan utjki ukanak sum apnaqañwa amtayäta. Ukatwa, yatiqirinakan kunayman gobiernonakapansa, clubanakansa ukat gruponakansa wal chikañchasiyäta.

Nayax C t'aqatakix Representante de Clase MBA ukhamaw chhijllata, ukax kimsa t'aqaw jiwasan MBA programasanx sapa maynix 80 yatiqirinakaniwa. Ukhamarus, Grupo África uksan Copresidente ukhamarak Vicepresidente de Marketing/Relaciones Exteriores ukhamaw irnaqawayta. IIT ukan pregradon urunakat sipanx walja lurawinakanw walpun ch'amanchasiyäta ukatx sapa kutiw ch'amanchasirïta. Nayax mä dulce tienda ukan mä wawar uñtataw jikxatasiyäta, ¡mä muspharkañ experienciawa ukat nayax walpun munasta!

Ingeniería ukan yatxatatäsax negocio tuqit amuyunakax qullqi tuqit, economía ukat qhathunak tuqit juk'akiw uñt'ayasi. Oxford markan pachax sum apnaqañ amtawayta, kunatix mä urux walja kutiw pachpa yatichäwinakar sarañax wakisi (kunatix arst'äwinakax mayni pä MBA t'aqanakaruw mayj mayj pachanakan sapa mayni yatichatäna). Ukax mä oportunidad ukhamaw uñjta, juk'amp yatiñanak ch'amthapiñataki. Mä kutix macroeconomía tuqit yatichirijax kunatsa walja kuti pachpa clasen yatiqta sasaw jiskt'asirakïna. Horario ukan mayjt'awinakapat askinak apsuñ munta ukat sapa juk'a yatiñanakax utjki ukanak ch'amthapiñ munta sasaw qhanañcht'awayta. Ukhamarus, MBA Ejecutivo (EMBA) yatiqirinakax jallupachanx juk'amp yatichäwinak katuqañ askiw sasaw amuyasta, ukatwa walja EMBA yatichäwinak auditoría lurawayta. Oxford markan yatiqañax, jilxattañax ukat jaqinakamp chikt'atäñax nayatakix wali kusiskañänwa.

Ukan tiempo apst'asitajatjja, jan jakt'kay wali kusisitaw amtasta. Mä jank'ak uñacht'awix kunapachatix Oxford markan yatiqañ utan negocios ukan kunayman wakichäwinakapax —MBA, MFE (MSc de Finanzas), EMBA ukat Educación Ejecutiva— ukanakax mä juk'a maynit maynikam jayarst'atäpxatap amuyasta. Nayax mä wakichäw wakicht'añ amtawayta, kawkhantix taqi uka wakichäwinakat yatiqirinakax tantachasipxaspa. ¡Bar arumaw utjäna, ukat wali kusisitaw sarnaqapjjta!

Nayax janiw Oxford markan yatiqirïkti; Nayax ecosistema MBA uksanx wali ch'amanchataw jikxatasiyäta, kunayman red de personas ukanakamp chikaw chikancht'asiwayta, jupanakax experiencias transformadoras ukanakan sarnaqapxi.

Oxford yatiqirinakax colegionakan jakasipxi, kuna programas ukanakas utjchi. Niyakejjay MBA programatak nayratpach solicitud uñt'aysta ukhajja, universidadan walja amtanakaw utjäna. Nayan nayrïr amuyujax mä jan qullqini ajlliñ jikxatañawa, ukhamax janiw yaqha tuqinakatx sinti yäqkti. Qhepatjja, Worcester College sat jach'a yateqañ utaruw ajlliwayta, kunattejj mä kasta cuartow utjäna, uka cuartojj janiw qollqenïkänti. Ukajj mä uta patjjankir mä jisk'a ático ukhamänwa, ukanjja, ch'oqt'asisajj niya pä ladoruw llamkt'asirïta. Janiw armariojj utjkänti, ukatwa janïr escuela qalltkasajj Argos markat mä armario sayt'at alasiyäta. Jisk'a chiqax utjkchispas, Worcester markax mä jan iyawsañjam colegio ukhamaw tukuwayi, mä suma qutampi ukat patanakampi. Navidad samarañ pachanx Worcester markan MBA yatiqir masinakajatakix turismos ukanakas wakicht'araktwa. Worcester markarojj walpun munasta.

Achani Samon Biaou ukax akhamawa: Walja kutiw unpack lurañax utji. ¿Kunjamatsa ukat kunapachas MIT ukax uñacht'ayat uñstawayi?

Olumide Ogunsanwo: Oxford markan yatiqaskayäta ukhax qallta amtäwijax yatiqañ tukuyañänwa, ukatx jank'akiw mä irnaqäw qalltañax utjäna. Ukampirus pusi phaxsi 2010 maranx Michael Sun jupampiw aruskipt'awayta, juparux consejo de gobierno estudiantil tuqiw uñt'awayta. Jupax MIT MSMS (MS en Estudios de Gestión) ukan mä mara yatichäwipatw yatiyäna, ukax Oxford markan wakichäwip tukuyasax arktasispawa. Jilapachax jan Estados Unidos markan MBA ukan yatichäwinakapax mä maraw utji, ukampirus estadounidenses ukan negocios ukan yatiqañ utanakapax pä maraw utji. MBA internacional yatiqirinakar yanapt'añatakiwa, MIT ukax aka wakichäw wakicht'awayi, jupanakar mä mara MIT ukan negocios ukan yatichäwip churañataki. Uka amuyt'awix nayatakix wali askiwa, ukampis janiw taqpach iyawskti kunatix Oxford markat yatiqañ tukuyasax Europa uksan irnaqäw jikxatañ amtawayta.

Pächaskchiyätsa, kunjamatsa solicitud churañ amtawayta, kunattix janiw walja apt'asiñax utjkitänti, ukat qhipat mä amtar puriskakiristwa. Ukhamarus, janiw kuna irnaqäw mayiwinaks katuqkti kunatix kimsa phaxsikiw Oxford markanx jikxatasiyäta (Oxford ukarux septiembre phaxsin 2010 maranw mantawayta ukatx diciembre phaxsin 2010 maranw MIT ukar mantawayta).

Achani Samon Biaou: Escuela de negocios ukar sarañatakix nayrïr ch'amanchawimax mä irnaqäw jikxatañawa, ukax jakäwiman trayectoria ukar mayjt'ayaspawa ukat juk'amp control ukaw utjani. Kunjamas MIT ukax ukarux mantawayi, juk'ampirus sistema educativo estadounidense ukan jan walt'awinakamat amuyt'asa?

Olumide Ogunsanwo: Ukax mä suma jiskt'awiwa. MIT ukar sarañ amtatax walja tuqinakatw yanapt'itu.

Nayraqatxa, nayrir ingeniero ukhamax naturalmente MIT ukarux munasiyätwa, ukampis janiw uka tuqit sinti kusist'añ munkti. Nayax solicitud uñt'ayawayta ukat mä oferta katuqasakiw kunas utji uk amuyt'añ amtawayta. Nayax amuyta, chiqpachan utjki uka amtawinak uñakipañatakix amuyun ch'amap apst'asiñax wali askiwa, jan ukax amuyt'añat sipansa jan ukax amtawinak munañat sipansa, ukax inas jan phuqhaskaniti.

Payïrix MIT ukar sarañax mä cobertura ukhamaw irnaqäw

thaqhañajatakix utjawayi. Mä mara MBA ukan yatiqirinakax, Oxford ukan yatiqirinakar uñtasita, yaqhip pachax irnaqäw jikxatañanx jan walt'awinakaw utji kunatix chikat pachaw utji, pä mara americano ukan yatiqirinakamp chika. Ukhamarus MBA ukan titulos ukanakax janiw Estados Unidos anqäxanx ukham jach'añchatäkiti, ukatx mä mara MBA ukan yatiqirinakax janiw verano ukan pasantías ukanakax utjkiti. Oxford qhipat MIT ukar sarañax uka jan walt'awinak askichaspawa, ukampirus mä maraw jan irnaqäwiniñax sañ munaspa.

Kimsïrix MIT ukan beca katuqawayta, ukax mä jach'a mayjt'äwiw utjawayi. Janitï uka qollqe yanapt'anïkaspäna ukhajja, janiw uka ofrecimientor katoqkiriskayätti. Mä machaq markan yaqha red de amigos uñstayañax wali kusisitaw jikxatasiyäta, ukat pä muspharkañ jach'a yatiqañ utanakan chikanchasiñatakis wali kusisitaw jikxatasiyäta.

Jichhürunakat uñakipt'asax, 2023 maranx tunka payan maraw MIT ukar sarañax wali suma amtäwinakat maynïriwa. Walja suma jaqinakampiw uñt'asiwayta ukat payïr red de negocios de ex alumnos ukham lurawayta. Oxford markanx uraqpachan yatiqirinakan tamapawa, 90% jila jaqinakaw internacionales jan Reino Unido markankir yatiqirinakax utjäna. Ukampirus MIT ukanx juk'ampiw americano ukar uñt'ayasi, 40% ukjat juk'ampiw escuela de negocios ukan yatiqirinakax internacionales jan estadounidenses ukanaka. Oxford Saïd Business School (SBS) ukax Oxford markamp taqpach mayachatawa ukatx mä sapa maquina ukan chikanchatawa ukatx MIT Sloan ukax qhanaw MIT ukanx jaljtawayi ukatx jilpachax MIT ukanx independiente ukhamawa. Oxford markax q'uma académica ukar jach'añchawayi, MIT ukax yatichäw tuqitx juk'amp taqpach uñakipañ amtampiw sartawayi. Amuyt'añataki, Oxford markanx clasen chikancht'asiñax janiw taqpach calificacionanakax jan walt'ayawaykiti, ukampis walja MIT Sloan clasenakanx mä jach'a chimpunak (30-50%) calificacionanakax utjkitu. MIT ukanx qullqix juk'amp jach'änwa, yatiqañ utar sarañ qullqi, libronaka ukat MIT Tang Hall ukan utanakan alquiler (800 dólares) ukan Worcester College Oxford ukan (275 jan ukax 440 dólares) ukar uñtasita.

Oxford ukat MIT ukanakar sarañax wali askiwa, ¡jan iyawsañjam experiencianakaw utjäna! Nayax Oxford markan pachajax jakäwijanx wali suma maraw sasaw sista, jichhax sapa maraw jichhax jakaskta ukax jakäwijanx wali suma maraw sasaw sista.

Ukampirus llakisiñawa, yatiqañ utanakan negocios estadounidenses ukanakamp chikt'at qullqinakax aka qhipa pachanakanx alaxpachar jilxattawayi, pä maratak wakichäwinakatakix 150.000 ukhamarak 250.000 ukha qullqiw utji. Uka jach'a qullqix jilpach jaqinakatakix janiw chiqapäkaspati. Escuela de negocios ukaruw sarawayta kunatix jakäwix mayjt'ayaspawa, ukampis jichhax mä juk'a estafa ukhamawa ukat jilpach jaqinakatakix janiw askïkiti sasaw amuyta. Nayax janiw jilpach jaqinakarux escuela de negocios ukar sarapxañapatak iwxt'kirismati, jan ukax qhana razonanïpxchi ukat retorno de inversión ukax mä sentido ukanirakiwa.

Achani Samon Biaou: Ukax wali askiwa. Negocio tuqit escuelar sarkayäta ukhaxa, uka experienciat sum apnaqañ munarakta. Nayax maestría en educación ukar sarañ amtawayta kunatix MBA ukar qullqi churañax nayratpachänwa, ukatx janiw yaqha qullqinakax utjkänti. Sarnaqäwimar kutt'asax "jakäwim mayjt'ayañ" munañat arsuwayta. ¿Oxford ukat MIT ukan irnaqkasax amuyunakamat juk'amp yatiyasmati?

Olumide Ogunsanwo: Kunawsatix escuela de negocios qalltawaykta ukhax pä jach'a amtäwiw utjäna: suma irnaqäw jikxatañataki ukat clasenakajat juk'amp yatxatañataki. Mä red luraña ukat jaqinakamp jikisiñax qalltanx janiw radar ukankapkänti.

Chiqans, nayax mä bar ukar sarañax wakisispa jan ukax Oxford markan jutir yant'äwinakatak yatxatañax wakisispa ukhax 80% pachat yatxatañ amtasï. Uka qhepat amtasisajja, inas ukajj jan walïkchïnti, ukampis tukuyarojj wali sumpunwa yanapt'awayi. Kunatsa walja muspharkañ jaqinakamp jikisiñ tukuyta ukax kunatix wali social ukhamaw qalltawayta ukat Oxford markan fiestas ukat eventos ukanakan chikancht'asiwayta (janïr qhipharux juk'amp yatxatañatakix qhipäxar kutt'kasa). Ukhamarus, yatiqirinakan gobiernopan ch'amanchatajax wali askiwa, juk'amp jaqinakamp chikt'atäñataki ukhamarak uñt'asiñataki.

MIT ukax Oxford ukanx mayjänwa kunatix nayax juk'amp jan tamanak uñt'ayañ amtawayta kunatix Oxford markanx nayratpach ukham lurawayta. MIT ukanx juk'ampiw mä irnaqäw jikxatañar ch'amanchawayta ukatx nayatakix wali askin tamanakaruw mantawayta, kunjamakitix MIT Sloan 2012 Africa Conference ukan wakicht'añ yanapt'aña.

Achani Samon Biaou: ¿Kunas red ukan ch'aman munañamarux

ch'amanchawayi? ¿Ukajj mä amtampi luratäpachänti?

Olumide Ogunsanwo: Janiw mä plan de red ukan utjkänti. Nayajj taqe kunatï jak'an paskäna ukanakan chikanchasiñak munta. Ukatpï Oxford markanx walja tamanakar mantawayta ukat kunayman lurawinakaruw mantawayta. Niya loco ukhamänwa. Janiw "red" ukar lurkti, kunatix mä suma muyuñ experiencia ukat Oxford ukham mä jach'a chiqan pachax juk'amp askinak apsuñ munta ukatw lurawayta. Ukax mä sarnaqäw amtayitu, ukax wali wakiskiriwa, maynix chiqa chuymanïñax wali wakiskiriwa.

MIT ukan tesis qillqañaw wakisïna kunatix programajax MSc ukanïnwa. Qalltan estrategiajax mä tema ajlliñawa, ukax mä irnaqäw jikxatañ yanapt'itu. Nayax amuyta, sector petrolero ukat gas ukar chuym churañaxa, mä refinería ukan ingeniero químico ukhamätax uñjasa, ukax "juk'amp jasakiw" sector energético ukan irnaqäw jikxatañataki. Uka tuqit tesis qillqañ qalltawayta, ukampis tesis ukax aburritänwa, ukat walja semananakaw pantallar ch'usat uñch'ukis jikxatasiyäta. Qhepatjja, "tornillo aka!" ukat thakhi mayjt'ayañ amtawayta ukat kunatix chiqpachan nayatak askïki uka tuqit qillqañ amtawayta: sistemas operativos de smartphones. Mayjt'awix jank'akiw ukat qhanaw ukat sapa pachax tesis ukan apst'atax kusisiñaruw tukuwayi. Nayax machaq chiqanakat wali kusisitaw yatxatawayta ukatx ecosistema móvil uka tuqit juk'amp yatxatawaytxa. Chiqans tesis ukax akan [4]uñxatt'asmawa, jumatix munassta ukhaxa.

Janiw sector energético tuqit tesis qillqañax pachax ina ch'usar apt'añajäkänti. Tesis ukax ukhamakipans shitty ukhamäspawa. Nayax chuyma manqhajanx yatiyätwa, petroleros ukat gas sector ukanakax janiw nayatakix askïkiti. Nayax tecnología ukat smartphones ukanakarux walpun munasta, ukampis mä irnaqäwitak optimización ukar ch'amachasiskäyätwa.

Jichhax aka sarnaqäw uñt'ayaskta, kuna askinakas utji uk uñacht'ayañataki, juma pachpa, quirky, colorido yo ukar katuqañataki ukhamarak sociedad principal ukan normas promedios blandas, beige, medios de camino ukarjam phuqhañ munañar saykatañataki. Libron qalltapanx akham sasaw sista: **Juma pachpakïñamawa ukat sapa uruw juk'amp sumäñama** . Jichhax uka arsuwix juk'amp jach'anchayañ munta, uñjawayktan uka kamachinak uñt'ayasa: **Juma pachparuw iyawsañama, chiqpach juma pachpakïñamawa, jach'a amtanakar puriñamawa valores**

4. https://dspace.mit.edu/handle/1721.1/72854?show=full

ukanakamp irpata ukat sapa uruw amtanakam phuqhañatakix nayrar sartañama.

Jumax lurawinakam lurañamawa, ukax sapa mayni valores, metas ukat intereses ukanakamp chikancht'atawa. Jakañax wali jisk'akiwa, janiw kusist'añati.

Achani Samon Biaou: Chiqpachansa, tukuyanx kuna matiz uñstayawaykta ukx wali askin uñjta. Yaqhip ullart'irinakax jupanakpachas ukat machaq experiencianakar jist'arañampiw ch'axwapxi. Qhanañchäwimax wali askiwa, kunattix janiw machaq yänakar jan jist'arañ tuqit iwxt'ktati, jan ukasti kunanakatï kusisiñ apanki ukanak lurañax wali wakiskiriwa sasaw qhanañcht'ta. Ukaw kawkhantix chiqpachan jilxattaspa ukat pico de rendimiento ukat resultados ukanak jikxatañataki.

Olumide Ogunsanwo: Chiqpachansa, ukax aka libron esenciapawa. Nayraqat arsuwayapxtwa, FIREDOM ukax janiw qullqi tuqitakikiti, jan ukasti chiqpachan munat jakäwim jakañatakiw. Ukat kuntï munkta uk jan phuqañjamäkani ukhaxa, ¿kunjamatsa ukham jakasma? Ukatpï qullqi tuqit independencia ukax wali askixa. Kunapachatï jakäwiman qullqix utjki ukar purisax kuntï munkta uk lurañatakix juk'amp oportunidadanakaw utji. Jani qullqi tuqita independencia utjkchi ukhaxa, amuyuman ch'amama ukhamaraki pachama qullqi jikxatañataki ch'amachasiñataki ukhamaraki kuntix yaqha jaqinakax sapktam uk lurañatakiw apst'asipxäta.

FI tuqit juk'amp wakiskir yatichäwix aka jaljan jakäwijanx capital humano ukar jilxatayañawa, kunjams uraqpachax irnaqaski uk juk'amp amuyañataki ukhamarak qullqi jikxatañ ch'amam jilxatayañataki. Machaq jaqinakampi, amuyunakampi uñt'ayasiña. Aventurero ukhamäñamawa ukat machaq yänak yant'añatakix zona de confort ukat anqäxar sarañamawa. Nayax Chicago markan qhiparañax jasakiw ajllisispäna ukat Universidad de Chicago Booth jan ukax Northwestern Kellogg ukan negocios ukan yatiqañ utar sarañ munta. Ukampis ¿kawkhansa uka taypin kusist'añasa ukat aventuras utji? Oxford markar sarañax juk'amp kusiskañänwa, subfusc (Traje de examen de Oxford) ukamp isthapt'asiñax wali kusiskañänwa, ukat Escuelas de Examen ukan suma edificio ukan yant'äwinakaj qillqt'añax juk'amp kusiskañänwa.

Londres markan mä irnaqäw katuqaspäna, ukampis MIT ukar mantañax juk'amp kusiskañänwa, ukat mä machaq uñstawimp uñt'añax juk'amp kusiskañawa. Nayax janiw Oxford markat yatiqañ tukuykti, kunapachatix MIT ukan qalltawaykta ukhaxa. Matriculación ukatakix MIT uksaruw avionat sarawayta, Oxford markaruw kutt'awaytxa, yatiqañ tukuyañataki, ukatx MIT uksaruw avionat kutt'awaytxa, clasenak qalltañataki. Ukajj wali jach'änwa. Janiw akapachankir yänakampix jikxataskti, aventuraruw ajlliwayta.

Jakäwij mayjt'ayañatakejj aventuraniñajawa ukat kunayman yant'añaw wakisiña. Ukampirus, janiw aventura ukar katuqañatakix taqpach jakäwim mayjt'ayañax wakiskiti sasin amuyañamäkiti. Nayratpach mä suma irnaqäwi jan ukax mä suma negocio utjkchixa, juma pachpaw nayrar sartasma ukat aventura ajlliraksnawa, zona de confort anqäxan oportunidades ukanakat yatxatasa.

Achani Samon Biaou: Ukham muspharkañ sarnaqäw uñt'ayapxatamat yuspajarapxsma. Janiw jumas ni nayas MBAs ukar arktanti, qullqi tuqit independencia ukar puriñ amtampi. Jiwasax mä manqhan ch'amanchawiw utjawayitu, juk'amp suma sartañataki, sapa mayni jilxatañataki, ukat machaq lurawinakat yatxatañataki. Jumax jakäwiman mayjt'ayañ munawayta. Chicago markar kutt'añat sipansa ukat sapa kuti irnaqäwinak mayiñat sipansa, kunas juk'amp sumaptaniw sasin suyt'añat sipansa, jan axsarasaw zona de confort ukar mistuñ amtawayta ukat mä jach'a lurañ amtawayta.

Olumide Ogunsanwo: EE.UU. markat sarxañax mä jach'a riesgow utjäna kunatix janiw ch'uxña tarjeta jan ukax pasaporte estadounidense ukax utjkitänti. Ukampis jakäwij mayjt'ayañ munasaw uka jan walir puriñ munayäta. Awisax, jan walinakar puriñ munañamawa.

Achani Samon Biaou: Amtäwix mä hilo común ukhamaw sarnaqäwimanx uñt'ayasi. Ukham ch'amañcht'äwi ukat nina naktäwiniyätawa, ukat janipuniw aynacht'kayätti. Kunawsatix irnaqäw suyt'awinakax jan walt'ayaskäna ukhas Oxford markaruw mantawayta ukatx janiw académicas ukar chuym churañak amtawayta. Inas yaqhep jaqenakajj mayjt'añ munapjjchispa, ukampis inas jan wakicht'atäpkchiti kunatï wakiski uk ch'amachasiñataki. Yaqha jaqin listaparjam sarnaqañax inas jan amtanakamarjam phuqkchiti, ukat ukhamäkchisa, uka ch'amampi phuqañatakix uka ch'amaw munasispa.

Olumide Ogunsanwo: Uka qallta chispa ukat ch'amanchawix wali wakiskiriwa nayrar sartañataki. Walja maranak nayrajj kunatsa ukham amtayäta sasaw mä fechajj jiskt'apjjetäna uk amtastwa. Taqeniw ukham munapjje sasaw amuyayäta, ukatwa wal muspharta. Nayax jan iyawsañjam lurañanak lurañ munta. Nayax mayjt'ayañ munta. Nayax mä jakäwin jakañ munta, kawkhantix naya pachpat chiqa chuymanïkta ukat jach'añchasiña.

Samon, jumax chiqpachapuniw sista. Uka manqhankir nina, uka ch'amanchawix juma pachpa juk'amp sumaptañataki ukat jakäwimampi kuns aski lurañatakix wali wakiskiriwa. Uka chispa juma manqhan jikxatañamawa ukat ukampiw amtanakamar ukat pasiones ukanakar puriñamatak apnaqañama. Janiw mä jan phuqt'at jakañampix jikxatasiñamäkiti; kunjam jakañtï munkta uk amuyt'am ukat kuntï lurañatakejj wakiski uk lurañamawa. ¡Jutïr jaljan uñjañäni!

5B: Samon jupan Escuela de Negocios ukan sarnaqäwipa

Olumide Ogunsanwo: Samon, nayax wali kusisitaw escuela de negocios ukan saräwimat arsuñaxa. Qalltatpach qalltañäni. ¿Kunas nayrïr kutix escuela de negocios ukar sarañ amtawayta?

Achani Samon Biaou: Nayraqatax escuela de negocios ukar amuyt'añ qalltawayta, Alemania markan Deutsche Telekom Consulting ukan irnaqkasax kunayman markanakaruw proyectos de consultoría ukar sarawayta. Nayax amuyasta, técnica ukan irnaqañax janiw kunjamtï suykayäta ukhamarjam wali askit uñjatäkänti. Nayan lurawijax casos de negocios ukanakan luraňawa ukat machaq operadores de telecomunicaciones ukanakatakix redes de radio ukanakaw diseñar, kunawsatix markanakax machaq operadores móviles ukanakamp yapxatapkän uka pachana.

Técnico lurañajajj wali ch'amäkchïnsa, kawkhantï wali wakiskir amtanakajj luraskäna uka cuartonakanjja janiw ukankti sasaw amuyayäta. "Consultores de gestión" jupanakax uka privilegio ukanipxi, ukampirus nayan lurawijax jupanakar yanapt'añawa. Kawkhantï amtañajj utjkäna uka mesa jak'an mä asiento utjañap munta.

Olumide Ogunsanwo: Ukax wali askiwa. Jumax equipo técnico ukankayätawa ukampis equipo de negocios ukankirinakax juk'amp suma irnaqawinak lurapxatap amuyasiyäta.

Achani Samon Biaou: Chiqpachansa. Sudáfrica, Libia ukat Emiratos Árabes Unidos ukham markanakan proyectonakajanx pä dinámicas ukanakaw uñjta, ukax MBA ukar sarañ amtäwijaruw ch'amanchawayi. Nayraqatxa, Deutsche Telekom ukan equiponakapanx "Consultores Técnicos" ukat "Consultores Comerciales" ukanakaw utjäna. Nayax "Consultores Técnicos" tamankirïtwa, software ukan análisis ukat insumos ukanakaw "Consultores Comerciales" ukanakar churaña, jupanakax qullqi proyecciones ukan irnaqapxi. "Consultores Comerciales" jupanakax walja kutiw cliente-side irpirinakamp chikt'asipxirïna, jupanakax mä nivel jan ukax pä nivel CEO ukan anqaxäpxänwa.

Payïrix, walja kutiw "consultores de gestión" ukanakamp jikisipxta, jupanakax empresas BCG ukat McKinsey ukanakan irnaqapxi, jupanakax yaqhip pachax pachpa clientes ukanakatakiw irnaqapxirïna. Aka consultores de gestión BCG ukat McKinsey ukanakax nayraqatax CEO de nuestra empresa cliente ukamp aruskipt'apxañapawa ukat uñakipapxañapawa kuna lurawinakatix jiwasan Deutsche Telekom "Consultores Comerciales" ukan uñt'ayata, ukax iwxt'awinak churañapawa jach'a amtawinakat.

Mä arunxa, amtawinak lurañat pä kutiw jayarst'ata sasaw amuyasta ukat jach'a uñacht'äwinx chiqpachan irnaqawijax kuna jan walt'awinaks apanispa uk jiskt'asiraktwa. Terminología empresarial ukax BCG/McKinsey ukan equiponakapan jan ukax jiwasan Deutsche Telekom "Consultores Comerciales" ukanakan apnaqatapax nayatakix janiw uñt'atäkänti. Yanapt'atanakajajj janis cheqpach valoranïkaspa ukhamwa amuyayäta.

Ukaw carrerajan nayrar sartañatakejj yaqha yatichäwinak wakisispati janicha sasaw jiskt'asiyäta. Negocios ukat qullqi tuqit amuyunakax juk'amp yatiñanak jikxatañax wakisispati sasaw jiskt'asiyäta. ¿Libronak liyt'añajakïpachati? 2010 maranx MBA uka amuyunakax jikxatawayta, ukat yatiñanakax juk'amp jach'anchayañataki ukhamarak machaq oportunidades profesionales ukanakar jist'arañataki. Mä qhawqha phajjsinakatjja, uka wakichäwir mantañatakejj wal amuyt'ayäta. Nayax amuyasta, técnica ukan yatiñanakax negocio tuqit mä ch'aman amuyt'awimp phuqt'ayañax clientes ukanakar juk'amp yanapt'añatakiwa ukat juk'amp jach'a impacto uñstayañatakiw yanapt'irista.

Olumide Ogunsanwo: Samon, mä jank'ak desviación sarnaqäwimat apsuñäni ukat desarrollo personal tuqit parlt'añäni. Negocio luraň escuelajj jiwasatakejj wali valoranipunïnwa, ukampis jila parte jaqenakatakejj inas jan cheqa thakäkchiti. Yaqhip jaqinakax yaqha thakhinak ajllisipxaspawa sapa mayni jilxatañataki.

Mä pachanx jaqinakax plataformas YouTube, Udemy, edX, Coursera, Tik Tok ukat walja yaqha MOOCs (cursos masivos abierto en línea) ukat sitios web ukanakat yatiqasipxaspa. ¿Kunjamsa mä wayn tawaqux inakiw cursonak katuqañapa, cursos en línea ukar qullqi churañasa, jan ukax mä programa oficial de grado ukar qillqantañapa, ukhamat yatiñanakapar ukat yatiñanakapar juk'amp jach'anchayañataki? Walja kunayman yatiqañ amtanakax utjkipanxa, ¿kunjamarak uka mayjt'awinak lurapxaspa ukat munañanakapatakix kunas askïspa uk amtapxaspasti?

Achani Samon Biaou: Nayan iwxt'awijax mä wayn tawaqurux mä amtar puriñampiw qalltañapa, ukatx uka amtar puriñatakikix kuna yatiñanakas ukat redes ukanakas wakisi uk uñt'ayañaw wakisispa. Jichhaxa, jiskt'awimat parlt'añäni. Nayan amuyujax mä impacto uñstayañ munta ukat servicios de asesoramiento ukanak clientes ukanakar churañ munta, ukatwa consultoría de gestión ukax qhan thakhix sasaw amuyasta. Jilapart firma de consultoría de gestión ukanakax MBA ukan yatiqañapawa, uk yatxatawaytwa. Aka amuyt'awix sapa maynitakiw mayjt'añapa, kunayman saräwinakaparjama. Amuyt'añataki, maynitix Oxford markan pregrado ukan yatiqchi ukhax red de ex alumnos ukarux aprovechaspawa, mä irnaqäw uraqir puriñapataki, jan MBA ukar sarañataki, ukat uka lantix Udemy ukham plataformanak tuqiw yatiñanak jikxataspa.

Yatiñanak ch'amanchañax mä sarantañ lurawiwa, janiw mä kuti yatiñanak jikxatañakikiti. Yatiñanaka jilxatañataki ukhamaraki juk'ampi suma uñjañatakixa kunaymana lurawinakawa utji:

Nayraqatxa, mä empresan irnaqañamawa, uka empresax kuna tuqittï sum lurañ munkta uka tuqit yatxatt'atawa, jumatï balancenak sum yatxatañ munsta ukhaxa, balancenak tuqit yatxatt'at empresan irnaqañamawa.

Payïri, mä programa de grado ukar qillqantañ amtañamawa, MBA ukar uñtasita jan ukax mä curso basado en cohorte ukar qillqantañataki, ukanx yatichirinakamp masinakampi chikt'atäñamawa ukat experiencianakapat yatiqañamawa.

Qhipharux, auto-ritmo, jan interactivo yatichäwinak ajlliñamawa jan ukax yaqha yatiqañ yänak utjki ukanakamp apnaqañamawa.

Olumide Ogunsanwo: Jaqinakan nayrar sartawipax sapa maynitak mä sapa thakhiwa, ukatx kawkir yatiqañas ukat juma pachpas juk'amp askinak lurañas juk'amp askïspa uk yatiñax wali askiwa. Amtañani, jumaw nayrar sartañamatakix juchanïta, janiw empresamatsa, janiw jefematsa ukat chiqpachansa janiw yatichirinakamar jan ukax yatichirinakamar juchanïkiti. Empresamax janiw jumat llakiskiti ukat kuna yatiqañ yänakas churapki ukax mä suma irnaqirir tukuñatakiw yanapt'ätam, janiw jakäwiman amtanakam phuqhañ yanapt'kätamti ukat qhispiyat jakañ yanapt'ätamti.

Ukhamatwa, jach'a amtanakar puriñama (jutir jaljan, 5C, ukax juk'amp jach'a yatiyawinakaw kunjams suma amtanakar puriñax ukxat yatiyasini) ukat uka amtanakar puriñatakikix mä plan de desarrollo personal ukham lurañaw wakisi. Aka amtawix sapa uru lurawinakampiw phuqhasini, mä costumbre automejoramiento ukar uñstayañataki. Wali askiwa, janiw kunayman yatiqañ amtanakat ajlliñax wakiskiti kunatix janiw maynit maynikam ch'axwapkiti. Mä pachanx walja amtawinakaruw pacha churasma, sañäni, YouTube ukan videonak uñch'ukiñax edX ukan yatichäwinak katuqañkama jan ukax maestría ukar sarañax ukat Coursera ukamp yatichäwinak yapxataña.

Suma yatiyäwix walja yatiqañ amtanakax juk'amp qullqiniruw tukuski, chiqans walja yatichäwinakax inakiw. Ukampirus MBA ukham jach'a yatiqañ utan titulonakax jila qullqiruw purispa, ukhamax janïr ukanak arktkasax yaqha amtanakat amuyt'añax wali askiwa ukat qullqichasiwix kunjamas uk amuyt'añax wali askiwa.

Jan wali yatiyäwix machaq yatiñanak yatiqañatakix kusisiñaw wakisi ukat ch'amanchañaw wakisi ukat jaqi ch'amam uñstayañataki. MOOCs ukatakix tukuyañ tasa ukax taqpachanx jisk'akiwa, 5% ukjat 15% ukjakama. Ukatpï jach'a amtanakar puriñasa, jutïr jakawitak mä vision uñstayañasa, ukax jumarux kusisiyañatakiw ch'amanchapxta. Kunapachatï jutïrin kuntï luraň munkta ukanakat taqe chuyma kusiskäta ukhajja, sapa uruw juma pachpa nayrar sartañamatak ch'amachasïta.

Kunjamakitix ukampi, Samon, sarnaqäwimar kutt'añäni.

Achani Samon Biaou: Nayax yatxatañ qalltawayta ukat GMAT ukar wakicht'añ qalltawayta ukatx walja americano yatiqañ utanakaruw mayiwayta. MIT ukan mä jan iyawsäw qillqat katuqawayta, ukax ingeniería ukan uñt'atätapat mä jach'a ajlliwinakajat maynïriwa. Ukajj wali ch'amapunïnwa. Ukampirus ukatx Stanford ukanx mä carta de aceptación ukaw katuqawayta, ukax mä validación ukhamaw amuyasi kunatix panpachan yatiqañ utanakax ingeniería ukan ch'aman programas ukanipxi.

Escuela de negocios ukar mantañ experienciajat pä jach'a askinak apsuñax akanakawa:

Nayraqatxa, yatiñ munirïtwa ukat kuntï mayninakax lurapki uksa sum uñjarakta. Deutsche Telekom ukan "consultores comerciales" ukat BCG ukat McKinsey ukan consultores de gestión ukanakat yatxatañ munatax MBA ukan wakichäwinakap uñt'ayañ munañaw utjawayitu. Nayax sapa kutiw gestión tantachäwinakar sarañ yant'irïta, kawkhantix McKinsey jan ukax BCG ukanakax clientes ukanakar uñacht'ayapkäna, análisis ukat diapositivas ukanakap uñjañatakiki. Kuntï jan yatkayäta ukanak yateqañ wal munta, ukat jan yatkayäta. Escuelankir walja amigonakajajj janiw ukham yatiñ munapkänti.

Payïri, wali askiwa sapa kuti askinak lurañataki ch'amachasiñasa ukat kunarus purisma sasaw atinisiñasa. Janiw kunapachas McKinsey jan ukax BCG consultores ukanakarux juk'amp jach'a nivelankapkaspas ukham uñjkti jan ukax carreranakapax nayatakix jan jak'achasiñapatakiw iyawsirïkti. Jupanakan luratanakapat kusisitati janicha ukakïnwa. Nayatï wali kusiskañ jikjjatasä ukhajja, uka empresanakar mantañatakejj mä thak jikjjatasirïta. Jupa pachpar iyawsañajj wali wakiskiriwa.

Olumide Ogunsanwo: Yuspajarañ yatiqañax wali askiwa ukat kunatix utjkistu ukanakat yuspärañax wali askiwa, ukampis janiw ukax sañ munkiti, jumax complaciente ukhamäñamawa. Jan walt'äwinakam juk'amp sumäñapatakix kunatï wakiski ukanak thaqhaskakiñamawa. Samon, sarnaqäwimax uk sum uñacht'ayi. Deutsche Telekom ukanx mä jach'a irnaqäwiw utjäna, uraqpachanw sarnaqäna, ukat suma qullqiw jikxatasïna. Uka experienciat yuspärätawa, ukampis juk'amp sumäñsa ukat juk'amp sum luräñsa munaskayätawa. Yuspajarañamp oportunidades ukar thaqhañamp chikachasiñax wali wakiskiriwa. Jan yuspärañ uñacht'ayañax jan walt'awinak uñakipt'asax sayt'añaruw puriyi, ukampirus jan yuspärañjam oportunidades ukanakat yatxatañax jan satisfacción ukat quejas ukanakaruw puriyi.

Achani Samon Biaou: Nayax taqpach iyawstwa. Nayax kuntix nayax "mentalidad underdog" sasin sisktxa ukax utjawayitu. Janipuniw mä cargon sum jikjjatasirïkti, kawkhantï jan ch'amanïkayäta ukhajja. Sapa kutiw jan walt'äwinak thaqirïta ukat juk'amp altor makhatañatakisa ukat jan walt'äwinakat sipansa juk'ampiruw ch'amachasirïta. Escuela de negocios ukan sarkasax mä qawqha wakiskir yatichäwinakwa yatiqawayta:

Machaq lurañ qalltañatakix amtanakar puriñax wali wakiskiriwa. Kuntï lurañ munkta uk yatiñatakejj ch'amachasiksta ukhajja, kuna yatichäwinakatï cheqpachapun munkta ukanak yateqañataki jan ukajj yatjjatañatakiw ch'amachasiñama. Nayatakix amtäwijax amtäwinakar jan walt'ayañänwa, ukat uka pachanx janiw qullqix nayrankkänti. Deutsche

Telekom ukan wali sum qullqi jikxataskchiyätsa, yatiñanakax nivelar jilxatayañax wakisitap yatiyätwa. Ukampis uka amtajj wali jach'ätap amuyayäta. Uka qhipa amtasaxa, jaqinakax kimsa jach'a amtanakampiw escuela de negocios ukar sarapxi sasaw amuyasta: yatiqañ utar sarañataki, carrera ukan nayrar sartañataki, ukat red ukan irnaqañataki.

Olumide Ogunsanwo: Jïsa, mä kutix escuela de negocios qalltawaykta ukhax MBA ukan saräwipanx mä estratégico uñakipañaw utji sasaw amuyasta. Yatiqañ tuqit lup'iñataki, mä irnaqäw jikxatañataki jan ukax mä red uñstayañatakis ch'amachasismawa. Ukax amtayituw uka concepto de fijación de metas adaptativas ukax jumamp nayamp aka libro qillqt'kasax aruskipt'apxta.

Achani Samon Biaou: Jïsa, metas adaptativas ukanakat parlt'añäni. Kunapachatï mayninakat ewjjt'a thaqktan ukhajja, kuntï niyaw qalltañ munkta ukar uñtasit experiencianïpki ukanakatjja, uka tiempon kuna contexto ukat amtanakapsa amuyañajj wali wakiskiriwa. Kunawsatix BCG ukan oficina occidental jan ukax Oriente Medio ukan ajlliñ tuqit iwxt'awinak mayipkta ukhax sapa kutiw kuntix uka jaqix optimización luraski uk amuyañatak ch'amachasirïta kunapachatix ajlliwayki ukhaxa.

Olumide Ogunsanwo: Janiw iwxt'awinak katuqañamäkiti, jan amuyt'asa ukat jan uñt'ayasa. Jupanakan kuna jan walt'äwinakatï utjki ukanakajj inas jumatakejj jan wakiskirïkchiti.

Achani Samon Biaou: Jïsa, jaqinakampiw aruskipt'awayta, kuna amtanakas escuela de negocios ukanx utji uk amuyañataki. Kunjams escuela de negocios ukan luratanakapax escuela de negocios ukan amtanakapampix mayachasi uk amuyañ munta.

Olumide Ogunsanwo: Uka uru tukuyatatxa, wali askiw amtañaxa, ukax jakäwimawa, ukat jumaw amtawinak lurañama, ukax amtanakamamp ukhamarak valores ukanakamp chika. Ukampis uka amtanakarojja, kuna toqettï parlki uk sum amuyt'asaw lurañama.

Amuyt'añataki, manq'a ajllkasajj janiw nayrïr restauranteru sarasin mä plato aleatoriamente ajllkasmati. Kunayman manq'añ utanakan menú ukanakap uñakipt'añamawa, kunanaktï munkta uk amuyt'añamawa, ukat kuntï munkta ukarjam manq'a ajlliñamawa. Aka amtawix mä yatxatat amtäwi lurañatakiw taqi kunatix utjki ukanak amuyt'asa, jan ukax mä juk'a yatiyawinakar uñtasit mä juk'a suma amtäwimp askichañat sipansa.

Achani Samon Biaou: Kunawsatix MBA uka wakichäw qalltawayta ukhax janiw yatkayätti kunjams Stanford ukan kunayman askinak nayrar sartayañax ukxa. Yatiqir masinakajaruw ewjjt'a thaqhayäta, jupanakajj janis ukham jan walt'äwinïpkaspa ukhamänwa. Stanford ukar sarañatakix kuna amtanakas utji ukat jichhakamax kuna amtanakas utji uk jiskt'asaw qalltawayta. Jiwasan aruskipäwinakasatx aka amuyunakax jikxatawayta:

Nayraqatxa, yatichirinakamp ukhamarak yatichirinakamp chikt'atäñax wali askiwa. Uka conexiones ukanakat kunas mistuspa uk janis yatksta ukhasa, horario de oficina ukar sarañasa jan ukax café tantachäwinak wakicht'asa jupanakamp parlt'añax wali askiwa.

Payïrix, kunayman carrera thakhinak uñakipañatakix oportunidades ukanakar apthapiñax wali askiwa. Nayax jikxatawayta, yaqhip masinakajax MBA ukan yatxatäwinakapamp chikaw firma de capital riesgo (VC) ukan pasantías ukar sarapxi. Uka tuqitxa, nayax solicitud uñt'ayawayta ukatx VC ukan pasantías ukar katuqapxitu. Qalltanjja, consultoría de gestión ukan irnaqt'añwa amtayäta, ukampis yaqha cheqanakat yatjjatañatakiw jist'araskayäta.

Olumide Ogunsanwo: Jumax uka oportunidad jikxatta kunatix jumax yatxatañ muntawa. Nayraqatx qullqi tuqit independencia ukar puriñatakikix yatxatañ munañax wali askiwa sasaw arsuwayapxta. Nayax wasitat qhanañcht'añ munta, kunjams jank'ak amuyt'añat sipans juk'amp yänak uñakipañax wali wakiskirixa. Mä estrategia juk'amp yatxatañ munañatakix walja jaqinakamp aruskipt'añawa, jupanakax wali askiwa.

Achani Samon Biaou: Yaqhip jaqinakax kuntï munapki uk sum yatipxi, ukampis jan sum yatiksta ukhaxa, kuntï yatkta ukat jan yatkta ukanak alt'at chuymanïñax wali askiwa. MBA tukuyasax amtäwijasti consultoría de gestión ukar mantañänwa, ukampis yaqha oportunidades ukanakatakix jist'arataw qhiparawayta, ukax qhipa amtäwix amtäwinak lurañ amtanakar puriñ yanapt'itu.

Amuyt'añataki, VC ukan pasantías ukanx industria de Capital de Riesgo ukan uñt'ayasiñaw utjawayi. Nayax yatxatawaytwa, qalltawinakanx munat cargonak jikxatañatakix walja kutiw asociado VC ukham irnaqañaw wakisi, ukatx mä firma de cartera exitosa ukar mayjt'ayañaw wakisi. Jan uka uñacht'ayawix utjkaspän ukhax janiw aka thakhit yatiskiriskayätti. Tukuyañatakix janiw thakhix mayjt'ayawaykiti, consultoría, jach'a tecnología ukat VC ukanakan ofertas ukanakax utjkchïnsa. Ukampis uka yatjjatasajj kunatï churapkäna ukanak sum pesañ puedjjayäta.

Olumide Ogunsanwo jupax akham siwa: Ukax taqpach sarnaqäwiwa, kunjams Stanford ukar mantañ amtasax chiqpachan mayiñkama, katuqatäñkama, ukat estrategias ukar sarawayta, ukan pacham sum apnaqañataki. Jichhaxa, ¿jakäwiman aka jaljan tukuyataparu irpapxitasmati? ¿Kunjamsa qhipharux Stanford ukan pachap tukuyta? ¿Kunas escuela de negocios ukan qhipa pachanx pasäna, ukat kunas BCG ukan consultoría ukan ofrecimiento ukar ajlliñ yanapt'tamxa?

Achani Samon Biaou: Yaqha jank'ak sarnaqäw yatiqañ utan negocios qalltatapat uñt'ayañ munta. Nayax Educación ukan licenciatura conjunto ukar sarañ amtawayta, ukhamat qullqichasiwix juk'amp askïñapataki. Stanford markan yatiqañ qullqix niya 200 kutiw taqpach pregrado ukan yatiqañ utar pagawaykta ukat sipanx juk'amp jach'a. Stanford markan sapakix 100.000 jila qullqiw yatiqañ tukuyta, Francia markan yatiqañax janipuniw promedio mä qawqha patak euros ukjat jiläkänti.

Olumide Ogunsanwo: ¡Ay, ¡Suma Jaqi!

Achani Samon Biaou: Stanford ukan pachax juk'amp askinak apsuñ munta, ukatwa kunapachatix mä correo electrónico katuqta mä licenciatura conjunta ukar sarañ amtatapatxa, mä suma oportunidad ukhamaw uñjta mä licenciatura educativa ukar sarañataki, jutïr amtanakax amuyt'asa yatiqañ utanaka luraña. Yaqhip yatiqir masinakajax janiw sinti lurañax wakiskiti ukat MBA ukan experienciax jan walt'ayaspawa sasaw iwxt'apxitu, ukampis nayax respetompiw qhanañcht'awayta, amtäwijax janiw uka experienciat kusist'añakikiti jan ukasti jutïr pachatakix amtanakax jilxatayañawa.

Jichhax, escuela de negocios ukan qhipa chiqar sarañax wakisiwa. Stanford markan pä ch'aman yatichäwinak yatiqawayta. Jupanakat maynïrix "Dinámica Interpersonal" satawa, ukanx jisk'a tama taypinx imantataw aruskipt'apxirïta, kunjams mayninakax uñjapxitu uk amuyt'añataki. Mayni yatichäwix "Gestión de Empresas Crecientes" ukawa, ukax simulaciones ukanakampiw yatiñanak yatichañatak apnaqatayna, kunjamakitix irnaqirinakar irnaqañat jaqunukuña, machaq irnaqirinak katuqaña, ukat jan wali amuyunaka churaña.

Ukax wali muspharkañawa, aka pä yatichäwix yatiqañ tuqitx juk'amp valoraniw tukuwayi, qullqi tuqit yatichäwinakat sipanx juk'amp askiwa.

Ukajj naya pachpaw uka qollqe toqet ukat ch'ama yatiñanak yateqasirïta, ukampis uka pä yatichäwinakat jikjjatayäta uka llamp'u yatiñanakajj wali valoranipunïnwa.

Aka experienciat yatiqawaykta ukax akawa, machaq pachar mantañax wali wakiskiriwa qhana amtanakanïñaxa ukat uka amtanakamp chika lurañanakax wali askiwa. Yaqhanakar thaqhañamawa, jupanakax amtanakamamp chikaw sarnaqapxi ukat experiencianakapat yatiqañamawa, ukhamat jan juykhüñapataki.

Olumide Ogunsanwo: Chiqpachans sarnaqäwimax optimización ukar munasiñam uñacht'ayi. Stanford Business School ukan machaq jan walt'äwir puriwayta ukat jank'akiw kunjams ukan pacham sum apnaqañax uk amuyt'añ qalltawayta, ukhamat ukat juk'amp askinak apsuñataki.

Qullqi tuqit independencia ukar puriñatakikix wali askiwa, jakäwimar sum uñjañatakiwa. Ukampis ukax kusisiñatak amtanakam utt'ayasa ukat uka amtanakar puriñatakikix kunanaksa mayjt'ayañasa jan ukax sum lurañasa uk amuyt'añ tukuyasax lurasispawa. Nayrïr costumbre ukax wali muspharkañ libron "Paqallqu costumbres de personas altamente efectivas" ukax proactivo ukhamawa - mä rasgo ukax optimización ukar uñtasitawa. Yaqha tuqitxa, jakäwix kunjamäkitix ukhamarjam katuqañawa, ukax qullqi tuqit independencia ukar puriñax juk'amp ch'amäspawa.

Achani Samon Biaou: Ukampirus llakisiñawa, sociedad ukax walja kutiw ch'amanchapxistu jan amtawinak lurañataki, ukax complacencia ukaruw puriyi. Amuyt'añataki, Amazon ukan apnaqataparjam algoritmos ukanakax libronaka ukat manq'añ utanakaw nayra munañanakasarjam iwxt'apxi. Ukham amuyt'awix jiwasatakix juk'amp ch'amaw amtanakas phuqhañatakix ch'ama irnaqawinak uchañaxa, kunatix juk'ampiw mayninakat dependirïtanxa, jiwasatakix amtanakar puriñapataki.

Ukampis ukham amuyunïsajj janiw yatiñ munktanti, ukat kusisiñatakejj mayninakat dependirïsnawa. Qhipharux jiwasanakan amtäwinakas lurañasa ukat jakäwisat lurañas wakisi.

Olumide Ogunsanwo: Jumax yatisktawa kunatix jakäwimatakix askïki kunatix juma pachpaw juk'amp amuyasta khititix jumar amuyunakap uñt'ayañat sipansa. Sapa kuti anqäx tuqit validación ukat yanapt'äwinak thaqhasïta ukhax kawkhantix jikxatasiñ munkta ukat juk'amp jayaruw tukuyasma.

Sarnaqäwimanxa walja jach'a yatichäwinakaw utji. Amtanak uñstayañ tuqitw aruskipt'apxta, ukat nayax desarrollo personal ukar yapxatañ munaraktwa kunatix janiw taqinix escuela de negocios ukar sarañ munapkiti jan ukax yaqha titulos ukar sarañ munapkiti. Aka jaljanx escuela de negocios uka tuqitwa, ukampirus qhipharux capital humano, yatiñanaka ukat red ukanak jilxatayañawa, jakäwiman amtanakamar phuqhañataki.

Achani Samon Biaou: Stanford ukan yaqhip masinakajax qalltawinakar mantañ munapxäna, ukampirus nayax consultoría de gestión, VC, jan ukax jach'a tecnología ukan lurawinakap Google ukat Microsoft ukanakar uñt'ayañ munaraktwa. Ukajj wali muspharkañawa, khitinakatï sum amuyt'asirïpkaspas ukham amuyayäta ukanakat waljanejja, janiw jach'a empresanakan cargonak thaqhapkänti. Ukhamakipansti, jupanakax jupanakan qalltawinakap qalltañ jan ukax nayrïr empresanakar mantañ amtapxäna.

Ukapachaw "kimsa patak" uka amuyunakat yatxatawaytxa. Kimsa patak mä kamachiwa, kawkir qalltawirus mantañama uk ajlliñ yanapt'añataki, mä juk'a pachan walja qullqi jikxatañataki. Kamachix qalltawinakaruw amtañapa, sapa mara qullqix 100% jan ukax juk'amp jilxattaski sapa mara, thakhinjam 100 millones de dólares qullqi jikxatañataki, ukatx 100 irnaqirinakat juk'ampi. Ukham empresar nivel gerencial ukan jan ukax juk'ampirus equidad razonable ukamp mantasma ukhaxa, potencialmente millones de equidad ukan 5-7 maranakanx empresax adquirispa jan ukax público ukar saraspa ukhaxa. Walja escuela de negocios ukan yatiqir masinakajax uka kamachirjam phuqhañatakiw ch'amachasipxäna ukat activamente reclutamiento para roles ukham qalltawinakan.

Olumide Ogunsanwo: Jakawix janiw mä amtat thakhinjam sarkiti. Ukax probabilísticamente uñt'ayatawa, janiw determinista ukham uñt'atäkiti. Kimsa patak uñt'ayawimatx chiqpachans mä jach'a riesgo estrategia ukawa, mä jach'a empresa tecnológica ukar mantañamp chika, juk'amp jach'a premios ukanakampi.

Achani Samon Biaou: Kimsa patakat janiw yatxatkti kunatix janiw walja jaqinakamp aruskipt'kti qullqi tuqit amtanakap amuyañataki ukhamarak kunjams jupanakax ukanak phuqhapxaspaw sasaw amuyapxi. Janiw uka jiskt'anak jiskt'irïkti, kunattejj kuntï amuykitäna ukajj mä juk'akiwa. Kunapachatï yatxatañ munsta ukhaxa, inas jan qhanäkchi uka yatiyäwinak apthapisma, ukampis mä juk'a lup'iñaw wakisi.

Olumide Ogunsanwo: Chiqans aka pankax khitinakatix yatxatañ munapki ukat qullqi tuqit independencia ukar sarañ qalltañ jan ukax jank'ak sarañ munapki jupanakatakiwa. Samon ukat nayax africano inmigrantes ukhamäpxtwa, ukhamax walja ullart'irinakax yaqha markat jutirinaka, jisk'a jaqinaka, expatriados jan ukax anqäx markankirinakäpxaspaw sasaw amuyta, ukampirus uka kamachinakax taqiniruw apnaqasispa. Anqäx markankirinakax yatiñ munañ yapuchañax wali askiwa kunatix yaqha ecosistema ukankirinakax nayratpach sum uñt'atäpxiwa ukat uñt'asipxiwa. Jiwasax kunjams uka anatt'awix anatasi uk yatxatañaw wakisi, ukax ch'amäspawa. Ukampirus, yatxatañ munasax jiskt'asisaw ecosistema ukat irnaqawipat juk'amp sum amuyt'sna, ukax qhipharux askinak jikxatañatakiw yanapt'istani.

Achani Samon Biaou: Escuela de negocios ukan qhipa phaxsinakanx kunanaktï juk'amp sum luraspän ukanak lup'iñatakiw walja tiempo apst'asiyäta, ukat samarañatakisa ukat amigonak lurañatakis tiempo apst'asirakta.

Olumide Ogunsanwo: Samon, pä amtäwiw utjäna: mä juk'a pachat chika pachat consultor de gestión ukar tukuñ amtäwi ukat jaya pachan yatichäw amtäwix yatiqañ utanakar luraña.

Achani Samon Biaou: Jïsa, qalltanx amtäwijasti consultor de gestión ukhamäñakiw utjäna. Ukampis ensayo de solicitud qillqt'kasax jakäwijan amtanakapat lup'iñ qalltawayta, ukax payïr amtäwiruw puriyi, yatiqañ utanakar uñstayañataki ukhamarak yatichäwin askinak lurañataki. Uka amuyt'awix yatichäwin payïr maestría ukar sarañatakiw ch'amanchawayitu, ukax amtanakax phuqhañatakix wakiskir yatiñanakampiw wakicht'itu sasaw amuyta.

Ukampis negocios escuelar sarañ tukuyañampïskäyät ukhajja, kunanakatï nayrankkäna ukanakajj mayjt'añwa qalltäna. Kuntï cheqpachapun munkayäta ukajj mayninakar ewjjt'añat sipansa, suma amtanakar puriñaw sasaw amuyayäta. Kunatsa consultoría ukax mä impacto uñstayañatakix ukakipkarakiw jiskt'asisa, nayax amuyastaw kunatix naya pachpaw yatiñanakax jilxattañapa mayjt'awinak lurañataki. Ukhama, consultoría ukax mä yatiqañ utar uñtat uñjta, kawkhantix yatichäwin mayjt'äwip lurañatakix wakiskir yatiñanak jikxatañajataki. MBA tukuyatatx

Stanford markan utjatapax nayatakix juk'amp wakiskiriwa, BCG markan currículum ukar yapxatañat sipansa.

Janiw anqäx tuqit validación ukax wakiskiti sasin amuyasxänti. Kawkhantï jikjjataskayäta ukampiw kusisita ukat kuna oportunidades ukanakatï nayatak utjkäna ukanakat yuspärasirïta. Aka saräwix impacto ukar nayrar sartayañ yatichawayitu ukat akapachan mä aski mayjt'äw uñstayañar chuym churañ yatichitu.

Olumide Ogunsanwo: Samon, ¿kuntix jumax validación tuqit arsuwaykta uk yatxatapxaraksnati? Jichhax mä sesión de terapia ukankapkasmas ukhamaw amuyasta. ¿Kuns jumax markan validación ukampix sañ munta?

Achani Samon Biaou ukax akhamawa: Awisax, khitinakatix kunanaks jikxatapki ukat jan jikxatapki ukanakan mayjt'awipax janiw jan yatiñanïtapakikiti jan ukasti jan atinisipxatapatw mayjt'ayasi. Walja amigonakajajj Stanford markaruw mantapjjaspa sasaw amuyapjjäna, ukat nayat qhepatjja. Uka nayrajj janiw confiyapkänti.

Jach'a yatiqañ utan markanakax mä nivel de confianza ukaw utji. Ukampirus janiw ukax chiqap kasta atinisiñakiti sasaw amuyta kunatix anqäx chiqanchawiruw atinisi. Qhipa tuqitxa, juma pachpan phuqatäta ukat phuqt'atätam yatisaw juk'amp atinisiñax utji. Jiltasa ukat amtanakamarjam ch'amachasisaxa, janiw khitis jumat sipansa juk'amp askïkiti, uk amuyastawa, ukat kuntï munkta ukhamaruw tukusma.

Olumide Ogunsanwo: Ukax wali sumapunïnwa. Kunjamakitix aka libro uñxatt'asa ukat perfiles ukanakas uñakipt'asma, inas anqäx markan markachirinakasampix axsarayaschisma, kunjamakitix Samon Stanford ukat BCG ukan yatxatatapa jan ukax Oxford ukat MIT ukan yatiqataja. Ukampirus, wali askiw amtañaxa, autocreencia ukat autovalor ukax manqhat juti, janiw anqäx validación ukat juti.

Aka pankax qullqi tuqit independencia ukar puriñ tuqitwa, ukampis kunjamtix nayraqat arsuwayktanxa, sapa mayni desarrollo tuqitwa. Sapa mayni jiltawixa qalltasiwa introspección ukampi ukhamaraki ch'amani amuyumpi yapuchañampi. Jupa pachpar creyiñasa ukat valoranïñasa inas jan amuyt'kayakïchispa, ukampis sapa maynin nayrar sartañapatakix wali wakiskiriwa. Jan juma pachpar iyawsasajja, juma pachpa jikjjatasïta ukat amtanakar purisajj jark'äwinakampiw jikischisma. Uka thakhi qalltañatakix juma pachpaw iyawsäwiniñama. Yanapt'awi ukat yanapt'a thaqhañax wali wakiskirïkchisa, juma pachpaw nayrar sartañama ukat amtanakam phuqhañ yatiñamarux iyawsañamawa.

Achani Samon Biaou: Escuela de negocios ukan experienciapat juk'amp aski yatichäwix atinisiñawa, qalltanx anqäx chiqanchañ tuqiw ukampis qhipatx manqhan chiqanchañ tuqiw yatiqawayta. Jilïr jaqëjjayäta ukhajja, taqeniruw mä kikpakïkaspas ukham uñjañ qalltawayta. Uka amuyunakax jaya pacha amtanakar puriñ yanapt'itu, sañäni, qullqi tuqit independencia ukat África uksan yatiqañ utanaka luraña. Ukampisa, janiw uka amtanakar puriñatakejj mayninakar atinisiñ munkayätti. Kunjamsa nayajj atinisiyäta uk amuyayäta, ukhamatwa naya pachpajj kunjamsa irnaqt'ta uk amtañatakejj wali wakiskirïta. Ukaw wawatpach libre sarnaqañ jikjjatasiyäta, ukhamatwa kunatï munkayäta uk lurañatakejj ch'amañcht'itäna.

Olumide Ogunsanwo: Akax Samon jupax negocios ukan yatiqañ utan saräwipanx jikxatawayi. Ukampirus wali askiw yatiñax escuela de negocios ukar sarañax jan ukax maestría ukar puriñax janiw wakiskiti uka amtar puriñatakiki. Ukax wali askiwa, juma pachpat amuyañamawa, jaqirjam ch'amanïtam uñt'añamawa, ukat ukampiw jakäwiman amtanakam ukat munañanakam phuqhañama. ¡Jutïr jaljan taqiniruw uñjapxäma!

5C: Principios de Objetivos de Ajuste & Desarrollo Personal uka tuqita

Olumide Ogunsanwo: Marranajes ukar mayjt'ayañäni ukat principios específicos ukanakat aruskipt'añäni, ukax qullqi tuqit independencia ukar jank'ak sarañax utjaspawa. Kimsa t'aqaruw amtanakar puriñ tuqit ukhamarak sapa mayni nayrar sartañ tuqit amuyt'añäni. Nayraqatxa, uka kamachinakat qhanañcht'añäni. Payïri, kunjams qullqi tuqit independencia thakhix jank'ak puripxaspa uk yatxatañäni. Ukat kimsïri, mä qawqha libronak iwxt'apxäma, ukanx juk'amp yatxatapxasmawa uka kamachinak uñstayañataki ukhamarak ukarjam phuqhañataki.

Amtanak lurañat qalltañäni. Amtäwinak utt'ayañax kunatix jikxatañ munkta uk uñt'ayañawa ukat mä thakhi estratégico lurañaw amtanakam uñacht'ayañataki. Jiwasax uka kamachinakatw aruskipt'awaytanxa, sañäni, jiwas pachpar iyawsaña, jiwas pachpar atinisiña, yatxatañ muniri, sapa mayni amuyt'aña, jach'a jach'a tukuña ukat jan axsart'aña. Ukhamarakiw FTE uka amuyump llamkt'apxta, kunapachatix mä jaqix qala manqhar purinxi ukatx jank'ak mayjt'ayañax wakisitap uñt'i. Jichhax, amuyunakamar ukhamarak jan axsarañam canalización lurañ pachaw purini, mä jach'a uñjäw lurañataki, específicos ambiciosos amtanakar uñt'ayañataki, ukat sapa uru lurawinakam uka amtanakar puriñatakiwa.

Mä visionax qhana ukat ch'amañcht'kir amuyun uñacht'awipawa, kunjams jutïr pachax uñstañap munta. Aka munat jutïr estado ukax ch'amañchi ukat ch'amancharaki amtanakam phuqhañataki. Mä vision lurañatakixa, juma pachpaw jiskt'asiñama, kuna jakañsa munkta uka tuqita. Ukhama:

¿Kuna kasta jakañsa munta? ¿Kuna suma chuymaniñas mä chacha warmin thaqta? ¿Kawkinsa jakañ munta? ¿Kuna kasta ayllunakansa jumax chikäñ munta? ¿Kunsa jumax irnaqañ munta? ¿Khitimpis irnaqañ munta? ¿Kuna kasta experiencianaka ukat aventuranakas sarañ munta? ¿Kuna yatiqañatakisa ukat sapa mayni jiltañatakisa thaqhapxta?

Jutïr uñjäwix kuntix munkta uka jach'a uñacht'äwiwa. Ukxarusti, uka uñjäwir puriñatakikix jaya pacha amtanakaw lurañama. Mä juk'a pachaw jaya pacha amtanakaman qullqi tuqit manqhan ch'allt'asiñäni. Aka jaya pacha amtanakaxa qullqituqita independencia (FI) uka amtawimpi ukhamaraki mä pacha amtawimpi puriñatakiwa. Aka amta ukat pachax calculadoras de jubilación en línea ukampiw jakthapisma (kunjamakitix Empower Personal Dashboard (nayrax personalcapital.com ukham uñt'atawa) Sañäni, amtäwimax 20 maranakanx $2M ukjam apthapiñjamaspawa.Amtañani, aka uñacht'awix arbitrariukiwa, kunjamatix FI amtamax ukhamarak pachax jichha qullqi gastañ costumbres ukat jutïr jubilacionan gastos ukar mayjt'ayañ yatiñamatakix vision ukarjam uñt'ayasiñapatakix áreas ukanakanx kawkhantix utjki, impuestos, familian tamapa, utanakan munañanakapa, posesiones ukat qullañ qullqinaka ukat juk'ampinaka LeanFIRE (Lean Financial Independence / Retire Early) movimiento ukankirinakax, sañäni, FI ukan amtanakapax juk'amp jisk'akiwa, $300k ukhamarak $600k ukhakama.

Jubilacionan calculadoranakapax mä jach'a ukat chiqapar uñjañ uñacht'ayi, FI ukan amtap uñt'ayañataki. Ukampirus, mä jisk'a jakhüw thaqhasksta ukhax 3%-4% kamachi (ukatx correspondiente 25X-33X múltiplo) ukax mä sanu lurawimp apnaqatarakiwa. Jubilacionan calculadoranakapax juk'amp chiqapar uñjañ churapkchisa, 3%-4% kamachix mä jank'a ukat aski thakhiw mä qallta jakhüwi FI meta ukar puriñatakiki.

Uka 3%-4% kamachixa mä tasa de retiro seguro (SWR) ukata mä cartera de inversión jubilaciona ukata mä guia uñacht'ayi. Ukanjja, sapa marajj qhawqha qollqsa jubilacionan apsusispa uk jakthapi, ukhamat qollqejj jan sinti pist'añapataki. Aka kamachirjamaxa, nayrïri mara jubilacionanxa, 3-4% ukja cartera ukana qullqipa apsusispaw. Amuyt'añataki, mä cartera de 1 millón dólares ukampixa, ukax 30k-40k dólares ukharuw purispa. Sapa qhipa maraw qullqi apsuñ tuqitx inflación ukarjam mayjt'ayasma. Payïr maranjja, nayrïr marat qollqe apsuñamawa ukat inflación ukarjam askichatäki uka qollqe apsuñamawa, ukhamatwa qollqe apsutamajj jiljjattatapamp chikachasisma. 4% kamachix wali uñt'atawa, naya pachpaw 3-4% kamachirjam uñt'ayañ munta kunatix mä kamachirjam juk'ampiw irnaqäna. Ukhamaraki, qalltanx 30 mara jubilacionanakatakiw wakicht'ata, ukhamax khitinakatix jisk'a maraninakax qullqi tuqit independencia ukar puripki ukat juk'amp jaya jubilacionanakax 40-60 maranakan utjki ukanakatakix juk'amp amuyump lurañax wali askïspawa, sañäni, mä tasa de retiro 3% uk amuyt'aña . ukatxa 3,5% ukjaruwa puriraki.

Aka 25X-33X multiple ukaxa apsutarakiwa 3%-4% ukja tasas de retiro ukatxa apnaqatarakiwa jakhthapiñataki kunatixa wakisi cartera de inversión objetivo ukaxa wakisi FI ukataki. Ukaxa uñacht'ayiwa inverso de las tasas de retiro, uñacht'ayiwa qhawqha qullqisa wakisi FI ukatakixa asumiendo una retiro anual de 3% a 4% de la cartera ukatxa. Walja jakhthapiñatakixa, 3% kamachina inverso ukxa apsutarakiwa, ukaxa 1 ukja 3% ukjaruwa jaljataraki (1/3% = 33X), ukatxa 4% ukja kamachitakixa 1 ukjawa 4% ukjaruwa jaljataraki (1/4% = 25X ukjawa).

Uka 3%-4% kamachin patapax jasakiw apnaqaña. Amuyt'añataki, aka tabla ukanx kunayman FI amtanakaw uñacht'ayasi, ukax wakisiwa kunayman niveles de gastos de jubilación ukanakar phuqhañataki.

Jubilacionanaka gastos ukax suyt'atawa		**Cartera de Inversiones de Independencia Financiera ukaxa mä amtawiwa ($ ukax jakäwip tukuykam utjañapatakiw wakisi)**	
Phaxsi ($/phaxsi) .	Sapa marawa ($/mara)	Jisk'a jakhüwi apnaqaña 25X walja (4% kamachirjama)	Altu jakhüwi 33X walja apnaqasa (3% kamachi) .
$1.700 ukha qullqiwa	$20k ukhawa	$0.5M ukha qullqiwa	$0.7M ukha qullqiwa
$3.300 ukha qullqiwa	$40k ukhawa	$1.0M ukha qullqiwa	$1.3M ukha qullqiwa
$6.700 ukha qullqiwa	$80k ukhawa	$2.0M ukha qullqiwa	$2.7M ukha qullqiwa
$10.000 ukha qullqiwa	$120k ukha qullqiwa	$3.0M ukha qullqiwa	$4.0M ukha qullqiwa
$13.300 ukha qullqiwa	$160k ukha qullqiwa	$4.0M ukha qullqiwa	$5.3M ukha qullqiwa
$16.700 ukha qullqiwa	$200k ukha qullqiwa	$5.0M ukha qullqiwa	$6.7M ukha qullqiwa

Ukampirus 3%-4% kamachi apnaqañax jan walt'awinakaniwa. Nayraqatxa, ukaxa wakicht'atawa carteras de inversión ukanakatakixa 50% ukja acciones (acciones) ukanakampi ukhamaraki janiwa apnaqañakiti inmuebles, efectivo, jan ukaxa yaqha clases de activos ukanakaru patrimonio neto ukanxa janiwa qullqichasiwixa mercado de valores ukanxa. Payïrix janiw jutïr maranakatx cuentas uñacht'aykiti, kunawsatix mä juk'a pachatakix juk'amp qullqix utjchispa, sañäni, wawanakan universidadan yatiqañapataki.

Mä juk'a arumpixa, mä uñjäw luraña ukat jaya pacha amtanakax qullqi tuqit independencia thakhinx wali wakiskiriwa. Jubilacionan calculadoranak apnaqañasa jan ukax 3%-4% regla de oro uka apnaqañas wakisispa, uka thakhinakax yanapt'iristamwa amtäwim jakt'añataki, amtäwinakam irpañataki ukhamarak mä qhankir norte warawara churañataki kunawsatix FI tuqir sarapkta ukhaxa.

Ukxarusti, mä juk'a pachatak amtanakaw lurañax wakisi, ukax FI amtäwimar ukat pachar puriñ yanapt'ätam. Amuyt'añataki, sapa marax mä juk'a qullqiw qullqichrantañ amtasma, kunjamakitix $50k nayrïr marax ukhamarak $60k pä mara. Qullqi tuqit calculadoranakax yanapt'aspawa, sapa marax qawqha qullqis wakisispa, qullqichasiwinakax wakisispa, ukhamat amtäwimar puriñapataki.

sapa uru lurawinakar t'aqanuqañaxa, ukax ukanak phuqhañ yanapt'ätam.

Aka taqpach lurawix uñjawinakam lurañataki, jaya pachataki ukhamarak mä juk'a pachataki amtanakam, ukat sapa uru lurañanak lurañax kuntix amtäwinak utt'ayañax sañ munktan ukawa. Kunayman amtanakar puriñatakikix jach'a jach'a tukuñaw wakisi, ukat thakin jan walt'äwinakar atipjañatakix jan axsart'añaw wakisi.

Achani Samon Biaou: Amtanak uñstayañax azúcar ukham amuyt'añäni, ukax mä jank'akïñawa ukat chuymasan satisfacción ukaw churarakistu. Kunapachatï ch'amäki uka lurañanak katoqtan jan ukajj kuntï lurktan ukanakat mistktan ukhajja, sapa kuti ch'amañcht'asiñajj ch'amakïspawa. Usain Bolt sat jilatat parlt'añäni. Uka layku sapa uru t'ijt'aspa ukhajja, inas ch'amañcht'atäñatak ch'amachaschispa. Ukampis Olimpiadas ukanakax suxta phaxsiw saraqxi ukat quri atipt'añ amtapax uk yatisax uka amtax jupan manqhan nina nakhanti ukat entrenañapatakiw yanapt'i.

Jaya pachataki ukat mä juk'a pachataki amtanakar uñt'ayañax wali askiwa. Walja jaqinakaw pantjasipxi, nayamp chika, jaya pacha amtanakarukiw chuym churapxi, jan sapa uru lurawinakampi jan ukax mä juk'a pacha amtanakampi. Ukampis ukax walja kutiw ukanak jan phuqañar puriyi.

Olumide Ogunsanwo: Amtanakampi lurawinakampi mayachthapiñaw wakisi. Janiw maynix jan maynix utjkaspati. Jan amtanakanïsajj jank'akiw jan kawkirus autot saraskta. Ukat jan sapa uru lurawinakampixa, amtanakamax janiw phuqhaskaniti kunatix janiw sapa kuti compuesto lurañanak lurasktati ukat nayrar sartawimsa arknaqktati. Kunanaktï arknaqktan ukat tupuñäni ukhajja, juk'amp sumwa lураraktanjja.

Achani Samon Biaou: Chiqpachansa. Mä kutix jaya pachatak mä amtar purisaxa, sapa uruw kuna lurañanakas utjaspa ukanak t'aqanuqañama. Uka amuyt'awix pä askinakaniwa. Nayraqatxa, sapa uru lurañanakax juk'amp jisk'akiwa ukat janiw sinti ch'amäkiti, taqpach uñjäwimp chika. Payïri, nayrar sartañamataki ukat ch'amachasitamatsa mä thak lurañajj wali wakiskiriwa.

Olumide Ogunsanwo: Ukatpï uka kamachinak mä ordenan amuyt'añax wali askixa. Amtanak utt'ayañasa ukat sapa uru wakiskir lurañanak lurañasa, jan jiwas pachpar iyawsasa, sapaki amuyt'asa, jan ajjsarirïñasa ukat jach'a jach'a tukuñasa ch'amäspawa. Visión ukax jan valoranakamampi ukat munañanakamampix mayakïkchi ukhaxa, inas jan sustentable ukhamäkchiti.

Achani Samon Biaou: Amtanak uñt'ayañax jan walt'awinak sum askichañ yanapt'istu. Mä uñacht'äwi churapxäma. Mä consultor de gestión ukhamaxa, sapa kutiw viajirïta, kunayman tarjeta de crédito ukat programas de fidelidad ukanakan puntonak apthapiyäta. Ukampirus, mä avión ukan Platinum ukan jakäwip tukuykam mä amtar puriñkamaw uka amtar puriñatakikix kuna amtampis urut urur lurañax wakisi uk amuyasta. Mä phajjsejj qhawqha avionanak sarañajäspa uk jakt'ayäta ukat uka estador puriñatakejj qhawqha tiempos munasispa uk amuyt'arakta. Uka chiqatx mä estrategia uñstayawaytwa, proyectos ukat actividades ukanakar nayrar sartayasa, ukax viajes ukanakax juk'amp jach'anchawayitu, kunjamakitix entrevistas ukanakax entrenamiento ukanakat sipans lurañawa. Ukhamarakiw regiones específicas ukanakarux uñch'ukiwayta, EE.UU. markar uñtasita, juk'amp jaya thakhinak sarañataki. Aka axsarkañ amtar jisk'a apnaqañ lurawinakar t'unjasax phisqa maratw jakäwijan Platino ukham uñt'ayawayta.

Olumide Ogunsanwo: Visión, jaya pacha ukat juk'a pacha amtanaka, ukat sapa uru lurañanak lurañ tukuyasax, inas sapa phaxsi qullqi imañ munatax wali ch'amamp jikxataschisma. Ukham lurasajj ajjsarañasa ukat llakisiñas utjaspa ukhajja, kuntï jach'a jach'a tukuñ munkta ukat jan ajjsarirïtamsa wasitatwa amuyt'añama. ¿Chiqapunit uka suma luräwinakat sum yatta ukat ch'amachasisktati? Ukhamächi ukhajja, janiw kuna jan walt'äwis utjañapäkiti, kunattejj kuntï jakäwiman munkta uk sum amuyt'asïta, ukat uka amtar puriñatakejj ch'amañcht'asismawa.

Yaqha tuqitxa, janiw kuna amtas jan pantjasirïkiti. Mä suma qalltañ amtax taqi kunatix munaski ukawa. Mä amta lurañamawa, phuqañamawa, uñakipt'añamawa, chiqañchañamawa ukat mayamp lurañamawa. Janiw uka perfecto plan suyt'añamäkiti kunatix janiw utjkiti. Ukat juk'amp wakiskirïki ukajj qalltañawa. Qhepatjja mayjt'ayaskakismawa. Akax janiw sinti chiqapar uñjañatakïkiti jan ukasti kusisiña ukat ejecución uka tuqitwa. Mä ciencia ukat ingeniería ukan yatxatat jaqirjamaxa, precisión ukar uñtasit parcialidad ukaw amuyasta, ukampis aka tuqinx kusisiña, impulso, ejecución ukat flexibilidad ukanakaw juk'amp wakiskirixa.

Achani Samon Biaou: Nayax mä qawqha lurawinakat uñt'ayañ munta, ukax wawanakar amtanakar puriñ yanapt'aspa. Amuyt'añataki, sojjta padrinonakaw utjitu, ukat awk taykapar walja tiempo visitt'irïta ukhajja, sapa uruw jupanakat maynïrejj mä practica phoqasta. Jiwasataki amtanakar purisaw uka uru qallttanjja. Jupax amtanakajat jiskt'itu, nayax jupan amtanakapat jiskt'arakta. Arumanakax kunanaksa nayrar sartawayapxta, kunas amtanakar puriñ yanapt'apxitu, kuna jan walinakansa uñjasipxta ukanakat parlt'apxta.

Amtanak amtañax nanak taypin mä kusiskañ ritualaruw tukuwayi ukat diosan wawajampix juk'amp sum apasiñatakiw yanapt'itäna. Janiw nayakejj amtanakapat jiskt'asirïkti; jupax nayat uñt'añ munarakïnwa. Awisax anatt'asisaw amtanakajarjam sarnaqañajatak amtayitu, ukat nayarus cuenta churañax wali kusiskañawa. Ukat sarjjayäta uka qhepatjja, tataparuw uka practicajj sarantañapatak mayïna.

Olumide Ogunsanwo: ¿Jumatakix qullqi tuqit independiente ukhamäñax wakisispati jan amtanakar purisa?

Achani Samon Biaou: Inas jan ukhamäkchiti.

Olumide Ogunsanwo: Jan amtanakani qullqi tuqit independiente ukhamäñax jan iyawsañjam ch'amakïspawa. Kunjamatsa walja qollqempi tukuyasksta ukhasa, jank'akiw taqe ukanak apt'asisma. FI ukar tukuñax ukat

FI ukan qhiparañax mayj mayj yatiñanakawa.

Achani Samon Biaou: Inas uka qamir kankañax utjchispa, suerteni ukhaxa. Nayax amigonakajaw utjitu, jupanakax jan qhan thakhin yatiqañ tukuyapxi ukat mä qalltawiruw tinkupxi. Jupanakax janiw irnaqäw thaqhapkänti, ukat qalltawimp mantañax yaqha jaqin ch'ama irnaqatapampiw jupanakarux puri. Qhipharux uka qalltawix wali askiwa, ukatx mä akatjamat taqi ukankirinakaruw qullqix purintäna. Mä amigojajj qollqe toqet yatjjatt'at chachampi casarasiñatakejj wali askipunïnwa. Ukampirus, aka escenario ukax juk'akiw utji, uk yatiñax wali askiwa. Jan jakt'kay yaqhanakajj jank'akiw qamirïñ jikjjatasipjje, ukampis ukhamarakiw jank'ak apt'asipjje.

Olumide Ogunsanwo: Inas escenarios medianos (reales) ukar uñt'ayañax askïchispa, escenarios outlier ukar uñtañat sipansa. Qullqituqit independencia ukax kunayman micro acciones ukanakaw lurañapa, trade-offs ukanakat amuyaña, riesgos ukanakar apnaqaña, ukat FOMO ukar jan jaquntaña. Ukat jan ch'amampi irnaqasa mä thayampi tinkusksta ukhasa, uka qollqejj inas jan jaya tiempotakïkchiti, kunattejj janiw uka qollqe apnaqañ yatiñanak jiljjatktati ukat wali askit uñjkätati. Kunjamtï Jim Rohn jupax siskänxa, amtäwix janiw qullqi laykuki qamirïñakiti, jan ukasti khitirus uka thakhin tukusma ukatakiw qamirïñapa.

Achani Samon Biaou: Yaqhip jaqinakax arsupxaspawa, walja qullqi jikxatañax juk'amp jasakiwa qullqi tuqit independiente ukhamäñax jan mä amtanakar puriñapataki. Nayax mayj mayjäpxañapatakiw achikt'asta. Jan walt'awix akawa, kunapachatix jan chiqañchatäki ukhax qullqimax jilxattaski ukhamarjamaw gastos ukanakax jilxattaski. Jani suma amtäwinak utt'ayasaxa, qullqi tuqit independencia ukar puriñax wali ch'amawa.

Sapa uru sapa kuti kuns lurañax jan iyawsañjam ch'amanïspawa. Mandarín aru yateqañ amtkayäta ukhajj ukhamwa jikjjatasiyäta. Sapa uruw uka arun mä machaq aru yateqañ amtayäta, ukat janïr yatkasaw mä qhawqha arunak arsuñ puedjjayäta. Kunapachatï ascensoran chino jaqimp jikista ukhaxa, parlt'asiñ qalltawayta ukat walja kutiw machaq amigonak jikxatirïta. Ukaw costumbrenakan ch'amapaxa, jan suyt'at jan walinakaruw puriyistaspa. Sapa uru lurawinakan efecto acumulativo ukax masterización ukaruw puriyaspa, ukatx ukax qallta amtäwimat sipans juk'ampiruw purispa.

Olumide Ogunsanwo: Qullqi tuqit independencia tuqir nayrar sartawim arknaqañax kuna kusisiñas utji ukx janiw jisk'achañjamäkiti. Kunjamsa nayrar sartaskayäta uk uñjasajj wal ch'amañcht'asiyäta. Inas mä juk'a loco ukhamächi, ukampis chiqpachanx kunjams patrimonio neto ukax jilxattaski ukx sapa uruw FI meta ukar puriñkamax arknaqaskayäta.

Achani Samon Biaou: [Jachaqt'asis] Muspharkañawa. Jumax arknaqaskta sasin amuyt'añakiw ajanujarux jachaqt'asiñ yanapt'itu.

Olumide Ogunsanwo: Nayax jan iyawsañjamäkaspas ukhamaw jikxatasiyäta.

Achani Samon Biaou: Awisax jaqinakax qullqi tuqit independencia ukar amtanakar uñt'ayañax mä llaki jakañaw sañ muni sasaw amuyapxi. Inas uk liyt'asajj t'aqhesiskta sasin amuyapjjchispa. Ukampis sapxsmawa, Olumidex janiw kuna llakiskiti. Jupax chiqpachanx optimización ukar munasiñampiw uñt'ayasi.

Olumide Ogunsanwo: ¡ Chiqpachansa! Taqi uka lurañanx wali kusisitaw jikxatasiyäta, ukat chiqpachansa janiw llakitäkti. Taqi kunas suma apnaqañataki ukhamarak apnaqañawa, ukax valores ukarjam luratawa, uka tuqitx 6C t'aqaruw juk'amp arsuñäni.

Achani Samon Biaou: ¡Ukax ist'añax wali askiwa! Jichhax, nayax jiskt'asiskayätwa, jumanakax mä qawqha iwxt'anaka, lurawinakat, libronak iwxt'awinaka, jan ukax yaqha iwxt'awinak uñt'ayapxasmati jiwasan ullart'irinakasataki, jupanakax qullqi tuqit independencia ukar munapxi.

Olumide Ogunsanwo: Jïsa, pä libron iwxt'awinakapaw utjitu.

Nayraqatxa, " Uka jisk'a borde [1]" Jeff Olson chachan qillqata. Uka librojj wali muspharkañawa ukat wali sumarakiwa. Jakäwin taqi amtanakam sapa uru lurañanakar tukuyañ tuqitwa parli. Amtanakamax qullqi tuqit amtanaka, k'umaräñ amtanaka, jaqi masimp apasiñ amtanaka, ayllun amtanaka, carrera amtanaka. Uka librojj jakäwij mayjt'ayäna ukanakat maynïrïnwa, kunattejj nayrajj amtanakar puriñwa yateqasirïta, ukampis sapa uru jan jaytjasis lurañajj kunja wakiskirisa uk janipuniw amuykayätti. Sapa uru kun lurañax chiqpachansa amuyunakamar mayjt'ayiwa ukat nayrar sartañatakiw yanapt'araki. Amuyt'añataki, Samon jilatampi nayampejj niya pä phajjsi chikataniw aka libron trabajipjjayäta, ukat sapa uruw uka libron trabajiñatak ch'amachasta. Sapa uru mä juk'a lurasax kunjams nayrar sartañax wakisispa ukx wali mayjt'ayi.

1. http://www.amazon.com/Slight-Edge-Jeff-Olson/dp/1935944312

Sapa uru lurawinakamp costumbres uñstayañax qhanaw ist'asi ukampis janipuniw chiqpachans libro liyt'añkamax ukham lurkti. Chiqans Gen Y Finance Guy Blog [2]ukan wali ch'aman iwxt'awipar yuspajarasawa ukar puriwayta .

Payïr librojj James Clear chachan " Hábitos atómicos " satawa. [3]"The Slight Edge" ukar uñtasitawa ukatx sapa uru lurañanak lurañax wali askiwa, amtanakar jisk'a lurawinakar t'unjañax, ukat automático costumbres ukar tukuyañax wali askiwa. Mä uñacht'äwi churapxäma: niya sapa uruw gimnasio ukar sarta, ukat janiw pä kutis lup'kti. Ukajj sapa uru lurañanakajan mä chimpupakiwa, kunjamtï kisunak cepillt'askta ukhama. Ukajj mä costumbreruw tukuwayjje, janiw nayajj activamente amtañajäkiti. Ukajj wiñayatakiw horariojan utji. Jaqinakarux ch'amancharaktwa uka pankanak liyt'apxañapataki ukat sapa uru lurawinakat lup'ipxañapataki, kawkhantix jupanakax munapki ukar puriñapataki.

Achani Samon Biaou: Mä jach'a aski amtawix pivot uñt'ayañawa. Awisax, kunapachatix jichha thakhimax jan munat amtanakamar irpktam jan ukax kunayman jan walt'awinakax mayjt'ki ukhax carrera, amtanaka jan ukax jakäwimanx mä jach'a mayjt'äwiw wakisispa. Aka acta de cambio de dirección ukax amtanakamamp chikachasiñatakix pivote satawa.

Olumide Ogunsanwo: Pivoting ukax amtanakamar puriñatakikiw thakhi mayjt'ayañatak jist'aratäña sañ muni. Mä jach'a mayjt'äwi jan ukajj mä jisk'a mayjt'äwiw utjaspa; mayjt'awix jach'a jach'a tukutapax janiw kunäkisa. Kunatix wali wakiskiriki ukax flexible ukhamawa, kunapachatix mayjt'awix wakiski uk uñt'añataki ukhamarak uka mayjt'äw lurañatakix sumakiw jikxatasiña. Flexibilidad ukax mä jach'a herramienta ukhamawa qullqi tuqit independencia ukar sarañataki. Jumatix sinti rigid ukhamarak mayjt'awinakar saykatassta ukhax qullqi tuqit independencia ukar puriñax ch'amakïspawa kunatix janiw kunjams jutïrinx utjani ukx yatkasmati.

Achani Samon Biaou: Qullqi tuqit independencia saräwimanx pivote ukax kuna impacto práctico ukas utji uka tuqit aruskipt'añäni. Walja jaqinakaw escuela de negocios ukar sarapxi, jupanakax carrera ukar mayjt'ayañ tukuyapxi. Inas identidad profesionalap mayjt'ayapjjchispa. Amuyt'añataki, janïr escuela de negocios ukar sarkasax ingeniero de

2. https://www.genyfinanceguy.com/

3. https://jamesclear.com/atomic-habits

telecomunicaciones ukhamätwa, ukampis ukan jikxataskayäta ukhax pivotätwa ukat consultoría de gestión ukar mantawayta. Uka mayjt'awix jakäwijanx mä pivot ukhamänwa. Ukax amtanakar uñt'ayañawa ukat uka amtanakar puriñatakikiw askichäwinak jikxatañatakix ch'amampiw irnaqañax wakisi.

Olumide Ogunsanwo: Kunjamakitix amtanakax lurañ qalltawayktan ukhax wali askiw amuyañaxa, kuna amtanakatix lurapkta ukanakax mayjt'ayaspawa. Akax kawkhantix pivote ukax uñstaski. Ambigüedad ukat mayjt'awinakampix sumakiw jikxatasiñama kunatix jakäwix sapa kutiw mayjt'aski. Kunjamakitix kunaymaninak mayjt'i, jumax adaptable ukhamäñamawa flujo ukampi sarañataki, kunatix alto nivel vision ukax pachpakïspawa, ukampis urut urur amtäwix mayjt'aspawa. Carl Richards (behaviourgap.com ukan) jupax akham siwa, "janiw amtäwirux ch'amanchañamäkiti, amtäwinak lurañ amtarux ch'amanchañamawa". Jeff Bezos jupax "Desarrolla un sesgo para la acción" uka arunak wali uñt'ayawayi. Brian Tracy sat mä muspharkañ qillqirix desarrollo personal tuqitwa qillqäna, jupax akham sänwa: "Sankañax jan walt'äwinakan jaya chiqankiwa" sasa.

Uka amuyunaka mayacht'añax mayjt'awinakar jist'aratäkasax lurañaw sañ muni, ukat kunanakas jan amtaparjam sarnaqki ukhax janiw aynacht'añasäkiti. Nayraru sartaskakiñamawa, kunaymana lurawinakampiwa yant'añama, wakisi ukhaxa pivotañamawa, ukatxa sapa kutiwa jaya pacha uñjawinakama ukhamaraki amtanakama amtañama. Ukax estrategias ukanakar chiqañchañawa ukat mayjt'ayañawa, ukampirus wali jach'a uñacht'äwir uñt'ayañawa.

Achani Samon Biaou: Ukax qhananchañawa. Iwxt'awinakatxa, mä qawqha pankanakaw amtanakar puriñ tuqitx utji, ukax nayatakix wali ch'amaniwa. Aka pankanakax carrera mayjt'ayañ tuqitwa, ukampis nayax amuyta, yaqha tuqinakan jakawipanx apnaqasispawa, sañäni, k'umaräñapataki, suma qamañapataki, munasiñampi, ukat jaqi masimp sum apasiñataki. Mä librojj " Pivot " [4]satawa, Adam Markle chachan qellqatawa. Adam Markle librox mä thakhi uñacht'ayi sapa mayni jaqinakataki, jupanakax carrera ukar mayjt'ayasipki ukat taqpach ch'amapar puriñ thaqhapxi, ukampirus jan walt'awinaka ukat jan walt'awinakat

4. https://www.amazon.com/Pivot-Science-Reinventing-Your-Career/dp/1476779473

llakisiñanakampiw atipjayasipxi. Aka librox mä guia práctico ukhamawa sapa mayni jaqinakatakix carrera transiciones ukar sarañataki ukhamarak ch'amanchañataki taqpach ch'amaparu, riesgos ukat fracasos ukanakat llakinak askichañataki. Ukax mä qawqha ejercicios paso a paso ukat promptas ukanakaw uñacht'ayasi, ukhamat auto-reflexión ukar ch'amanchañataki ukhamarak ullart'irinakaruw yanapt'i, kuna jark'awinakas nayrar sartañapatak jark'aspa uk uñt'añataki ukhamarak atipjañataki. Mä qhana uñjäw utt'ayasa, jark'awinak p'iqit p'iqir saykatasa, ukat amtanakapar amtañ amtampi, sapa mayniw taqpach ch'amap phuqhañatak thakhi jist'arapxaspa.

Olumide Ogunsanwo: Samon, ¿mä FIREDOM ullart'irix mä uñjäw lurañ amtax sinti abstracto ukham jikxataspa ukat askïtapat pächaschi ukhax kamachasmasa? ¿Kuns sasma khititix amuyki vision setting ukax sinti "llamp'u" ukat jan lurañjamawa?

Achani Samon Biaou: Mä uñjawix wali askiwa kunatix mä qalltañ chiqaw kuntix munkta ukataki.

Olumide Ogunsanwo: Ukax mä nina nakhaskir munañ utjañapatakiwa ukat jakäwimar apnaqañawa. Janiw khitis jumatakix wakicht'kaspati.

Achani Samon Biaou: Maynitix uñjawipax sinti ch'amanchata jan ukax squishy ukham amuyaspa ukhax inas jan chiqap uñjañax utjkchiti. Wali askiw vision ukar refinar ukat qhananchaña, ukhamat jumamp resonar ukat kusisiyañkama.

Olumide Ogunsanwo: Goles ukax walja kutiw jan chiqap chiqakiti. Mä serpenteante viaje ukawa, kawkhantix kunas jumatakix askïspa uk amuyt'añamawa. Amtañani, Samon jupax janiw mä plan completo finalizado ukax utjkänti kawkir sarañapatakix kunapachatix Deutsche Telekom qalltawaykän ukhaxa. Jupax consultoría de gestión ukan oportunidad uñt'awayi, ukatx mä pivot ukham lurawayi uka arktañataki.

Achani Samon Biaou: Mä uñacht'äw práctico uñacht'ayañatakix, sañäni, mä amtaw utt'ayawayta qullqi tuqit independencia ukar puriñatakiwa 35 maranïkasax 30 maranïkayäta ukhaxa, jichhax abogado ukhamaw irnaqaskta ukat uka yapux jumatakix wali askïkchisa ukat wali payllañjamakchisa, janiw ukhamäkiti ukax pasión ukankiwa. Mä urux mä amigomax mä software de dispositivos médicos ukan industria de salud ukan mä muspharkañ amuyt'äwip uñacht'ayi. Qalltanx janiw yatisktati aka oportunidad ukax abogado ukham yatiñanakamar uñtasitati. Ukampis uka amuyumpi ukat kuntï lurañjamäki ukanak juk'amp yatjjatäta ukhajja, uka amtat juk'amp yatjjatañamawa. Jumax amtawaytawa uka oportunidad ukar arktañataki ukat mä carrera pivot ukar derecho ukhat industria de salud ukar puriñkama. Aka mayjt'awix mä jach'a mayjt'awiw carrera thakiman uñacht'ayi.

Olumide Ogunsanwo: Uka pivot apsuñatakix jan axsart'aña ukat jach'a amtäwiw wakisi, kunatix chiqpachan jumatakix wali wakiskirïki uk amuyañataki.

Achani Samon Biaou: Jan walin uñjasisas machaq oportunidadax jan phuqhaskan ukhax pä maratw uk yatxatasma. Riesgo ukar jisk'achañatakix, mä sueldo qalltawimp aruskipt'asmawa, ukax 80% ukhawa kuntix abogado ukhama lurapkta ukat sipansa. Ukat gastonakam mayjt'ayarakismawa, ukhamatwa pachpa qollqe imañama, ukhamatwa equidad lurañama, ukajj millón millón qollqeruw jiljjattaspa, kunanakatï sumäspa ukhajja.

Olumide Ogunsanwo: Maynitix aka jaljan ist'aspa ukat qalltanx uñjañ amtäwimp amtäwinak uñt'ayañamp amuyunakax sinti abstracto jan ukax jan wakiskirjam jikxataschi ukhax curiosidad uka kamachit amtasipxañapatakiw achikt'apxsma. Kunatsa uka toqet jach'añchasktan uk amuyañatakejj wal yatiñ munañama. Samon ukat nayax kimsa tunk maraniw qullqi tuqit independencia ukar puripxta, ukatwa wali wakiskirïtap amuyapxta. Kuna pächasiñanakas maysar apanukuñamawa ukat amtanakar puriñ yant'añatakis jist'arañamawa. Mä kuti yant'añax janiw kuna jan walt'äwis utjkiti. Kun lurañatakis mä vision uñstayañamawa ukat sapa uru amtanakam utt'ayañamawa kunas pasani uk uñjañataki.

Nayax yant'äwinakarux walpun munasta, ukatwa aka yant'äwjam uñjapxañamatak ch'amanchapxsma. ¿Kunsa jumajj apt'asiñama? Kunapachatï jan iyawskta uka amuyunakampi jikista ukhaxa, yatiñ munasaw ukar jak'achasiñama ukat jumatakix askïpachati janicha uk yatiñatakiw yant'añama. Janiw yatxatat yatiyäwinakat ego jan ukax nayratpach amuyunakamar ch'axwañ laykukix jank'ak jaqunukuñamäkiti.

Achani Samon Biaou: Uka lurawinakan juk'amp ch'amanchatap uñt'añamawa. Jumatï wawatpach yant'anak yant'añ costumbrenïsta ukhajja, jilïr jaqëkasajj yant'anak yant'askakismawa. Wawäkasin pivot lurañ uñjsta, sañäni, yatiqañ utar mayjt'ayaña jan ukax machaq kusist'añanak thaqhaña, jilïr jaqjamax pivot lurañax juk'amp sumaw jikxatasi.

Awk taykanakatakix nayax qhananchť'añ muntwa, mayjt'awix janiw uñisirirjam uñjatäñapäkiti jan ukasti mä oportunidad ukhamaw wawanakaman jan ch'amjam experiencianak tuqi ch'amanchañataki. Walja awk taykanakax wawanakapatakix mä suma chiqawj churañax wali askiwa sasaw amuyapxi, sañäni, yaqha markar sarxasax jan amuyt'asiñapataki ukat jan amuyt'asiñapatakiw yanapt'aspa.

Ukampirus ukax inas jan suma uñjatäkchiti. Awk taykjamax wawanakamarux jan ch'am tukus experiencianakar uñt'ayasaw jan ch'amanïpxañapatak wakicht'añama. Uka experiencianakax wawanakamar juma pachpar iyawsañataki, jupanak pachpar atinisiñataki, jan axsart'añataki ukat yatxatañ munañatakiw yanapt'i. Kunawsatix wawanakax machaq pachanakan uñjasipki ukhax estrategias de afrontamiento ukanakaw lurapxi, ukax jutïr jan walt'äwinakanx jupanakarux askinjam uñjayaspa. Amuyt'añataki, mä familiax irnaqäw chhaqhayatapata ukhamarak visa tuqit jan walt'ayatapat machaq markar sarxañapa ukhaxa, mä wawax nayratpach ukham mayjt'awinak uñjasax machaq pachar yatintañatakix juk'amp suma wakicht'ataw uñjasispa. Wawanakar mayjt'äwinakat jark'aqañax inas jan sum wakicht'kchiti, kuna mayjt'äwinakatï jakäwipan jan jark'atäki ukanak lurañataki. Mayjt'añajj wawaman sum jilsuñapatakiw yanapt'istaspa. Ukaw machaq tuqinakat yatiqañatakisa ukat jilxattañatakis yanapt'aspa.

Olumide Ogunsanwo: Nayax ukax walpun munasta. Ukajj wali sumawa. Uka tuqitxa yuspajarapxsmawa, Samon.

Achani Samon Biaou: 26 maranïkayäta ukhajja, mä yatichiriw carreran amtanakap uñt'añatakejj contraintuitivo ukampis wali askïki uka ewjjt'anak churitäna. Jichhakiw Deutsche Telekom ukan qalltawayta, ukatx yatichirijax akham jiskt'itu: "¿Kuna empresarus jutïrin mantasma?"

Uka jiskt'ajj wal muspharayitu, kunattejj jichhakiw qalltawayta ukat jutïr saräwit lup'iñatakejj wali jank'akiw sasaw amuyayäta. Ukat akham sarakïnwa: "Jutïr saräwimatak qhep qhepa wakicht'añ qalltañamawa, kuna urutï jichha empresaman mä ofrecimiento katoqkäta uka uruwa" sasa. Yatichirijan juk'amp jach'a arunakapajja, amtanakar puriñajj kunja wakiskirisa uka toqetwa parläna. Jupax amuyataynawa, jutïr lurawinakat qhan uñacht'ayañax carrera personal ukan amtanakap uñt'ayañ yanapt'ani, ukat jichha irnaqäwitak amtäwinakas uñt'ayañataki. Uka tiemponjja, janiw experiencianïkayätti, kunjamsa ewjjt'anakaparjam phoqasiñajj uk janiw sum amuykayätti. Ukampis uka pachatpachaw wayn tawaqu equiponakar entrenamiento lurañax mä chimpunïta, ukatx kimsa jaqinakas sum apnaqapxi.

Amuyt'añataki, mä mentee-jax mä startup food tech ukaruw mantawayi, ukatx nayax juparux ch'amanchawayta, jutir pä kimsa marataki ukat juk'ampirus amtanakap qhananchañataki. Jupax Europa jan ukax EE.UU. uksan mä empresa juk'amp jilïr irpirin COO ukhamäñ munäna. Nayan iwxt'awijarjamax jupax agresivamente anatañ libronak uñt'ayañ qalltawayi, kunjams mä food tech startup ukax apnaqasispa, mä phaxsitx irnaqawip qalltatapatxa. Jupax conferencias ukanakaruw saratayna, COOs ukat fundadores ukanakamp red ukan irnaqäna, ukatx manqhanx Jefe de Operaciones ukar título ukar mayjt'ayañatakiw arxatäna. Pä mara qhepatjja, yaqha cheqar sarjjañatak wakicht'atäjjäna ukhajja, mä jawsañakiw wakicht'asïna, ukat mä semana qhepatjja, pä trabajow jupar yanapt'äna.

Olumide Ogunsanwo: Wali sumawa. Sapa mayni desarrollo ukar sarañäni. Aka t'aqapanx kunjams desarrollo personal ukax qullqi tuqit independencia ukar jank'ak puriyaspa ukxatw aruskipt'añäni, ukatx mä qawqha iwxt'awinakaw utjarakini. Jaqinakan nayrar sartawipax jañchi tuqit ukhamarak amuyun juk'amp sumaptaña sañ muni, ukhamat juk'amp phuqhasiña, kusisiña ukat jakäwin suma sarantäwi jikxatañataki. Janiw qullqichasiwi sapakikiti jan ukasti k'umaräñapataki, carrera, negocio ukat yaqha jakäwi amtanakatakiw apnaqasi. Aka pankax nayraqatax qullqi tuqit independencia ukat qullqi tuqit sapa maynit uñt'ayatäkchisa, kunjams desarrollo personal ukax amtanakam jank'ak puriyaspa uk uñt'añax wali askiwa. Jupa pachpa sumachasiña thakhixa fundamental ukhamaraki taqi tuqina jakawi tuqina apnaqatarakiwa. Aka jaljan nayrïr t'aqapanjja, mä amtar puriñwa parlt'awaytanjja. Mä kutix amtanakam uñt'ayasxäta ukhax natural jutir amtawix juma pachpaw juk'amp sumaptañatak ch'amachasiñama, ukanak phuqhañataki. Ukax mä jan ch'axwañ transición ukhamawa.

Achani Samon Biaou: Jiwasan desarrollo personal tuqit aruskipt'añ qalltañatakix, deliberado práctica uka amuyun uñakipt'añäni. Amtampi lurañaxa, mä yatiña jan ukaxa ch'ama yatiqañataki ukhamaraki juk'ampi suma uñjañatakixa mä amtampiwa luraña. Ukax ch'amamp lurañanak jisk'a chiqanakar jaljañawa, kawkir chiqanakas juk'amp askinak lurañax wakisi uk uñt'ayañawa, ukatx uka chiqanakar uñjañatakis técnicas de capacitación dirigida ukanakamp irnaqañawa. Práctica deliberada ukax kimsa componentes claves ukaniwa.

Nayraqatxa, wali askiw uñacht'awinak uñacht'ayañax wali suma lurawinak uñacht'ayañataki. Excepcional rendimiento uñt'añax p'iqimaruw sensibilización ukat kuns munañama jan ukax ch'amachasiñama uk churaraki. Ukxarusti, mä mecanismo de retroalimentación ukax wakisiwa, ukhamat juma pachpan lurawinakam uñakipañataki. Jila partejja, khititï wali sum lurañ yatki jan ukajj uñt'ki ukajja, kawkhantï jan walt'ayaskta uka cheqanakar sum qhanañchasaw wali askinak churaspa. Qhipharux, kunapachatix amuyuparjam lurañar mantañax wakisi ukhax wali askiw juma pachpan prejuicios ukanakat yatiña ukat específicos metas de mejoramiento ukar utt'ayaña. Ensayañamawa, kunjamsa luraskta uk uñjañamawa, ukat uka practicañ sum yatxatañkamaw uka tuqit irnaqaskakiñama.

Ukhamaraki, amuyuparjam lurañax apnaqasirakispawa, ukhamat valores ukarjam gastos ukar juk'amp sumaptañataki (ukax gasto ukar wasitat alineación ukaw jan uñt'at valores ukarjam uñakipt'ata ukatx 6C jaljanx juk'amp manqhar ch'allt'añäni). Qalltañatakix kunjams uñacht'äwinak valores ukarjam gastos ukanakax uñtasi uk amuyt'asa ukat wakiskir uñacht'äwinakamp uñt'ayasiñ thaqhañamawa. Amuyt'añataki, Dubai markanx 800 dólares phaxsit jakañ atipxta, Olumide jupax California markan alquiler ukarux juk'amp sumaw tukuyäna, cuarto masinakampi ukat irnaqäw jak'an jakasa. Ukax chiqpach valores ukarjam gastos ukanakax kunjams uñakipata uk uñacht'ayi.

Juma pachpa jakäwimat lup'iñamawa ukat juk'amp sum lurañatakejj mä toqet nayrankañamawa. Mayninakar copiañat sipansa, juma pachpatak mä estrategia personalizada lurañamawa. Amuyt'añataki, valores ukarjam gastos ukax transporte ukan gastos cero ukar jisk'achañ sañ munchi ukhax mä amtaw uñstayañamawa ukat mä estrategia uñstayañamawa, kunjamakitix servicio de autobuses gratuito uka apnaqañ amtañamawa. Nayrïr urux ch'amäspawa, kunattix mä horasar sartañatakisa ukat autot sarañatakis yatintañamawa. Autobus utjki uka chiqar puriñkama ukat autot sarkasax juma pachpaw uñjasma. Kunas pasi ukat kunjamsa jikjjatasta uk amuyañamawa. Kawkïr suma amuyunaksa katuqañasa ukat kawkïr jan wali amuyunakas atipjañasa uk amuyt'añamawa. Mä amtar puriñamataki ukat qhipürux mayjt'ayañataki. Iteración ukat reflexión tuqiw sapa kutiw valores ukarjam gastos ukarjam lurawinakamx juk'amp askinak lurañax wakisispa.

Olumide Ogunsanwo: Yuspajarapxsmawa, Samon, uka wali aski amuyt'awinak yatiyatamata. Niyakejjay jumajj desarrollo personal ukat gastos ukanakat mä uñacht'äwi churstajja, kunjamsa auto-mejoramientojj qollqe jiljjattaspa uk mä uñacht'äwi churañ munta. Amuyt'añäni, 35 maraniw ukat 50 maraniruw qullqi tuqit independencia ukar puriñ amtasma, mä meta neto neto $3M ukhawa, zero ukhat qalltasina.

Uka jaya pacha amtäwit chiqpachapuni kusisitax jutïr amtäwiruw sarasma: mä juk'a pachatak jank'ak amtanakar utt'ayaña. 3 marat 100.000 dólares marat marat qullqi imañax wakisispa sasin amuyt'añäni, ukampis jichhax 3.000 dólares ukhakiw qhispiyaskta. Qhana arunxa, jichhax kuna jan walt'äwis utji ukat kuntï lurañ munkta ukanak taypinxa mä chiqaw utji. Uka jan walt'äw askichañatakejja, qollqe toqet juk'amp sumäñatakejj kuna lurañanaksa sapa uru, sapa phajjsi ukat sapa kuti lurasma uk amuyt'añamawa.

Aka pachanx desarrollo personal ukax wali wakiskiriwa, kunatix yatiñanakamar jach'anchayañataki, negocios ukar jach'anchayañataki jan ukax juk'amp sueldo jikxatañatakis formulañ qalltasma. Estrategias de desarrollo personal ukax mä empresario cerebro grupo ukham lurañax wakisispawa, ukanx empresario masinakax yanapt'asipxaspawa ukat amuyunakax mayjt'ayasipxaspawa. Ukhamarakiw plataformas de aprendizaje ukanakat askinak apsuñax sañ munaspa, Coursera, edX, jan ukax Udemy ukanakamp machaq yatiñanak jikxatañataki, juk'amp suma irnaqäw jikxatañataki.

Jaqinakan nayrar sartawipax kunayman amtanakaruw puri, sañäni, qullqi jikxatañ jilxatañataki, valores ukarjam gastos ukarjam askinchañataki, jan ukax yatiñanaka social ukar ch'amanchañataki, ukhamat jaqi masimp chikt'atäñ ch'amanchañataki ukhamarak ayllunakar utt'ayañataki. Ukhamarus, wali askiw uñt'añax desarrollo personal ukax juk'amp munañjamaw yanapt'iristam ukat red ukar jilxatayañ yanapt'iristam, ukax wali askïspawa amtanakar puriñatakikix ukhamarak profesionales ukanakataki.

Achani Samon Biaou: Red ukax taqpach valoración ukan chikanchatawa sasaw amuyt'añama. Mä amtaw utt'ayasma 500 jaqinakamp

Google ukan jutir pä maranakanx chikañchasiñataki. Jisk'a amtanakar jaljañamawa, sañäni, sapa semanan phesqa machaq jaqenakamp jikisiña. Sapa kutiw nayrar sartawim uñakipt'añama, qawqha conexiones ukanakas luraskta ukat kuna jaqichasïwinakas chhaqtaskiti sasaw jiskt'asiñama. Kunatix nayra mayacht'asiwinakanx jan sum sarantawayki ukanakat lup'iña ukat uka yatiñanakax jutïrin juk'amp suma conexiones ukanakatakix mä cimiento ukham apnaqaña. Uka tuqit amuyt'añax mayamp mayamp lurañasa ukat juk'amp sum lurañasa.

Olumide Ogunsanwo: Curiosidad ukat ambición ukax wali wakiskir principios ukhamaw sasaw qhanancht'apxta. Jupanakax complacencia ukat maynix jakäwipanx taqpach ch'amapar puriwayxiw sasin amuyañampiw ch'axwapxi. Jan yatxatañ munasax janiw juk'amp yatxatañatakis ukat juk'amp yatxatañatakis ch'amanchañax utjkiti, ukat jan jach'a amtäwinïkasax janiw amtanakar puriñatakisa ukat uka amtanakar puriñatakisa ch'amanchañax utjkiti.

Yaqhip jaqinakax yaqhip jach'a amtanakar purisax, sañäni, jach'a yatiqañ utan yatiqañ tukuyasax janiw juk'amp sumaptañax wakiskiti sasaw amuyapxaspa. Ukampirus sapa maynin nayrar sartañax mä lurawiwa, ukax taqpach jakäwipanw utji. Kunayman jakäwinakanx jilxattañatakis ukat juk'amp askinak lurañatakis mä chiqaw utji. Jumatix akham sas jikxatasma: "Jach'a yatiqañ utan yatiqañ tukuyta. ¿Kunatsa naya pachpa juk'amp sumaptañatakix chuym churañaja?" ukatsti jumax uka tuqit faltasktawa. Jaqinakan nayrar sartañapatakix janiw yatiqañ tuqit jan ukax licenciatura jikxatañatakikix wakiskiti. Ukax jaqinakan ch'amapampiw ch'amanchasi, amtanakam phuqhañatakix ch'amanchatawa. Aka librox escuela de negocios uka tuqit mä jaljaw utjkchixa, desarrollo personal ukax kunayman tuqitw uñstaspa ukat jutir nivelar puriñkamaw yanapt'aspa.

Mä kutix Derek Sivers jupax akham sänwa: "Juk'amp yatiyawinak jaysäwix utjaspa ukhax taqiniw millonario ukhamäsna suxta paquete abs ukampi". Jaqinakan nayrar sartawipax machaq yatiyawinak jikxatañat sipanx juk'ampiwa; ukax uka yatiñanak manqhan uñt'ayañawa ukat tiempompix sapa kutiw apnaqaña. Ukhamaraki sapa uru jakawimaruxa mayachañawa ukatxa mä costumbre ukhama lurañawa chiqpacha sapa mayni jiltawi utjañapataki.

Jumax aka libro liyt'askta kunatix qullqi tuqit independencia tuqit yatxatañ munta. Ukat ¿kunsa amuyt'asma? ¡Jumax nayrïr thakhix mä viaje de desarrollo personal ukaruw puriwaytaxa! Aka librox qullqi tuqit independencia tuqitwa, ukampis ukat sipansa juk'ampiwa. Ukax jakäwiman sapa mayni jiltañapatak katuqañawa. Jaqinakan nayrar sartawipax mä jach'a ch'aman ch'amamp sasiwa. Ukax sapa kutiw nivelar ukat jan tukuskir thaqhañaw sapa uru mä suma versión ukar tukuñataki. Jumax mä sensación de cumplimiento ukat juk'amp valoración autovalor ukham jikxatasma kunatix sapa kutiw juk'amp sumaptasma ukat activamente irnaqasma amtanakar puriñatakiwa, ukax valores ukat pasiones ukanakamp chikancht'atawa.

Nayax aka amuyunakampix walpun munasta. Sapa uruw mä horax nayatakix wali wakiskir chiqanakan desarrollo personal ukar apst'asta. Qullqi tuqit independencia janïr purinkipansa ukham lurawayta, ukat jakäwijanx ukham luraskakïwa.

Achani Samon Biaou: Kuntix Olumide jupax uñt'ayawayki ukampiw walpun resonata. Akax kunjams jakäwijan phuqhawayta. Kusisiñajajj mä suma luräwi jikjjatañaruw atinisi, jan kusisiñajj sayt'atäñat jan ukajj ch'amakt'at jikjjatasiñat juti, uk amuyasta. Qullqi tuqit independencia ukar purisaxa, sapa kutiw machaq arunak yatiqasax ch'am tukuñ amtawayta.

Rutinajax janiw ch'amäkiti: sarta, inakiw arut yatiqañ app ukax uñstayi, ukat ukampiw urux qalltawayta. Mä unidad tukuyañatakix niya 15 minutos ukjaw apst'asta. Nayan pachpa jan walt'awijax sapa maraw mä jan ukax pä machaq aru yapxatañaxa, 50 mara phuqhañkama, yaqha arsuwinakajarjama. Ukajj sapa maynin nayrar sartatapat mä uñacht'äwiwa. Nayax arunakat walpun munasta, ukhamax machaq arunak yatiqañan kusisiñax ch'amañcht'itu.

Olumide Ogunsanwo: Nayax aka pachan jakatajat walpun yuspärta kawkhantix walja plataformas de aprendizaje en línea ukanakax cursos gratuitos ukanakaw utji (jan ukax YouTube) jan ukax componentes gratuitos ukanakaw utji (kunjamakitix Coursera ukat Udemy). Qullqimpi, utjatapampix janiw jark'atäxiti; jichhax chiqpach jan walt'awix yatiqañ munañasawa. Aka munañax kusisiñampiw ch'amanchasi, ukatwa jakäwimatakix mä vision uñstayañataki ukhamarak kusisiñatakix wali wakiskir amtäwiruw ch'amanchapxta.

1960 ukat 1970 maranakan jaqinakax jichhürunakan utjkistu uka oportunidades ukanakat jiwayapxaspänwa. Tiempo apthapiñakiw wakisi, kusisiñaruw ch'amachasiñama ukat kun lurañas wakisirakiwa. Samon chachajj jichhak yatiykäna uka jan creyiñjam sarnaqäwit amuyt'añäni. Jupax Duolingo ukax inakiw walja arunak yatiqañatakix apnaqi. ¿Kuna excusas utji?

Achani Samon Biaou: Jïsa, ukat juk'ampinaka. Kunapachatï viajkta ukhajja, nayrïr arupat peliculanak uñacht'ayir avionanakaruw juk'amp munta, ukhamatwa arunak yateqañ yateqañaja. Jichhürunakanx Emirates markamp avionat sarañ amtasta, ukax juk'amp jaya thakhinak sañ munchi ukhas, kunatix jupanakax kunayman ajllit "étnico" peliculanak uñacht'ayapxi. Amuyt'añataki, California markat Emiratos Árabes Unidos markar sarañax niya 14 pachaw munasispa, ukatx yaqha 6 pachaw jan ukax juk'ampirus qhip qhipa sarañax ukarjamaw utji. Niyakejjay sapa kuti viajsta, avionat tiempo apst'asisaw peliculanak uñch'ukiskta ukat arunak yateqañsa yateqawayta. Ukatakejj mä película subtítulos uñtaña, partenak rebobinar ukat wasitat uñch'ukiñawa. Awisax pusi horakamaw mä película uñch'ukiskta, kunattix sapa kutiw mä juk'a samart'ta, ukhamatwa jach'at arunak arsuñ yatiqta. Ukat kunapachatï avión jan sinti ch'amakt'ki ukhajja, mä juk'a samart'asajj jach'atwa frases arsta.

Olumide Ogunsanwo: ¡Janiw iyawsayañjamäkiti! Taqiniruw wali ch'amampiw achikt'apxsma, jach'a amtäwinak katuqapxañapataki, qhana uñjäw uñstayapxañapataki, jakäwinakapatak amtanakap utt'apxañapataki, ukat jan tukuskir thakhi saräwir mantapxañapataki, sapa mayni nayrar sartañapataki. Taqi jakäwimar mayjt'ayañatakix ch'amaniwa. Akax mä qawqha iwxt'awinakawa, ukax sapa mayni nayrar sartañ amuyunak ch'amanchañataki:

Nayrïri: " Mä maratak amtäwi [5]" Jim Rohn sat chachan luratawa. Aka wakichäwix amuyt'ayiriwa ukat jakäwimarux mayjt'ayaspawa. Mä maraw desarrollo personal ukax ejercicios ukanakamp phuqt'ata. Ukampirus, nayrïr versión ukax janiw utjxiti, ukampis machaq versión [6]ukar yant'apxasmawa , ukampirus janiw calidad ukax garantizañjamakiti kunatix original lurawayta.

Payïri: " Kunjamsa mä jan libre pachan libre jakasiñ jikjjatawayta [7]"

5. https://www.amazon.com/Rohn-Year-Success-Plan-Workbook/dp/B003OYMDKY

6. https://store.jimrohn.com/the-new-jim-rohn-one-year-success-plan.html

7. http://www.amazon.com/How-Found-Freedom-Unfree-World/dp/0965603679

Harry Browne sat chachan qellqata. Aka pankax libertad uka amuyunakaruw juk'amp ch'amanchaski, ukax qullqi tuqit independencia ukat libertad uka temas ukanakamp wali sumpunw uñt'ayasi, ukax FIREDOM ukan yatxatatawa. Browne jupax marco mental ukax wakisiwa, kuna jark'awinaktix jark'kistu uk uñt'añataki ukhamarak atipjañataki, kunjams lurañax wakisispa ukat chiqpach qhispiyasiñ jikxatañatakis amuyt'awinak churaraki. Kimsa kutiw liyt'awayta ukat sapa liyt'asajj juk'ampiw munasta.

Achani Samon Biaou: Uka iwxt'awinak uñt'ayapxatamat yuspajarapxsma. Nayax mä hack uñacht'ayañ munta, ukax kickstart your personal desarrollo viaje. Mayninakar aynacht'ayañax walpun uñisiñajaxa, ukat uka sarnaqäwix jakäwijanx wali askiwa. Kunawsatix naya pachpatak mä amtar puriwaykta ukhax mä sensación de urgencia jan ukax crisis ukaw utjitu, ukax compromiso ukan qhiparañatakiw wayt'itu. Mä suma estrategia ukax khitirus jak'achasiñawa, khititix nayax yatkta juparuw cuenta churani ukat amtäwix jan phuqhañjamäkani ukhax p'inqachataw jikxatasi. Amuyt'añataki, kunapachatix árabe aru yatiqañ amtkta ukhax Golfo uksan jach'a irpirinakaruw yatiyawayta, nayax uka amtaw luraskta ukat sapa kutiw árabe arut yatiyawinak uñt'ayañ amtasta. Ukax nayatakix wali ch'amawa, ukampis ukax mä ch'aman ch'amanchawiw arktañataki. Jumax hackeo ukarux amuyt'asmawa, ukax personalidad ukarjamawa ukat kunas jumatakix juk'amp resonar.

Olumide Ogunsanwo: Jïsa, "compromiso público" jan ukax "socio de rendición de cuentas" uka estrategia ukax ch'amanchaspawa, amtanakam phuqhañanx ch'amanchaspawa ukat jan jaytjasisma. Amtanakam jaqinak nayraqatan yatiyasa jan ukax mä confianza socio de rendición de cuentas ukan yanapt'ap mayt'asa, mä ch'aman red de apoyo ukham lurasma.

Uka maranakanx mä jamuqaw inspirador citanak apthapiwayta. Aka jalj tukuyañkama, munasiñampiw aka chiqan apthapiwayta, jumanakan manqhan mä chispa phichhantapxañap suyt'asa. Nayax atribuciones ukanakax chiqapar churañ yant'awayta, ukampirus instancias ukanakax utjaspawa kawkhantix yaqhip citanakax jan wali atribuidos ukanakax utjaspa. Nayax jupanakarux wali askit jikxatapxañamatakiw suyt'askta. ¡Jutïr jaljan uñjañäni!

"*Juk'amp utjañapatakix juk'ampïñamawa*" (Jim Rohn)

"*Jakäwimx kunjamtix munkta ukhamarjamaw sarnaqasma ukampis mä kutikiw sarnaqasma* " (Lillian Dickson)

" *Jumax kunatix munkta ukax utjaspawa, yaqha jaqinakar walja yanapt'añaki kuntix munapki uk jikxatapxam* " (Zig Ziglar)

" *Janiw juk'amp jasakïñap munkti, juk'amp askïñ munapxta* " (Jim Rohn)

" *Nayax janiw mä jan walt'ayat uñjkti, nayax mä survivo* r ukhamawa" (Elizabeth Edwards)

" *Éxito ukax janiw kunatix arknaqktati. Éxito ukax mä kunaw khititix jaqir tukuwaykta ukar jawst'ata* " (Jim Rohn)

" *Tukuyañ amtampiw qalltañama* " (Steve Covey)

" *Jan armasimti wali muspharkañ jaqïñ* " (John Green)

" *Mä campeón ukham amuyt'añäni* " (Zig Ziglar)

" *Jan walt'awinakax askichasispawa* " (David Deutsch jupax "Infinito qalltawi" ukan qillqatawa)

" *Atipjañax janiw ch'amäkiti. Sapa uruw sartasim ukat kunanaktï taqinix jan lurapki ukanak lurañamawa* " (Jim Rohn)

" *Jichhürunakanx kayu ch'akhanak kayump takt'atamat amuyasim kunatix qharüru jamp'att'asiñamatakix asnumpiw chikt'asispa* " (Jan uñt'at)

" *Éxito ukax jan walt'äwin jaya chiqankiwa* " (Brian Tracy)

" *Desarrolla un sesgo para actio* n" (Jeff Bezos)

" *Mä suma amtan jach'a uñisiripaxa, mä suma amtan samkapawa* " (Carl von Clausewitz)

" *Chiqañchäwi tuqiw atipt'asiñat qhispiña* " (Naval Ravikant)

" *Ukhamat juma pachpa jan disculpa extraño* " (Chris Sacca)

" *Kunapachatix Chiqpachanx mayjt'i ukhax nayax amuyunakax mayjt'ayaraktwa. ¿Kuns lurasma, tata?* " (John Maynard Keynes)

" *Jaya pachas jutañjamaw amuyasi, fam. Uka k'ari amtäwit amuyt'añ urutpacha. Mä urux mä... samka, nayax arknaqañ yant'awayta.Ukampis janiw kawkirus sarkti, t'ijtir jaqi.Nayax yattwa ukax inas mä urux amuyaskchirista.Tryna mayjt'ayañamawa mä tenner patak gran.Taqiniruw mä wawaxa janiw khitis jupat llakiskiti.Jumax ukhamakiw imañama arnaqasiña 'til jupanakax ist'apxätam* " (Tinie Tempah)

" *Kunjamatix controlar gasto ukax juk'amp ch'amaw lurañax juk'amp lurañax, ego controlar ukax juk'amp ch'amaw lurañax juk'amp suma jikxatasi* " (Sam Dogen aka Financial Samurai)

" *Combustible uñakipt'aña, ukax kawkhantix sarañ munkta ukaruw puriyi*

" (John Galt chachan Ayn Rand libron "Atlas Shrugged")

" *Nayax amuyta, jakäwinx valores ukat suyt'awinakax yaqha jaqinakar proyectañax janiw walïkiti* " (Wayne Dyer)

" *Ajjsaririnakax janipuniw qalltapkänti ukat jan ch'amaninakax thakhin jiwapxi. Ukax jaytawayistu"* (Phil knight)

" *Qharürux taqi denuncia s ukanakatakix tukuyañ uruw utjäna* " (Bryan Tracy)

" *Juma pachpa chiqañchasiñax kuntï luraňamäki uk luraňawa, kunapachatï munkta jan ukax jan munkta ukhaxa* " (Bryan Tracy)

" *Ascensor ukax exito ukar puriñax janiw askïkiti ukampis escaleranakax jist'aratawa* " (Zig Ziglar)

" *Janiw amtäwirux ch'amanchañamäkiti, amtäwirux ch'amanchañamawa* " (Carl Richards)

" *Resolve ukax juma pachpaw arsuñama, janipuniw jaytkätati u* p" (Jim Rohn)

" *Chiqpach liyiñ munañax pachpakiwa, kunapachatix yapuchatäki ukhax mä jach'a ch'amawa. Yatiqañ yänakax waljawa–yatiqañ munañax juk'akiw* " (Naval Ravikant)

" *Jumatix ch'amakïsma ukhax jakäwix jumatakix jasakiw, ukampis jumatix ch'amakïñamatak insistasma ukhax jakäwix jumatakix ch'amakïniwa* " (Zig Ziglar)

" *Kusisiñax jan walt'awinak askichañawa. Jan walt'awinak askichañax machaq jan walt'awinak uñstayañaruw puriyi* " (Mark Manson)

" *Chachanakarux uñacht'ayañ yatiqañ utan yatichañamawa kunatix janiw yaqha yatiqañ utan yatiqapkaniti* "(Albert Schweitzer)

" *Nayax torta ukatakiw jutta janiw migas ukatakikiti* " (Katie Stanton)

" *Nayax jan walt'äwinïtwa uk amuyañasa ukat katuqañas nayarux askichañ yanapt'itu* " (Jan uñt'at)

" *Ordinario ukanx walja atipt'asiwinakaw utji ukampis extraordinario ukanx juk'akiw* " (Robin Sharma)

" *Kunapachatix soga tukuyar purinkäta ukhax mä nudo ukar chint'am ukat warkt'asim* " (Janiw uñt'atäkiti)

" *Janiw kuna esquemas de riqueza ukax utjkiti, jaqinakax jumat qamiriptapxi* " (Naval Ravikant)

" *Aka jan amuyt' asis sarnaqañax janiw nayatakix askïkänti.* " (John D

Rockefeller)

" *Yatiqañax juk'amp juk'akiw axsarañaxa. "Yatiqañax" janiw académico yatxatäwin amuyuparjamäkiti, jan ukasti jakäw amuyt'añ tuqitwa. Kunjams akapachan irnaqaski uk juk'amp yatxatasax juk'amp jan axsarañamawa. Jumax uñjapxaniwa, janiw kunas axsarañax utjkiti, jan ukasti jan yatiñakiw* ." (Julian Barnes)

"Wayn tawaqunakan askinakap apnaqañamawa, kunapachatï ukanak utjki ukhaxa, ukat jilïr jaqïñax kuna askinakas utji ukanak apnaqañamawa. Wayn tawaqunakan askinakapax akanakawa: ch' ama, tiempo, suma suyt' äwi ukat libre sarnaqaña. Chuymanïñax wali askiwa, yatiñanaka, sum luraña, qullqi ukat ch' ama. Ch' amachasisajj waynäkasajj qhep qhepa yatichäwinakat yaqhep jikjjatasma, jilïr jaqëjjasajj yaqhep qhepatjja imaskakismawa" sasa. (Paul Graham jilata)

" *Janiw k'arisirix jakthapikiti, janiw kunjams ch'aman jaqix lankt'asi uk uñacht'ayir jaqikiti, jan ukax kawkhans lurañanak luririx juk'amp sum luraspa uk uñacht'ayi. Uka jach'añchäwix chiqpachan arena ukankir jaqiruw uñt'ayasi, ajanupax q'añuchatawa". laq'ampi, ch'uñumpi, wilampi khititix jan axsaras ch'amanchaski;khititix pantjasi, khititix sapa kuti jisk'a juti, kunatix janiw ch'amanchawix utjkiti jan pantjasiwimpi ukhamarak jan pantjasiwimpi* " (Theodore Roosevelt)

6: Carrera Tardía ukan sarnaqäwinakapa ukat Principios de Maximización de Ingresos & Gasto Basado en Valores

Olumide Ogunsanwo: Aka kusiskañ jaljanx walikpun jutapxtaxa, kawkhantix aventurero viaje ukaruw juk'amp ch'amanchapxta, ukax escuela de negocios ukan experienciap arktasa. Jiwasamp chikt'asipxam, kuna thakhinakas carrera ukanx qullqi tuqit independencia thaqhañanx sarawaytan uk uñacht'ayapxañäni.

Achani Samon Biaou: Uka munat titulos de escuela de negocios ukanakar katuqañatakix wali aski pachas qullqis apst'asipxta. Jichhax mundo profesional ukar wasitat mantañ pachaw purinxäna ukat qullqi tuqit independencia ukar nayrar sartañas supercargañataki.

Olumide Ogunsanwo: Ukhamarakiw pä jach'a amtäwinak jist'arañäni: qullqituqit jach'anchayaña, juk'amp qullqi jikxataña, ukat valores ukarjam gastos, sapa ch'amampi ganat qullqinak apsuñax valores ukat visiones ukanakamp chikancht'asiñatakiwa. Aka kamachinakax wali wakiskiriwa kunatix niyas qullqi tuqit independencia ukar puriñkamax ch'amanchawinakam tukuyañ uñacht'ayi.

6A: Olumide jupan Carrera Qhipa sarnaqäwipa

Achani Samon Biaou: Olumide, escuela de negocios tukuyañkama ukat machaq carrera qalltañar kutt'añäni. ¿Kuna carreranaksa ajlliwayta ukat kunjamsa qollqe toqet independenciajj uka amtar yanapt'awayi?

Olumide Ogunsanwo: Kunjamtix qhipa jaljat amtasktaxa, Oxford ukat MIT ukan escuela de negocios ukan yatiqawayta 2010 marat 2012 marakama, uka nayrax ingeniero ukhamaw irnaqawayta ukatx janiw nayrax consultoría de gestión ukxat ist'kayätti. Jila parte amigonakajajj ingenieronakäpjjarakïnwa, uka akapach uñt'atajawa. Ukampis ukatx aka yatxatäw jikxatawayta, ukax consultoría de gestión satawa, McKinsey, Bain ukat BCG ukham empresanakampi. Jupanakajj suma trajenak uchasipjjerïna ukat empresanakarus ewjjt'apjjerïna, ukajj nayatak wali muspharkañawa.

Nigeria markan wawatpach mamajax mä computadora alapxitäna, ukat janïr América markar sarkasax Internet tuqit yatxatañ qalltawayta. Aka nayrïr uñt'ayawix empresas tecnológicas ukar munañajaruw ch'amanchawayitu. Escuela de negocios ukanx mä carrera consultoría de gestión jan ukax tecnológica ukan amtäwinakaj uñt'ayawayta, ukampis industria tecnológica ukarux juk'amp ch'amampiw munawayta.

Janïr escuela de negocios ukar sarkasaxa, sapa marax 50.000 ukhamarak 60.000 ukha qullqiw jikxatasiyäta, ukatx escuela de negocios ukar tukuyasax 110.000 ukhamarak 130.000 ukha qullqiw sasaw suyt'ata, nayrir MIT Sloan yatiqirinakan mediana sueldo ukarjama. Chiqpachansa, qullqix pä kuti jilt'ayañatakiw mä ch'amäxäna. MIT ukan irnaqäw mayiñ thakhinjam sarawayta ukatx jach'a empresas tecnológicas ukanakat ofrecimientos ukanakaw katuqawayta, ukax nayaruw kusisiyitu. Ukampis uka qhepatjja, McKinsey Lagos sat empresajj jak'achasiwayitu. Janiw qalltan amuyt'kayäta ukhamäkänti, kunattejj San Francisco, Boston jan ukajj Nueva York markankir McKinsey sat cheqaruw chuym churayäta. Ukampis jupanakamp parlt'añ qalltkayäta ukhajj wali askipunïnwa. Nigeria markax mä turkakipäwimp saraskaspas ukhamaw uñjasi, kunatix situación política, inflación ukat tipo de cambio ukax jilpachax controlatäxänwa.

Nigeria markat 2002 maran sarxasax jichhax 2012 maranwa jikxatasiyäta, ukat qhipäxar sarxañax kuntï munkayäta ukax janiw sum yatiskti. Ukampirus McKinsey Lagos ukan wali suma uñt'ayawipax, yaqha chiqanakar uñtasit sueldo ukat impuestos ukat utanakan qullqix juk'amp jisk'akiwa, ukampirus macro condiciones ukanakax juk'amp sumaptaski, ukax tecnología ukan ofrecimientos ukanakat jaytxañ amtaruw puriyitu ukat Nigeria markar kutt'añatakiwa.

Uka tiemponjja, qollqe toqet independencia toqet janiw sum amuykayätti. Ukampis consultoría de gestión ukax qullqi jikxatañatakisa ukat qullqi imañatakisa wali askiwa, uk jank'akiw yatxatawaytxa. Nayatakix mä sanu fórmula ukhamänwa: irnaqäwijanx sum irnaqañax bonos ukat promociones ukanakax rendimiento ukar watat jikxatañataki, ukat juk'amp qullqi imañataki. Consultoría de gestión ukanx qullqi imañatakix walja oportunidades ukanakaw utji. Amuyt'añataki, mä amigojajj pä mara yapun irnaqkäna ukhajja, janiw mä apartamentonïkänti. Nayatakix mä jan jila qullqin apartamento alquilawayta $700-$800/phaxsi. Ukat sapa kutiw viajarakirïta, kuna puntonaktï apnaqañ yateqawayta.

McKinsey sat empresan juk'amp askinak jikjjatañwa yateqawayta. Empresamax kuna qullqi tuqitsa ukat jan askinaksa churaski uk amuyañax wali wakiskiriwa.

Achani Samon Biaou: Jumax amtawaytawa tecnología ukan ofrecimientos ukanakar jan iyawsañataki ukat Lagos markan consultoría de gestión ukar arktañataki. ¿Kunas amuyuman pasaskäna? ¿Jumajj mä juk'a tiempotak mä desvío ukham uñjtati?

Olumide Ogunsanwo: Uka pachanx janiw chiqpachans yatkayätti kunjams jaya pacha amtanakax utt'ayañax ukat arknaqañax ukxa, ukat janiw kuna planes específicos ukanakas utjkitänti kawkhantix utjki jan ukax carrera uka tuqita. McKinsey ukan utjki uka askinak sum apnaqañataki ukat kunjamsa kunas pasäna ukarjamaw amtanakar puriñatak ch'amachasiyäta. McKinsey ukan irnaqkasax juk'amp jisk'a pachatakiw ch'amanchasiyäta, juk'amp jach'a lurawinak uñakipañanak jikxatañ amtayäta, ukampirus gastos ukanakax juk'amp jisk'akiwa. Aka amuyunakax janiw qullqi tuqit independencia tuqit amuyt'atajat irpatakänti, uka pachax janiw taqpach internalizawaykti. Ukhamakipansti, kimsa marat jilaw jan irnaqäwinïkayäta ukatw uñstawayi, 2009 maratpacha, ukatwa eficiencia ukat optimización ukax nayatakix wali wakiskirïna.

Lagos markan experienciajax wali muspharkañänwa kunatix gastos ukanakax optimizado ukhamaw valores básicos ukanakamp chikancht'asiñataki ukat juk'amp jisk'a qullqimp juk'amp kusist'añ jikxatañataki, jan ukax costos ukanakax mínimo ukar khuchhuqañataki. Aka kamachixa, gasto basado en valores sata uñt'atawa, ukaxa 6C jaljanwa juk'ampi yatxatatarakini. Amtañäni, amtäwix janiw qullqi tuqit independencia thakhin gastos ukanakar jan amuyt'asis jisk'achañakiti; ukax gastos ukanakax kunatix chiqpachan almamatakix wakiskirïki ukanakamp chikancht'asiñawa. Jan khitirus yaqhachasa qullqinak jisk'achañax jan kusisiñaruw puriyistaspa ukat nayrax kunjamsa qullqi gastayäta ukax wasitatwa jilxattaspa.

Achani Samon Biaou: Nayax mä qawqha jach'a amuyunakaw akan uñjta. Mä juk'a qhanañcht'añ yant'apxäma ukat jumanakax yatiyapxitasmawa, nayax chiqati janicha ukxa. Independiente amuyt'awi ukat valores ukarjam gastos ukanakax wali wakiskir factores ukhamaw ist'asi. Jumatï jaqenakar arktañ munir jaqësta ukhajja, inas kunanaktï jakäwimar jan cheqpachapun valoranïki ukanak lurañatak qollqe gastjjchisma.

Sañäni, inas jan umañ munksta ukhasa, amigonakamp chika pusi horanak mä bar ukan irnaqt'añamataki.

Olumide Ogunsanwo: Chiqpachansa. Ukat janiw qullqi tuqit parlkiti. Valores ukarjam gastos ukax qullqi amtawinakat sipanx juk'ampiwa; ukat kunjamsa tiempom apst'asiñ amtta uka toqetwa apnaqasiraki. Sapa pachax mä costo de oportunidad ukaruw puri, ukatx mä bar ukan walja horanak sarnaqañax, sañäni, yaqha aski lurawinakar mantañatakix ch'amap jaytañ sañ muni. Tiempo apt'asiñax jan uñjkañ utjatapatx jan yäqatäkchisa, jilïr jaqïxasax wali wakiskirïtapax juk'ampiw qhanstayi. Jakäwin wali valoranïki ukanakat yaqhepajj jakt'añajj ch'amakiwa.

Achani Samon Biaou: Ukhamarjamawa, jakäwiman jakañ thakhix juma pachpa amuyt'asiñawa ukat lurawinakam chiqpach valores ukanakamp chikancht'asiñawa. Sañäni, jumatï nayrajj fiestanakar sarañajj wali kusiskañächejja, qhawqha kutis fiestanakar sarasma ukat kuna kusisiñas utji uk lup'iñamarakiwa. Fiesta lurañax jumatakix wali wakiskirïchi ukhaxa, ukaruw chuym churañama ukat chiqpachapuni kusist'añatakis kunanaksa jakäwimat chhaqtayañama uk amuyt'añamawa. Esencialismo ukarjam gastos ukar nayrar uchañax walja yänakat mä kunatix juk'amp kusisiñ apani uk uñt'añ sañ muni ukat ukatakix yänakam apst'asiñawa.

Olumide Ogunsanwo: Mä aski uñacht'äwi churapxäma. Kunayman gastos ukanakat sipansa, utanaka, manq'añanaka ukat autonak sarañas juk'amp jach'awa. Jan qollqeni amtanakar puriñatakejja, kunas jumatakejj cheqpachapuni wali wakiskirïki uka toqetwa lup'iñama. ¿Jumajj suma ukat jach'a utanakan kusisit jikjjatasirïtati, jan ukajj ¿mä jisk'a, jan qollqeni apartamentojj munañanakamaru ukat munañanakama phoqañatakejj wakisispati? ¿Altu mueblenakan munasiñapax chiqpachapunit wali wakiskirïpacha, jan ukax juk'amp presupuesto-amigo alternativas ukar katuqasmati jan kusisiñam jan walt'ayasa? Mä suma chiqan jakañax jan nayrankkchi ukhaxa, juk'amp aski chiqan qamañax kunjamas uk yatxatañamawa. Amtañäni, kuna amtanakas utji uk sum amuyt'añax wali askiwa ukat qullqi tuqit amtanakamarjam mayjt'äwinakarux jist'arañamawa ukat jan mayjt'ayañamawa.

Uka pachpa kamachix transporte tuqitwa apnaqasi. Luxus autonïñax jumatakix jan negociañjamakchi ukhaxa, taqi chuymaw uka autor arktañama. Ukampirus, jan nayrïr listamanx nayrïr chiqankchi ukhax juk'amp aski alternativas ukanakat amuyt'añamawa, kunjamakitix mä confiable Honda usada. Sapa kutiw juk'amp jila qollqe ajllïta, ukat juk'amp tiempo irnaqañar tukuyi, ukhamatwa uka qollqe alañatakejj juk'amp tiempo irnaqañar tukuyi, uk amtañamawa. Amuyt'añataki, mä apnaqat Honda ukar machaq Tesla ukar uñtasit ajllisaxa, sañäni, inas 35 maranit 45 maranïkasax qullqi tuqit independencia ukar purisma, chiqpachansa 10 maraw yaqha maranakax irnaqäwiman mayitanakapat qhispiyasiñax utjaspa.

Jichhax, qullqi tuqit parlt'añäni. Trabajonak uñakipt'asajja, janiw sueldo katoqañak amuyt'añamäkiti, jan ukasti kusisita ukat satisfacción ukanakat amuyt'añamawa. Jumatix amuyta mä juk'a qullqini irnaqawix juk'amp jach'a ch'amanchawiw phuqhasiñapatakix, uka tuqir sarañax walikïskiwa. Ukampis qullqi tuqit munat amtanakam phuqañatakix juk'amp tiempo irnaqañamatakix wakicht'atäñamawa. Amtañamawa, kunatï kusisiñ apanki ukajj tiempompejj mayjt'aspawa, ukat juk'a qollqeni irnaqäwir sarañ amtatamajj inas jan munkta uka trabajor puriykchiti. Jakawixa kunaymana mayjt'awinakampi phuqt'atawa, ukatxa kusisiña nayraqataru sartayaña jan ukaxa mä juk'a pachana ukhamaraki jaya pacha qullqi jikxataña juk'ampi amtañatakixa, ukarjamawa wakiskiri compromisonaka luraña. Janiw jumatakix uka amtanakax lurañjamäkiti; jupanakax wali ch'ullqhi lup'iñaw munapxi, ukax valores ukat amtäwinakamar uñtasitawa.

Amuyt'añataki, musicanak tocañ munsta ukhajja, qhepat jakañkamaw trabajiñama, inas 85 maranïñkamas trabajiñama, ukampis ukajj wali kusisiña ukat kusisiña apanispa ukhajja, juk'amp jaya tiempow sarañama jumatakix wali askiwa. Ukampirus, jumatix ch'aman análisis ukan yatiñanïsta ukat mä firma de consultoría ukan irnaqañ jikxatasma ukampis musicax jumatakix wali askiwa, inas wiñayatak jan kusisita ukat jan phuqhat jikxataschisma.

Achani Samon Biaou: ¿ Kuna iwxt'anakas maynirux churasma khititix musica ukhamäñ muni ukampis amtäwix jan kutt'ayañjamaw sasaw llakisi?

Olumide Ogunsanwo: Wali askiwa, walja amtawinakax kutt'ayañjamawa. Ukampis mä amtar mayjt'ayasksta ukhasa, qallta amtäwin tiempo apst'asitamatjja, oportunidades qollqejj utjaskakiwa. Uka tiempojj tukusjjewa, ukhamajj jaytañaw wakisi, janiw mä amtar puriñamatak mayjt'ayañamäkiti. Janiw uka sunk cost fallacy ukar jalt'añati. Kuntix jaqinakar sisktxa, amtanakar puriñkamax jan axsarasaw sarnaqapxañama ukat taqi nayra amtäwinakat armasipxañamawa.

Nayax uka jaqirux iwxt'añ muntwa, amuyunakaparjam irnaqañapataki, jupa pachpar iyawsañataki, jupa pachpar atinisiñapataki, yatxatañ munañapataki, ukat sapa mayni amuyt'añapataki. Ukatxa, jach'a jach'a amtawinak lurañamawa, jaya pachataki ukhamaraki mä juk'a pachataki, ukaxa amuyt'iwa kuna mayjt'awinakas utji mä jisk'a qullqini ukampisa wali satisfactorio carrera ajlliñatakiwa mä jach'a qullqini ukampisa juk'a phuqañataki. Ukat jan amuyt'asiñapatakiw ch'amañcht'arakirista. Amuyt'añataki, inas libre tiempopan musicanak thaqhasa jan ukajj qollqe toqet walja trabajonak katoqasajj walja qollqeni carreranïñatakejj inas utjchispa. Jumatï jumatï yatiñ munirïsta ukat jan walt'äwinak askichañ munsta ukhajja, kunanaktï lurañjamäki ukajj janiw tukuskiti.

Jiwasa pachpat sinti k'umiñat sipansa ukat kunjamsa nayrajj kunanakas mayjäspa uka toqet lup'iñat sipansa, jiwas pachpa perdón lurañasa ukat jichha tiempon utjki ukanak lup'iñasa. Ukhamakipansti, nayax positividad, optimismo, cero-based amuyt'awinak practicaña, nayra pachat yatiqañ ukampis jan lup'iña, ukat nayrar sartañaruw iyawstxa.

Achani Samon Biaou: ¿McKinsey ukan cero ukarjam amuyt'añ yatiqawayta ukhax mä uñacht'äwi churasmati?

Olumide Ogunsanwo: McKinsey markat sarxañ cruce ukar jak'achaskäyät ukhax mä potencial promoción ukar qhiparañatakiw yant'ata, pä mara firma ukan qullqichasta. Ukampirus, aka línea de pensamiento ukax kuna trampas uñstayi ukx uñt'twa ukatx cero-based pensamiento uka amuyunakaruw katuqawayta. Mä juk'a qhepürutjja, amtanakajsa ukat kunanaktï lurañ munkta ukanaksa wasitatwa uñakipt'ayäta. Nayax nayratpachaw tecnología ukarux walpun munasta, ukatx tesis ukax sistemas operativos de smartphones ukanakat qillqt'awaytwa. Ukhamarakiw, empresas tecnológicas ukanakan walja ofrecimientonakap jan iyaw sawaykti, janïr McKinsey ukat nayax ukankasax proyectos tecnológicos lurañatakix angling ukankapkayäta ukhakama. Qhipharux cero-based amuyt'añatakix llave ukax machaq qalltañawa ukat valores centrales ukat pasiones ukanakamp irpata, nayra lurawinakat jan ukax anqäx presiones ukanakat sipansa.

Nayax juk'amp jakäw amtäwinak lurañ qalltawayta ukat kunas tecnología ukan irnaqañax sañ muni uk yatxatañ qalltawayta. Nayax tech ukax mä chiqawjäkaspas ukhamaw amuyasiyäta. Nayax sector tecnológico ukan jaqinakarux Oxford & MIT alum ukan sitios web ukanakamp puriwayta ukat aruskipäwinakaruw mantawayta. Qhipharux Google ukan mä oferta katuqawayta, ukatx 2014 maranx Nigeria markat wasitat despedida lurawayta, gigante tecnológico ukar mantañataki.

Achani Samon Biaou: Google ukan experienciamat uñakipt'añäni. ¿Kuns amuyt'ayäta ukat kuna amtanakas utjäna qullqi tuqit independencia ukar puriñatakiki kunapachatix ukan irnaqañ qalltawaykta ukhaxa?

Olumide Ogunsanwo: ¡Ukapachaw qullqi tuqit independencia ukax chiqäxäna! Tiempo chiqak uñt'ayañäni: 2014 marawa, 29 maranïtwa, ukatx Google ukan mä oferta katuqta octubre phaxsin qalltañataki. Google ukan qalltañapkamax McKinsey ukan qhiparañat sipansa, agosto phaxsin 2014 maranw sarxañ amtawayta, ukax mä jach'a amtäwiw tukuwayi. Ukaw agosto ukat septiembre phaxsinakan jakäwij yatxatañataki ukat amtañatakis libre sarnaqañ churitu. Nayax jakäwijat lup'iñatakiw tiempo apst'asiwayta, ukat kunjams industria tecnológica ukar mayjt'añax ukat América uksar kutt'añax uk amuyt'añataki. Uka pachanw independencia financiera (FI) uka movimiento ukar wasitat jikxatawayta.

Nayraqatax carrera ukanx mä qawqha blogs de finanzas personales ukanakaw ullart'awayta, gastos ukanakar optimización ukar yatxatañataki. Ukampis payïr kuti qollqe toqet independenciar tinkuyäta ukhajja, wal munasiyäta. Walja suma yänakaruw ch'amanchawayta, juk'ampirus: Stock series (JL Collins) [1], Mad Fientist [2], Get Rich Slowly (JD Roth) [3], Mr. Money Mustache [4], Living a FI [5]ukat chiqans Reddit qullqituqit independencia tama [6]. Uka jamuqax juk'amp ch'amanchatawa, ukax serie Stock ukawa, ukax J. L. Collins jupan qillqatawa. Ukax nayranakaj jist'arawayitu, kunjams qullqi tuqit independencia ukar puriñax facilakïspa. Nayax obsesionado ukhamaw tukuwayta, phisqa suxta horanak urux pä phaxsiw cautivado ukhamaw jikxatasiyäta, cartera luraña, gestión de riesgos, estrategias de inversión, tasas de retiro seguras ukat matriz de cuentas de inversión ukanakax utjki ukanakampi, kunjamatix cuentas imponibles, 401Ks, IRAs, . ukat HSAs ukanaka. Uk lurañ yatiyäta. Amuyunakajajj juk'ampiw jiljjattaski sasaw amuyayäta. Ch'amanïkaspas ukhamwa amuyasiyäta. Ukajj wali jach'änwa.

Janïr Google ukan oficialmente qalltkasax mä qhana amtäwiw utjawayitu. Mä ahorro amtaw utt'ayawayta: 50% ingreso bruto ukat 90% sueldo después de impuestos ukanak imaña. Thakinjam sarnaqañatakix mä presupuesto lurawayta, ukhamat nayrar sartatax uñjañataki. Ukhamarakiw mä estrategia de inversión uñstayawaytxa, ukax índice ukan qullqinak jach'a uñt'ayañatakiw uñt'ayasi. Google ukar mantañkamax mä monstruo ukham ejecutar qalltawayta.

Orientación ukanx nayrïr jiskt'awinakajat maynïrix kunjamas Google ukan 401k ukan chikancht'asiwip jach'anchayañax uka tuqitwa. Facilitador ukax qhananch'iwa, kunatix octubre phaxsinx nayratpachx jilpach irnaqirinakatakix 17.500 dólares ukjam taqpach qullqi imañax ch'amakïspawa, ukax mä qawqha phaxsitx mä máximo match ukar

1. https://jlcollinsnh.com/stock-series/
2. https://www.madfientist.com/
3. https://www.getrichslowly.org/the-get-rich-slowly-philosophy/
4. https://www.mrmoneymustache.com/
5. https://livingafi.com
6. https://www.reddit.com/r/financialindependence/

puriñatakiwa. Nayax jachaqt'asiraktwa. Jupajj janiw kunjam jaqëtsa uk amuykänti. Nayajj janiw jila parte jaqenakjamäkti.

Qullqi tuqit independencia jikxatañax nayatakix wali wakiskirïxänwa, ukat ukaruw chuym ch'allxtayäta. 2014 marat 2020 marakamax qullqi tuqit independencia ukar puriñkamax reloj ukar uñtasitaw: Ejecutar, yatiqañ, yant'aña, chiqañchaña, ukatx mä qawqha juk'amp ejecutar. Nayax estratégicamente suma apartamentonak jikxatawayta, ukhamat costos optimizados ukatakix compañeros de cuarto ukanakamp jakasa. Irnaqäwi jak'an jakasitaj laykojj janiw auto apsuñatak llakiskti; antisas autot jan ukajj bicicletajaruw atinisiyäta ukat semana tukuyanakan wakiskäna ukhakiw auto alquilasirïta. Viaje gastonakajar subsidio churañatakejj puntonak apnaqañ toqet wali yatjjatt'atätwa. Niya taqpach manq'añanakax Google ukan wali kusisitaw jikxatasiyäta, ukat janiw mä qullqit manq'añax wakiskiti. Nayax gimnasio ukan miembro ukhamäñax jaytawaytwa ukatx Google ukan gimnasio ukan utjki ukanak apnaqawayta. Walja kutiw jach'añchatäyäta. Kusisita ukat wali kusisitaw jikxatasiyäta. **Sapa uru lurañanak lurañasa ukat patrimonio neto ukan nayrar sartataj uñjañas amtajan wali wakiskirïnwa** . Nayax sapa kutiw qullqi imañ amtanakax phuqhawayta, ukatx 2020 maranx 35 maraniw qullqi tuqitx independiente ukhamaw jikxatasiyäta.

Qullqi tuqit independencia saräwijanx mayjt'awix uka suma phaxsinakaw agosto ukat septiembre phaxsinakanx 2014 maranx qullqi tuqit independencia ukar munasiñax utjawayi, chiqpachan jutïr pachajat kusisita, ukat uka chiqar puriñatakikix qhana amtanakaw utt'ayawayta. Qullqi tuqit independencia ukax llave ukawa, jutïr samkanakamar jank'ak puriñ yatiñatakix jist'aratawa, kunatix uka samkanakax walja kutiw costos asociados ukanakamp juti. Wali askiwa, nayax nayratpach mä industria —tecnología— ukankäyätwa, ukax walja oportunidades ukanakaw utjäna, jach'a subvenciones de acciones ukat promociones ukanakax rendimiento ukarjam lurañataki.

Jaqinakax finanzas personales tuqit jiskt'äwinakampiw jak'achasipxitu: "¿Kunjamsa jubilacionatakix qhawqha qullqis munasini uk jakt'asma?" jan ukax "¿Qhawqha qullqis amtanakajar puriñatakikix qullqi imañaja?" jan ukax "¿Kuna qullqichasiwinak lurañas wali askïspa?" Uka jiskt'awinakan jaysäwinakapax internet uksanx jank'akiw jikxatasi. Taqi kunatix qullqi tuqit independencia ukar puriñatakikix wakiski ukax niyaw ukanx utji. Waranqa

waranqa, inas millones ukhamarak pankanaka, blogs, cursos, podcasts, videos ukat artículos finanzas personales ukanakat utji. Nayratpachaw walja yatiyawinakax utji, kunjams jubilacionatakix qawqha qullqis munasispa uk jakt'asma, kunjams qullqi imasma, kunayman qullqichasiwinak lurañax amtanakamar puriñatakiwa, ukat juk'ampinaka.

Ukampirus kunatix jaqinakax uka yatiyäw jikxatañatakix ch'am tukupxaspa ukax janiw jichhakamax qullqi tuqit saräwipatx sum kusisiñas ch'amanchañas utjkiti . Ukatwa, sapa maynix jiskt'asipxañapa, kunjamas uka jach'a munañamp ch'amanchawimp jutïr jakawipat phichhantañaxa, ukat kunjams qullqix catalizador ukhamaw irnaqaspa, jupanakan jan uñt'at uñjäwipar yanapt'añataki. Kunapachatï chiqpachapuni kuna tuqit kusist'askta ukhaxa, velox jilxattaspawa, ukat mä akatjamat yatiyäwinakax taqi chiqans utjkaspa ukhamawa. Kuna yänakatï munaski ukanakax qhanstawayiwa, ukat juk'ampiw yatiñanaka ukat amuyt'awinak katuqarakta, ukax qullqi tuqit independencia ukar irpapxiristam. Uka kusisiñ yapuchañax sapa maynin saräwipawa. Inas jutïrin sum amuyt'añasa, suma amtanakar puriñasa, qollqe toqet amtanakaman mä amtar puriñasa jan ukajj qollqe toqet sum jikjjatasir mayninakat amuyt'ayasiñas wakischispa.

Kunas qullqi tuqit chiqpachan kusisiyki uk yatxatañatakix tiempo apst'asiñamawa. Qullqi tuqit independencia ukax jakäwimar apanispa ukat libre sarnaqañax utjaspa uk amuyt'añäni. Arsuwinakampi chikañchasim, ayllunakar mantam, ukat khitinakatix nayratpach aka thakhinjam sarapki ukanakan sarnaqäwinakapampi, experiencianakapampix ch'amanchasim. Pasión ukat motivación ukar ch'amanchasax mä ch'aman ch'amaw utjani, ukax qullqi tuqit independencia ukar ch'amanchañatakiw ch'amanchasi. Amtañäni, kuna yatiyäwinaktï thaqkta ukajj niyaw utjxi, jumajj ukanak katoqañ suyaskta. Kusisiñamampi ukat ch'amanchawim yapuchasaw walja yatiñanaka ukat yänakax wakisi, qullqi tuqit jan uñt'at suma sarnaqäw lurañataki. Kusisiñamax irpapxañamawa, kunawsatix walja yatiyawinak utjki ukanakat yatxatapkäta ukat jutïr pachan qullqi tuqit independencia ukar mayjt'ayañ thakhimar qalltañamataki.

Akax chiqawa: Qullqi tuqit independencia jikxatañatakix janiw kuna jamasat utjkiti. Jumatï mä jamasat suyt'asa aka libro alasma ukhajja, ¡walikiwa, muspharkañawa! Janiwa maynis utjkiti. Janiw [Jachaqt'asiña] libro kutt'ayañamäkiti. Ukhamakipansti, jutïrin mä kusiskañ jakäw amuyt'añ qalltañamawa ukat kuna yatiyäwinaktï ukan utjki ukanak thaqhañ qalltañamawa. Yatiqañ curva ukax janipuniw tukuskiti. Nayax finanzas personales ukarux wali munasiñampiw uñjta taqi uka maranakanxa. Mä qhawqha horanak nayrajja, mä hora chikataniw mä tarjeta de crédito ukar yatjjatawayta, uka tarjetaruw solicitud churañ amtayäta. Amuyt'añäni, 2014 maranjja, taqe uka maranak aguantañatakejj kunja kusisitäpachänsa uk amuyt'añäni.

Ukaw aka taqpach libron esenciapaxa. Janiw jisk'a thakhinaka, qullqi balas, secretos salsas, fórmulas mágicas, habas mágicas, llaves de oro, jan ukax estrategias de inversión mágica super-especial ukanak uñacht'ayktanti. Taqi uka yänakax bullshit ukhamawa. Kuntix ch'amanchapksma ukax mä jakäw munatam amuyt'añawa ukat jan axsarañ apthapiñawa sapa uru mä amtar phuqhañataki, ukax ukaruw puripxätam.

Achani Samon Biaou: Ukax mä jach'a uñacht'äwiwa. Super citables ukax mä juk'a pachanakanwa. Walpun yuspärapxsma, jumamp chika saräwim yatiyapxatamata. ¿Kunapachatï nayrïr kuti ukham kusisiñ jikjjataskta uka horasar kutt'ayasmati? ¿Kunas ukham kusisiyätamjja?

Olumide Ogunsanwo: Jakäwijan mä chiqar puriñjamätap amuyasax wal kusista, kawkhantix jan irnaqañax wakiskiti. Jakäwijan yanapt'añatakejj qollqenïristwa. Uka amuyt'awix naya manqhan mä ch'aman chispa phichhantawayi. Ukajj mä qhanañchäwipunïnwa, janiw nayrajj ukham qhana ukat jan ch'amäki ukham amuyt'irïkti. Jan phoqañjam samkajam uñjañat sipansa, uñjkañ ukat phoqañjam amtäwiw sasaw amuyt'añ qalltawayta. Janipuniw khitirus qollqe toqet independiente jan ukajj nayratpach jubilasir uñt'kayätti. Janipuniw khitirus uñt'kayätti, jupajj trabajop jaytasajj sum jikjjatasïna. Janiwa. Uka amuyunakax nayatakix taqpach yaqha markankirïnwa.

Nayra experiencianakajat lup'isax ciclos de crecimiento personal ukan sarnaqatax amuyasta, uraqpachar uñjañax jilxattawaytwa ukat normas societales ukanakax ch'amäxiwa. Amuyt'añataki, sapa mayniw amuyt'asirïta, ukat Diosar jan iyawsirïñwa jikjjatawayta, kuna religionanakatï nayajj saphintatkäna ukanakat jiskt'asisaw taqe religionat lurat yänakajj luratätap amuyayäta. Ukhamarakiw vegetariano ukhamäñax wali amuyump amtawayta, ajllitanakax wasitat uñakipt'asa ukat valores ukanakamp chikancht'asis. Uka nayra mayjt'äwinakampi ukat jach'a mayjt'äwinakampiw nayarojj kusisiña ukat kuntï cheqpachapun munkayäta uk phoqañajj wakisispa sasaw creyitäna. Nayatakix wali jasakiw kusist'añaxa ukat qullqi tuqit independencia ukar thaqhañax mä natural extensión ukhamaw tukuwayi, jakäwijan independiente amuyt'añatakisa ukhamarak sapa mayni jiltañataki.

Achani Samon Biaou: Nayax amuyta walja jaqinakaw utji, jupanakax ch'amakt'ataw jikxatasipxi. Jupanakax qullqi tuqit independencia uka amuyumpiw ist'asipxi ukatx ukampirus kusisiñanak uñt'ayañ munapxi, ukampis janiw kunjams nayrar sartapxani jan ukax kuna lurawinakas lurañax ukx yatipkiti.

Olumide Ogunsanwo: Walikiwa, nayax 5C jaljan qalltawinx walja detalles ukanakaruw mantawayta metas ukanakax ukampis yaqha uñacht'äwiruw akanx wasitat ch'allt'añäni. Aka chiqax khitinakatix granular yatiyawinak wali askit uñjapki jupanakatakiw wakicht'ata. Akax mä qawqha lurawinakawa:

1ri t'aqa (vision luraña): Jutïr jakäwimat amuyt'asaw qalltañama. Mä qhawqha maranakan jakäwimax kunjamäñapsa munta uk amuyt'añäni. Mä uñacht'äw lurañäni. París ukat Londres markanakar mä kipkak tiempom jaljañ munasma sasin amuyt'añäni, kimsa cuartonïki uka suma utan kimsa wawanakampi jakaskta. Jichhax 40 maranïxtawa ukatx 55 mara phuqhañkamax uka jakäw jikxatañ amtaskta.

2ri t'aqa (FI meta cálculo): Internet ukar mantam ukat uka detalles ukanakax mä calculadora de jubilación ukar qillqt'atawa. Jubilacionan calculadorapax jiskt'asiniwa kuna maras jubilacionax munaski (55), jichhax kuna gastos ukanakas utji (aka línea base ukar jakt'añatakix jichha gastonak uñakipt'añaw wakisi) ukat jutïr gastos ukanakax (jutïr uñjäwiman chiqanakan qullqip yatxatasaw jakt'asma, sañäni, Londres markan kimsa ikiñ utax 750.000 € ukha qullqiwa). Amuyt'añäni, jubilacionan calculadorapax 15 maranakanx 2,8 millones de euros ukjaw munasini sasaw qhanañchi. Ukax FI meta ukat fecha ukar tuku. Maysatxa, 3%-4% kamachimpiw apnaqasispa (25X-33X múltiplo), 5C jaljan arsutäki ukax FI meta ukar triangular lurañatakix jutïr gastos ukarjam luratawa.

3ri t'aqa (Amtanak utt'ayaña): FI amtäwimar ukat urur puriñatakikiw mä amtar puriñama. Mä qullqituqita ukhamaraki qullqi imaña amta wakicht'aña, ukhamata FI uka amtaru puriñapataki. Jumatix 15 maranakanx

2,8 millones de euros ukjam jikxatañax niyas jan ch'amäkaniti sasin amuyasta ukhax mä amtar puriñkamax jakhüwim ukat kuna urus mayjt'ayasma. Uka amtäwi uru ukat jakhüwi mayjt'ayañax variables ukanakar chiqañchañaw wakisispa, sañäni:

1) Tiempo mayjt'ayaña (inas 15 marat 30 marakama jilxatayaña).

2) Kawkhantix munkta uk mayjt'ayaña (París anqäxan mä jisk'a qullqin markar amuyt'asa)3) Uta luraň amtanakam mayjt'ayaña (kimsa ikiñ utat sipanx mä jisk'a mä ikiñ uta ajlliñamawa).

4ri t'aqa (Sapa uru lurañanaka ukhamaraki phuqhaña): Mä juk'a pachataki amtanaka luraña ukhamaraki sapa uru lurañanaka luraña, jaya pacha qullqituqita independencia amtanaka phuqhañataki. Ukax sañ muniw juk'amp jaya pacha amtanakam jisk'a, sapa maratakix phuqhañjam lurawinakar t'aqanuqaña. Amuyt'añataki, nayrïr marax inas 84.000 € qullqi jikxatañax wakischispa ukat uka qullqit 50% ukj imañaw wakisispa. Ukatakix mä irnaqäw jikxatañaw wakisi (jan ukax mä negocio qalltañaw wakisi) ukax 84.000 € ukjam qullqiw churasi ukatx kunjams gastos ukx jisk'achasma uk uñt'ayañaw wakisi, ukhamat 50% qullqit qhispiyañataki.

Flexibilidad ukax wali wakiskiriwa. Planman mä qhawqha tuqinakapar munasiñax, sañäni, París markan jakañax jan ukax kimsa ikiñ uta munañax wakisispa ukhaxa, tunka maranakaw juk'amp tiempo irnaqañax wakisispa, yaqha jakäw ajlliñatakejj flexibilidad utjaspa ukhasa.

Achani Samon Biaou: Juman uñacht'äwimx walpun munasta, ukat ukat mä qawqha kamachinak apsuñ yant'apxäma. Nayrïr kamachix kusisiñax mä aski vision uñstayañampiw qalltawayi. Uka kusisiñajj chuymamat jutañapawa ukat wali ch'amañcht'añapawa. Visión ukax chiqpachapuniw chuymaman valoranakamampi ukat munañanakamampi mayakïchi ukhaxa, tiempon yant'aparuw saykatani. Ukampis yaqha jaqit yatiqañatakiki jan ukax mä saräwirjam sarnaqañatakik mä vision ukat amtanakam utt'ayasma ukhaxa, uka jaqix jan ukax uka tendenciax chhaqtawayxi jan ukax chiqpachapuniw uka amtar purisax jan phuqañjamäkaspas ukham amuyassta.

Juma pachpa amuyasiñaw nayrïr amtäwixa. Payïr kunatix experienciamat ist'kta ukax flexibilidad ukax wali wakiskiriwa, ukax esencialismo ukham enmarcañ munta. Mä juk'a arumpixa: Manqhat mä uñjäwi thaqhañampi qalltaña; payïrix, qullqi tuqit amtañatakix esencialismo ukaruw katuqañama; ukat kimsïri, jiwayañ tuqit chiqañchäwix utjañapawa. Mä kutix qhana amtanakax utjki ukhax Usain Bolt jupax juk'amp jaya t'ijtirir tukuñatakiw entrenamiento ukar tukuwayxi. Ukanx janiw kuna magias utjkiti. Janiw FOMO (Fear of Missing Out) ukarux katuyasiñamäkiti kunatix juk'amp jach'a yänakax utjiwa, ukax chiqpachapuniw munasiñax utji.

Olumide Ogunsanwo: Janiw kuna razonas FOMO ukax utjkiti kunapachatix kawkir sarañas uk yatisax. Kimsa cuarto masinakas utjktam sañäni ukat alquilerat mä partejj 2.000 dólares ukhawa. Jichhasti, amigoman utaparuw sarjjta. Mä suma chiqawa, ukampis alquilerpax 6.000 dólares ukhawa. Inas amigomax 86 maranïkasax jubilacionatak mä plan utjchispa, ukhamax ¿kunatsa jumax ukham jila qullqin apartamenton jakañ munasma, kunapachatï 46 maranïkasax jubilasiñ amtkta ukhaxa?

Janitï amigomarjam genética, valoranaka, sarnaqäwinaka ukat amtanakap uñt'ayasksta ukhajja, ¿kunatsa amtanakapat yateqasisma? Amtanakapax amtanakaparjamax wali askiwa, janiw jumanakan amtanakamarjamäkiti. Jumatï amigomar 46 maranïkasin jubilasiñ munta sasma ukhajja, jupas jupat yateqasismajj muspharaspawa.

Carrera escolar post-negocio ukan t'aqap tukuyañatakix aka jiskt'ar jaysañ munta: "¿Qullqi tuqit independencia ukax walikiti?" Janiw ukakïkiti, jan ukasti jakäwijan wali suma luratanakapat maynïriwa. Trabajonak taypin pä phajjsi samart'atajat walpun yuspärta. Jutïr urunakat samkasiñajatakiw yanapt'itäna, ukat uka samkajj cheqäñapatakiw mä amtar puriñajatak yanapt'itäna. Google ukan irnaqañax mä muspharkañ experienciapunïnwa. Google Bizops ukan chikancht'asiwayta, ukanx jach'a proyectos ukan irnaqawayta ukatx sapa kutiw machaq yänak yatiqawayta.

Jumatix qullqi tuqit independencia ukar thaqhañ amtasksta ukampis jakäwiman jach'a mayjt'äwinak lurañ tuqit llakissta ukhax utam jisk'achaña jan ukax auto aljaña, tukuyarux wali askiwa sasaw sapxsma. Qullqi tuqit independencia ukar puriñax libertad ukat flexibilidad ukanakaw utji, juma pachpaw jakäwiman jakañama, jan qullqi tuqit jan walt'awinakampi. Jichha irnaqäwimar munasksta ukhasa, juk'amp amtanakanïñaw juk'amp askejja, ukat qollqe toqet jan walt'ayasiñaw wakisispa. Kunanakas irnaqäwimar munasiñatak yanapt'tamxa, sañäni, gerentemasa, equipomasa, culturamasa ukat pagañamasa, kuna horasas mayjt'aspawa. Jichhürunakan munaskta uka irnaqäwi jan ukax negociox qharürux juk'amp llakisiñamäspawa. Jark'aqasiñaw apuesta ukar jark'aqasiñampi, mä plan lurasa, qullqi tuqit jank'ak independiente ukhamäñataki.

Janiw qullqi laykuki irnaqañax wakiski ukat jefemasa jan ukax gerentemasa jumar munastamti janicha ukxa sapa kuti llakisiñamäkiti. Qullqi tuqit independencia ukampix jan walt'awinakax utjkchispas ukhamakipans, irnaqawimar ukhamarak jichha trayectoria ukar watat jan walt'awinakax utjarakiwa. Qhepatjja, jumaw ajlliñama.

Jichhaxa, taqi uka kunaymana t'aqanakxa mayaru apthapipxäma. Nayax mä vision ukanïnwa, independencia ukat libertad jakäwix nayan amuyujarjama. Nayax uka vision ukarjam mä específico amtanakaw lurawayta. Mä amtäwix qullqi tuqit jan khitin jark'atäñänwa ukat suma jakañanïnwa, kunayman markanakan jakañasa, viajiñasa, munañaparjam qullqi apsuñasa ukat sapa mayni proyectonak luraňasa. Uka amtanakax qullqinak jakthapiwinakampiw uñt'ayataraki, kunjamakitix utanaka, wawanaka, yatiqañ utanaka, ukat yaqha uñt'at qullqinaka. Ukax wali wakiskiriwa, ukatw mä qawqha jach'a estrategias ukat tácticas ukanakat aruskipt'añ munta, ukanakx amtanakajar puriñkamaw apnaqawayta.

Nayax mä estrategia ESIPL (E arning, S aving, I nvesting, P rotecting and L egacy) ukham uñt'ayawayta, ukax ESI Money [7] ukat Financial Mentor (Todd Tresidder) [8] ukanakan marcos ukanakamp mayacht'asaw lurawayta .

Ganancia : Estrategia de ganancias ukax chiqapawa - Suma irnaqasax juk'amp qullqi jikxatañaw promociones, bonos ukat subvenciones de acciones ukanak irnaqawijat katuqañataki. Ukhamarakiw yaqha jan irnaqäwin qullqi jikxatañ amtanakat mä juk'a yatxatäwinak lurawayta, kunjamakitix inmuebles ukat emprendimiento, qhipharux irnaqawijaruw nayrïr qullqi jikxatañ amtawayta. Aka amtawix kunatix irnaqawijat sapa mara sueldo ukax walja patak waranq dolaranakaruw puriwayi, ukat yaqha alternativas ukanakamp chikachasiñatakix juk'amp qullqini amtawiwa (6C jaljanx estrategias de maximización de ingresos ukarux juk'amp manqhar uñakipt'añäni).

Qhispiyaña : Kunjamtix nayraqat arsuwayktxa, 50% sueldo bruto jan ukax 90% sueldo después de impuestos ukx imañ amtawayta.

Achani Samon Biaou: Ukax mä suma agresivu ukhamänwa.

Olumide Ogunsanwo: Jïsa, agresivo ukhamänwa ukampis

7. https://esimoney.com/

8. https://www.financialmentor.com/

chiqpachapuniw lurañjama. Nayax laser tuqiw amtäwijaru ukat jutïr pachan qhana vision ukar uñt'ayawayta. Kuntï lurañ munkayäta uk sum yatjjayäta ukat jutïrin amuyt'kayäta uka cheqar puriñatakejj wali ch'amampiw ch'amachasiyäta. Valores ukarjam gasto lurañ amtaruw iyaw säna, ukat kunatï cheqpachapuni kusisiña ukat kusisiñatak yanapt'kitäna ukarjamaw gastonakajajj wali amuyump chikachasiyäta. Uta gastonakax tasa de ahorro ukarux juk'amp jan walt'ayawayitu. Alquiler ukax $1.000-$1.500/phaxsiw taqpach carrera ukanx utjäna kunatix cuarto masinakajaw utjäna. Nayan transporte costos & manq'añ facturas ukax juk'akiw kunatix Google autobús ukaruw irnaqäwir sarawayta ukatx jilpach manq'añanakax campus ukan manq'asiwayta. Nayajj jan apt'asisaw wali kusisita sarnaqayäta. Yaqha markat jutir jaqïtaj laykojja, nayrar sartaskir markan jilsuñajajj wali askiwa, ukanjja jaqenakajj qollqe uchañ nayrar uchañ yatipjjäna. Ukham sarnaqatapajja, wali kusisit jakasiñamp kusist'kasajj juk'a qollqe gastañ amuyuniñajj janiw ch'amäkänti.

Achani Samon Biaou: Uka amuyunaka uñt'ayapxatamat yuspajarapxsma. Mä qhawqha tuqinakat juk'amp manqhar allsuñ munta. Jumax qullqi jikxatañ tuqit ukhamarak qullqi tuqit estrategias ukanakat arsuwayta. Qullqituqit tuqitxa, irnaqawimarukiw chuym churasma, ukax tecnología tuqin walja qullqin irnaqawimat ukhamarak uka tuqit wal munasitamat amuyt'asax wali askiwa. Ukampirus yaqhipanakatakix qullqi tuqit kunayman lurañanakax juk'amp askïspawa.

Olumide Ogunsanwo: Tecnología tuqin jach'a sueldo katuqatajampi ukhamarak yapu tuqir munatajampixa, nayatakix wali askiwa, irnaqawijar nayrar sartayañaxa, nayrïr qullqi jikxatañataki. Nayax tecnología ukarux walpun munasta. Mä podcast (Afrobility) ukham lurawayta, ukanx empresas tecnológicas ukanakat yatxatawaytwa ukatx arumanakax ukat semana tukuyanakanx uka tuqitw uñakipt'ta. Ukampirus sueldojax 48.000 dólares ukhamäspa ukhax jumax asnumaruw apuestasma nayax yaqha thakhinak qullqi jikxatañ thaqhaskakiristwa. Mä irnaqäwir chuym churañax yaqhipanakatakix wali askïspawa, ukampis janiw mä sapa estrategia ukhamäkiti. Ajlliwimax kunayman tuqinakatw uñt'ayasiñapa, sañäni, maramat, yatiñanakamat, red, oportunidades, amtanaka, sueldo, jach'a jach'a tukuñ potencial, autonomía ukat yaqha wakiskir factores ukanakat dependeriwa.

Achani Samon Biaou: Costo tuqitxa, kunjams valores ukarjam gastos ukar phuqhañax ukxatw arsuwayta. ¿Jumax yaqhip hacks ukanakat chiqpachan arsusmati, ukax mä juk'a sawurani ukar churañatakiw apnaqasi?

Olumide Ogunsanwo: Chiqpachansa. Jiwasax mä taqpach jaljaw 6C ukaruw uñt'ayasiñäni ukampis jichhax mä juk'a arsuñjamawa contexto de nayan sarnaqäwijanxa. Jila parte jaqenakatakejja, impuesto, utanaka ukat transporte ukanakat juk'amp gastonakajj utji. Ukampirus llakisiñawa, janiw impuestos ukanakax juk'amp sum apnaqañjamäkänti kunatix jilpach carrera ukanx oficinajankxañaw wakisïna. Ukajj jila partejj askichatäjjänwa. Walja jaqenakajja, impuesto pagapjjatapajj trabajopan kunjamäsipkisa ukarjamakiw amtasi sasaw amuyapjje, ukampis janiw ukhamäkiti. Nayan experienciajax niya 40% impuesto payllañax jilpach carrera ukanx tasa de ahorro bruto 50% ukjat jilaw jilxatayañax ch'amäxänwa.

Payïr puntox utanakawa. Walja yaqhanakaw sueldojan jan ukax maranïpkta ukanakax San Francisco markanx 3.000 jan ukax 6.000 dólares phaxsit alquiler jan ukax hipoteca ukar apthapipxäna. Nayajj janiw ukham lurañ munkayätti. Nayax sapa phaxsi alquiler ukax 1.000 ukhamarak 1.500 dólares ukjakamaw utjäna, 27 maraniw negocios ukan yatiqañ tukuyatajat qullqi tuqit independiente ukhamäñkamax 35. Jumatix 1.000 ukhamarak 1.500 dólares alquiler ukar gastawayta, maynix 3.000 ukhamarak 6.000 dólares ukja qullqi gastatapamp chikancht'asisma, uka phaxsix niya 2.000 dólares ukhawa 4.500 dólares ukjaruw puri, 8 marat juk'ampi, ukax mä jach'a mayjt'awiwa. Uka sapakiw 30 maranit 50 maranïkasax qullqi tuqit independencia jikxatañax wakisispa. Kimsa tunk maraniw cuarto masinakajax utjäna, ukax inas jan taqinitak askïkchiti, ukampis uka tradeoff ukampix wali kusisitaw jikxatasiyäta kunatix qullqi tuqitx jank'akiw jikxatasiyäta ukat jichhürunakanx libre jakäw churarakitu.

Transporte tuqitxa, janiw autox munaskänti kunatix irnaqäwit 15 minutos sarañan mä apartamenton jakasiyäta. Google autobus ukaruw sarawayta jan ukax kayuk sarawayta, ukat niya cero costos de transporte ukaruw puri. San Francisco markan jila parte semana tukuyanakan sarnaqañ qalltawayta ukhajja, qollqejj mä juk'a jiljjattäna, ukanwa auto alquilasirïta. Ukhampachas Google ukax alquilat autonakatx wali suma descuentos ukanakaw utjäna, ukatx nayax 10-$30/uru alquilat autonakatak pagañ yatta.

Taqe kuntï gastañatak ajlliwaykta ukajj kunatï valoranïki ukarjamaw lurasïna.

Achani Samon Biaou: Jumax sarnaqäwimanx mä wakiskir amtaw arsuwayta. Kunapachatï irnaqäw amtanakar amuyt'ktan ukhajja, jan sapak uñjañajj wali wakiskiriwa. Uñakipt'añani kuna askinakas irnaqawix utji ukax estrategia de independencia financiera ukampiw chikanchasi.

Olumide Ogunsanwo: Taqi kunas sistemas ukan amuyt'awinakapatw arsu. Taqi kunas maynit maynikam chikt'atawa. Chiqansa, utajampi ukat autot sarañ qullqimpix wali mayacht'atätap yatisax irnaqäwir jak'achasiñ munasaw apartamentoj ajlliwayta. Ukhamaraki, impuesto ukax kawkhantix utjki ukarjamaw mayjt'ayata, ukat jaya chiqan irnaqañax uka tuqitx juk'amp flexibilidad ukaw utji. Mä sistema ukham holísticamente uñakipt'aña.

Achani Samon Biaou: Uka tuqit yatiyatamat yuspajarapxsma. Nayax pä amuyt'awinak uñacht'ayañ munta, kuntix jumax siskta ukat jikxatawayta: sistemas ukan amuyt'awipa ukhamarak valores ukarjam amtäwi.

Sistemas ukanakat amuyt'aña: Mä irnaqäw thaqhasax janiw sueldo ukak amuyt'añati, jan ukasti kunjams uka irnaqäwix gastos ukanakar jisk'achañ yanapt'iristam uksa amuyt'añamawa. Amuyt'añataki, jumatix mä qalltawin irnaqañ amtasksta ukhax amuyt'añamawa, empresan trayectoriaparjamax juk'amp equidad jan ukax qullqi katuqañ munasmati. Ukatjja, inaki manq'añanakat sipansa, valoranakamar uñtasit yanapt'anak uñakipt'añamawa, sañäni, jaya cheqat irnaqt'añ yatiña. Uka amuyunakax juk'amp wakiskiriwa, superficial beneficios ukanakat sipansa, kunjamatix inaki manq'añanaka.

Olumide Ogunsanwo: Jayan irnaqañax inaki manq'añat sipanx juk'amp askiwa, ukax walja kutiw mä jach'a aski aski. Manq'añanakamat qullqi churañax wakisispa ukhaxa, sapa manq'añatakix niya 15 dólares ukjaw apthapisma, pä kutiw urux, taqpachax sapa urux 30 dólares ukjaw apthapisma. Mä maranx 200 urunak irnaqañax utjiwa, ukax mä jach'a 6.000 dólares ukhawa. Manq'anaka phayt'asma ukhajja, juk'amp jila alanïspawa. Empresanakax irnaqäw urunakan inakiw manq'añanak churapxi, ukax niya 6.000 dólares maratakiw utji. Jayan irnaqañax jasakiw tunka waranqa qullqinak qhispiyasma, impuesto ukat alquiler sapakiw juk'amp jisk'achasispa. Inaki manq'añanakax mä jach'a perk ukham chiqanchañax ch'amawa, jan ukax mä outlier ukhamäksta ukhax 3-5 manq'añanak urux mayisma jan ukax 50 ukhamarak 70 dólares sapa manq'atak jach'a qullqinak pagasma.

Achani Samon Biaou: Sistemas ukanakat amuyt'asax wali askiwa, janiw mä irnaqäwix qawqha qullqis payllaski ukak uñakipañakiti, jan ukasti kuna askinakas utji ukanak uñakipañaw wakisi. Ukhamaraki, kunapachatixa amuyt'añatakixa gastos ukaxa janiwa wakiskiti, ukaxa inversiones ukhamawa, ukaxa potencialmente juk'ampi qullqiwa jichhaxa utjaspa jan ukaxa jutïrixa jilxatayaspawa qullqi jikxatañataki.

Olumide Ogunsanwo: Nayax sapa maraw 5-15 internacionales viajes ukar saririta. Kunjamatsa viajkasajj walja qollqe imawayta sasaw jiskt'asiristа. Sistema de tarjeta de crédito ukat sapa kuti viajañatak puntonak yateqawayta, ukatwa gastonakajajj juk'amp valoranïñapatak yanapt'itäna. Ukat **gastonakam arknaqañax** kunja wakiskirisa ukxat parlt'añasawa . Kunapachati gastonakam sum uñjäta ukhajja, juk'a qollqew gastasma, kunattejj jakhüwinak uñjasajj amuyunakamar mayjt'ayaspawa. Amuyt'añataki, café gastat uñakipt'asma ukat Starbucks ukan 485 dólares ukjam pasïr phaxsin gastawayta uk amuyasma ukhax chiqpachapunit café ukar ukham munasmati sasaw jiskt'asiñama. Jichhax, ESIPL ukan marco ukar kutt'añ muyuntañäni:

Lnvesting: Nayax inversión ukan amtanakap yatxatawaytwa ukatx mä estrategia de inversión de mercado de valores ukarjam utt'ayawayta, ukax nayan situación personal ukarjam alineatawa. Uñakipt'añäni jach'a qullqichasiwi amtawinakax utjiw ch'amanchañataki, ukhamat yatxatat amtawinak lurañataki, ch'amampi jikxatat qullqim jilxatañataki:

1) Acciones (equities): Inversión en acciones públicas ukax empresanakan propiedad ukar uñt'ayi. Inversión de acciones ukaxa uñacht'ayiwa mä jach'a retorno ukampisa kunaymana riesgos ukanakampi chikt'ata, ukaxa empresa-específico, macroeconómico, sistémico, político, regulatorio, ukhamaraki dividendo ukanakampi.

2) Bonos (renta fija): Bonos ukanakaru qullqichasiwi ukaxa gobiernos ukatxa corporaciones ukanakana capital apthapiñatakiwa qullqi mayt'asi. Bonos ukaxa qullqituqita ukhamaraki capital ukanaka jark'aqañataki ukhamaraki kunaymana riesgos ukanakampiwa uñt'ayataraki, tasa de interés ukanakana mayjt'awinakapata, inflación ukana ch'amapa alañataki, liquidez ukana jani walt'awinakapata, ukhamaraki riesgo de crédito ukanakampi.

3) Inmuebles: Propiedades físicas ukanakaru qullqichasiwi, kunjamatixa residencial utanaka, comerciales utanaka, jan ukaxa uraqinaka, ukatxa qullqi jikxataña suyt'asa rendimientos de alquiler jan ukaxa capital apreciación ukanakampi. Ukampirus inversiones inmobiliarias ukax riesgos ukanakampiw juti, mercadon volatilidad, ilíquidez, ukhamarak costos de gestión de propiedades ukanakampi.

4) **Qullqi (activos líquidos):** Qullqichasiwi activos altamente líquidos ukanakaru, ukaxa cuentas de ahorro, certificados de depósito (CDs) ukanakaru churaraki ukaxa mä opción segura ukhamaraki baja riesgo ukaniwa qullqinakamat intereses ukanaka apsuñataki. Tasas de interés ukaxa mayja mayjawa ukatxa política de banco central, demanda/oferta de mercado, inflación, competencia bancaria ukatxa tipo de cuenta ukanakampiwa uñakipata. Inas yaqhip yaqha qullqichasiwinakamp chikachasiñatakix juk'amp jisk'a retornonak churarakchispa, ukampirus liquidez ukat seguridad ukanak churaraktam.

5) **Capital privado (PE):** Fondo PE ukan qullqichasiwi, kawkhantix qullqichir jaqinakax capital ukanakap mayacht'asipxi, taqpach empresa jan ukax mä empresan participación ukar katuqañataki. PE qullqichasiwinakax ch'amäspawa ukat jan qullqini ukhamawa, ukhamax wali askiwa jach'a qullqini jaqinakataki, jupanakax juk'amp riesgompiw suma jikxatasipxi, jaya pachan retornos potenciales ukanakataki.

6) . **Capital de riesgo (VC):** Nayra pacha, jach'a jiltawi empresanakaru qullqichasiwi qullqi apthapita tuqi, ukaxa firma VC ukanakana apnaqatawa. Ukax jach'a riesgowa kunatix jach'a retorno ukanakax utjaspawa, ukampirus ilíquidez, jach'a qullqinak ukhamarak taqpach qullqichasiwinak chhaqhayañampiw uñt'ayataraki.

7) **Angel qullqichasiwi:** Negocios privados de etapa inicial ukanakaru chiqak qullqichaña. Angel qullqichasiwix mä jach'a qullqichasiwiwa, ukampirus wali jach'a retorno utjañapatakiw ch'amancharaki. Yatxatäwinak jach'a luraña ukhamarak debida diligencia luraňax wali wakiskiriwa kunatix sapa mayniw capital propio ukarux chiqak qullqichxapxi, janiw profesionales de fondos VC ukan irpirinakap tuqix qullqichxapxiti.

8) **Criptomonedas:** Criptomonedas ukanakaru qullqichasiwi ukaxa activos digitales descentralizados ukanakawa ukaxa criptografía uka apnaqapxi seguridad ukataki. Criptomonedas ukar qullqichrantañax, kunjamakitix Bitcoin ukat Ethereum, ukax wali jach'a volatilidad ukat riesgo

ukanak apaniwayi. Criptomonedas ukax mä clase de activos relativamente machaq ukhamarak jank'ak jilxattawiwa, ukhamax desarrollos regulatorios ukanakat yatiyatäñax wali askiwa.

9) Aljañ yänaka: Materia prima ukar qullqichrantañamawa, sañäni, aceite, quri ukat trigo. Aljañ yänakan chanipax wali mayjt'aspawa, ukhamax mä jach'a riesgo qullqichasiwjam uñjatawa.

10) Anqäx markan divisa (FX): Qullqinak alaña ukat aljaña. Mä jach'a qullqichasiwiw utjaspa ukampis jach'a retorno uñstayañatakix ch'amanïspawa.

11) Coleccionanaka: Coleccionanak alaña ukat aljaña, juk'a qollqenakat qalltasa, arte fino ukanakakama. Jumatï yatxatäwinakam lurañ munsta ukat kuna yänaktï valoranïki ukanak alañ munsta ukhaxa, mä suma qullqichrantäwiw utjaspa.

12) Peer-to-Peer (P2P) qullqi mayt'asiña: Sapa mayniru jan ukaxa empresanakaru qullqi mayt'aña mä plataforma P2P tuqi. Ukax nayra cuentas bancarias ukanakat sipanx juk'amp jach'a tasas de interés ukanakaw utjaspa ukampis juk'amp riesgompiw juti.

Uka amtawinak taypinx ch'amampiw qullqichasta, yänakax sapürunjam ukat estratégicamente aljasa. Jan ukax, pasivamente qullqichasiwix alasisma ukat jaya pachatakiw qullqichasiwinak katxaruñama, janiw sapa kuti aljasiñanak lurañakiti, qhathur atipt'añ yant'añataki. Inversores pasivos ukanakax fondos mutuos ukanakaruw qullqichxapxi, kunjamakitix fondos de índice jan ukax Fondos de Intercambio (ETFs), ukax walja qullqichir jaqinakat qullqinak apthapipxi, mä qhathur arknaqañataki ukhamarak mä cartera de valores diversificados ukham lurañataki.

Nayraqatax (4) opción ukar qullqichrantañax janiw qullqi tuqit independencia ukar puriñatakikix mä jach'a retorno churañapäkiti, kunatix inflación ukar uñtasitx juk'a retorno ukaw utji. (5), (6), (7) amtawinakax jilpachax jan qullqini ukhamarak jach'a qullqini ($1M+) jaqinakatakix utjiwa, ukatx (8), (9), (10), (11) amtawinakax wali uñjatawa especulativo ukat qullqichrantañat sipansa qullqi tuqit anatt'añar uñtasitäspawa. Opción (12) ukax mä juk'a jan uñacht'ayatawa jaya ciclos de mercado ukanakanxa.

Ukatwa, nayax amuyta (1), (2) ukat (3) ukax jilpachanitakix juk'amp askiwa accesible riqueza generación uka amtawinakaxa, ukampirus aka uñjawix nayan pachpa parcialidad uñacht'ayaspawa. Ukhamarus, qullqichasiwix índice de acciones jan ukax bonos ukat ETFs ukanakanx mä qalltawix wali askïspawa. Aka amtawinakax kunayman lurañanak uñacht'ayi, jan qullqini, ukat qallta qullqichasiwinakax juk'amp jisk'akiwa, ukax juk'at juk'at atinisiñ uñstayañax janiw ch'amäkiti.

Janiw mä chiqap thakhix utjkiti qullqim qullqichrantañataki ukampis jumatakix mä thakhiw utji sapa mayni munañanakamaru ukhamarak amtanakamarjama. Mä thakhi jikxataña, ukaxa jumatakixa irnaqañapawa, qullqituqita amtanakama, tolerancia de riesgos, horizonte de tiempo, implicaciones tributarias ukatxa estrategias de diversificación ukanaka uñakipt'asa ukhamaraki ajlliñawa wakisiri qullqichasiwi amtanaka. ¡Jumaw uk lurasma! Taqi kunatix qullqi tuqit independencia ukar puriñatakikix wakiski ukax niyaw utji, taqi kunatix lurañamäki ukax jutïr pachat kusisiñawa ukat thaqhañ qalltañawa.

P rotecting: Qullqi tuqit nayrar sartañajatakix walja kasta seguronakaw utjäna, ukanakax akanakawa: seguro de vida, seguro de salud, seguro de discapacidad, seguro de paraguas ukat seguro de alquiler de autos. Janiw mä jan suyt'at lurawix walja maranak ch'ama irnaqawinak chhaqtayañ munkti, ukatwa kunayman jark'aqasiñ mecanismos ukanakat yatxatañataki ukat phuqhañatakix pacha apst'asiwayta. Janiw kunas juk'amp jan walïkiti, 80% qullqi independencia ukar sarañat sipansa ukat mä evento outlier ukan taqpach chhaqhayañat sipansa.

L egacy: Qullqi tuqit independencia ukar jak'achaskäyät ukhax planificación inmobiliaria ukan wali wakiskir aspecto ukarux juk'amp yatxatawaytwa. Taqi kunatix wakiskir documento de planificación patrimonial ukanakat yatxatawaytwa ukat wakicht'awaytwa, ukanakax akanakawa: fideicomiso, testamento, poder financiero ukat directiva médica avanzada (jilapartx Testamento Vivo, Poder Médico jan ukax Procurador de Salud ukham uñt'atawa). Aka qillqatanakax, marco jurídico estadounidense ukar específicos ukhamäkchisa, mä plano ukhamawa, activos ukanakax jark'aqañataki ukhamarak mä plan suma qhananchata, kunapachatix pasañax utjkitu ukhax. Wali askiw yatiñax planificación inmobiliaria ukax mayj mayjawa jurisdicción ukarjama, ukhamax wali wakiskiriwa thaqhañax wakiskir yatiyawinak ukhamarak documentación específicas ukanakax kawkhantix jikxataskta uka tuqita.

Ukat kunjamsa mayjt'ayasma ukat mayninakar yanapt'asma uka toqet lup'iñwa qalltawayta. Ukax machaq thakhinjam consultoría de independencia financiera ukar mantañatakiw irptawayitu, ukanx sapa mayniruw qullqi tuqit saräwinakapanx irnaqawimp yanapt'añamp churarakta. Nayax mayninakar ch'amanchañatakiw ch'amachasta ukat qullqi tuqit independencia ukan jan walt'äwinakap jan axsaras ukat qhanampiw sarnaqañ yanapt'ta.

Mä juk'a arumpixa: Taqi kuna yatiyawinaksa qullqi tuqita independiente ukhamäñatakixa wakisiwa, ukaxa niyaw utji. Qullqi tuqit independiente ukhamäñax janiw kuna jamasat utjkiti. Ukham sapktam uka jaqinakax jumarux bullshitting sapxiwa. Janiw jisk'a thakinaksa ni qollqet lurat balanaksa thaqkti. Kunapachatï jan juk'amp irnaqañax wakisxani uka chiqar puriñjamätap amuyasax wal kusista. Nayax mä qhana uñjäw lurawayta jaya pacha amtanakampi ukatx sapa kutiw estrategia ESIPL ukar arkta, costumbres ukanakax mä ciclo repetible ukan saphintatañkama. Ukax qullqi tuqit independencia ukar puriñaruw puriyi, 35 maraniw 2020. Nayax amuyujatw qullqi tuqit independencia objetivo número ukax jaytawayta, ullart'irinakar jan jan walt'ayañataki. Nayan jakhüwijax janiw jumatakix wakiskiti kunatix juma pachpan qullqi tuqit independencia jakhüwimax mayj mayjawa, mayj mayjawa ukat sapa mayni circunstancianakamar ukhamarak amtäwinakamarjamaw wakicht'ata. Mä jikxatawi, ukax qhanañchañataki ukat arknaqañatakiw ch'amachasiñama. Kunatix chiqpachan wakiskirïki ukax amtanakam qullqi tuqit independencia tuqit juma pachpan uñjäwimampi chikachasiñawa.

Achani Samon Biaou: Wow, kuntix jumax sapkta ukax qullqi tuqit independencia ukax janiw kunarus tukuñakiti jan ukasti juma pachpampi ukat valores ukanakamp juk'amp mayacht'asis jakañawa.

Olumide Ogunsanwo: Chiqpachansa. Mä aski jakawi jakaña kawkhantixa libre ukhama ukhamaraki jani normas societales ukanakampi watata. Aka jakawiru puriñaxa qullqi tuqita wali askiwa.

Achani Samon Biaou: ¿Kuna mayjt'awis qamiriñamp qullqi tuqit independiente ukhamäñampixa?

Olumide Ogunsanwo: Akax mä jiskt'awiwa, ukampis mä qawqha matices ukaniwa. Qamiriñax mä concepto subjetivo ukhamawa, jan criterios objetivos ukanakampi. Ukax juk'ampirus psicológico sensación ukawa, mayninakamp jan ukax nayra jaqimp chikancht'asis. Yaqhip jaqinakax 50M dólares qullqinix janiw qamirïkaspas ukham amuyaskaspati, yaqhipanakax 20M dólares qullqininakax qamirjamaw uñjasipxaspa. Qamirïñax jilpachax mä uñtasit amuyt'awiwa ukatx janiw askïkiti jan ukax wali ch'amanchatawa (santi, 1% patakatx patrimonio neto ukarjama jan ukax 5% jach'a ganancias ukarjam).

Maysatxa, qullqi tuqit independencia ukax juk'amp wakiskir ukat aski amuyuniwa kunatix mä definición estricta ukaniwa. Jichha qullqi yänakamax jakäwiman jakañatakix wakisispati? Ukaw jumanakajj munapjjtajja. N. Qullqituqita independencia ukxaruxa, yaqha capas ukanakawa utji, ukaxa arknaqañataki ukhamaraki tupuñataki. Amuyt'añataki, qullqi tuqit independencia amtäwim jilxatayasma, mä buffer de seguridad ukamp yapxatasa ukat mä jach'a jakhüwimp amtasa, sañäni 20% ukat 50% nayrïr amtäwimat sipanx juk'amp jach'a.

Qullqi tuqit independencia ukar amtäwix mä manqhan sarnaqawiwa, jumanakan términos ukarjam jakañ jakañataki, ukampirus qamirïñ amtañax juk'amp anqäx tuqir uñtatawa, ukax uñtasiwiruw puriyi, FOMO, ukat jan kusisiñaruw puriyi.

Achani Samon Biaou: Kunawsatix mä amtäwix chiqpachapuniw jumamp ist'asi ukhax taqi kunatix uka amtar puriñatakikix luraskta ukax mä amtampi ukat phuqhañjamaw jikxatasi. Janiw mä q'ipis ni distraerjamas amuyaskiti, kunattejj jumatakejj wali wakiskiriwa.

Olumide Ogunsanwo: Mä cristal ukham qhana uñjäwimp amtäwimp llawintasiñax qullqi tuqit independencia thakhinx wali wakiskiriwa. Kunjamsa amtanakar purisma jan ukax jakäwim sum amuyt'asma uk jan sum yatisksta ukhaxa, kunayman marconakaw utji, ukanakaw jumar irpañatakix utji. Mä juk'a pacha apst'asiñamawa kunatix chiqpachan wawatpach pasión ukar phichhantawayi, ukat wali ch'ullqhi munañanakamaruw ch'amanchañama, ukat jan tukuskir pachax utjaspa ukat pantjasiñ axsarañax jan jark'kätam ukhax kunas uñstaspa uk yatxatañamawa. Aka ejercicios introspectivos ukax mä brújula ukhamaw irnaqani, ukhamat juma pachpan jan uñt'at thakhim uñacht'ayañataki. Amtañäni, ukax jakäwimawa, ukat jumax ch'amanïtawa uka diseñar lurañataki. Janiw pächasiñakiti, juk'amp amuyunakatakix internet tuqin recursos ukanakat yatxatañamawa ukat masimarux, wakisispa ukhax, amtäwinak lurañanx chikancht'asiñamawa. Amtanakax janiw qalan utt'ayatäkiti ukat tiempompix mayjt'aspawa. Inas qalltan amuyunakamax, kunjamtï utamax jach'äki ukhama, mayjt'ayañaw wakisi sasaw amuyasma. Janiw Samon ukat nayas jumatakix mä ch'amañcht'kir ukat kusiskañ vision lurañjamäkiti. Ukax mä sapa viaje ukawa, jumakiw uka thakhirux mantasma.

Qullqi tuqit independencia ukax mä espectro ukhamawa, janiw estado binario 0 jan ukax 1 ukhamäkiti, ukax jakäwimar juk'amp controlañatakiw ch'amancharaki ukat samkanakamar jak'acharaki. Qullqi tuqit amtanakamat jayarst'atäkasmas ukhamakipans, wali askiw ch'amanchatäñama ukat uñjäwimar sarañ thakhin kusist'añaxa. Amtañani, kusisiñax janiw FI ukar puriñkamax qhiphart'ayañax wakiskiti, kunatix aski amtanakar uñt'ayañax ukat ukanak tuqir nayrar sartañax jichha pachanx phuqhasiñaw apanispa. Amtanakamar phoqañatakejj qhawqha tiempos munasispa uk amuyt'añat sipansa, ukaruw puriñatakejj kunjamsa sarnaqasma uk sum amuyt'añama ukat kusist'añama. Jichha pachanak katuqañamawa ukat sapa nayrar sartañanx kusisiñ jikxatañamawa. ¡Jutïr jaljan uñjañäni!

6B: Samon chachan Carrera Qhipa sarnaqäwipa

Olumide Ogunsanwo: Samon, chiqpachans escuela de negocios tukuyatat carrera ukar ist'asax wal kusista, ukat kunjams qullqi tuqit independencia tuqit uñjäwimar uñt'ayawayta.

Achani Samon Biaou: Escuela de negocios ukar sarañax nayrïr amtäwijasti, empresanakar mantañax wali jach'a niveles ukan amtawinak luraňanx wali ch'amanchatawa. Ukampirus, walja yatiqir masinakajax juk'amp jach'a amtanakanïpxänwa, kunatix utjki uka empresanakatakik irnaqañat sipansa, kunayman yänak luraňataki ukat luraňataki. Uka amuyatajajj juk'ampiw atinisiñajatak yanapt'itäna, ukat kuns phoqañjamaw sasaw amuyayäta. Nayax consultoría de gestión ukax mä trampolín ukhamaw uñjañ qalltawayta, wali aski yatiñanak jikxatañataki, ukampis qhipa amtäwijax mä empresa qalltasaw mä aski luraňar tukuwayi.

Olumide Ogunsanwo: Escuela de negocios tukuyatatxa, ¿mä jach'a plan de independencia financiera ukax utjtamti kawkhantix qhipharux empresan jakäwip jaytxasma?

Achani Samon Biaou: Nayax pä amtäwin amtayäta. Nayraqatxa, escuela de negocios ukan yatiqawaykta uka yatiñanak mä empresan jank'ak irnaqt'añ munta. Consultoría ukax walja proyectonakan irnaqañapatakiw yanapt'itu ukat uka amtar puriñatakiwa sasaw amuyayäta.

Payïri, nayax jank'akiw qullqi tuqit seguridad red ukar yapxatañ munta, ukax nayratpach utjkänwa, kunatix walja maranakaw uraqpachar sarkasax expatriado ukan jach'a sueldo katuqawayta. Pä maratjja, qollqejj wal jiljjatayañwa amtawayta, ukhamat patak waranq qollqenïñajataki. Amtäwijajj uka qollqe cojín apnaqañänwa, ukhamat amtajar phoqañataki, ukajj escuelanak luraňawa.

Olumide Ogunsanwo: ¿BCG ukan consultoría ukan pä marat qullqi tuqit independencia ukar puriñ suyasmati, jan ukax qullqi tuqit suma estabilidad ukar puriñ suyasmati, carrera ukan pausa/sabático ukar sarañataki ukat kunayman oportunidades ukanakat yatxatañataki janïr qhipat irnaqäwir kutt'kasa?

Achani Samon Biaou: Qalltanx qullqi tuqit independencia ukar puriñ amtawayta. Nayax mä modelo financiero ingenuo ukanïnwa, ukax mä patrimonio neto 500.000 dólares ukjam FI ukan amtapjamaw amtatayna. Amtäwix uka qullqimp qullqichrantañ ukhamarak qullqi jikxatañ (niya 5%/mara) ukhamat naya pachpa jakañataki ukhamarak soltero ukhama jakañataki, África uksan mä jisk'a markan yatiqañ utanakap lurañkama. Ukampis jakäwijan kuna mayjt'äwinakas utjaspa uk janiw amuyt'kayätti, sañäni, chuymankipstañasa, casarasiñasa jan ukajj wawanïñasa. Nayax sapa phaxsi qullqix niya 1.500 jan ukax 2.000 dólares ukhaniw impuesto pagañ tukuyatat jakthapiyäta, ukax munat jakäwijatakix wakisispawa sasaw amuyayäta. Nayax pä maraw BCG ukan irnaqañ amtawayta, mä qawqha patak waranqa qullqinak jikxatañataki, ukatx 500.000 dólares ukha qullqiruw puriñ amtawayta.

Olumide Ogunsanwo: Walikiwa, ¿kunas ukat qhiparux pasäna?

Achani Samon Biaou: BCG ukan qalltatax qhipatxa, jakañ qullqit ukhamarak munat markanakat uñjatajax jilxattawayiwa, ukax qullqi tuqit independencia ukar juk'amp jach'a amtäwiruw puriyi. Dubai markanx 1.000 dólares ukjat juk'ampiruw gastos ukanakax utjañapa sasaw jikxatawayta, ukat qullqi imañax wali jach'a jilxattawiruw puriyi. Aka jan uñjat circunstancia ukat tasa de ahorro jach'aptayatax qullqi tuqit independencia amtax wasitat calibrañatakiw yanapt'itu, jutïrin jakañ munkta uka markanakan jakañax suyt'at qullqimp chika.

Suma amuyunïñajj wali wakiskirïnwa. Nayax gastonakax racionalización ukat qullqi imañ amuyumpiw jak'achasta, ukampirus janiw chiqpach método ukx yatkayätti. Semanan viajkasa ukat hotelan puntonak jikjjatasajj janiw mä apartamento alquilañatak wakiskiti sasaw amuyayäta. Ukhamarus Dubai markanx juk'a pachakiw jikxatasiyäta, ukatw jan wakiskir qullqinak gastañax ukat fiestas ukanakax utjawayi, kunatix qullqi tuqit amtanakajaruw chuym churaskayäta. Kunjamsa jan uñt'atäki uk sum amuyt'añamawa ukat wakiskir gastonak nayrar uchañama, jan sintt'asisaw jan wakiskir gastonak khuchhuqañama. Mä fórmula prescrita ukar juykhükasin arktañat sipansa jan ukax nayan específico enfoque ukar uñtasit lurañ yant'añat sipansa, mä plan personalizado ukar yapuchañawa, ukax juma pachpan amtanakamampi ukat valores ukanakamp chikancht'asiñapawa.

Olumide Ogunsanwo: Akax principio de gastos basados en valores ukampiw sum alineata. Qullqi tuqit independencia ukax janiw taqi suma jakañanakam jaytañakiti jan ukax sapa gastonak jisk'achañakiti sasaw taqi chuym iyawsapxta. Ukax conscientemente gasto ukar valores ukat aspiraciones ukanakamp chikancht'asiñawa. Janiw uka jawirampi sarañamäkiti. Janiw autopiloto ukankasmati. Jan amuyt'asis normas societales ukarjam sarnaqañat sipansa, jan ukax juykhunakjam mä frugal jakawir arxatañat sipansa, chiqpach jumamp ukhamarak jan uñt'at amtanakamamp chika jakasiñatakiw ch'amanchapxsma. Ukatakejj kuna cheqanakantï jumatak cheqpachapuni wakiskir cheqanakan qollqe gastañamajj wakischispa, ukat yaqhanakarojj amuyt'asisaw juk'amp jisk'achañama.

Qullqi tuqit independencia ukax janiw kusisiñamatakis suma jakasiñatakis jan walt'ayasiñapäkiti, uk yatiñax wali wakiskiriwa. Janiw munktanti jumax mä jach'a ukat jan sustentable uñakipañamp aynacht'ayasiñ munktanti, ukax jakäwimat kusisiñ chhaqtayi. Mä plan apsuñax contraproducente ukhamawa, ukax jan kusisit jaytañawa. Jan kusisitäsksta ukhajja, taqe uka amtar chhaqtayañakiw wakisi. Jan amtanïñat sipansa juk'amp jan walijja, mä amtar puriñakiw juk'amp jan walïki, ukajj janiw jaya tiempotakïkiti.

Qalltañatakix kuna gastonakas utji uk uñakipt'añamawa ukat kawkhansa mayjt'ayasma uk amuyt'añamawa. Gastos ukar sum apnaqañatakix thaqhañamawa ukat valores ukat jaya tiempo qullqi tuqit amtanakamarjam ajlliñamawa. Mä sarantañ lurawiwa, ukhamax nayrar sartawim uñakipt'añamawa ukat thakhinx kuna jach'a lurawinakas utji uk jach'anchayañamawa. Kunjamtix ch'amanchawinakamax askinak luraski uk uñjasax juk'amp ch'amanchataw jikxatasïta ukat qullqi tuqit saräwimanx juk'amp ch'amanchataw jikxatasïta. Sapa nayrar sartasax juk'amp jasakiw ch'amanchañax ukat thakhimar ch'amanchañax.

Achani Samon Biaou: Olumide ukat nayatakix valores ukanakampiw qalltawayi. Jiwasan valores ukanakax amtawinak irpapxi ukat machaq tácticas ukanakat yatxatañatakiw ch'amanchapxistu, ukax kunatix jiwasatakix juk'amp wakiskirïki ukampiw chikanchasi. Amuyt'añataki, viajiñasa ukat yaqha saräwinakat yateqañsa wali askit uñjta. BCG ukan irnaqkasax consultor promedio ukar sipanx juk'ampiw viajes ukar qullqix apthapita, ukampis jilpach qullqix firma ukat puntos ukanakax irnaqäw viajes ukanakat apsutax ukjamaw qullqix apthapita. Niya 400 dólares/ phaxsikiw pagañajäna. Mä piso alquiler taqpach pagañat sipansa, viajañatak qollqe gastañwa nayrankañ amtawayta. Ukhamatwa niya sapa semana machaq chiqanakar sarañ yanapt'itäna, ukat kunayman saräwinakaruw ch'allxtayäta.

Qhipa maranakan sarnaqäwijaruw kutt'awaytxa. Niya paqallq phaxsi BCG ukan sarxatajatxa, qallta ingenuo plan ukampiw qullqi tuqit independencia ukax jubilasiñatakix mä barato africano markan jan ukax Tailandia markan jubilasiñataki, mä qawqhanak amuyasta. Nayraqatxa, activamente microgestión de ahorro de costos ukax ch'amäñapänwa kunatix nayan irnaqañax wali ch'amawa. Ukat payïrix, BCG ukan juk'amp pachaw qhiparañax ukat nivel gerencial ukar puriñax juk'amp qullqi jikxatañax utjaspa uk uñjta. Uka amuyatajja, kunjamsa parlt'ayäta uk mayjt'ayañatakiw yanapt'itäna. Janïr irpirir tukuñkamax qullqi tuqit independencia ukar amtañat sipansa, pä mara experiencia gerencial ukan jikxatasiñax askiwa sasaw amuyasta, ukax juk'amp estabilidad ukaw utjaspa ukat yatiqañ utan proyecto ukar qullqi thaqhañax juk'amp ch'amanchaspawa. Janiw chiqpachapun siskti uka amtawinakax racionalizaciones jan ukax sistema ukan ch'amanchata, ukampis qhanaw machaq amtäwix juk'amp amuyuni.

Ukampis jakäwix mä thakhiw utji, taqiniruw jan suyt'at jan walt'awinak jaquntañataki. Mä qawqha kuti qullañ yant'anak lurasaxa, mä muspharkañ yatiyäwi katuqawayta, mä qusta arácnoide sat usump jan kutt'ayañjam jan walt'äwinakat jark'aqasiñatakix p'iqijan jach'a operacionaw wakisi, janis kuna usuchjasiñ sintomanakax utjkchïnxa. Operayasiñajj mä akatjamat ukat jank'akiw uñstäna, operacionajj jan walinakanwa uñjasirakïna, ukat mä arumatwa jakäwij tukjaspa.

Olumide Ogunsanwo: [Ch'allxtataw] Jumax jank'akiw p'iqin operación lurañax wakisïna. Wauu.

Achani Samon Biaou: Nayarux sapxituwa, mä juk'a pachatxa, qustax sarnaqaspawa ukat alaya p'iqiruw ch'allt'aspa – p'iqin chiqapax samaña ukat chuymaruw apnaqi. Ukajj wali ajjsarkañänwa, kunapachatï janïr operayaskäna ukhajj kuna jan walinakansa uñjasispa, ukat jiwañas utjaspa uk uñt'ayiri papelanak firmañajajj wakiskäna ukhajj cheqapuniw chuym ch'alljjtayasiyäta. Taqi uka experienciax surrealista ukhamaw amuyasi, kunapachatix sala ukan yaqha usutanakamp muyuntat uñjasiyäta, sapa mayniw jupanakan nuwasïwinakapamp nuwasipxäna.

Uka horasanjja, jan creyiñjam jisk'akïtwa. Jiwañampi uñjasisajj kunjamakis jikjjatasi uk mä juk'a uñjañjamarakïnwa. Rata t'ijuñan kuna askinaktï lurawaykta ukanakatjja, janiw uka operacionan mesapan kuna askis utjkänti. Jila parte uñacht'äwinakarjamajja, nayajj wali suma wayn tawaqo jaqëyätwa. Uraqpachan sarnaqawayta, uraqpachan jach'a escuela de negocios ukanakat maynïriruw sarawayta, ukat mä jach'a empresan consultoría de gestión ukan irnaqt'askayäta. Nayax rata t'ijtäwinx "atipt'askayätwa" ukampis operación ukan mesapanx janiw kunas ukax kuna askis utjkänti. Munat masinakajaruw faltasiyäta ukat janiw irnaqäwitsa ni clientenakatsa lup'irïkti. Uka experienciajj qollqe toqet independencianïñatak wakicht'asiñatakejj mä mayjt'äwiruw tuküna. Nayax mä amtar puriwaytwa, ukax ch'amaw qhanañchañataki. Operayasjjayäta ukhajja, wali amuyumpi ukat naya pachpaw jakäwij jakañ amtawayta. Kunanaktï arknaqkayäta ukanakat mä juk'a chuym ust'ayasiyäta, mä arunjja, Stanford, BCG ukat juk'ampinaka. Jichhajja, taqe ukanakajj utjapunïnwa, ukampis mä ratukiw nayat apaqasispa. Mä qhawqha horanakatjja jiwatäjjarakiristwa. Ukhama.

Olumide Ogunsanwo: [Wali ch'amakt'ata] ¿Qhawqha maranis uka pachax utjäna?

Achani Samon Biaou: Nayax kimsa tunk maranïyätwa.

Olumide Ogunsanwo: Kimsa tunk mara qalltan p'iqin operacionapa. Chiqpachansa, ukax wali llakiskañawa ukat nayra jist'arañawa. Amtastwa, operacionan mesapankkasajj jaqenakajj janis kunäkaspa ukhamwa amuyasiyäta sasaw sayäta. Operacionan mesapan yaqha animaläkaspas ukhamwa amuyasiyäta ukat kuna horasas jakäwimajj apt'asispawa. Luqhi!

Achani Samon Biaou: Chiqpachansa, yaqha tuqinx yaqha jaqir tukuñax wakisitap amuyayitu. K'umaräñ tuqit axsarañax juk'amp manqhankir amuyunak apaniwayi, uka jiskt'awix "¿kunas jumatakix juk'amp wakiskiri ukat kunats?"—ukax Stanford MBA programa solicitud ensayo ukan jiskt'atawa. Uka operacionajj wali sumäjjänwa, janiw kuna jan walt'äwinakas utjkänti ni arktañax wakiskänti, ukatwa yuspärta. Phisqa phajjsi sabático viajiñat kutt'anjjayäta ukhajja, walja toqetwa mayjt'at jaqjamaw kutt'anjjayäta.

Nayraqatxa, kunjamsa irnaqäwijar ch'amañcht'irista uk amuyasta, ukat kuna lurañanakatï juk'amp gustkitu ukanakarux amuyujampi ukat amuyt'asisaw apnaqañaja sasaw amuyasta. Mä jan walt'äw ch'iyjañatakejj 2 jan ukajj 3 alwakamaw walja urunak irnaqt'ayäta, ukat juk'ampinaka.

Payïri, jakäwijan libre jakasiñajj janiw negociañjamakiti sasaw amuyayäta. Ukampirus, consultoría ukan irnaqañax janiw sapa kutix nivel de libertad ukax nayatakix utjkänti. Kunjamsa irnaqt'ta uk apnaqañ puedkayäta ukhakiw consultoría ukan qheparañ amtawayta.

Kimsïri, qollqe toqet amtañatakejj super-focused ukhamaw tukuwayta. Excel ukan hojas de cálculo ukanakax nayan guia ukar tukuwayi kunatix qullqi imañ amtawaytwa ukat qullqi libertad ukar qullqichrantañ amtawaytxa. Nayax naya pachpaw viaje ukat descubrimiento cultural ukar qullqit jan llakisisax tiempo churañ munta. Ukat sistemas educativos ukanakan juk'amp sumäñapatakiw yanapt'añ munarakta, ukhamatwa mä sueldo jan dependerïta.

Olumide Ogunsanwo: ¿Kunas 5 phaxsi sabático ukanx pasäna?

Achani Samon Biaou: Kimsa wakiskir lurawinakaw utjawayi. Nayraqatxa, amigonakajampi familiaranakajampiw wasitat jikisiyäta, ukaw wali kusisiyitu. BCG ukan irnaqkasax juk'akiw jaqinakar uñjañ ukat jupanakamp chikt'atäñax utjawayitu, jupanakat llakitätwa. Uka apasiñanak wasitat ch'amanchañax ayllun wakiskirïtap amtayitu ukat nayax kusisitaw jikxatasiyäta wasitat "suma kusisiña" chiqamp chikt'atax layku.

Payïrix, masijampi, amigonakajampix Cuba markaruw sarapxta. Kunayman saräwinakat yatxatañasa ukat machaq chiqanakar sarañas jakäwiruw puriyitu. Nayatakix mä thakhiwa, juk'amp jach'aptayañataki ukhamarak akapach tuqit wali ch'ullqhi yatxatañataki. Cuba markanx kunayman jakäwinakampiw uñt'ayasiyäta, pisin jakasir jaqit uñt'at condicionanakan jakapkchisa, kusisitjam uñt'at jaqinakar uñjta. Nayatakix wali wakiskir experienciapunïnwa, jupanakan jakäwipamp yatintat jakawimp chikachasiñaxa.

Qhipharux mä machaq yatiqañ jikxatawayta, ukax janiw utilidad ukamp irpatakiti. Tinkuyäta libronak liyt'añaruw chuym ch'alljjtayasiyäta, mä instrumento tocañ jan ukajj machaq aru yateqañ sañäni, naya pachpa nayrar sartañ laykukiw kunanaktï munkta ukanak thaqhirïta.

Olumide Ogunsanwo: ¿Kunjamsa uka experiencianakax qullqi tuqit independencia amtanakam uñstayapxi? Qalltanx niya pä maraw BCG ukar jaytañ amtawayta, ukampirus ukatx operación ukan jan walt'awipax utjawayi.

Achani Samon Biaou: Qullqi tuqit independencia tuqit amuyt'awijax mä específico thakhin mayjt'awayi. Nayratpach amtañat sipansa, qhepäjjat amtañ qalltawayta. Nayax mä "Qhipa uru BCG" ukan lurawip Excel ukan hoja de cálculo ukar uñt'ayawayta, ukax qhipäxar irnaqañatakiw yanapt'itu, ukatx qawqha bono ukat lateral ingreso alquiler ukanakat sapa marax amtañax wakisispa uk amtañataki.

Nayatakix qhanaw amuyasi, kunanaks BCG ukan jikxatasma ukat kuns BCG ukar yanapt'asma uk amuyasta. BCG qhipatx mä kusiskañ jakawiw suyt'askitu ukx amuyasta, kawkhantix chiqpachan kusist'añ yänakaruw chuym churañ munta, sañäni, jach'a thakhinak saraña ukat jan walt'awinak askichaña, ukanakx nayax walpun munasta. Ukax nayrir amuyunakajat sipan mayjänwa, kawkhantix manq'añanx jutir comité directivo ukar lup'isa, mä equipo ukankir jaqir amuyunak churasa, jan ukax naya pachpaw jutir uñakipäwitak wakicht'asirïta. Naya pachpan utjataj lurañatakis mä juk'a tiempokiw utjäna.

Olumide Ogunsanwo: McKinsey ukan irnaqkayäta uka pachatpachaw uka amuyump amuyasta. Nayrajj clientenakan irnaqatapa ukat diapositivanakar mayjt'ayañwa samkayäta. McKinsey markat sarxasax uka PowerPoint ukan jan wali samkanakapax tukusxänwa [Smile].

Achani Samon Biaou: Ukham experienciajajj qhawqha qollqsa churañjama uk amuyañatakiw yanapt'itäna. Jichhax amuyujanx utjapuniwa. BCG nayraqatax nayraqatax kuntix sistema ukan apsuñjamäki ukaruw uñt'ayawayta. Qhawqsa churkiristsa uk janiw sum amuykayätti. Stanford ukan irnaqkasax juk'amp atinisiñ qalltawayta, ukatx suxta phaxsitx MBA candidato ukhamaw juk'amp qhathur sarawayta. BCG ukar mantañkamax consultoría de gestión ukax janiw nayatakix pachpa wakiskirïkänti. Nayajj juk'amp jach'a amtanakaruw amtayäta: qollqe toqet independencia jikjjataña. Operayaskäna ukhajja, kunanaktï akapachar yanapt'añ munkta ukanakjja, naya pachpaw juk'amp lup'iyäta. BCG ukan walja clientenakajax 9 AM ukat 5 PM ukjakamaw irnaqapxirïna ukatx empresanakapax wali ch'amanchataw uñjasipxi. Irnaqäwijar apankta uka ch'amampi ukat munasiñampi, kawkhantï cheqpachapun llakiskta uka cheqanakar apnaqasajj kunsa jikjjatasma sasaw lup'itäna.

Kunjamakitix, jach'a sarnaqäwir kutt'añax, modelo financiero ukax mayjt'awayiwa, jichhax mä rastreador ukaw utjitu, ukax mä específico plazo ukar BCG ukar sarxañatakix qawqha qullqis lurañax wakisi ukx amti, janiw qawqha maras sarañax uk jakt'añat sipansa mä nivel de ingreso ukar puriñkama.

Olumide Ogunsanwo: Qullqi tuqit independencia ukax mä espectro de opcionalidad ukawa, janiw binario taqi jan ukax jan kunas destino ukhamäkiti. Uka chiqanx 20% ukhakiw sarañax utji, ukampirus askinakas kusisiñas utjarakiwa kunatix juk'amp amtawinakaw utji. Uka thakhi saräwir wali askit uñjañasa ukat nayrar sartawinakamat yuspärañax wali wakiskiriwa. Kunata? Kunatix qullqi tuqit independencia ukar sarañax jakäwiman saräwipawa. Janiw tukuyañkamax suyt'añamäkiti, thakin jisk'a atipt'äwinakat yuspärañamawa, ukat nayrar sartaskakiñatakix ch'amanchañamawa.

Nayrar sartasax juk'amp amtawinak jikxatta, ukax juk'ampiw ch'amanchasi, kunatix wali askiwa, ukat juk'amp control ukax patronanakamp, clientes ukat clientes ukanakamp chikt'atäñatakiw utji. Nayax aka tuqitx ch'amanchañ munta kunatix walja kutiw uñjta jaqinakar qullqi tuqit independencia thakhinjam jan kusisita. ¿Kunatsa jan kusisitäkasma? Kusisiñatakix niyaw permiso suyt'askta, ukampis janiw permiso suyt'añax wakiskiti. Kusisiñax taqpach jak'ankiwa, jumatix chiqap circunstancianak lurasma. Uka filosofía tuqit amuyt'añakiw munta.

Achani Samon Biaou: Suma arsutawa. Qullqi tuqit independencia ukax gimnasio ukar sarañamp sasiwa sasaw uñjta. "Ay Diosaja, akax llakiskañawa" sasin gimnasio ukar jak'achasismaxa, mä jach'a fiestatakix jan lik'iñ munatamatxa, chiqpachapuniw uka lurawimp kusist'añax ch'amäni. Ukat mä qhawqha kilonak apt'asisajja, inas nayra jakäwimar kutt'jjchisma. Qullqi tuqit independencia ukax valores ukanakan saphintatañapawa; jan ukhamäkanixa, janiw irnaqkaniti. Juma pachpaw manqhan allsuñama ukat kunas chiqpachapuni kusisiñ apani uk amuyt'añamawa. Janiw uka tuqitxa jan walt'ayasiñamäkiti. Mä kutix amtäwim jan ukax munañam jikxatasma ukhaxa, taqi kunatï uka jak'an utjki ukanak wakicht'añamawa ukat taqi yaqha distraccionanak chhaqtayañamawa, juk'ampisa kuna lurañanakatï taqini lurapki ukatak lurapkta ukanakxa chhaqtayañamawa.

BCG ukanx aka saräwiw utjäna, jaqinakax TUMI jila chanini bolsas ukanakaw alasipxäna ukat nayrïr sutinakapax grabatäpxänwa. Naya pachpatakix janiw bolsas ukar munaskti, ukat janiw uka moda ukarjam sarnaqañax wakiskirïkaspas ukham amuyasirïkti.

Olumide Ogunsanwo: Uñch'ukirinakatakix TUMI bolsas ukax wali jila chaniniwa, regular bolsas ukanakat sipansa. Mä sapa bolsax 100 dólares ukjat juk'ampikiw aljasispa, ukatx TUMI bolsas ukax kimsa, pusi jan ukax juk'amp kutiw aljasispa.

Achani Samon Biaou: Consultoría ukan jilpach jaqinakax semana tukuyanakanx samart'añ ukat samarañ munapxäna, ukampis nayax qullqix viajes ukat experiencias ukanakar apst'asiñ amtawayta. Nayax mä chikat presupuesto ukanx churawaytwa, ukax mä bolsa TUMI de nivel de entrada ukan qullqipamp kikipawa, kunatix chiqpachan kusisiyapkitu ukanakaruw churawayta. Kunapachatï kusisiñatak mä cimiento utt'ayaskäta ukat ukarjamaw jakäwiman sarnaqäta ukhajja, kusisiñajj taqpachan jiljjattatap amuyäta. Ukatjja, jakäwim ukham wakicht'asajja, qollqemajj naturaljamaw mayjt'ani.

Olumide Ogunsanwo: Chiqpachansa. Tiempompejja, uka costumbrenakajj jan ch'amäjjewa, kunattejj maynit maynikamaw ch'amañchasi. Ukatakejj mä juk'a mayjäñ munañaw wakisi. Jumatix TUMI bolsa ukax taqiniw mä bolsa ukanipxatap laykux katuqsta, ukhamax janiw 30 maranix qullqi tuqit independencia ukar puriñax wakiskiti. Janiw bolsan chanip laykukiti, jan ukasti jaqinakar arktatam layku ukat janiw valores ukarjam amuyuparjam amtäwinak lurasktati. Taqi jaqinakjamax walikïskiwa, ukampis janiw jach'a askinak suyt'kasmati.

Achani Samon Biaou: Jilïr sarnaqäwir kutt'asax qullqi tuqit amtäwinak Excel ukan hoja de cálculo ukanx juk'amp ch'amanchataw uñjasiwayi, mä chiqanx BCG ukan irnaqkasax modelado ukan yatiñanakapar yuspajaratawa.

Olumide Ogunsanwo: [Larusiña] Ukax legit larusiñawa. BCG ukanx juk'amp suma modelos ukanakaw luraň yatiqawayta ukatx uka yatiñanakampiw BCG ukan mistuñ estrategia ukar amtawayta.

Achani Samon Biaou: Nayax sapa semanaw modelo ukar machaqar tukuyañ munta, gastos ukan mayjt'äwinakap uñt'ayasa, jichha jan ukax jutir phaxsin jach'añchatäñax probabilidades ukanakamp yapxataña, escenario ukan amtäwipa, ukat geeking ukak uñt'ayaña. Awisax, jisk'a uñacht'awinakas naya pachpatakiw lurasirïta, kunjams qullqi gastañax (jan ukax jan utjatapa) ukat jutïr bonos ukan trayectoria ukanakat amuyt'awinak uñacht'ayasa.

Olumide Ogunsanwo: [Larusiña].

Achani Samon Biaou: Nayax qhana Norte Estrella ukanïnwa ukatx sapa kutiw pachamamajar sum apnaqañatakix thakhinak thaqhirïta. Mä uñacht'äwiw estado aerolínea ukamp chikt'ata. Independencia financiera qhipatxa, mä qawqha viaje perks ukanak manteniñ munta kunatix viajes ukanakax nayatakix wali askiwa. Irnaqäwitak apnaqañjamäki uka avionetanakatjja, maynikiw jakäwijan estadop uñt'ayañatak yanapt'itäna. Dubai markan jilpach consultores ukanakax Emirates uksaruw Arabia Saudita uksar proyectos ukanakatak avionat sarapxäna, kunatix pachax wali askiwa – jupanakax Dubai markanx semana tukuykamaw sarnaqapxaspäna ukatx nayrïr uru irnaqawipanx nayraqatw avionat mistupxaspa. Ukampirus Saudi Arabian Airlines ukan avión ukar sarañ amtawayta kunatix mä alianza ukan chikanchatawa, ukax Air France ukanïnwa, ukax qullqi tuqit independencia ukar puriñkamax sapa kutiw avión ukar sarañ yatiyäta. Air France ukan Platinum ukham jakäwip tukuyañkamax irnaqañax nayatakix juk'amp askiwa, Emirates ukan avión ukar sarañat sipanx juk'amp askiwa. Dubai markat Boston markaruw MBA ukan yatiqañ tukuyirinakar entrevistañatakix sarañ munta ukat amuyujatx París markan mä parada ukamp juk'amp jaya thakhi ajlliñ munta, Emirates ukamp jan sayt'as avión ukar sarañat sipansa, Air France ukar sarañ munta. Emirates ukan puntos jikxatañax janiw nayatakix llakiskänti; nayan nayrankañax Air France ukamp jakäwijan Platino ukham uñt'ayasiñaw utjäna. Nayax janiw juk'amp jaya viaje jan ukax parada ukax mä jan walt'äwjam uñjkti kunatix chiqpachapuniw viajañax nayatakix wali askiwa, markar uñt'añatakis sayt'añanakax utjitu, ukat París markan familianakajampi amigonakajampix tiempo apst'asiñax wali askiwa.

Olumide Ogunsanwo: Samon, ¿kuns sasma mä ullart'iriru, jupax sarnaqäwim ist'i ukat Independencia Financiera ukax sinti irnaqañawa sasina? Jupanakax sapxiwa, janiw pachax utjkiti, janirakiw ch'amas utjkiti, amuyunakapan irnaqañataki jan ukax visiones ukat amtanakar uñstayañataki. Jupanakax qullqi tuqit independencia ukar sarañatakix mä thakhi jasaki ukat jank'akiw munapxi, juk'ampirus jupanakax mä jisk'a markan juk'a qullqin irnaqäwinïpxchi ukhax qullqi tuqit jilxatañatakix juk'a oportunidades ukaniwa. ¿Kunjamarak jichha jakäwipanx jank'akiw qullqi tuqit independencia ukar puripxaspa jan sinti mayjt'ayasa?

Achani Samon Biaou: [Jachaqt'asis] Chiqans ukax pä jiskt'awiwa. Nayrïr jiskt'awix akawa, "qullqi tuqit independencia tuqitx q'ixu q'ixu sarnaqañ munta. Qullqi tuqit independencia ukar jank'ak puriñatakikix kuns lurañax uk sum yatiyapxita". Payïr jiskt'awix FI munañ jan walt'awimpiw uñt'ayasi, kunawsatix mä jisk'a qullqini irnaqawimp irnaqasktan ukhamarak mä chiqan jakasktan ukhax qullqi jiltañatakix juk'a oportunidades ukanakaw utji.

Nayraqatxa, khititix jupanakarux qullqi tuqit independencia ukar mä paso a paso guia churañ munki ukatakix jan irnaqäwir uchasax intuición ukax nayaruw yatiyitu, jupanakax wali jan walt'awinakaw uka amuyumpi qullqi tuqit independencia ukar puriñapataki.

Olumide Ogunsanwo: [Larusiña].

Achani Samon Biaou: Ukat qullqi tuqit independencia ukar puripkchisa, ukax chiqpachapuniw suyt'ata, inas jan chiqpachapun kusisipkchiti. Qullqituqita independencia ukaxa mä amta jikxatañataki ukhamaraki qullqi tuqita libertad uka apnaqañataki uka amta phuqhañataki. Qullqi tuqit independencia ukan esenciapax wiñay kusisiñawa. Qhanañcht'apxsmawa, qullqi tuqit independencia ukax janiw qamirïñ tuqitx sañ munkiti. Qullqi tuqit independiente jaqinakax janiw qamirïpkiti. Ukax mä nivel mínimo de seguridad financiera ukar puriñawa, ukax kunatix chiqpachan jumatakix wakiski ukaruw chuym churañama jan qullqi tuqit llakinak jan ch'amanchasa. Qullqi tuqit qhispiyasiñax mä ch'amanchawikiwa, kunatix qullqi tuqit jan sapa kuti llakisisax kunatix phuqhañ apanki ukanak lup'iñatakix librëw churi.

Olumide Ogunsanwo: Jaqinakax jupanakpachar jikxatañ thakhiruw mantapxañapa. Uka viajejj jupanakan ch'amachasiñapawa. Samon jilatampi nayampejj janiw kuntï lurapkta ukanak cucharampi manq'ayañjamäkiti, kunattejj kunatï jiwasatak yanapt'kistu ukajj inas jumajj jan uñt'at situacionamatakjamäkchiti. Nayrïr libronjja, janiw maynin jakäwip copiañamäkiti sasaw ewjjt'apjjsma, jan ukasti juma pachpaw jakañamatak ch'amañcht'apjjsma. Ukanjja, jakäwisat jan copiañas utjarakiwa.

Jumax responsabilidad ukanak katuqañamawa ukat juma pachpaw jakäwimar juk'amp askinak lurañatakix kuns lurañama. Mä libro alañakix janiw wakiskiti. Jumax mä amuyun mayjt'äwipar sarañ munañamawa ukat juma pachpa jikxatañ thakhiruw mantañama, jakäwiman aski mayjt'äwinak lurañataki, Samon ukat nayax kuns sapkchiyätxa. Juma pachpaw jakäwimatxa, ukat jumaruw wakt'äta kuna mayjt'äwinaktix wakiski ukanak lurañax mä suma jutïr uñstayañataki. Juma pachpar iyawsañataki ukat jiwas pachpar atinisiñataki kuna kamachinakas utji uk amtañamawa. Jumax amuyt'añamawa kuna detalles ukanakas juma pachpan jakäwimanx mayj mayja.

Achani Samon Biaou: Ukat chiqpachapuniw arsuskä, mä razón jumamp chika directo ukhamäñax kunatix chiqpach jakawimp jakañax panpachanitakix wali askiwa. Qullqi tuqit independencia ukaruw puriwaytanxa, ukhamax janiw libronak aljañat llakisipkti, kunjamtï chiqpach arsuñat llakisktan ukhama.

Olumide Ogunsanwo: Ukax chiqawa. Nayax janiw mä mierda churkti aka librox mä copia jan ukax patak copianak aljaspa kunatix nayax qullqi tuqitx niyaw independiente ukhamätxa. Nayax jumanakamp chika chiqa chuymanïristwa. Nayax janiw jumanakar bullshit lurañax wakiskiti.

Achani Samon Biaou: Jiwasax FI tuqir mayjt'ayir thakhinak uñt'ayapxtanwa kunatix taqi chuymaw FI jakäwirux katuqapxta, ukat munañax jumanakan mä chispa de posibilidad ukar phichhantañawa. Jiwasax jumanakan guianakäñ munapxta, janiw validación ukak churañ munktanti jan ukasti compañero ukat ch'amanchañ munapxta. Jumatix qullqi tuqit independencia thaqhañ pächassta kunatix janiw nayraqat uñjktati, librojax uka pächasiñanak chhaqtayañatakiw akankxi. Sarnaqäwinakasampi ukat amuyt'äwinakasampiw jumanakar ch'amañcht'añ amtapjjsma, jumanakajj akham sasaw arnaqapjjsma: '¡Jupanakatï lurapjjaspa ukhajja, nayajj lurararaktwa!' sasa.

Olumide Ogunsanwo: Taqi inmigrantes, expatriados, anqäx markankirinakaru ukhamarak underdogs ukanakaru: Nayax qullqi tuqit independiente ukhamätwa, ukhamax jumanakax lurapxarakismawa.

Achani Samon Biaou: Ukatxa, jumax sarañamawa. Ukax lup'iñampi ukat jiskt'asiñampiw qalltawayi. Wawäkasin uñakipt'asim ukat kuna wakiskir pachanakas jumar uñt'tam uk uñt'am. Kuntï munkta uk yatxatañamawa ukat kunayman tuqinakat yant'añamawa. Kuntï jikjjatkta ukarjamaw mä qhawqha yatichäwinak wakicht'añama. Nayra pacha jan ukax sarnaqäwinakat uñakipt'añamawa uka kamachinaka apsuñataki, ukatx yant'añ munañamawa ukat wasitat uñakipt'añamawa, ukhamat valores ukanakamp alineación jikxatañkama.

Olumide Ogunsanwo: Kunjam jakañtix munkta uka tuqit mä uñjäw lurañamawa, ukaruw puriñatakikix amtanakar puriñama, ukat sapa uruw kuns lurañ qalltañama. Iterate ukatxa mayampi luraña qullqi tuqita independencia ukaru puriñkama. Janiw khitis jumatakix aka luraw lurañjamäkiti kunatix jakäwimawa, ukat jumaw ukat juchanïtaxa.

Kunjamakitix thakhi qalltañax ukat ch'amanchañax juk'amp jasakiw nayrar sartañax. Qalltañamawa ukatxa chiqapa desencadenantes ukanaka utjañapatakixa ch'amanchañamawa. Tiempompejja, amtam phoqañatakejj jisk'a amtanakar puriñ costumbreruw purt'asïta. Nayrar sartasa ukat mä chiqar purisaxa, inas mä viajenkatamat armasxchisma, kunattix sapa uru jakawimampiw mayacht'asi. Janiw uka thakhi saräwimpi jakäwimampix qhan mayjt'ayatäxiti. Jumax amtamar puriñkamax jakäwim jakaskta. Ukampis uka viaje qalltañatakejja, juk'amp ch'amachasiñatakiw ch'amachasiñama ukat uka nayrïr paso nayrar sartañatakiw ch'amachasiñama.

Colegionkkayäta ukhajja, energía activación toqetwa yateqapjjta. Mä reacción química utjañapatakixa, mä qhawqha ch'amampi atipjañaw wakisi. Jumax kunas wakisi ukhamat ch'amanchañataki mä activación energía ukhama mä gatillo ukhama qalltañataki. Ukaw jumanakar churañatak ch'amachasipkta: impulso. Nayax wali kusisitaw aka qillqt'askta ukat kusisiñampiw qillqt'askta kunatix jumanakar ch'amanchañ munapxsma ukat ch'amanchañ munapxsma, amtanakam phuqhañax utjaspa uk iyawsañataki. Nayax juma pachpar iyawsañax kunja wakiskirisa uk yatiyañ suyt'askta, ukat kuna askinaktï jutïrin utjkani ukanakat kusisiyañ munarakta. Sarnaqäwijanjja, walja trabajonak apt'asitajata ukat jan walt'äwinakan uñjasitajatwa chuym ch'alljjtayasiyäta. Ukampirus, jumax ch'amanïtawa, juma pachpaw ch'amanïtaxa, juma pachpaw suma sarantäwitak ch'amanchawinakama. Jichhürunakanx lurañamawa ukat jan suyt'amti anqäx tuqit jan walt'awinakax qullqi tuqit independencia thakhi qalltañataki.

Achani Samon Biaou: Ukat akax payïr jiskt'awimaruw puriyistu. ¿Kunjamarak maynix qullqi tuqit independencia ukar purispasti, kunapachatix mä irnaqäwin mä juk'a jan ukax mä juk'a sueldo ukani ukat mä chiqan jakaschi, kawkhantix mä juk'a jilxattañax utjki ukhaxa? Nayax mä analogía deportiva ukamp simplificä. Kunawsatix Usain Bolt jupax t'ijtir yatiñap jikxatäna ukat campeonatos ukan atipt'äna, jupax mä amtawïnwa. Jupax uta jak'an mä pista improvisada ukan t'ijtaskakispawa jan ukax yaqha chiqar saraspawa, Miami ukar uñtasita, entrenañataki ukat juk'amp yatiñanakapar sarañataki.

Kunatsa aka analogía apnaqañax wakisi ukax kunatix taqi kunas valores ukanakaruw puri. Jumatix qullqi tuqit independencia ukar wal munsta ukat jichhax mä jisk'a markan irnaqatamax janiw ukar puriykätamti uk amuyassta ukhax mä thakhi jikxatasmawa, irnaqäwimamp chika proyectos laterales ukanakar arktañataki jan ukax yaqha chiqanakan oportunidades ukanakat yatxatañataki. Benin markanx janiw qullqi tuqit independencia ukar puriñ suykayätti. Ukhamakipansti, Europa uksaruw sarawayta, ukatx América uksaruw sarawayta, ukatx qhipharux Oriente Medio uksaruw sarawayta, juk'amp suma oportunidades ukanakar thaqhañataki ukhamarak qullqi tuqit amtanakajar puriñatakiwa.

Mä chiqar juk'amp oportunidades ukan yaqha chiqar sarxasma ukat munaschi ukhax kutt'asmawa. Uka jiskt'anak jiskt'asksta ukhajja, inas jichha kawkhantï jikjjataskta ukat sipansa kunanaktï lurañjamäki ukanak jan sum yatjjatktati. Uka jiskt'ar qhanañchañatakejja, yant'anak lurañ jan jaytjasis yatiñ munañaw utji.

Olumide Ogunsanwo: Jiwasax walja horanakaw uka tuqit aruskipt'askakiñäni, ukampis inas uka sarnaqäwir kutt'añax wakischispa. Jumax BCG ukar sarxañatakix plan post-cirugía uka tuqit arsuskäyäta.

Achani Samon Biaou: Kunawsatix modelo Excel ukar activawaykta ukhax empresa taypin sarnaqañatakix sapa oportunidad uñstayawayta. BCG ukax mä programa Embajador satawa kawkhantix 10% nayrïr consultores ukanakax yaqha markar sarapxaspa. Consultoranakax kawkhans jikxatasipxaspa uk ajllipxañapänwa, ukat uka firmax jupanakan munañanakapat mayniru uñtasit lurañ yant'apxañapäna. Sudáfrica markan mä mara qhiparañ munta, inversión inmobiliaria tuqit juk'amp yatiñanakax utjañapataki, juk'ampirus ukanx nayratpach propiedades ukanakax utjawayxituwa. Aka experienciax Sudáfrica markan qhathupar juk'amp capital churañax wakisispati janicha uk amtañatakiw yanapt'itu. Ukatjja, Sudáfrica markanjja, juk'amp qollqew utjäna, ukhamatwa juk'amp qollqe apthapiyäta. Viajes tuqi yant'añax nayatakix wali askiwa ukat kunayman saräwinakamp ukhamarak oportunidades ukanakamp uñt'añax nayatakix wali askiwa.

Olumide Ogunsanwo: Mä uñt'at qillqatanx mä kutix Uber apnaqiriw utjäna, jupax ch'iqa jinchupanx mä qhana color auricular ukanïnwa. Qalltanjja, rap musica ist'aski sasaw amuyayäta, ukampis cheqapuniw inglés aru yateqañ yatichäwinak apnaqaski, ukhamat arunak juk'amp sum yatiñapataki. Jan walt'äwinakan uñjasisasa, jupa pachpaw juk'amp sumäñatak ch'amachasïna, ukat amtanakap phoqañatakejj taqe kunatï utjkäna ukanaksa aprovecharakïnwa, ukat pasajeronakarus apnaqarakïna. Aka uñt'asiwix yatichawayituwa, kuna irnaqawis jan ukax qullqix utjkchispas, sapa mayniw jilxattañatakix oportunidades ukanakax utji. Ukatakix mä qhana amtäwi, amtäwi ukat sapa kuti ch'amachasiñaw wakisi, ukhamat askinak jikxatañataki. Kimsa marat kawkhans uka Uber apnaqirix jikxataspa uk amuyt'añäni.

Jichhax, jumanakar kutt'añäni. Kunjamas mä amtar puripxta BCG sueldo ukax inversiones inmobiliarias ukanakamp yapxatañataki? Nayratpach walja pagat irnaqäwinïyätawa, ukhamax ¿kunas uka thak sarañatak ch'amañcht'tamxa? Ukat ¿kunjamsa amtam phoqawayta?

Achani Samon Biaou: Wawäkayäta ukhat kutt'asax tatajax empresario ukhamaw inmuebles ukan irnaqäna, ukax nayratpachaw activos ukanakar jach'añchañ tuqit amuyt'itu. Kunawsatix Sudáfrica markan yänak alaskäyät ukhax BCG ukan irnaqir masinakajax pächasipxäna ukat uka lantix mä robo-inversor apnaqañaw sasaw sapxirïtu, propiedad ukar qullqichrantañax ch'amawa sasaw sapxäna. Ukampis wawatpach experiencianakaja ukat yoruba arut sarnaqataja, comercio ukat empresariado ukanakamp uñt'atawa, ukax nayan amuyujaruw uñt'ayawayitu. Tiempotpach qullqinak desacoplamiento uka amuyunakax nayatakix wali askiwa. Mä urux walja horanakakiw utji, ukat tiempox aljasax juk'akïkaspas ukhamwa amuyasiyäta. Ukampirus, kunatix independientemente escalañapäki ukat qullqi jikxatañax wali askïspawa. Ukatpï nayax inmuebles ukanakat yatxatañ amtawayta, mä inversión ukham uñt'ayañataki.

Uka tiempon amigajampi Sudáfrica markar visitt'asajja, utanakan preciop amuyayäta, ukat Francia ukham yaqha cheqanakar uñtasitajj kunjamsa aljasi uk uñjasajj wal muspharta. Ukaw yatiñ munañajatak ch'amañcht'itäna, ukat precionakjja dolaranakaruw tukuyta. Bancon cuentajan utjki uka qollqempejja, cheqapuniw ukan mä apartamento alasisma sasaw amuyayäta. Ukajj yant'añatakejj mä oportunidadäkaspas ukhamwa uñjayäta. Walja jaqinakaw pächasipxi, kunattix taqi kunatï jan walïkaspa ukanakaruw chuym churapxi. Ukampis jan ch'amachasïta ukat yant'askäta ukhajja, janipuniw taqe kunanaktï sum sarañjamäki ukanak jikjjatkätati.

Olumide Ogunsanwo: Chiqpachansa, juk'amp uñakipañax mä amtar puriñat jark'aqistaspawa. Jiwasax modelos complejos ukat escenarios ukanakaw lurañ yattanxa, ukax excusas ukhamaw tuku, amtanakas jan phuqhañataki. Wali askiw análisis ukat honradez ukanakamp chikachasiñax kuna amtanakas ukat jakäwisan amtanakas ukanakxata. Jichhax, estrategia ukat tácticas de inversión inmobiliaria ukar ch'allt'añäni.

Achani Samon Biaou: Aka saräwit aruskipt'añax nayatakix wali askiwa kunatix suma amuyt'at lurawinakamp pantjasiwinakampiw uñt'ayasi. Nayraqatjja, kuna toqetsa parläna uk yatjjatañäni. Kimsa pachan qullqichasiwinak uñakipt'awayta:

Mä juk'a pachataki: Inversiones ukanakaruw chuym churaña, ukax qullqix jach'a liquidez ukaniwa, jutir maratakix jakañ gastos ukanakar phuqhañataki. Inmuebles ukan qullqix nayrïr phunchhawïnwa, kunatix estabilidad ukat flujo de caja predecible ukanakaw utjäna.

Medio plazo: Inversiones ukanaka thaqhaña, ukax jutir maranakanx jiltañapatakix askiwa. Nayax mercado de valores ukat mä qawqha cripto ukanakaruw chuym churawaytxa, jiltañ accionanakaruw uñt'ayawayta ukampis valores ukan accionanakaparuw amuyt'arakta. Acciones ukanakax 2-5 maranakanx aski tendencias uñacht'ayapxi.

Jaya pacha: Apuestas de mayor riesgo ukampi apsuña potencial ukampi jach'a flujo de caja 7 ukatxa 15 maranakanxa. Nayax mä angel inversor ukhamaw qalltawinakar qullqichxta ukatx qullqix estables ukan markanakan uraqinak alawayta, kawkhantix jiltawix mä evento específico ukar muyuntat jank'ak jilxattaski. Aka jaya pacha apuestas ukanakan amtapax mä jach'a lurawi tukuyatat qullqi apsuñawa, kunjamakitix mä IPO qalltawinakataki jan ukax machaq desarrollo zonal uraqitaki, ukhampachax tunka marat qhipatwa. Qullqi apsuñ tukuyasax mä juk'a pachatak yänaka (kunjamakitix propiedad), chika pachan yänaka (kunjamakitix acciones) ukat yaqhip jaya pacha yänakax mayacht'ataw wasitat qullqichasta, ukatx uka ciclo ukarux wasitatw qullqichasta.

Olumide Ogunsanwo: ¿Jumax amuyatati uywatamax ukhamarak awkimax empresario inmobiliario ukhamätapax inversión uñakipañ tuqitx parcialidad ukhamawa?

Achani Samon Biaou: Chiqpachans uywatax laykux parcialidad ukanïnwa, ukampis uka tuqitx racional ukhamaw qhiparawayta. Janitï ukhamäkayäta ukhajja, Benín jan ukajj Francia satäkis uka markanakanjja, juk'a retornonakanïpki uka markanakan inmuebles alquilat alquilañatak qollqe uchasiristjja. Ukampirus uka chiqanakan qullqichrantañax janiw askinjam kutt'ayañax utjkaspati, jan ukax jach'a impuesto ukanakat askinak apsuñamawa, ukan jakasksta ukhas. Inmuebles ukanakat yatxatañax nayan yaqhachasiñajapunïnwa, ukampis ukax walikïskiwa sasaw amuyayäta. Sudáfrica markax nayatakix mä razonamiento estratégico ukanïnwa kunatix qallta amtäwijasti qullqi tuqit independencia ukar puriñkamax ukan "jubilaciona" ukhamänwa. Janiw ukakikiti, inmuebles ukan suma retornonakapat sipansa, mä cobertura ukhamarakiw divisas movimientos ukanakat sipanx kunatix nayax local moneda ukan jakañ munta ukat gastañ munta. Ukaw estrategiajar wal ch'amañcht'awayitu. Ukat uka propiedades ukanakar jak'achasiñajja, kuna jan walt'äwinakatï utjaspa ukhajja, kuna askichäwinaksa uñjaraktwa. Ukajj sistema toqet mä amtawïnwa.

Olumide Ogunsanwo: Wali askiw jan amuyañaxa, kunatix amigonakamax jan ukax familiamax mä estrategia específica de generación de ingresos ukarjam sarnaqapxi, ukax automáticamente jumatakix askiwa. Tatamasa mamamatï mä empresan trabajipkäna ukhajja, janiw mä empresan trabajiñam sañ munkiti. Munat tiyumax empresario ukhamächi ukhaxa, janiw empresario ukhamäñax wakiskiti sañ munkiti. Janiw experiencianakapat jark'aqasiñamäkiti. Taqi kunatix lurañjamäki ukanak uñakipt'añamawa ukat juma pachpan sarnaqäwinakamarjama ukat amtäwinakamarjamaw amtañama. Taqinipuniw parcialidad ukat preferencias ukanakax utjistu, ukampis amtawinakax juk'amp jach'a uñakipäwimp jak'achasiñax wali wakiskiriwa ukat ukanak atipjañatakix activamente irnaqañaw wakisi. Jan ukhamäkanixa, inas chiqpach jawsatätamxa, jakäwimanx juk'amp qhipakamaw apt'asisma. Amtawinak lurañatakix mä ch'aman qallta marco uñstayañax wali askiwa, kunatix yaqhip estrategias ukanakax kutt'ayañax ch'amakïspawa. Samon, ¿kunapachatix inversiones inmobiliarias ukanakat yatxatañ qalltawayta ukhax edad ukat amuyunakam uñt'ayasmati?

Achani Samon Biaou: Kimsa tunk maraniw inmuebles ukar qullqichrantañ qalltawayta, mä juk'a pachaw BCG ukar mantañ tukuyta ukatx qullqi tuqit independencia amtax wali 1 millón dólares ukjat juk'amp jisk'akiwa. Ukampis mä qhawqha tiempotjja, uka amtajj wali jisk'akïnwa, ukat juk'amp jiltayañaw wakisi sasaw amuyayäta.

Nayax mä estrategia 3 horizonte ukampiw qalltawayta, ukatx inmuebles ukax mä suma clase de activos ukhamaw mä juk'a pachatakix kunatix pä marat alquiler ukan qullqix munasiniw sasaw amuyayäta, kunapachatix BCG ukar mistkäyät ukhaxa. Kunayman markanakaruw uñt'awayta, ukatx Sudáfrica markax mä arbitraje ukan mä oportunidad uñacht'ayi. Ukax juk'amp jach'a jaqinakaw alquilasipxäna, jan ukax niveles socioeconómicos jisk'a ukan alañat sipansa, ukat qullqin depreciación ukax mä juk'a predecible ukhamarak manejable ukhamaw uraqpachan ch'axwawinakat ukhamarak jan walt'awinakat anqäxanxa. Uka markax Banco Central independiente ukat efectivo ukanïnwa ukatx recursos ukanakampiw qamirïna, ukhamax akatjamat drástico devaluación de monedas kunjamatix Zimbabue, Argentina jan ukax Venezuela uksanx ukhamax janiw ukhamäkänti.

Sudáfrica markankirinakax jichhax jakawimp kusist'añ nayrar sartayañ munapxi ukat juk'amp pachanak alquilañ munapxi, kunjamtix nayax yatxatäwix cualitativo ukan siski ukhama. Ukax sañ munänwa, yaqhip segmentos poblacionales ukat tipos de propiedad ukanakatakix juk'amp alquileranak kamachiñajawa, ukat juk'amp tasas de ocupación ukanakaw utjaspa. Nayax taqi propiedades ukanakatakix wali juk'a pachanakaw vacante ukanx utjawayitu jan ukax mä espacio de lujo de gama alta ukanx pantjasisaw alawayta.

Olumide Ogunsanwo: [Ukax wali askiwa].

Achani Samon Biaou: Akax yaqha wakiskir amtawiwa: Kunawsatix alquilat utanakar qullqichrantañax wakiski ukhax amtañax wali askiwa, kuna utatix alquilañatak ajlliwaykta ukax janiw chiqpachapunix kuntix juma pachpa jakañ amtkta uka utakïñapäkiti. Luxus jan ukax jach'a utanakax janiw qullqit munat kutt'ayañax utjkiti, kunatix alquiler ukan qullqix walja kutiw jan chiqapar uñjañjam gastos asociados ukanakax utjkiti. Jan ukasti, yaqha thakhinak yatxatañ amtañamawa. Amuyt'añataki, Sudáfrica markanx mä jach'a yatiqañ uta jak'an utjki uka utax jisk'a unidades estilo estudio ukar tukuyañax 20% ukjwa mä muspharkañ retorno uñstayaspa, ukampirus ukax meticuloso gestión operativa ukamp chikt'atawa.

Olumide Ogunsanwo: Wali muspharkañ kutt'aniñanaka. ¿Kuna kasta utanakas alañ amtawayta?

Achani Samon Biaou: Nayan aljirijax clase inferior ukat medio ukanakaw utjäna, ukatx 1 dormitorio ukan jisk'a unidades ukanakaruw chuym churayäta. Propiedades de alta gama ukanakax janiw flujo de caja uñstayañatakix mä sentido ukanipkänti, ukat propiedades de gama inferior ukanakax mä nivel de esfuerzo en el tierra ukaruw munasïna, ukax janiw nayatakix askïkänti, clase media inferior ukanx sapa mayniruw uñch'ukiyäta, jupanakax chiqapar sarnaqapxi carrera qalltaña jan ukax khitinakatix mä vortex de baja movilidad ukan ch'amakt'ayat ukampis wali irnaqäwinïpki ukanaka. Jupanakax 1 ikiñ uta unidad alasipxaspänwa. Propiedades ukanakax mayj mayjäñapatakix desarrolladores ukanakat alawayta, jupanakax estancia ukanx suma yänakanïpxänwa, sañäni, Montessori escuela, jach'a piscina ukat gimnasio ukan utjki ukanak alawayta. Sudáfrica markanx estancias jan ukax complejos ukanakax ukham askinak utjki ukanakax wali thaqhatawa, ukax alquiler ukan mayiwiparuw ch'amancharaki.

Suministro tuqinxa, desarrolladores ukanakax uraqinak lurapxäna. Jupanakajj kawkhansa jutïr trenajj utjañapäna, kawkhansa Deloitte sat empresajj jutïr sede centralap luraskäna, ukat kawkhansa jutïr escuelajj utjañapäna uk yatipjjäna. Jilpachax atiniskañ lurayirinakampiw chikañchasiwayta, kawkhantix utjki, pachapar tukuyaña, suma tukuyaña, ukat kunayman yänaka. Sudáfrica markan propiedades ukanakax fases ukanw lurasi, ukatwa nayax nayraqat qullqichrantañ amtawayta, kunapachatix unidades ukanakax wali luraskäna ukat pächasir alasirinakax precios ukanakax juk'amp jisk'akiwa. Ukanx mä juk'a suministro ukat k'umara demanda ukanakaw utjäna. Unidades ukanakax comodidades ukar jak'achasiñax juk'amp jank'akiw alquilasiwayi, mä kuti taqpach desarrollo tukuyatat.

Propiedades ukar qullqichrantañatakix walja tuqinakat amuyt'añawa. Jisk'a yänakampi qalltañax wali askiwa ukat sistemas ukanakamp phuqhasax arrendatarinakar jikxatañatakiw ch'amanchasi, irnaqäw juk'amp jisk'achañataki, ukatx Excel ukham herramientas ukanakamp gastonak arknaqañataki. Impuesto ukat qullqix jilxattaspa ukanakat yatxatañax wali askirakiwa.

Olumide Ogunsanwo: Ukhama, mä juk'a arumpixa, Sudáfrica markanx estrategia de inversión de alquiler ukax mä ikiñ utaruw uñt'ayasi, carrera qalltañataki, jisk'a qullqit chika qullqininakataki. Jumax lurayirinakampiw chikañchasiwayta, jupanakax suma yatxatäwinak lurapxäna ukat chiqap lurawinakanïpxarakïnwa. Jumax tasas de cap, impuestos, inflación ukat tasas de cambio de divisas ukanakat uñakipt'awayta. Aka chiqan qhanañchapkta uka kamachinakax walpun yuspärta.

Achani Samon Biaou: Janitï taqi ukanak pasawaykiriskayätxa, janiw uka wali aski amuyunakax yatiqkiriskayätti. Nayax mä propiedad alasispätwa jan amuyasaw kunats jan askinak jikxatki ukat jutïr qullqichasiwinakatx aynacht'ayasirïtwa. Mä yaqha punto ukaw nayax uñt'ayañ munta, ukax mä jach'a razón ukhamawa kunatix Sudáfrica markan propiedad alawayta, ukax asequibilidad ukawa. Uka 1 ikiñ uta unidades ukanakax 40.000 ukhamarak 70.000 ukha qullqikiw alasispa.

Olumide Ogunsanwo: Mä 1 ikiñ utaw uka qullqit aljasi. Ukax potencialmente wali askiwa ROI ukax irnaqaspa ukhaxa.

Achani Samon Biaou: Ukaw chiqap jiskt'äwinakar, ist'añataki, ukat chiqap yatichäwinak yatiqañatakiw wayt'i. Kunapachatï qullqimax jan walt'äwin uñjasi ukhaxa, juk'ampiw chiqap jiskt'anak jiskt'asma. Ukatxa, kunapachatï kunas paski ukhaxa, uka tuqit suma yatichäwinak apsuñamawa. Anatañanx janchinïñax wali wakiskiriwa. Sudáfrica markanx jichhax mä retorno (neto de impuesto a la renta) 7% ukat 8% ukja alquiler ukan qullqit jikxatañax ch'amanchatawa. Ukax sañ muniw janïr impuesto ukax 10%+ ukhan kutt'ayata. Tasa de tapa ukax mä referencia askiw rendimientos de propiedad ukatakix, ingreso neto ukax bolsillomanx wali jisk'akiwa kunatix gastos ukanakax impuestos ukhamarak honorarios de agentes ukanakaw utji. Rendimiento alquiler ukat sipansa, capital jiltawipat askinak jikxatarakta. Walja maranakaw uñjta, sapa maraw 3% ukat 7% ukja qullqichasiwix jilxattaski, ukat aka tendenciax 7 maraw sarantaspa janïr nivelar puriñkama. Chiqansa, kuna pachas aljañax wakisispa uk yatiñax wali wakiskiriwa. Taqi ukanak amuyt'asaxa, inversión inmobiliaria ukaxa mä qullqichasiwiwa juk'ampi qullqini ukhamaraki jisk'a riesgo qullqichasiwixa waljaniruwa purirakispa.

Olumide Ogunsanwo: Walikiwa, Samon, jichhax estrategia qalltawimp tukuyawimp amuyasipxta, chika tuqit aruskipt'añäni. ¿Kunjamatsa qhawqha propiedades ukanakas utjañapa uk yatta? ¿Kunjamsa qhawqha jach'sa sarañama uk amtawayta?

Achani Samon Biaou: [Jachaqt'asis] Nayax kusisitaw jiskt'asiwayta. Nayax chika taypinx wali wakiskiriwa sasaw iyawstxa. Qalltanjja, yant'añaw wakisïna, kunattejj janiw nayrajj inversión inmobiliaria toqet yatkayätti.

Olumide Ogunsanwo: Principio de curiosidad ukat ambición ukax akanx uñstawayiwa. Jumax yatxatañ munirïtawa ukat kawkhantï sarañ munkta uka chiqar puriñatakikix kunanaktï wakiski uk yatxatañ munarakiyäta.

Achani Samon Biaou: Nayan estrategiajax 10% ukhamarak 20% ukha qullqix chika pachan ukhamarak jaya pachan qullqichrantañawa, 80% ukjax inmuebles ukat yaqhip jach'a rendimiento ukan depósitos ukanakaruw uñt'ayasi. Nayax jan ch'amanïtax amuyasta, ukax akawa, jan mä estrategia de inversión disciplinada ukax utjkaspän ukhax qullqix jan productivo gastos ukanakaruw ina ch'usar apt'asispa jan ukax cuenta corriente ukanx ina ch'usat qunt'asispa. Chiqañcht'asiñatakejja, qollqejj apnaqaskakiñatakiw ch'amachasiyäta. Mä sistema ukham utt'ayawayta, kawkhantix cuenta bancaria ukax janipuniw 1.000 dólares ukjat jila qullqix utjkänti, BCG ukan taqpach carrera ukanx.

Olumide Ogunsanwo: Wali askiw BCG ukan irnaqkasax taqi ukanak jikxatawayta, ukax uraqpachanx wali ch'ama irnaqawinakat maynïriwa. Uka jiskt'awix akham jiskt'asi, ¿kuna excusas mayninakax utji mä irnaqäw katxarusinx oportunidades ukanakar jan thaqhañataki? Samon chachajj janiw kuna excusanaksa arskänti.

Achani Samon Biaou: Ukax mä juk'a pachanakanwa. Jaqinakax, achikt'asipxsmawa, janiw excusanak lurapkiti. BCG ukan irnaqañax 9-5 irnaqäwit wali jayapunïnwa. Sapa kutiw 9:30 alwa horasar irnaqañ qalltawayta ukat niya 2 alwa horasaruw ikiñar sarjjayäta. Jichhax sarnaqäwir kutt'asax ¿kunas uka jak'achasiñax sañ munäna? Ukajj sañ munänwa, sapa maraw propiedades alañatak mä plan utjata ukat jan kutt'ayañjam depósitonaka ukat mä juk'a tiempotak crédito satäkis ukanak lurañatak arsuwayta. Ukajj nayratpach alañatak arsuwaykayäta uka yänakatakiw pagaña sañ munäna. Johannesburgo ukat Ciudad del Cabo markanakan kunayman machaq lurawinakat mä calendario qillqt'ayäta. Ukajj akham sañ munäna, sueldojajj cuentajar purinkäna ukhajja, qhepürojj kawkhantï mä propiedad alañataki jan ukajj accionanakar qollqe churañatakejj kawkirus pasayapjjañapäna. Sapa phajjsejj 600 jan ukajj 800 dolaranakwa qollqejj qollqejj utjäna, ukajj jakañatak wakiskir gastonakajaruw phoqasïna. Janiw ina ch'usat qollqejj ina ch'usat alañatak yant'añatakejj utjkänti. Aka amtawix valores ukarjam gastos ukat esencialismo ukar uñacht'ayi.

Olumide Ogunsanwo: ¿Janiw qullqix cuentamar kutt'ayañjamäkaspa?

Achani Samon Biaou: Janiwa, ukax chiqapuniw desarrollador ukar sarawayxi. Marpachaw jan kutt'ayañjam depósitonak pagawayjjayäta, ukat uka qollqenakjja, jichhakiw pagawayta. Janitï repachkayäta ukhajja, uka yänakajj apt'asiristwa. Mä kutix qullqix fideicomiso ukan jikxatasxän ukhax janiw amtasirïkti, jan ukax kamachirjam jan walt'äwix utjkchïnxa. Uka compromiso qullqinakax janiw mayjt'ayañjamäkänti, mä jan walt'äwix utjaspa ukhas. Jan walt'äwinakan uñjasisajj tarjeta de crédito ukampiw apnaqasirïta.

Olumide Ogunsanwo: Ukax wali askiwa. Pre-compromiso ukax wali wakiskiriwa.

Achani Samon Biaou: Chiqpachansa. Juk'amp qhanañcht'apxäma. Sudáfrica markan taqi machaq lurawinakat mä calendario apsuwaytxa, ukatx kuna retornos ukanakas utjaspa ukx jakthapiwaytwa. Nayax jiskt'asiwaytwa: "¿Chiqapunit aka chiqax suyt'atati? ¿Kuna amtanakas utji tren línea extensión lurañataki?" Nayax sapa maraw taqpach qullqix BCG ukan jakthapita, ukatx desarrolladores ukanakarux yatiyawaytwa, phisqa tunka propiedades ukanakaw maranx alasispa. Sudáfrica markan sapa jach'a rendimiento ukan propiedad uñt'awayta ukat mä qhana amtaw utjawayitu qawqha propiedades ukanakas sapa mara alañ munta, ukhamarak kuna pachas ukat qawqhas desarrolladores ukanakar pasañax wakisi. Yaqhep jaqenakajj jan amuyañjamäki ukanakat jiskt'apjjetu, ukat kunjamsa ukanak uñjta ukajj facilakïnwa. Walja sueldo katoqasajj mä tarjeta de crédito katoqayäta, uka tarjetajj sueldonak taypin mä buffer ukhamänwa.

Olumide Ogunsanwo: Khitinakatix jan uñjat lurawinakat mä pretexto ukham apnaqapki jupanakax janiw kuns lurapkiti. Escenarios outlier ukanakatak askichañat sipansa, escenarios medianos juk'amp probables ukanakatak amtañasawa ukat seguro jan ukax situaciones outlier ukanakatak jark'aqasiñaw utjañapa. Amuyt'añataki, jumatix mä SUV alasisma kunatix awisax pusi amigonakamar apañax wakisi, 99% pachas automax ch'usäkchisa, ukhamax inas transporte ukatakix juk'amp qullqi churasma. Ukhamarakiw kimsa ikiñ utax familiamax maran pä kuti visitt'ir saratapat jan ukax kunapachas invitadonakax jumamp qhiparañax wakisispa uk jan sum yatisksta ukhaxa, ikiñ utanakax 99% ch'usäkchisa, ukhamax ukhamäspawa utanakatakix juk'amp qullqi churaña. Akax mä trampa común ukhamawa Independencia Financiera ukar sarañataki: activos subutilizados ukanakar payllañax escenarios outlier ukanakar askichañataki. Llakiskañawa, extra dormitorios ukanakax qullqi tuqit independencia meta de tiempo ukarux 5-10 maraw qhiphartayaspa.

Achani Samon Biaou: Nayax taqpach iyawstwa. Aka qullqichasiw t'aqax mä qawqha jach'a amuyunakamp mä juk'a qhanañcht'ä. Nayraqatxa, qullqi tuqit independencia tuqit mä vision ukaw utjañapa. Nayatakix Sudáfrica markar sarxañ munta, kunattix ukan jakañax wali kusiskañawa. Nayax jakañ qullqit jakt'ayäta ukat uraqpachan viajenakatak cuenta churarakta, ukampirus mä buffer yapxatarakta. Ukatxa, uka qullqi amtanakax mä juk'a pachataki, chika pachataki, ukat jaya pachataki amtanakaruw jaqukipata. Nayax mä amtaw lurawayta, jakañ gastos ukanakatakix qullqix mayamp mayamp utjañapataki, ukax 1 ikiñ utan apartamentonak alañawa, acción ukar qullqichrantañax 2+ maranakan ganancias uñstayañ amtampiw lurasi, ukatx empresanakanx angel inversiones ukanakaw lurasi, 5+ ukan ganancias uñstayañ amtampi maranaka. Tukuyañatakix mecanismos de compromiso ukanakaw lurawayta, ukhamat plan ukax disciplinado ejecución ukar puriñapataki.

Olumide Ogunsanwo: Jïsa, kunapachatix sinti suma jikxatasipktan ukhax complaciente ukhamaw tukupxta ukat janiw kuna lurañas utjkiti.

Achani Samon Biaou: Nayax mecanismo de compromiso ukan amuyt'awaykta ukax depósito nayraqat pagañawa. Nayax phisqa propiedades alañ munta sañäni, sapa depósito ukax 5.000 dólares ukharuw mä maranx aljasi. Enero phaxsinx phisqa propiedades ukanakatakix 25.000 dólares ukjaw taqpach pagawayta, ukat uka qullqix janiw kutt'ayatäkänti. Nayajj janiw kunjamatsa qhep qhepar kutt'añajajj utjkänti. Nayajj jan sintt'asisaw jiwayayäta. Ukañkamax jakañ gastos ukax valores ukarjam gastos ukarjam apnaqawayta, Dubai markanx 600-800 dólares phaxsit mä presupuesto ukham utt'ayawayta. Yaqhep phajjsinakajj ukat sipansa juk'ampïnwa, ukampis janiw 800 dolaranakat jila qollqe apst'asiñajj wakiskänti, kunattejj tarjeta de crédito ukampiw uka jilt'ir qollqejj pagasiyäta. Jutïr sueldo katoqjjayäta ukhajja, janïr tarjeta de crédito ukan qollqe pagañ qalltkipanwa manup phoqasirïta.

Ukatxa, wali ch'amampiw yatxtayäta ukat ukarjamaw modelox mayjt'ayarakta. Qalltanjja, 2 ikiñ uta ukat 1 ikiñ uta alasiyäta. Ukampirus mä juk'a pachatxa, 2 dormitorio ukan unidades ukanakax juk'amp tasas vacante ukanipxatap amuyasta kunatix wawanakan familianakax ukham propiedades alquilasipxi, wayn tawaqunakat sipansa jan ukax solteronakat sipanx juk'akiw yaqha chiqar sarxapxi. Nayrïr pantjasiwijawa, ukat 2 dormitorio ukan unidadanakan retornopax janiw askïkänti, taqpach ocupación ukankchi ukhas janiw askïkänti, uk yatxatawaytwa. Waranq waranqa qollqenak apt'asiwayta, uka yänakajj aljayäta ukat juk'amp qollqe ganañ utanakaruw wasitat qollqe uchawayta.

Olumide Ogunsanwo: Jïsa, chiqpachapuniw uka tuqit aruskipt'apxta, metas uñstayaña ukat pivotar. Mä amtar purisajj phoqañwa qalltawayta, ukat kunjamsa nayrar sartawayta ukarjamaw mayjt'ayawayta. Rastreo ukax wali wakiskiriwa.

Ukhamaraki, kuna pachatix jaqinakax ajlliwinakamat jiskt'asipxani ukat ukax llakisiñaruw puriyistaspa, ukampis "kunatsa" uk amtañamawa. Samon "kunatsa" qullqi tuqit independencia munatapawa. Ukatpï jupax suma masinaka, Sudáfrica ukham chiqap marka, ukat chiqap kasta apartamentonak jikxatañan jan walt'awinak aguantawayi —1 dormitorio unidades. Kunjamsa qullqi jikxatañasa, khitinakampis chikañchasiñapa, ukat kuna kasta arrendatarinakarus jawst'añapa uk amuyt'äna. Inas axsarañjamächispa, ukampis nayax apuestas janiw Samon-atakix ukhamakiti kunatix jupax mä qhana tukuyañ amtanïtaynawa ukat ukaruw nayrar sartapkta ukhax mayjt'awinak luratayna.

Achani Samon Biaou: Mä kunatix jan nayraqat arsuwayktxa, ukax wali ch'amanchawayitu, kunapachatix mä qawqha phaxsit nayrïr 1.000 dólares qullqi pasivo phaxsi qullqi jikxatañ qalltawayta. Ukatxa, 2.000 dolaranakaruw jilxattawayi ukat jilxattaskakiwa. Nayax wali irnaqäwijan irnaqaskayätwa ukat valores ukarjam gastos ukarjam sarnaqaskayätwa.

Alquilat qollqejj juk'amp apartamentonakaruw wasitat uchawayta. Ukaw jan kuna jan walt'äwin uñjasirïta, trabajoj apt'asirista ukhasa, mä apartamentojan jakasiri ukat mayninakat alquiler apthapiskiristsa uk yatisax janiw kuna jan walt'äwis utjkitänti. Ukajj phoqasiñatakïnwa. Ukatjja, kunattejj machaq qollqejj janiw gastkänti, ukatwa qollqe toqet modelojj sum askichta. Jichhürunakanxa, sapa maraw mä qhawqha machaq utanakax alquilat qullqit alasisma. Aka qhipa maranakanx Dubai, París jan ukax San Francisco markanakanx wali sumaw jikxatasiyäta, Sudáfrica markan propiedades ukanakax niyas jupanakpachaw alasipxi. Nayax janiw yaqha qullqinak uchañax wakiskiti jan ukax yaqha yänakar walja qullqinak apthapiñ amtkti jichhax FIREDOM [Jachaqt'asiña].

Olumide Ogunsanwo: Janiw iyawsañjamäkiti. Kunjam sarnaqäwis utji. Inmuebles ukax qullqi jikxatañatakix wali askiwa sasin amuyir jaqinakatakix kuna askinaks apanispa uk mä juk'a qhanañcht'asma, ukampis inas axsarañas jan ukax jan sum yatipkaspati kun lurañas wakisispa ukhaxa, ¿kunas utjaspa?

Achani Samon Biaou: Nayraqatxa, mä juk'a yatichäwinak jikxatañamawa, kawkhantix utjki uka específico ukat tipo de inversión uka tuqita. Inmuebles alquiler ukanakat qullqi jikxatañ yatiqañamawa, rendimiento ukat capital valoración ukanakat amuyañamawa, ukat típicos gastos ukanakamp uñt'añamawa. Internetan jikxataski ukhamarjamaw ullart'añama. Payïri, taqpach estrategia ukar chuym churañamawa. ¿Kuna amtanakas qullqi tuqit independencia ukan utji? ¿Inmuebles ukanakax uka amtanakamp chikachaspachati? Inmuebles ukanakax wali askïspawa, ukampis yaqha walja lurañanakaw utjaraki, ukanakax jumatakix juk'amp askïspawa. Inmuebles ukanakat amtasksta ukhaxa, mä amtampiw yatxatañ qalltasma. ¿Kawkïr markanakarus amuyt'añama? ¿Kuna kasta yänakas utji? Janiw genérico yatiyawinakampix jikxataskiti; yatiñanaka especializada ukanaka thaqhaña.

Olumide Ogunsanwo: Janiw kawkhantix jakasktan ukakipkarakiw inmuebles ukanakax jikxatañax wakiskiti. Denver (Colorado) markan jakasta laykukix ukan yänakanïñamawa sasin janiw amuyañamäkiti. Ukax mä forma de FOMO indirecto ukhamawa. Denver markan jakañax janiw ukan ch'amakt'atäña sañ munkiti. Samon jupax Dubai markankänwa, Sudáfrica markan uraqinak alasïna. Amtañani, jumax mä jaqiwa, jan tukuskir ch'amanïtawa, mä uraqpachan markachirirjama. Wali jach'a amuyt'aña.

Achani Samon Biaou: Reino Unido markanx propiedad ukar qullqichxaraktwa ukatx Atlanta markanx kunayman oportunidades ukanakaw utji. Uka amtawinakat yatichañax wali askiwa. Qullqi tuqit yatxatañampi ukat amtanakar puriñamp qalltañamawa. Uka tuqit yatxatt'at jaqjamax sum yatxatañaw wakisi. Red ukan sapa mayni jaqinakat iwxt'awinak thaqhapxam, jupanakax inversiones inmobiliarias ukanakat yatiñanakanïpxiwa. Pusi jan ukax phisqa jaqinakamp aruskipt'añax estrategias efectivas ukat trampas potenciales ukanakat mä suficiente yatiyawinak churañapawa. Mä kutix mä kasta trato uñt'ayasax, kunjamakitix flipping jan ukax buy-hold-sell, qallta puntos de datos ukanak apthapiñamawa, ukhamat yant'awinak irpañataki. Estrategia ukax juk'a qullqimpiw yant'añama, ukampis experimento ukarux mä thakhin estructurañamawa, ukhamat jan walt'awix jan walt'ayaspa ukhax jikxatasiñamataki.

Olumide Ogunsanwo: Jïsa, juk'a qullqikiw utji, ukampis mä juk'a ñik'ut anatañanx utji. Juman qullqichasiwimax dólar ukhamarak pacha.

Achani Samon Biaou: Chiqpachansa, dólares ukat pacha. Ukampis llakisiñaw akapachanx sallqjirinakamp phuqhantat uñjasi. Niya 90% YouTube jan ukax Twitter ukan jikxatatanakax k'ariwa jan ukax amuyuparjamaw jan phuqhatäkiti kunatix taqiniw jumar uñch'ukiñ munapxi. Chiqpachansa amuyañatakixa, amparampi lurata experiencia katuqañamawa. Yatiñamatakix janiw mayninakaruki atinisiñamäkiti.

Olumide Ogunsanwo: [Larusiña] YouTube ukat Twitter ukar arnaqasipxam.

Achani Samon Biaou: [Jachaqt'asis] Chiqpachansa. Taqinipuniw kuntï amuyapki uk arsusipki, ukax jumarux chuym ch'allxtayi. Uka chiqat mistuñamawa ukat chiqpach experiencia jikxatañamawa. Jan ukhamäkanixa, phichhantat uñjasipxäta.

Kimsïri, janiw kuna jisk'a thakhinakas utjkiti. Inas yaqhep jaqenakajj akham jiskt'apjjchispa: "Kimsa lurañanak churapjjeta" sasa. Ukhama, kimsa tuqit amuyt'ayatax experienciajat apst'atawa. Jila partejja, yaqha kimsa toqenakatwa utjani, ukanakajj jumatak walikïspawa. Mayninakat yateqañ suyt'añat sipansa, juma pachpaw experiencianakam jikjjatañ ajjsarañama.

Pusïri, yatjjataña. Sudáfrica markan qullqichasta ukat jan kuna yatichäwinak yatiqasa qullqi chhaqhayasma ukhaxa, chiqpachansa taqi kuns chhaqhayasma. Qollqe apt'asksta ukhasa, ukat yateqañamawa. Janiw chuyma ch'allxtayiri jan ukax superficial ukham amuyt'añamäkiti. Nayax amuyta, taqiniw aka nivelanx mä juk'a amuyt'awinak critico ukanipxi. Utamax jan arrendatarinakar jawst'kchi ukhax janiw "Ay, Sudáfrica markax mä q'al q'añuchawiwa" ukham amtäwinakar salt'añati. Kunatsa jan arrendatarinak jikxatkta ukat mayninakax sumti irnaqapxi uk amuyañatakiw ch'amachasiñama. ¿Kunjamsa arrendatarinakar jawst'asipki? Ukham lurasax kunatsa unidadamax jan arrendatarinakar jan jawst'ki uka tuqit wali aski amuyunaka jikxatäta. Inas qullqim apsuñ amtaschisma, ukampis mä juk'a pachax "kunatsa" uk sum amuyt'asaw uk lurasma.

Phisqa ukat tukuyañatakix mecanismos de compromiso ukanakaw luraña. Taqeniw yant'anakar saykattanjja. Kuna lurañanaktï lurañamäki uk jisk'achañamawa, kuna jan walinakatï jan lup'iñamäki uka jan walinakanwa uñjasisma. Nayatakix mä qhawqha propiedades alañatakiw arsuwayta ukat mä jach'a depósito jan kutt'ayañjam pagawaytwa, ukatwa amuyunakax mayjt'ayañax ch'amakïnxa.

Tukuyañatakix, negocios ukan yatiqañ tukuyasax qullqi tuqit independencia ukar puriñkamaw sarawayta. Qalltanx mä modelo ingenuo ukanïnwa, ukanx pä maraw consultoría ukanx qullqi tuqit independencia ukar puriñ amtayäta, ukatx jisk'a qullqin yatiqirinakatak yatiqañ utanakaw lurasiñapäna. Jakäwijan amtajajj qollqe jikjjatañat sipansa juk'amp jach'a ukat aski amtanakar puriñawa sasaw amuyayäta. Ukampis k'umaräñajajj wasitat amuyt'añajatakiw wayt'itäna. Janiw kunas garantizatäkiti, uk amuyayäta, ukat kunatï cheqpachapun wakiskirïki ukanakar chuym churañatakejj qollqe toqet libre sarnaqañwa munta. Ukapachaw mä modelo Excel ukan lurawayta, empresan jakäwipat juk'amp jank'ak mistuñataki. Nayax amtäwix phuqhawaytwa, oportunidades ukanakaw apthapita, ukatx niya phisqa mara BCG ukan irnaqasax kimsa tunk mara chikatanw qullqi tuqit independencia ukar puriwayta.

Olumide Ogunsanwo: Jiwasan ist'irinakasatakix mä wakiskir yatiyäw wasitat arsuñ munta. Janiw ullart'irinakax Sudáfrica markanx 1 ikiñ utanak alasipxañapatak sapktanti, kunjamtix Samon jupax lurkän ukhama. Uka jach'a apthapiwix qullqi tuqit independencia ukar mä vision ukat plan uñstayañawa. Mä amtaw mä juk'a pachataki ukhamarak jaya pachataki, ukat thakhinjam mayjt'ayasaw machaq yatiyäwinak jikxatañkamax luraň qalltañama. Chiqans, Samon ukan inmuebles ukan qullqichasiwipat yatiyawinak libron uñt'ayañax wakisispati janicha ukxatw aruskipt'apxta, ukhamat jaqinakax jan sinti tácticas ukar uñt'ayañataki, jan ukax juk'amp wakiskir vision ukat estrategia general ukar uñt'ayañataki.

Jumatix jiwasan sarnaqäwinakas ullart'asksta ukat amuyta, kimsa tunk mara chikatan qullqi tuqit independencia ukar puriñatakikix thakhinak uñtasit lurañ yant'añamawa, ukax janiw sañjamakiti. Amtäwix janiw qullqi tuqit independencia ukar jank'ak sarañakiti. Amtäwix juma pachpan jakäwiman jakañawa. Ukjja juk'amp ch'amañcht'asipkakiyätwa, kunattejj nayas janiw nayratpach jakäwij mapap uñacht'ayawaykti. Mä vision ukanïnwa ukat oportunidades ukanakar jist'arataw qhiparawayta. Amuyt'añataki, Michael Sun jupamp jan uka aruskipäwix utjkaspän ukhax janiw MIT ukar mayiskiriskayätti. Janitï trabajojan jan walt'äwinakar saykatkayäta ukhajja, janiw Oxford markar sarkiriskayätti. Nayajj alay toqenkir warawaranïyätwa, janiw nayratpach jakañ mapajj utjkänti. Norte tuqinkir warawarax amuyuparjama ukat chiqpachapuniw jakañapa ukat jakañaparakiwa.

Ukaw aka librot apsuñama. ¿Kunjamsa cheqpachapun munkta uka jakäwimp sarnaqasma? ¿Kuna lurañanaksa lurañama? ¿Kuna askinaksa nayrankañama? Mä causatakix qullqi jikxatañataki ukhamarak qullqi jikxatañatakix tácticas específicas ukanakat qhipharux aruskipt'añäni. Ukampis amuyt'asiñasa ukat amtanakar puriñasa wali wakiskiriwa. FI ukax jumatakix lurasispawa sasaw iyaw sañama.

Kunjamtï libron nayraqat arsuwayktxa, nayrar sartaskir markanakanx niya 50 maranakaw jakasipxi, nayrar sartat markanakanx 70 marat 80 marakamaw jakapxi. Aka jisk'a pacha amuyt'asaxa, jumatix 20 jan ukax 30 maranïxsta ukat aka libro ist'asksta ukhax mä juk'a pachaw utji mä aski ukat phuqhat jakäw lurañataki. Ukhamajj ¿kunatsa jan ajjsaririñasa ukat yaqha lurañanak yant'añasa? ¿Kunas juk'amp jan walinakajj utjaspa? Mä amtampi jakañaw juk'amp askixa, janiw uka umax sarañjamäkiti, kunattix inas jan kawkhantï chiqpachapun munkta ukaru irpkätamti.

Achani Samon Biaou: Chiqpachansa jakäwim jakañamawa. Qullqi tuqit independencia ukax mä thakhiw sasaw amuyt'añama, ukax nayratpach amtat thakhit mistuñatakiwa, uka thakhix jakäwix sapa kutiw jiwasanakar churaskistu. Convencional thakhix 65 jan ukax 70 marakamaw irnaqañama ukat jubilasiñaw sasaw sistu. Yaqhip jaqinakax 65 marakamaw irnaqapxi ukat walja qamir yänak apthapipxi, ukampis chhaqhatjamaw jikxatasipxi kunatix janipuniw chiqpach khitinakas uk yatxatañatakis jan ukax munañanakap arktañatakis ch'amanïpkänti.

Qullqi tuqit independencia ukax uka guion wasitat qillqt'añatakiwa. Janiw 70 mara suyt'añamäkiti, ukhamat akham jiskt'asiñataki: "¿Khitïtsa?" jan ukax "¿Kawkhans vacacionax pasañ munta?" Ukhamasti, activo maranakan nayratpach guion mayjt'ayañamawa. Qalltañatakix khitïtasa ukat kunas chiqpachapuni kusisiytam uk amuyañampiw qalltañama. Kuntï munkta uk wiñayatak lurasma sasin amuyt'añäni, qollqemp pagañas wakischini. Ukatxa, kunjamsa jank'aki uka chiqar purisma uk amuyt'añamawa, qullqi tuqit jan sapa kuti llakisisa. Ukaw escuela de negocios tukuyasajj qhepat carrerajan sarnaqäwijajj utjäna.

Olumide Ogunsanwo: Nayax wali askiwa jumanakan muspharkay sarnaqäwim uñt'ayatamatxa. Qullqi tuqit independencia thaknam sarkasaxa, juk'ampiw chuymacht'atäta, kusisiñasa ukat kusisiñas utjani. Nayrar sartañ uñjasajj juk'ampiw atinisiñama. P'iqisax alambrada ukhamawa, kunapachatix munañanakas tuqir nayrar sartañ amuyktan ukhax kusisiñ apaniñataki. Ukampis taqe ukanakajj uka wakiskir nayrïr paso lurasma ukhakiw pasaspa. Jan qalltasaxa, janipuniw uka phuqañkamax puriñjamäkiti. Ukhama, jichhürut qalltañamatakiw ch'amanchapxsma. Chiqansa, jichhatpach qalltañamawa. Aka librot maysar apanukuñamawa ukat mä ch'amanchañ uñjäw lurañ qalltañamawa ukat sapa uruw qullqi tuqit jutïr pachamar lurañanak lurañama. ¡Jutïr jaljan uñjapxäma!

6C: Principios de Maximización de Ingresos & Gasto Basado en Valores uka tuqita

Olumide Ogunsanwo: Aka jaljanx walikpun jutapxtaxa, kawkhantix qullqituqit jach'anchayañ amtanakamp ukhamarak valores ukarjam gastos ukanakat yatxatapxtan. Kimsa t'aqaruw jaljañäni: kamachinak qhanañchaña, kunjams qullqi tuqit independencia ukar jank'ak puriyi ukxat aruskipt'aña, ukatx juk'amp yatxatañatakix yänak iwxt'aña. Qalltañäni, qullqi jikxatañ jach'anchayañar ch'allt'asis.

Achani Samon Biaou: Nayax analogías ukanakax amuyunakax juk'amp amuyañatakiw yanapt'itu. Inas empresas startups ukanakat uñt'apxsta ukat kunjams qullqichir jaqinakat qullqi apthapipxi. Mä empresan valoracionapajj kunjamsa valorani uk qhanañchi. Jichhax, juma pachpaw mä qalltañjam amuyt'añama, mä específico valoración ukamp. Maximización de ingresos ukax chiqpach valor ukar jikxatañatakiw ukat kunjams payllañax uk amuyt'añatakiwa.

Olumide Ogunsanwo: Qullqim jilxatayañax mä jach'a ch'amanchawiwa, jan ukax juk'amp ch'amanchatawa, qullqi tuqit independencia ukar sarañataki. Kunjamakitix qullqi tuqit independencia ukax juk'a qullqimpis jikxataspawa, ukampirus juk'amp ch'amäspawa. Ukhamajj ¿kunatsa juk'amp jach'a yänakamjja, mä arunjja, jaqen ch'amamampi— qollqe jikjjatañatakejj jan aprovechasksna? Ukaw jichhürunakanx yatxatatäski: qullqituqit jach'anchayaña. Uñakipirinakaruw ch'amanchapxta, jupanakan walja qamiriñ amtanakapat yatxatapxañapataki. Qalltañatakix kuna amtawinaktix yatiñanakamar, yatiñanakamar, munañanakamaru, pachamamamar ukat jaqi masinakamar uñt'ayañamp chikancht'asis uñakipt'añamawa. Akax mä qawqha thakhinakax qamiriñ utjañapatakiw utji:

Nayraqatxa, nayra irnaqawi jan ukax carrera ukaw utji. Jumax tiempomsa yatiñamsa mä empresan sueldo katuqasaw mayjt'ayasma. Irnaqawix mä qullqix mä ch'amanchawiw utjaspa, ukampis inas jan empresariado ukar uñtasit jiltañ ch'am churaspa.

Payïrix empresariado ukat autoempleo ukanakaw utji. Ukax mä producto jan ukax servicios ukanakaw lurasispa, ukax aljirinakax jakäwip jach'anchayi, pankanaka, yatichäwinaka, blogs, podcasts, jan ukax franquicia qalltañkama. Yaqha amtawix mä práctica profesional ukar utt'ayañawa, sañäni, qulliri, abogado, contador ukat juk'ampinaka. Jan ukax, servicios ukanakax freelancing, coaching, consultoría, jan ukax economía de conciertos ukan chikancht'asiñjamawa. Emprendimiento ukax qamirïñ apthapiñatakix wali askiwa, ukampirus juk'amp jan walt'awinakaw utjaspa.

Aka nayrïr pä amtawix jan capital previo ukampix arktasispawa. Ukhamarus, kimsïr avenida riqueza uñstayañatakix qullqichasiwinakaw utji, ukatakix capital qalltañaw wakisi. Inversiones ukanakax tiempompix mäkiw qullqix utjaspa, ukampis qullqi chhaqhayañ jan walt'äwiw utjarakispa. 6A t'aqapanxa, uñakipapxaraktwa kunaymana qullqichasiwinakata aka marco ESIPL ukanxa, ukaxa uñakipapxaraktwa qullqichasiwinakxa mercado público, inmuebles, capital riesgo, capital privado, qullqichasiwi angel, criptomonedas, yänaka, divisas, coleccionables, préstamos de pares, ukhamaraki cuentas de depósito munaña. Ukhamat juk'ampirus irnaqäw ukhamarak empresariado thakhinak uñakipañäni, mä juk'a pachax mercado público ukan qullqichasiwinakapat ukhamarak inmuebles ukanakat llamkt'añäni kunatix walja kutiw waljanitak qullqichasiwinakax juk'amp suyt'ata.

Nayax amuyujatw qullqi tuqit anatt'awinak, regalonaka, subvenciones, thaya qullqi, seguro payllawinaka, lotería ukan atipt'awinaka ukat herencia ukanakax qamirïñ amtanakarjam jaqukipata kunatix FIREDOM ukax sistematico ukat sostenible thakhinak qamirïñ uñstayañ tuqitw uñt'ayasi, suerte ukat juk'a uñstawinakar atinisiñat sipansa.

Uka amtawinakax janiw maynit maynikam ch'axwatäkiti, ukatx walja thakhinakax mä pachanx arktasispawa. Ukatjja, akan uñstki uka uñacht'äwinakajja, kuna amtanakatï utjki ukanakat mä jisk'a t'aqakiw uñacht'ayasi. Qhapaq kankañ utjañapatakix kuna askitï mayninakax munapki jan ukax munapki ukanak churañaw wakisi. Ukhamatwa, janipuniw mä lista completa de generación de riqueza ukax utjkaspati, kunatix jaqinakan munañanakapax sapa kutiw jilxattaski, sapa uruw machaq oportunidades ukanakax riqueza uñstayañatakix jist'arasi.

Achani Samon Biaou: Ukax mä juk'a pachanakanwa. Kunjamsa jumanakajj uñacht'ayapjjta uk walpun yuspärta. Ukax jasakiwa amuyañataki ukat uñjañjamawa, juk'ampirus khitinakatix qalltasipki jan ukax aka lurawinx lurañ munapki jupanakataki.

Nayax yaqha dimensión ukamp yapxatañ munta: aspecto de valoración. Kuna pachatix carrera ukanx qunt'asis jiskt'asiñamawa: ¿Qhawqha valoranis capital intelectual, energía ukat carácter ukanakax jakäwijanx? Uka jiskt'ar qhanañchañajj ch'amakiwa. Ukanw jutir amtawix uñsti —metodologías de valoración ukanakat amuyt'aña, kuntix Olumide jupax arsuwayki ukar uñtasita. Naya pachpaw uñacht'ayañ munta: Kunawsatix Deutsche Telekom ukan consultor técnico ukham irnaqkayäta ukhax maestría informática ukat ingeniería eléctrica ukanakan yatiqawayta. Nayax flexibilidad geográfica ukat viajes ukanakan ventaja ukanïnwa, pasaporte jan kuna jan walt'äwinakanïtapata. Ukatwa, nayax uñakipt'asma kunjams nayax sapa mayni categorías ukanx valoraniristxa, Olumide. Nayatakix nayrïr categoría ukan mä irnaqäwiw utjäna.

Olumide Ogunsanwo: Jïsa, yatiñanakamampix kuna sueldo suyt'añax wakisispa uk amuyt'añax wali askiwa.

Achani Samon Biaou: Ukax chiqawa. Wali askiw juma pachpan lurawinakam uñakipaña ukat kunjams yatiñanakam juk'amp jach'aptayañax juk'amp qullqi jikxatañatakix uk yatxatañamawa. Mä juk'a pacha amuyt'añamawa, kuna qullqis utjaspa sapa mayni categorías Olumide ukan arsutapatxa. Nayan experienciajat mä uñacht'äwi churapxäma. Walja markanakar visitt'añatakisa, walja arunak parlañatakisa, ukat Europa toqenkir wali uñt'at universidadan licenciatura katoqarakta. Chiqpach valoranïtajat jiskt'asiyätwa, ukat jan impuesto pagañ markan pachpa irnaqäwinïtwa sasaw amuyayäta, uka trabajojj viajañ munañajampiw chikañchasi. Ukajj kuna mayjt'äwis utjaspa uk amuyta.

Olumide Ogunsanwo: Jumax circunstancianakamat uñakipt'awaytawa ukat palancas ukanakaw uñt'ayasi, qullqix juk'amp jilxatañatakix apsuñjamawa.

Achani Samon Biaou: Chiqpachansa. Jichha pacha lurawinakam uñakipañawa ukat kuna yaqha activos intelectuales ukanakas juk'amp jach'a oportunidades ukanakar kamachiñatakix jikxatasma uk amuyt'añawa. Ukax nayax qullqi tuqit yatxatat jaqir tukuñaw sasaw sista, ukax walja jaqinakaw jan yäqapkiti. Amuyt'añataki, yaqhep jaqenakajj kunjamsa juk'amp qollqe jikjjatasma sasaw jiskt'apjjetu, ukampis kunapachatï impuesto pagañ jan ukajj jan impuesto pagañ markanakar uñakipt'añ ewjjt'kta ukhajja, mä lista churañajatakiw suyapjjetu. Mä lista mayisksta ukhajja, inas uka lista lurañatakejj jan ch'amanïkchiti. Uka yatiyäwinakajj Internetanwa utji, mä arunjja, juma pachpaw ukanak jikjjatañatak ch'amachasiñama.

Yaqhip jaqinakax jan impuesto payllañ markan thaqhañat sipans juk'ampiruw sarapxi, ukat mä jach'a markanakaruw uñch'ukipxi. Jupanakax jakañ qullqit liyt'apxi ukat jank'akiw uka amuyt'awix jan yäqapkiti kunatix superficial yatxatäwinakarjamax sinti jach'äkaspas ukhamawa. Ukampirus, jakañ qullqix subjetivo ukhamawa, niya kawkhans apnaqasispawa. Amuyt'añataki, Dubai markax jach'a qullqit uñt'atäkchisa, phaxsitx 800 dólares ukjaw jakañ atipxta.

Olumide Ogunsanwo: Ukanx promedio costo de vida ukax utjiwa, ukatx ukax específico costo de vida ukax utjarakiwa. Aka pankan juk'amp jach'a amuyun microcosmos ukhamawa. Ukanx qullqi tuqit chika taypin sarnaqañax utjiwa ukatx qullqi tuqit independencia ukar sarañax utjarakiwa, ukax pä tunk, kimsa tunk, pusi tunk maraninakax paqallq tunk ukat llätunk tunk maraninakaruw purispa. Janiw nayratpach amuyunakamax qullqi jikxatañ maximización ukat riqueza generación ukanakat yatxatañax limitañapakiti. Inas sarnaqäwinakamasa ukat yaqhachasirïtamasa, kuna suma oportunidadanaktï jumatak utjki ukanakamp jan mayakïkchiti. Nayra sarnaqäwinakamax janiw kuntï lurañ munkta uk qhanañchkiti.

Amuyt'añäni, hipotéticamente, tatamax restaurante ukan dueñopänwa. Jumax nayratpach primed ukhamaw restaurantes ukaniñax mä medio ukhama qullqi jikxatañataki, ukampis inas chiqpachanx mä juk'a capacidad intelectual ukax utjaspa ukax juk'amp askïspawa inversión inmobiliaria alquiler ukataki. Chiqansa, inas mä empresan irnaqäwip jikxatañax juk'amp askïchispa, kunattix chiqpachapuniw jumatakix wali askïspa ukat juk'amp qullqiw jikxatasma. Jumatï nayratpach mä irnaqäwin jikxatassta ukhaxa, inas irnaqäwinakax qullqi jikxatañatakix wali askïkaspas ukham amuychisma. Inas jan ukhamäkchiti. Inas chiqpachanx mä qawqha yatiñanaka, talentos ukat circunstancias de relaciones innatas ukanakax utjchi, mä muspharkañ negocio lurañataki. Ukhamaraki, empresarionakax mä negocio qalltañax qamiriñ thakiw sasaw sapxaspa, ukampis inas jan taqinitak ukhamäkchiti.

Janiw kuna askis qullqi jikxatañax utjkaspati, ukampis inas mä suma thakhix utjchispa, jichha pacha ukat yatiñanaka, yatiñanaka, jaqi masinaka, kunayman saräwinaka ukat pachamamar uñtasita. Taqi qamiriñ lurañ amtanakat yatxataña ukat jist'arat amuyuniñaw sapürunjam uñakipañataki, yant'añataki ukat chiqañchañataki.

Mayninakan qamiriñ utjañapatakix estrategias ukanakax janiw jisk'achañati, juk'ampirus jan sum amuyt'ksta ukhaxa. Ukax juma pachpan parcialidad uñacht'ayañakiw. Maynix acciones ukar qullqichxasax inmuebles ukarux jisk'achaspawa kunatix janiw jan walt'awinakapar saykatañ munkiti, ukampirus mä empresariox yaqha jaqitak irnaqañ amtarux janiw yäqkaspati. Taqeniw kunanaktï munktan ukajj utjistu, ukampis mayninakajj kuna jan walinakansa uñjasipjje uk respetañasa ukat wali askit uñjañasa wali wakiskiriwa.

Naya pachpaw parcialidadanakajajj utjitu. Nayax nayraqatax carrera corporativa ukat inversión de acciones ukanak qullqi jikxatañatakiw apnaqta, ukampis janiw kunas utjkituti jan ukasti empresarios, inversores inmobiliarios ukat taqiniruw respeto uñacht'ayawayta, jupanakax yaqha estrategia de acumulación de riqueza ukaruw arktapxi. Taqini jilat kullakanakawa, kuna amtanakas jiwasatakix juk'amp askïspa uk amuyt'añatakiw ch'amachasipxta.

Achani Samon Biaou: Uka tuqitx mä qawqha puntonak yapxatañ munta. Nayraqatxa, janiw análisis parálisis ukar puriñamäkiti. Cursos ukanakat yatxatasksta ukat kunayman chaninakax utjchi ukhax janiw sinti pachax jan mä amtar purisax uñakipañatakix apst'asiñamäkiti. Riesgonak apsuñasa ukat jan walt'äwinakat yateqasiñasa, kuna jan walinakansa uñjasiñasa wakisispa uka toqet wali aski amuyunakaruw puriyistaspa. Payïri, yaqhachasiñ tuqit amuyt'asiñamawa. Qalltäw utt'ayirinakax inas qamiriñar puriñ thakhix juk'amp jank'akïkaspas ukham sapxchispa, ukampis chiqpachanx jilpach qalltawinakax jan walt'ayataw uñjasi. Maysa tuqitxa, mä firma de consultoría ukan socio ukhamäñax walja maranakaw valores ukarjam qullqi gastañax wakisispa, ukax walja qamiriñaruw puriyaspa.

Olumide Ogunsanwo: [Jachaqt'asis] Ukat sociox janiw jan ikiñ arumanakax aljirinakata, yänaka ukat producto-mercado-fit ukanakat lup'isax sarnaqañapäkänti. Taqinipuniw kunayman lurañanak thaqhañatakix juk'amp ch'amachasiñasa. Jichha thakimanxa janiw sinti ch'amachasiñamäkiti, juk'ampisa kuna jan walinakatï utjki ukarjamaw tukuykta ukhaxa. Kunayman qamirïñ lurañ amtanakar jisk'achañat sipansa, kunats jaqinakax yaqha thakhinak ajllisipxi uk yatxatañ munañ ch'amanchañäni.

Achani Samon Biaou: Nayax iyawstwa. Uk amuyt'añatakejj mä uñacht'äwi uñacht'ayä. Junio phaxsin 2022 maranx Área de la Bahía uksankäyät ukhax Uber ukaruw sarawayta ukatx conductorampiw aruskipt'awayta. Ukajj kunayman jakäwin experiencianak amuyañatak ch'amachasitajat maynïrïnwa. Chat'asipkayäta ukhajja, uka auto apnaqerejj warmini wawanïtap amuyayäta, jupajj semananjja 40 horanakaw irnaqäna. Jupax estratégicamente aeropuerto ukar sarañanakaruw chuym churawayi, Googleplex, campus Meta jan ukax aeropuerto ukar jak'anw uñt'ayasi, viajes pico ukan pachanakanx juk'amp qullqi jikxatañataki. Janis uñt'at irnaqäwinïkchïnsa, phajjsejj 12.000 dolaranakwa wali muspharkañ jikjjataskäna.

Olumide Ogunsanwo: Wow, janiw iyawsayañjamäkiti.

Achani Samon Biaou: Ukax uñacht'ayañatakik saraski, jan uñt'at irnaqawinakampi ukhamarak lado ch'axwawinakampi, Uber ukan auto apnaqañjama, jach'a qullqinak apsuñapataki. Amuyt'añataki, jumatix Google ukan irnaqäwinïsta ukat socialización ukar munassta ukhax Uber ukar auto apnaqañ amtasmawa, ukhamat yaqha qullqi jikxatañataki. Ukhamarakiw documento lurasma experiencianakam Uber conductor ukhama blogueo, podcasting jan ukax qillqañ tuqi, ukhamat juk'amp qullqi jikxatañama.

Olumide Ogunsanwo: Aka amuyt'awix nayraqat arsuwayktan uka jach'a kamachinakaruw chint'ata. Jichha thakhimat sipan juk'amp yatxatañ munañ ch'amanchasa, qullqi jikxatañatakix yaqha thakhinak jikxatasma. Yaqha amtawinak amuyt'añax wali askiwa, jan ukax nayra irnaqäwir ch'amanchañat sipansa ukat mä juk'a pachanak lurawinakar apst'asiñat sipansa, Netflix uñch'ukiñ ukhamarak Instagram ukan desplazamiento ukanaka. Yaqha qullqi jikxatañ thakhinak arktañax qullqi tuqit independencia ukar jank'ak sarañax ch'amaniwa. Riesgonak apsuñasa ukat yant'añasa jan axsarañaw wakisi, ukampis janiw jichha lurawim jaytañ sañ munkiti, qullqi jikxatañatakix yaqha thakhinak thaqhañataki. Amuyt'añataki, jumatix mä restaurante ukanïsta ukhax kunats jan mä producto complementario ukham lurañax mä blog de restaurante ukar uñtasita? Yatiqañ munirïñasataki ukat kun lurañatakis jan ajjsaririñaw wali wakiskirejja. Sapa mayniw qullqi tuqit amtanakap phuqhañatakix kuna amtanakas qamiriñ utjañapa uk amtañapa.

Achani Samon Biaou: Yuspajarapxsmawa. Nayax yaqha uñakipäwimp yapxatañ munta. Jumatix mä negocio ukham valoraniñax jan askïkchi ukhaxa, mä juk'a amuyt'añamawa, juma pachpaw mä inversor ukham amuyt'añama, ukhamat qullqix juk'amp jilxatañapataki. Akax kimsa amtawiwa: Nayraqatxa, yatxatañamawa ukat uñt'añamawa kunaymana qamiriñ utjañapataki pachamamaru. Payïri, tiempomsa, ch'amamsa ukat qalltan mä jisk'a qollqemsa, wakischi ukhajja, uka oportunidadanakat mayniruw apst'asiñama. Mä jisk'a qullqichasiwix attención, aprendizaje ukat optimización ukan ch'amanchawinakamaruw irptaspa. Kimsïri, mä kutix mä atiniskañ perspectiva jikxatasma ukhax cartera de actividades laterales de ingresos generadores ukar yapxatañamawa, ukatx machaq riqueza generación posibilidades ukar wasitat qalltañamawa.

Amuyt'añataki, Lagos markar purisajj uka markat juk'ak yatjjayäta. Ukampis mä pä urunak saraqataruw kunayman qullqi jikxatañ amtanakat uñakipañ qalltawayta. Nayax akham jiskt'awinak jiskt'asta: ¿Qhawqha qullqis McKinsey ukan irnaqasax jikxatasma? ¿Mä banco jan ukajj mä qallta empresat kamsaraksnasa? Uber autonïsta ukat mä conductor contrataksta ukhajja, ¿kamachasmasa? ¿Criptomonedas ukar qullqichrantañax kunjamasa? Kunapachatï maynix Lagos markan inmuebles ukanakat iwxt'äna ukhaxa, uka jakhüwinakaruw sum uñakipt'ta. Sudáfrica markan qullqichasiwinak tuqit experienciajat apst'asisaw uñakipt'asiristxa, ukatx jank'akiw Nigeria markanx inmuebles alaña-alquiler ukax janiw askïkiti sasaw amuyayäta. Mä sapa uñakipäwimp jan ch'axwañax wali askiwa ukat juma pachpaw experiencianakamat amuyt'añama ukat amuyunakamat amuyt'añama.

Qhepatjja, mä negocio mayt'asiñwa jikjjatta, ukajj nayaruw chuym ch'alljjtayäna. Ukax USD ukan jan kuna usun kutt'ayañanak uñacht'ayäna. Empresa de préstamos ukax anatañanx ñik'utanïpxänwa, ukhamax janiw plataformapan walja jan wali qullqi mayt'asiñanak utjañapatak qullqix utjkänti. Umanak yant'añatakejja, mä jisk'a qollqew 20.000 dolaranak uka oportunidad ukar churayäta. Nayax CEO ukamp tantachasisaw uka tuqit juk'amp yatxatawaytxa, economía unitaria ukar uñakipt'asa, jichha clientes ukanakar uñakipt'asa, ukatx qullqi tuqit situación ukat metodología de evaluación de riesgos ukanakat uñakipt'asa. Uka jiskt'awinak jiskt'añatakix janiw capitalista riesgo ukhamäñax wakiskiti. Kunas wali askïkaspas ukhamächi ukhaxa, kunjamatix mä arsuwix qullqim pä kuti jiltayañataki kunapachatix chiqpach inversión retorno ukax 20% ukhakiw, qhanaw mä potencial esquema pirámide ukamp apasiña.

Olumide Ogunsanwo: [Larusiña].

Achani Samon Biaou: Nayax uka uñacht'awinak uñstayawaytwa, ukhamat jaqinakar jan ch'amäñapataki, jupanakax excusanak lurapxi. Mä qullqichir uñtasit amuyt'añax qullqim juk'amp jilxatañatakix janiw matemáticas jan ukax qullqi tuqit nayrar sartañ yatiñax wakiskiti. Jumatï alquiler pagañatak sueldom apnaqañ yatta ukat qollqejj utjaskakispa ukhajja, finanzas básicas toqet amuyasmawa. Ukampis wali wakiskirïki ukax teoría ukat sipan juk'ampiruw sarañawa ukat chiqpachansa anatañanx ñik'utanïñawa. Skin in the game ukax chiqap jiskt'awinak jiskt'añatakiw ch'amañcht'ätam ukat negocio ukar amuyañataki. Suma qullqichir tukuñax janiw mä arumatak luraskiti. Ciclonak pasañaw wakisi ukat inas jan walt'ayasiñas utjchispa. Mä ladopan Netflix ukat mayni ladopan mä app aleatorio ukamp sala de estar ukan qunt'asis mä ratuk qullqichir tukuñax janiw suyt'añjamäkiti.

Olumide Ogunsanwo: Awisax jaqinakarux ist'twa, jupanakpachar atipt'asiñ arunak mä pretexto ukham apnaqapxi, qamirïñ tuqit jan yatxatañataki. Amuyt'añataki, maynix alquiler ukan qullqichrantañ munaspa ukampis uka amtarux janiw yäqkaspati, akham sasa: "Janiw yatiskti jichhax qalltañjamäkiti. Inas phisqa jan ukax tunka marat qhiparchispa". Jan ukax akham amuyapxaspawa: "Aka jaqix alquiler ukan qullqichrantañ tuqit sum sarnaqki ukax nayat sipan juk'amp yatiñani ukat juk'amp suma conexiones ukaniñapaw" sasa. Jaqinakarux ch'amancharaktwa, libron nayrïr uñstawipanx jupanakpachar iyawsäwi ukat jupanakpachar atinisiñ tuqit jaljanakap liyt'apxañapataki, ukhamat uka excusanak atipjañataki.

Achani Samon Biaou: Nayax wali kusisitaw qalltawayta. Mä yaqha markat jutirirjamaxa, ch'amanïtam ukat jan ch'amanïtam uñt'añax wali askiwa. Jiwasan ch'amasax mä estado ukar jan arxatañankiwa. Jiwasax janiw kawkhantix yaqha markar sarxktan uka markan equipaje cultural ukax apt'atäkiti, ukat ukax jiwasan askisatakiw apnaqañasa. Yaqha markanakar sarxañäni ukhaxa, kawkïr costumbrenaksa katuqañ munsna jan ukax apanukuñ munstan uk amtañasawa. Amuyt'añataki, Dubai ukham chiqanx, kawkhantix walja luxus ukanakax utjki, mä Lamborghini ukar alañax yant'atawa, ukampirus ukax mä sipitaruw jaquntawayi, kunatix pertenece uka laykux kuns alañataki.

Olumide Ogunsanwo: Jïsa, qullqi tuqit independencia ukar sarañatakix jach'a jark'awix FOMO ukawa, ukat ukax mä jach'a uñacht'äwiwa. Inas luxus autonaksa jan munasksta, ukampis mayninakan utjatap laykuw mä auto alasma. Ukampis amtanakapa ukat valoranakapajj jumat sipansa mayjäspa ukhajja, ¿kamachasmasa? Jumax mä thakhinjam sarasktaxa, uka thakhix janiw chiqpach valoranakamampix mayakïkiti, ukat ukax jan kusisiñaruw puriyistaspa.

Achani Samon Biaou: Kunawsatix mä markar sarxapxäta ukhax mä jach'a nivel de riqueza per cápita ukaruw sarxapxtaxa, ukax wali askiwa, juma pachpan amtanakam ukat amtäwinakamar nayrar sartayaña, janiw uka chiqan costumbres ukarjam sarnaqañakikiti. Amuyt'añataki, Emiratos Árabes Unidos markanx inas jan Emirati taxi apnaqirinakas jan ukax suyt'irinakas jikxataskchiti. Ukar purisax taxi apnaqirjama irnaqañjam oportunidades ukanakar jan yäqasa, estado percibido ukarjamaxa, inas qullqi jiltañatakix avenidas potenciales ukanakar jan yäqasksta. Ukhamarakiw América markanx tarjeta de crédito ukax wali ch'amanchatawa, ukampis janiw ukax sañ munkiti, qullqi tuqitx wali askiwa. Inas chiqap casonakax utjchispa, tarjetas de crédito ukanak apnaqañax responsablemente puntos jikxatañataki jan ukax negocios ukar qullqichrantañataki, ukampirus sapa situación ukar uñakipañax wali askiwa, sapa mayni circunstancianakamarjama ukhamarak qullqi amtanakamarjama.

Olumide Ogunsanwo: [Larusiña] Tarjeta de crédito ukampiw patak pulgadas TV alasisma, ukax janiw qullqix utjkituti?

Achani Samon Biaou: [Larusiña] Mä anqäx markankirjama, expatriado jan ukax inmigrante ukhamaxa, mä ch'aman ukat mä amtar puriñ amuyun yapuchañax wali wakiskiriwa. Europa uksan jakasir africano masinakampiw jikista, jupanakax Golfo uksankir markanakar sarxañ tuqit llakisiñap uñacht'ayapxi, ukat warminakax pañuelo jan ukax hijab uchasiñatak obligatäpxiti. Uk jaysañatakix pä tuqit amuyt'añaw sasaw achikt'ta. Nayraqatxa, wali amuyt'awinak irnaqañamawa ukat medios de comunicación principales ukanakan uñacht'ayat yatiyäwinakat sipansa jan ukax ist'atanakat sipans juk'ampiruw ch'amanchañama, kunawsatix ukham jach'a amtäwinak lurañax wakiski ukhaxa. Suma yatxatañaw wakisi, uka chiqar sarañas wakisirakiwa, ukhamat jan wali amuyunakampi ukat chiqpach chiqpach yänakampi yaqhachañataki. Payïri, independiente amuyt'awinak katuqañamawa ukat juma pachpan valoranakamarjamaw askinak uñakipt'añama. Forzado pañuelo uchasiñ amuyunakax pantjasiyaspawa, ukampis janiw taqinix uka pañuelo uchasiñatak obligatäpkiti, uk yatiñax wali askiwa. Mä sanu internet thakhi thaqhaña jan ukax plataformas de medios sociales ukan uñakipañax sapa mayniw jan khitin jark'at ajlliwinakap uñt'ayañapatak uñacht'ayani, ukat modelos ukanakax playas ukan bikini ukamp isthapt'asipxi. Ukampirus mä africano ukhamax wali askiw racismo ukamp chikt'at llakinak askichañaxa, ukax juk'amp jach'a ch'amanchawiruw purispa experiencianakamar. Janiw yaqha jan walt'awinakan wakiskirïtap jisk'achañ munkti, jan ukasti mä africano ukhamax pañuelos ukanakat jiskt'asirjamaxa, racismo ukar amuyañax ukat ch'axwañax wali jach'a amuyt'añarakiwa.

Olumide Ogunsanwo: Jilapachax kunapachatix jaqinakax ukham jiskt'asipxi ukhax excusanak thaqhapxi. Mä kutix mayniruw ist'ta inmuebles ukar qullqichrantañ munapxta sasin arsu ukampis jupanakan jach'a jark'awipax nayraqat mä LLC ukar utt'ayañaw wakisi. Yaqhipanakax sapxiwa, janiw mercado de valores ukan qullqichasiwiparux munapkti kunatix qhathux kuna pachas t'unjasispawa. Uka excusanak churañat sipansa, nayrïr ordenan fundamental jiskt'anakar jaysañaruw chuym churañajj juk'amp askejja: ¿kunas qollqe toqet amtanakajajja? ¿Qhawqha qullqis qullqi tuqit amtanakax phuqhañatakix jikxatañ munta? ¿Inmuebles ukanakax qullqi jikxatañ amtanakajar puriñ yanapt'itani? ¿Kuna kasta inmuebles ukanakarus qullqichasta ukat kunatsa?

5 t'aqapanx desarrollo personal ukat yatiñanak lurañax wali wakiskiriwa, juk'amp qullqinak jist'arañataki. Yatiñanaka ukat ch'amanaka jilxatayasaxa, qullqi jikxatañ ch'amam jach'anchayasma ukat juk'amp jach'a qullqi katuqañamawa. Juk'amp qullqi jikxatañatakix juk'amp tukuñamawa. Mä jakäwipan yatiqirin amuyunakapar katuqañamawa ukat sapa uru machaq yatiñanaka ukat yatiñanak jikxatañatakiw ch'amachasiñama. Amuyt'añataki, nayax áreas específicas de desarrollo personal ukanakaruw nayrar sartayawayta, mä hora yatiqañataki, sábado urunx relaciones ukat producto

gestión ukanakat qalltasa, domingo urux k'umaräñ tuqit ukhamarak aljasiñkama, lunes urux inteligencia artificial, martes urunx cloud computing ukat automóviles autónomos, blockchain, Web3 , ukatx cripto ukax miércoles uruw utji, China/India Tech ukax jueves urunakanx, ukatx qhipharux Africa Tech ukax viernes uruw utji.

Nayax mä qawqha iwxt'awinak uñt'ayasaw tukuyä. Nayraqatxa, " Millonario Fastlane [1]" ukat " Sin guionado [2]" ukax M. J. DeMarco ukan qillqatawa. Nayax mä jach'a fanätwa ukat walja kutiw aka libronx jupar referenciat uñt'ayawayta. Inas uka libronakax empresariado tuqit liyt'kta uka libronakat sipansa juk'amp askïchispa. Jupanakax wali sum yatxatapxi kuna askinakas utji ukat kuna jan walt'awinakas utji mä carrera convencional thakhimpi, empresariado thakhimp chika. Ukhamarus, jupanakax wali aski marcos ukat amuyunaka churapxi, mä negocio qalltañataki ukhamarak jilxatañataki, aljirinakaruw jawst'añataki, ukat juk'ampinaka. Uka amuyunakax jilxattayi uka libronakax janiw iyawsañjamäkiti.

Kunjamas qamiriñax " Naval Ravikant ukan [3]uñakipt'añaw sasaw iwxt'apxsma , ukax 3 hora 35 minutos podcast jan ukax blog post ukham uñt'ayatawa. Ukax mä suma destilación uñacht'ayi, kuna amuyunaktï qamiriñ yapuchañatakix wakiski ukanak uñacht'ayi. Naval ukan amuyt'awinakapax chiqpachansa wali muspharkañawa.

Ingreso Pasivo, Jubilación Agresiva " [4]uñxatt'añaw sasaw iwxt'apxsma . Aka pankaxa kunaymana lurawinakawa qamiriña utt'ayañataki yatxati, ukatxa suma uñacht'awinaka uñacht'ayaraki. Jisk'a empresanakaruw juk'amp ch'amanchasi, kunjamakitix qullqimp apnaqat emprendimientos, lavanderías, autos lavadoras ukat yaqha empresariales ukanakan irnaqawinakapa. Librox kunayman qullqi jikxatañ amtanakat amuyt'awim jach'anchayi, jichha muyuñat sipansa.

Ukxarusti, valores ukarjam gastos ukanakat aruskipt'añäni, ukax maximización de ingresos ukamp qutucht'atawa kunatix jupanakax

1. https://www.themillionairefastlane.com/

2. https://www.amazon.com/UNSCRIPTED-Life-Liberty-Pursuit-Entrepreneurship/dp/0984358161

3. https://nav.al/rich

4. https://www.amazon.com/Passive-Income-Aggressive-Retirement-Independence/dp/1706203020

amparamp amparamp sarapxi ukatx pä lado pachpa riqueza uñstayañ qullqit uñt'atawa. Ukanjja, gastonakamjja, kunatï jumatak cheqpachapuni wali wakiskirïki uk sum amuyt'asisaw ajlliñama. Valores ukarjam gastos ukar katuqañatakix, introspección ukatakix tiempo apst'asiñamawa, ukhamat valores ukanakam uñt'añataki ukat nayrar sartayañataki. Jupanakar uñt'asajja, kunatï valoranïki ukarjam qollqe gastañatakiw ch'amachasiñama, jan pantjasirïñajj janiw wakiskiti sasaw amuyañama. 80% jan ukax 90% alineación ukar puriñkamax wali nayrar sartañaw utji. Awisax yaqha chiqar sarxasma ukat sapa machaq urux gastonak wasitat askichañatakix mä oportunidad uñacht'ayi, ukat kuntï jumatakix askïki ukarjam ajlliñamawa, uk amtañamawa.

Achani Samon Biaou: Yuspajarapxsmawa. Chiqpachansa, qullqi gastañax yatiqañatakis mä aski pachaw sasin uñjañax nayatakix wali askiwa, jan ukax jupa pachpa jawq'jañat sipansa. Walja jaqinakaw, nayamp chika, ciclos ukanakaruw sarapxi kawkhantix pasktan ukat qhipatx arrepentisipxi, ukampirus pachpa patrón ukar wasitat jan yatiqasa. Jiwasan amuyunakasar mayjt'ayasa ukat qullqi gastañax yatiqañatak mä ch'amjam uñjasax juk'ampiw uka jan walt'awinakat wali aski yatichäwinak chuymar mantañax wakisi.

Nayax uñjtwa gasto basado en valores ukax gastos ukar inversiones ukar tukuyañataki. Kunapachatï taqi kuntï alasitamat kutt'ayañ thaqhañ amuyunïktan ukhaxa, kuna gastonakatï mä juk'a kutt'ayañ munapki ukanak thaqhañ qalltasma, qullqi tuqitsa jan ukax jaqi masinakamampi jan ukax k'umaräñamatsa. Kunanakatï jan cheqpach valoranïki ukanak lurañatakejj janiw qollqe ina ch'usar apt'ktati. Amuyt'añataki, ¿kuna retornonaksa helado alasisma? Inas jan kuna jach'a kutt'aniñas utjkchiti kunatix manq'anakax wali askiwa k'umaräñamatakix yanapt'añapa.

Olumide Ogunsanwo: Mä jan wali kutt'ayawi. Kisu qullirix qullqi kutt'ayañatakix wali kusisitaw ch'akhanakamar phuqhantayani.

Achani Samon Biaou: Gastos ukan retorno ukar jiskt'añax juk'ampiw gastos ukanakat qullqichrantañar mayjt'ayaña. Ukax valores ukarjam gastos ukan competencia ukar jank'ak uñstayañ yanapt'i.

Olumide Ogunsanwo: FI ukar arknaqasax qullqi kutt'ayañaruw chuym churapxta, ukampis janiw pachasan kunja wakiskiris ukx jaytañasäkiti. Tiempojj jiwasan wali valoraniwa. Kunjamsa tiempos ch'amas apst'asiñäni uk amuyt'añajj wali wakiskiriwa, ukanakjja valoranakasampi ukat amtanakasampi chikachasiñawa. ¿Ukarux valores ukarjam jak'achasiñati? ¿Kunatï jiwasatak cheqpachapuni wakiskirïki ukarojj katuyasktanti? ¿Tiemposampi nayrar sartañatakisa ukat kuntï amuyktan ukarjam jakasktanti? Kuntï arsuwayktan ukanak nayrar sartayasa ukat kunanakatï mayjt'kistu ukanakar jan sinti tiempo apst'asajja, cheqa thakin sarnaqsnawa. Janis aka chiqanx valores ukarjam pacha apnaqañ tuqitx wali ch'amanchatäkchiñäni, ukampirus jan iyawsañjam wakiskiriwa. Tiempompi qullqimpix pä yänakaw utjistu, ukat kunjamtï wali uñt'at arunakax siskixa, 'kunjamsa maynix qullqipsa, tiempopsa apt'asi uk uñacht'ayapxita, ukat uka jaqit taqi kunsa yatiyapxsmawa' sasa.

Achani Samon Biaou: Nayax ukax walpun munasta. Qullqit sipansa, pachat sipansa, chuyma ch'allxtawinakax yaqha wakiskir tuqitwa, valores ukarjam gastañatakix amuyt'añasa. Ukax juma pachpaw jiskt'asiñama, gastomax valores ukanakamp chikachaskiti janicha. Mä juk'a tiempojj kunjamsa jikjjatasipjje uka toqet lup'iñäni. Awisax jan yäqañjam yänakatsa jan ukax jan mayjt'ayañjamäki uka tuqinakatwa nuwasiñ yattanxa. ¿Chiqapunit mä hora tiempos ch'amas apst'asiñasa, kuna jan walinaktï lurawayktan ukanakat llakisiñasa? ¿Janit uka lantix ukat yateqañatakisa, jaytañatakis yatichañasa, ukat jutïrin kunjamsa juk'amp sum lurañasa uk lup'iñasäki?

Olumide Ogunsanwo: Nayax uka enmarcación ukarux walpun munasta. Ukax sañ muniw aruskipäwix valores ukarjam gastos ukanakat sipanx valores ukarjam nayrar sartayañarux jach'anchayaraksnawa. Ukat uka manqhanjja, ch'ama, tiempo ukat qollqew utjistu. Uka tuqinakat sarkasaxa, juk'amp suma amtanakar puriñatakikiw musculonak lurañ qalltawaytanxa. Ukax jaqinakat amtayitu, jupanakax k'umara manq'añanak apnaqañ yant'apxi. Awisax videonakap uñch'ukiskta ukhaxa, wali jan waliruw puripxi ukat jupanakpachaw ch'amachasipxi. Jupa pachpa nuwasiñat sipansa, kunatsa yaqhep amtanakar puripjjäna ukat kunjamsa uka horasan jikjjatasipjjäna uk amuyañajj juk'amp askïspawa. Juma pachpa pampachasiña, juma pachpa khuyapt'ayasiña ukat juma pachpa munasiñat yatxatañamawa, ukat jutïr kutin juk'amp sum lurañatakiw ch'amachasiñama. Ukhamarakiw qullqichasiwix sapa maynitak lurasi. Mä cluban juk'amp gastañ tukuyasajj pä mayj mayj reacciones uñacht'ayañäni:

K'umara reacción: "Qharürux 200 dólares ukjaw amigonakajampix club ukan gastawayta. Mä qawqha umañanak umapxta. Wali kusiskañänwa, ukampis amuyastaw club ukar sarañax janiw sinti gustkituti. Amtanakajaru ukhamarak presupuesto ukarjamax gastox limitañajawa". $20 jutïr kutin" sasa.

Jan k'umara reacción: "Nayax wali axsarkañ jaqitwa. ¿Kunatsa ukham lurtxa? Nayax wali llamp'u chuymanïtwa. Janipuniw mayamps ukham lurxäti".

Suma amuyunïñampi ukat jaysañampixa, jutïrinx jakäwiruw juk'amp sum jak'achassna ukat jiwas pachpatsa ukat wali askit uñjassna.

Achani Samon Biaou: Chiqpachansa. Jiwasax valores ukarjam nayrar sartayañ tuqit ukhamarak jach'a amtanakapatw uñakipt'apxta, qullqi, pacha ukat chuyma ch'allxtawinakatw uñakipt'apxta. Amtäwix amuyunakasar yatichañawa, ukhamat sapa kuti nayrar sartañataki, kunatï wali askit uñjktan ukarjama. Jichhax kunatsa valores ukarjam gastos ukax wali wakiskirïpacha uk amuyt'añäni.

Olumide Ogunsanwo: Chiqpachans munktan uka jakäw amuyt'aña, FI amtäwis uñt'ayaña, ukat sapa uru amtanakar utt'ayaña, ukax wali wakiskiriwa, ukax aka pankan nayraqatw arsuwaytanxa. Gastos basados en valores ukax mä herramienta valoraniw qullqituqit amtawinakax jiwasan jach'a valores ukanakamp chikancht'asiñatakiwa, qhipharux jiwasan FI meta ukar puriñkamaw irpxaruwayi. Yaqhip jaqinakax qullqi jilxatañanx jan walt'awinak utjatapat valores ukarjam gastos ukar nayrar sartayapxi, ukampirus panpachan estrategias ukanakax mä pachan yatxatañapatakiw ch'amanchapxta.

Valores ukarjam gastos ukax mä práctica matizada ukhamawa, yaqhip pachax juk'amp jach'añchata ukhamarak jan yäqata. Yaqhip jaqinakax sintipuniw qullqinak khuchhuqañatakix jan valores ukanakap amuyt'asax uñch'ukipxi, yaqhipanakax jisk'a gastos recurrentes ukan jan walt'awinakaparux janiw yäqapkiti, ukax qullqi maximización ukan ch'amanchawinakaparuw jan walt'ayi. Amuyt'añataki, inas jan yatkasax 400 dólares phaxsit 400 dólares ukjaw café ukar apthapipxaspa, jupanakax janiw chiqpachans gustkiti jan ukax 200 dólares ukjaw phaxsitx TV cable ukar churapxaspa, kunapachatix mä qawqha canales ukanakak uñch'ukipki ukhaxa.

Achani Samon Biaou: Qullqi tuqit independencia ukatakix valores ukarjam gastos ukax kunja wakiskiris uk mä qawqha jakhüwinakampiw uñacht'ayä. Valores ukarjam gastos ukax 7.000 dólares ukjat 800 dólares phaxsit Dubai markan gastañax mayjt'ayaspawa. Fiesta lurañatak 7.000 dolaranak apst'asirist ukhajja, fiestanakajaru ukat umañat sipansa k'umaräñajaruw jan walt'ayaspa. Ukatxa, jan phuqañjamäkaspas ukhamwa jaytani, kunattix janiw ukham viajiñjamäkaniti, ukat viajiñax kusisiñaruw puriyitu. Chiqansa, valores ukarjam qullqi gastañax janiw sinti jach'äñapäkiti, ukampis sinti jisk'achañax janiw kusisiñ jaytañ sañ munkiti, uk uñacht'ayañ munta.

Kuns jikxatañax dopamina ukat ch'ama jank'ak churarakistu. Aka ch'amanchawix mä imantat askiwa kunatix mä kutix askinak uñjañ qalltawayktan ukhax juk'amp kusisitaw jikxatastanxa ukat juk'amp askinak jikxatañatakiw ch'amancharaktanxa, ukax juk'amp kusisiñaruw puriyi.

Olumide Ogunsanwo: Nayax wali askiwa uka concreto uñacht'äwix jumanakan uñt'ayatamatxa. Jach'a qullqi jikxatirinakax valores ukarjam gastos ukar jan yäqañ ist'añax wali uñt'atawa, ukax taqpach jan walinakjamawa. Inas jupanakax sapxchispa, "jupanakax" $200ka maratakiw apthapipxañapa. Ukampirus kunapachatix EE.UU. markanx utan qullqip mediana ukar uñakipt'añäni, $50k ukhamarak $78k ukhakama, ukat chiqpachanx jilpach jaqinakax uka rango ukarjam gastos ukanakax alineapxiwa, ukax muspharkañawa kunats maynix $200k gastañapatak ch'amanchaski.

"Have to" uka aru apnaqañax mä jark'at amuyuruw uñt'ayistu. Jaqinakarux ch'amancharaktwa, jan mayjt'irïpxañapataki, yatxatañ munapxañapataki, ukat anqäx tuqit amuyt'apxañapataki. Qullqi tuqit libre sarnaqañax jan walt'ayatawa, kunapachatï qullqi gastañamaxa, kunatï jumatakix wali wakiskirïki ukarjam jan phuqki ukhaxa. Janiw mä maratakix 100k jan ukax 60k dólares ukjam qullqinak apsuñax wakiskiti; ukax sinti qullqi gastañax kuna jan walt'awinaks apanispa uka tuqitwa, ukax jubilacionamax walja maranakaw qhiphartayaspa. Uka incremental $40k gasto ukax tunka maranakan yaqha irnaqawiruw jaqukipaspa. Taqiniruw matemáticas lurapxañapatak achikt'apxsma, ukat uka implicacionanakat wali lup'ipxapxañapataki.

Acani Samon Biaou: Amén. Mä ratuk kusist'añampi ukat qhipt'at kusisiñampi jan walt'ayasiñaw jiwasan ajllitanakasajj wali wakiskirejja. Akax mä jiskt'awiwa ist'irinakataki: ¿Amtastati kuna jach'a lurawinaksa, ukax mäkiw kusisiñ thaqhañat saphintata? Naya pachpatakix janiw amtaskti kunatix chiqpach valorani ukanak jank'ak satisfacción ukar chuym churasa. Qhipharkir kusisiñ musculo lurañax wali wakiskiriwa. Kunanaktï phoqañatakejj tiempo munaski, ukampis mä juk'a tiempotak kusist'añat sipansa juk'amp wakiskiriki ukanak kusist'añatakiw ch'amachasiñasa. Sociedad ukax yant'äwinakampiw bombardeapxistu, ukat mä ratuk kusisiñ yänak apthapisin kusisiñ thaqhañ tukuytanxa. Ukampis cheqpach kusisiñajj janiw jikjjataskiti, ukatwa juk'amp munañanakan jan satisfaccionan jikjjatastanjja. Ukham jan jaytjasis thaqhañax qhipharux juk'amp gastos ukanakaruw puriyi, ukat mä juk'a pachatak satisfacción ukar arknaqañax utjaskakiwa.

Jan ukasti, qhipt'at kusisiñampi kusisit jakasiñatakejj amuyunakasar yatichañäni. Janiw jank'ak alañanakarusa ni jank'ak kusist'añanakarus ch'amachasiñasäkiti; jan ukasti, esencialismo ukan esenciap katuqañasawa. ¿Kunas chiqpachapuni kusisiñ apani? Sociedad ukan suyt'awinakapata ukhamarak anqäx influencianakapat armasim. Jumatï chuymaman manqhar mantasma ukhajja, mä qhawqhanak jikjjatäta, ukanakajj cheqapuniw cheqpach kusisiñ apani. Mä kutix jupanakar uñt'ayasxäta ukat tiempomsa, ch'amamsa ukat qullqimsa jupanakar uchasma.

Olumide Ogunsanwo: Kunjamakitix juk'amp valores esencialistas ukarjam gastos ukar chuym churasma, juk'amp pachaw kunatix munaski ukanak juk'a qullqimp kusist'añax wakisini kunatix jan jark'ataw jikxatasma kunjamas costos ukanakap sum apnaqañataki. Amuyt'añataki, baloncesto anatt'añanakat llakisksta ukhajja, Internetan descuento sat boletonak jikjjatasma. Ukampis 17 kunayman kusist'añanakar qollqe apt'asïta ukhajja, sapa maynin descuentos ukanakat yatjjatañatakejj juk'a tiempokiw utjani.

Valores ukarjam gastos ukar juk'amp manqhar ch'allt'añäni, jach'a gasto categorías ukanakar pä tamaruw diseccionasa: Jach'a Kimsa ukat kuntix nayax Sombra Kimsa sasin sutichañ munta. **Kimsa Jach'a utanakax utanaka, transporte ukat manq'añanakat uñt'ayatawa** , ukax jilpach jaqinakatakix nayrïr gastos ukanakawa. Ukampirus, Kimsa Sombra ukar qhanstayañax ukhamarakiw wali wakiskiri **, ukax impuestos, wawanaka, ukat divorcio/catástroficos ukanakaw utji.** Uka chiqanakax sapa kutiw jan uñjatäki ukanakax qullqi tuqit sum jakasiñatakix walpun yanapt'aspa. Aka t'aqanakanxa, aka suxta tuqinakatwa yatxatañäni, ukhamata amuyt'añataki, ukhamaraki ch'amanchañataki, yatxatata amtanaka lurañataki. ¡Qalltañäni!

1. Uta: Samon, kunjams utanakan qullqip sum apnaqsna ukxat aruskipt'añäni.

Achani Samon Biaou: Akax kunjams jak'achasiñama: kunjams utanakamax taqpach kusisiñamar yanapt'i uk amuyt'añäni. Mä qhawqhanak amuyt'añäni. ¿Kuna jach'a utanakas valoranakamampi ukat qullqi tuqit amtanakamampix mayaküpacha? ¿Mayninakamp chika espacio uñt'ayasiñatakix jist'aratätati jan ukax sapak jakañ munasmati? ¿Irnaqäwiman jak'achasiñajj jumatakejj wali wakiskiriti? Wawanakanïsta ukhaxa, ¿qhawqha wakiskiris mä suma distrito escolar ukankata ukat qhipa patio ukaniñaxa? Nayrar ucham ukat wali amuyumpiw ajlliñama, jan sinti gastasax janiw taqe ukanak utjkasmati, uk amtañamawa. Mä sanu uñacht'äwimp uñt'ayapxäma. Dubai markanx qalltanx Airbnb ukham uñt'at chiqaw irnaqäw jak'an jikxatawayta. Qhepatjja, hotelan puntonakapajj qheparañatakejj apnaqañ qalltawayta, ukampis irnaqäwi jak'an qheparañajatakis ch'amachasiraktwa.

Olumide Ogunsanwo: Ukax utanakanx wali wakiskiriwa. Janiw qullqikix jan walt'aykiti jan ukasti impuesto ukat irnaqäw ajlliñ tuqinakaruw jan walt'ayaraki. Samon, jumax mä wakiskir chiqaw jaytawayta, jumax BCG Dubai vs BCG London jan ukax BCG San Francisco ukar sarañ amtawayta. Nayax jaqinakarux ch'amancharaktwa sistematicamente ajlliñapataki kunawsatix kawkhans jikxatasi, irnaqäw ajlliñax wakisi, ukat jaya chiqan irnaqañ tuqitxa.

Achani Samon Biaou: Nayax sistemas ukan amuyt'awipax wali wakiskiriwa sasaw iyawstxa. Jaqinakax akham sapxiwa: "Janiw chiqpachapunix amuyapktati. Wawanakasatakix mä distrito escolar ukankañax nayrankañapawa" sasa. Uka jark'awinakax walikïskchisa, qullqi tuqit independencia ukar amtañatakix kunatix chiqpachan wakiskiriki uk wasitat uñakipaña ukat nayrar sartayañax wali wakiskiriwa. Wawanakamarux distrito escolar ukan askinjam jikxatasipxañapatak uñjañax nayrankchi ukhaxa, qullqi tuqit jan sinti wakiskir tuqinakat jan nayrar sartayañax wakisispawa.

Olumide Ogunsanwo: Amuyumar yatichañamawa nayrar sartayañataki.

Achani Samon Biaou: Yaqhipanakax nayrar sartañax chhaqhayaña sañ muni sasaw amuyapxaspa. Ukampis kunjamtï Olumide chachajj nayraqat siskänjja, nayrar sartayañajj kuntï ajllkta ukat juk'amp sum amuyt'añ yanapt'i.

Olumide Ogunsanwo: Yatiñ munañ tuqit mä nayrïr jaljanwa parlt'apxta. Jaqinakarux achikt'twa, kunayman niveles ukan utanakan qullqip sum apnaqañ amtapxañapataki. ¿Kuna kasta utanakas jumatakix wali askïspa? ¿Kuna potencial compartido ukanakas utji? Ukhamarakiw juk'ampirus apasiñama ukat mä uta alañ amtasma ukat yaqhanakar alquilañataki (hackeo de casas) niya inakiw jakañataki. Kunanaktï lurañ amtkta ukajj waljawa, ukampis mayj lurañwa munañama.

Nayrïr nivel, Amuyunakam jist'arañamawa, flexible ukhamäñamawa, ukat sapa mayniw kunayman utanakan amtanakapat amuyt'añama. Utanaka, complejos de apartamentos ukat remolques ukanakax taqiniw lurasispa. Janiw "mä utan jilsuwayta, ukhamax mä utan jakañajawa" sañamäkiti. Ecuación ukar jark'awinak yapxatañax juk'amp ch'amaw askichäwinak jikxatañataki. Janiw mä remolque ukan jakañama sañ munkti, ukampis ¿kunatsa jan ukhamäki? Ukax qullqi tuqit independencia ukar puriñ yanapt'i ukhax mä opción viable ukhamawa. Sapa mayniw kunayman amtanakar puriñasa. Naya pachpatakix janiw remolque ukan jakkti, ukampis 21 maranïrist ukat mä chiqan jakaskä, kawkhantix remolque utanakax 2.000 dólares/marat aljasi, apartamento alquiler 40.000 dólares/marat sipansa, janiw ukx jaqukipkirismati.

Payïri nivel, Kuna kasta utanakas utji uk yatxatasaxa, wali askiw potencial compartido ukar amuyt'añaxa. Inas akham amuychisma: "26 maranïtwa ukat janiw cuarto masinak munkti, ukatwa mä cuartoni mä apartamenton jakaskä" sasa. Juk'amp jach'a amuyt'apxañamatakiw ch'amanchapxsma. Aka jaljan qalltapanx Kimsa Sombra ukan qullqit arsuwayta: impuesto, qawqha wawanakas utji ukat divorcio. Taqi uka ch'amaka chiqanakan imantat costo ch'amaka materia ukanx FOMO ukat Joneses ukanakamp chika sarnaqaña. San Francisco markanx mä ikiñ uta sapak jakañax 4.000-5.000 dólares ukjat pä jaqimp 2.000-3.000 dólares ukjat jaljañax mayj mayjawa, ukax 38 jan ukax 58 maraniw qullqi tuqit independencia ukar puriñax wakisispa.

Achani Samon Biaou: Olumide juparux yuspajarapxsmawa, aka chiqan juk'amp manqhan allsuñatak ch'amanchapxitu. Kimsïr nivel ukax alaña versus alquiler ukat mä área ukanx walja jan amuyasiñanakaw utji. Mä amuyunakax utjiwa, 30 maranix mä uta alañamawa. Suma, mä inversor inmobiliario ukhamaxa, sapxsmawa, kawkhantï jakaskta uka utax janiw qamiriñatak alasita utakïñapäkiti. San Francisco ukham chiqanakanx mä utax 8.000 dólares phaxsit alquilasispawa, ukax 4 millones ukhamarak 5 millones de dólares ukjaw alasispa, ukax alasispawa. Uka utar hipoteca apsusma ukhajja, 20.000 jila dolaranakaw sapa phajjsi pagasma. Jichhajja, uka toqet amuyt'añäni. Uka 4 millones de dólares ukampix Georgia markan 20 apartamentonak alasispa ukat alquiler ukan qullqix San Francisco markan alquiler ukar phuqhañatakiw apnaqasispa. Naya pachpatakix aka chiqan alquilasiñax juk'amp askiwa kunatix juk'amp flexibilidad ukaw utji. Alquilasiñampixa, mä pä phaxsi yatiyasakiw yaqha chiqar sarxasma, ukampis hipoteca luraňatakix juk'amp tiempo ukat ch'amachasiñaw wakisi, ukhamatwa arrendatario jikxatañatakisa jan ukax aljañatakisa.

Olumide Ogunsanwo: Jilpacha jaqinakax janïr mä uta alañkamax amtäwinakap sum uñakipapxañapawa. Uka sapa amtäwix alquilañatak mä uta alañatakix juk'amp askïspawa, ukax qullqi tuqit independencia samkamar torpedo luraspawa. Janiw alquilasiñax "qullqim jaquntañawa" sasin amuyt'añakix iyawsañamäkiti, jan ukax familiamat jan ukax irnaqir masinakamat anécdotas ukanak katuqañamäkiti.Mamamax suma amtanïkchisa, inas jan inmuebles tuqit yatxatt'atäkchiti.Jefemax ukhamarakiw kunapachas suertenirakchi jupax utap aljasaw qullqi jikxatäna, jan ukax mercado de valores ukar qullqichxasax juk'amp qullqi jikxataspäna.Ukampirus, calculadoras de alquiler en línea vs .Jan sum amuyt'asisajj janiw asumcionanak luraňamäkiti, inas walja cheqanakan alquilasiñajj juk'amp askïtap yatisajj muspharaґaksta.

Mä qhawqha uñacht'äwit parlt'añäni. Nueva Jersey markan jakasir pä tunk maranïkasmas mä solterökaspas ukham amuyt'añäni. Kunayman amtawinakaw utji: estudio, mä ikiñ uta, pä ikiñ utax invitadonakatakix mä cuarto extra ukaniwa, jan ukax kimsa ikiñ utax gimnasio jan ukax invitadonakatakix extra cuartos ukaniwa. Aka sapa utar sarañ amtäwix - aka pusi amtawinakat ajlliñax - qullqi jutïr pacharux waliw jan walt'ayaspa ukat tunka maranakaw carrera ukan esclavitud ukan uñjasispa. Uka amtar sum amuyt'añatakejj tiempo apst'asiñamawa. Ukhamaraki, yatiñamawa yaqhipa culturanakaxa wali ch'amampiwa utanaka apnaqaña, ukhamarusa wali askiwa kuna prejuicios ukanaka atipjañataki kunapachatixa análisis comparativo lurañataki. Janiw juykhükasin taqi kuntï liyt'kta uk iyawsañamäkiti, aka librompis iyaw sañamawa, jan ukasti, juma pachpaw wali amuyt'asis chiqapar uñjasma. Samon jupax qullqi tuqit independencia ukax nayraqatax inmuebles ukat alquiler ukan qullqichasiwinak tuqiw jikxatasïna, jumatakix wali askiw juma pachpa yatiyawinak chiqanchañama.

2. Transporte: Kunayman amtawinakaw utji, kayuk sarañat ukhamarak bicicletar sarañat qalltasa, autobuses ukat autos ukanakar puriñkama, jet privado ukanakas utjarakiwa. Kunawsatix transporte tuqit amuyt'ktan ukhax wali askiw kunjams sistema ukan amuyt'awiparux irnaqawiman ukhamarak utanakamanx mantaspa uk amuyt'añaxa. Qhanañchañäni, Portugal markan jaya chiqan jakasksta ukhax transporte ukax juk'akiw utjaspa kunatix janiw oficina ukar sarañax wakiskiti.

Jichhax hipotéticamente, mä situación ukan jikxatasma sañäni, kawkhantix jan jayankkta ukat sapa uruw mä oficina ukar sarañax wakisi. Autot auto alañat sipansa, yaqha toqenakat amuyt'añamawa. Amuyt'añataki, kayuk sarnaqañasa ukat bicicletata sarañasa k'umaräñatakejj wali askiwa. Aka librox janiw k'umaräñ tuqit chiqpachapun parlkiti, ukampis wali askiw amuyañaxa, kayuk sarnaqañasa ukat bicicletata sarnaqañasa cuerpomar sum sarnaqañatakix wali askiwa. Janiw monóxido de carbono ukan emisiones ukanakatak parlkti; Nayax física actividad ukatw arsta, ukax taqpach suma jakasiñatakiw yanapt'i. Chiqans sapa circunstanciax mayj mayjawa, ukatwa ch'amanchapxsma amuyt'añataki ukhamarak jan uñt'at amtawinak uñakipañataki. Janiw auto alañakix wakiskiti, juk'ampisa kayuk sarañasa, auto apnaqañasa ukat bicicletata sarañas wali qullqit mayjätap amuyt'añäni. Mä auto, mä suma apnaqat autos ukhamaraki, niya 10.000 dólares ukha qullqiruw purispa, ukampirus suma bicicletas ukanakax 300-700 dólares ukjat jikxatasi.

Achani Samon Biaou: Ukax wali askiwa, janiw askichañ, gas ukat seguro ukanak auto apnaqañamp chikt'at qullqinaks llamkt'apkti. Yaqhep jaqenakajja, familiap laykuw mä auto munapjje sasaw sapjje. Mä autojj kunja wakiskirisa uk janiw jisk'achkti, ukampis uka toqet wal lup'ipjjañamatakiw achikt'apjjsma. Auto alañatakejj kunatsa juk'amp wakiskirïnjja, semanan mä kuti sábado urun ensayañatak wawamar irpañ munaschi ukhajja, inas walja qollqe gastasma.

Olumide Ogunsanwo: Uber ukan wawaman practicar sarañax niya 14 dólares ukjaw munasispa, ukampirus 15.000 dólares ukjaw mä auto ukar apthapisma. Wali askiw wali amuyt'añaxa ukat walja amtawinakaw utji uk amuyt'añaxa. Kunjamtix nayraqat arsuwayktanxa, kayuk saraña, bicicletar sarnaqaña, ridesharing ukanakaw utji, ukat yapxatañ munta, kuna precios ukanakatix bicicletas ukanakatak arsuwayktxa ukax machaq ukanakaruw uñt'ayasi. Ukampirus, atiniskañ apnaqat bicicletas ukanakax $200-$400 ukharuw jikxatasi. Janiw autompi bicicletampi, autompi autompi, autompi ukat kayuk sarañakikiti. Mä amtawiwa, jubilacionamanx walja maranakaw jan walt'ayaspa, jumatix auto ajlliwaysta ukhaxa, jan ukax juk'amp k'umaräñar puriyaspawa ukat juk'amp walja maranakaw activo jakañar purispa, jumatix kayuk saraña jan ukax bicicletar sarañax nayrar sartayaspa ukhaxa.

3. Manq'añanaka: Nayraqatxa, juk'ampi qullqini amtawixa, manq'añanaka utan wakicht'añawa. Manq'anak phayañajj anqan manq'añat sipansa juk'ampwa. Uka ingredientenakax controlar ukhamarak k'umara, jan sinti qullqini manq'anak ajlliñamawa. Payïri, walja manq'a phayt'asma ukat puchunaksa qhepürutak imasma. Payïri, kuna manq'anaksa manq'äta ukjja, wali amuyumpiw ajlliñama. Yaqhep manq'anakajj yaqhanakat sipansa juk'amp k'umarakiwa. Utan manq'a phayt'añatakis tiempo apst'asisaxa, janiw juma pachpan espacio ukan suma manq'añanakapaki kusist'añamäkiti, jan ukasti manq'añanaka manq'añanaka ukat jan qullqini manq'anak artesanía ukamp lurañax utjarakiwa. Wali askiwa, k'umara ch'uxña achunaka ukat frutanakax brócoli, col ukat bayas ukanakax juk'amp askiw, procesados tratamientos ukanakamp chika, sañäni, dulces jan ukax gaseosas ukanakampi. Frutas ukat verduras ukanakax walja manq'añanakaniwa ukat calorías ukanakax juk'akiw utjaraki. Maysa tuqitxa, procesado manq'anakax walja kutiw jan wali lik'inaka, azúcar ukat salt'at utji. Janiw yant'añ ajjsarañamäkiti. Jaqinakax utan manq'a phayt'añamp anqan manq'añamp chika, k'umara manq'añax wali wakiskiriwa, ukat qawqha pachas manq'a phayt'añ munapxi uk amuyt'apxañapawa.

Achani Samon Biaou: Gastos ukanakar qullqichasiwinakar tukuyañar kutt'añ muyuntañäni. Manq'añ utanakan manq'añanakax wali sumawa, jach'a manq'añ utanakan manq'añanakax wali jisk'akiwa, kuntix utan phayañjamaki ukat sipansa.

Olumide Ogunsanwo: Chiqpachansa. Jupanakax ingredientes ukanakax walja alasipxi ukat manq'anak wakicht'apxi jan sum uñjasa ukat jan yäqasa juma pachpa phayañkama.

Achani Samon Biaou: Manq'añanakaxa cuerpomatakixa wali ch'amañchatawa, ukatxa suma manq'añanakapaxa k'umaräñamatakixa wali ch'amanchaspawa. Manq'añanak ajlliñax suma jakasiñatakix qullqichrantañjamaw amuyt'añama. Yatxatäwinakax sapa kutiw uñacht'ayi, wila aycha sinti manq'añax chuyma usump cáncer usump usuntañatakiw juk'amp jan walt'ayaspa. Wali askiw akham jiskt'asiñama: ¿Paqallq tunka maranïkasajj qollqe toqet independencianïñatakejj juk'amp ch'amanïñ munasmati? Ukham lup'iñajj inas k'umara manq'añanakar yanapt'chisma. Jan ukax yaqha tuqinakat nayrar sartañamawa ukat mä juk'a tiempokiw jakañama. Naya pachpatakix manq'añanakax payïr jach'a qullqiw presupuesto ukanx utji, ukax nayatakix wali askiwa consciente ukhamarak k'umaräñ tuqit amtawinak lurañataki. Taqi uywa proteína ukax África occidental uksat chiqak apaniwayi kawkhantix nayax juk'amp confianzanitwa ukax orgánico ukat k'umara ukhamawa.

Olumide Ogunsanwo: Kunawsatix amigonakamax sapa kutiw mä restaurante ukar sarañax automáticamente sasin sapxi ukhax kunats jan uka lantix parque jan ukax playa ukar sarañ amtapkta? Ukham walja yaqha amtanakaw utji. Walja jaqenakajj manq'añatakis jan mistupkaspa ukhamwa amuyasi, ukampis janiw ukhamäñapäkiti. Amuyt'aña creativo ukhama. Inas utan manq'añatakisa, mistuñatakisa, qhawqha tiempos pasaspa uk mayjt'ayañakiw wakischispa, ukajj nayratpachwa wali ch'amäspa. Janiw FOMO ukax jumar apnaqañapatak jaytañamäkiti. Taqi amigonakamax mä restauranter sarapxani, kawkhantix manq'añax 120 dólares ukhawa, jupanakarux akham sasmawa: "Chachanaka, uka qhipatx umañatakiw jikisipxäma" sasa. Ukhamatwa, inas 20 jan ukax 30 dolaranakakiw gastasma. Nayax uka específicos iwxt'anak uñt'ayaskta kunatix walja jaqinakaw impacto ukar jisk'achapxi sasaw amuyasta. Sapa kuti anqan manq'asisma ukat sapa kuti 120 dolaranak gastasma ukhajja, ukajj sapa phajjsejj 500 dolaranakwa gastasispa, ukajj alquileramp sasiwa. Amuyt'asirïñajj wali wakiskiriwa.

Achani Samon Biaou: Manq'añanakat arsusaxa, janiw umañanakax jiwasan presupuestos ukar jan walt'ayat uñjapxañäniti. Walja kutiw manq'añanakat sipansa juk'amp jila chaninïspa. Nayrajj mä juk'a alcohol umañ yatiri̇̈ta, janipuniw machjayir jaqëkaspas ukham amuyasiri̇̈kti. Ukampis valoranakjam gasto lurañar iyaw sasajja, k'umaräñajatak nayrar sartañaruw chuym churawayta. Alcohol umañajj janiw qollqejar apt'kituti, jan ukasti sum jakasiñajaruw jan walt'ayarakitu, uk amuyayäta. Ukatwa, alcohol umañajj juk'amp jisk'achañatakejj wali amuyumpi amtawayta. Jichhürunakanjja, juk'a tiempotakiw imt'asta, sañäni, cumpleañonakataki jan ukajj jach'a tantachäwinakataki, ukat ukapachas mä juk'a umañ yatta. Nayax aka uñacht'äwix sapa mayniruw uñt'ayawayta, kunjams ukham mayjt'awinakax jakäwimar aski mayjt'awinak apanispa uk uñacht'ayañataki. Amigonakajampi bares ukar sarañax wali kusiskañäkchisa, jan umañ amtatajax janiw jaqi masinakajampi sarnaqañax jark'kiti.

Olumide Ogunsanwo: 17 jan ukax 18 marani̇̈kayäta ukhax janiw umañ munkti, kunjamti̇̈ pregradon jaljan yatiqapkta ukhama. Ukampirus, bares ukat clubes ukanakarux musica, experiencia ukat jaqinakatakix waliw saraskta. Nayax janiw alcohol tuqitx mä juk's churkti. Alcoholax janiw amigomäkiti ukat jumaruw chhuxriñchjätam. Kuna kasta manq'anaksa manq'äta uk amuyt'añamawa, janiw preciot sipansa juk'amp suma manq'anak manq'añamatak ch'amachasiñamäkiti. Uka pachax manq'a phayt'añ yatiñanakamar juk'amp askinjamaw uñjasi, ukax desarrollo personal uka kamachirjamawa. Janiw FOMO ukat mayninakamp chika manq'añan sarnaqañ yant'äwir puriñamäkiti, kunatix walja kutiw ina ch'usat qullqinak apthapiñar puriyi.

Ukhamatwa Kimsa Jach'a tuqit aruskipäwix tukuyi. Jichhax, Kimsi̇̈r Sombra ukar sarañäni: impuesto, wawanaka, ukat divorcio/catastrófico jan walt'awinaka.

4. Impuestos: Kunayman kasta impuestos, federal, estatal, ciudad, ingresos ukat aljasiñ impuestos ukanakax qullqi tuqitx wali ch'amanchaspawa. Wali askiw jan jisk'achañakiti kunatix optimización tributaria ukax wali wakiskiriwa. Chiqansa, walja jaqinakatakix impuestonakax qullqi tuqit juk'amp jan walt'ayaspawa, utanakan qullqipat sipansa. Uraqpachan kawkhantix impuesto a la renta ukax juk'amp jisk'akiwa jan ukax jan impuesto ukax utjki ukanak yatxatañamawa, ukat tasas de impuestos a la propiedad ukanakat amuyt'añamawa. Aka escenarios ukanakat uñakipt'aña ukat suma uñakipt'aña kuna trade-offs ukanakas kunayman markanakan jakañax utji, ukhamat ventajas tributarias ukanakax juk'amp jach'aptayañataki. Impuesto obligacionanakamat sipansa juk'amp sumäñamawa, kuna jan walt'äwinakas utji uk tupuñamawa, ukat deducciones ukat créditos ukanakas utjki ukanakat sum apnaqañamawa. Janiw juk'amp jisk'a impuestonak laykukix yaqha chiqar sarxapxañamatak iwxt'kti, jan ukasti kawkhans jakañax uk ajlliñkamax impuesto implicaciones ukanakat amuyt'añaruw ch'amanchañ munta. Amuyt'añataki, Dubai ukham chiqan jakañax impuesto a la renta ukax juk'amp jisk'akiwa, ukax yatxatañax wali askïspawa. Canadá markan jakañax valores ukanakamp chikancht'asispa ukhax ukatakix sarañamawa, ukampis yatiñamawa, qullqit aljañ impuesto ukat aljasiñ tuqit impuestos ukanakamp mayacht'asitax mä jach'a chimpunak apsuñapawa, 20% ukjat 60% ukjakama, taqpach qullqi jikxatatanakamat.

Achani Samon Biaou: Nayax uka amuyunakax walpun munasta. Jaqinakax jichha markaparu jan ukax markapar chint'ataw sasaw amuyapxi, ukatwa impuesto pagañax jan jark'atäkaspas ukham amuyapxi.

Olumide Ogunsanwo: COVID-19 pandemia ukax taqi kuns mayjt'ayawayi, jaqinakarux juk'amp flexibilidad ukaw churawayi, jach'a markanakan impuesto ukan jakañapataki.

Achani Samon Biaou: Aka California markanx impuesto ukax kimsa kutiw alquiler ukanx utji.

Olumide Ogunsanwo: Ukax mä juk'a pachanakanwa. Ukat ukax janiw impuesto a la propiedad ukat impuesto a la venta ukanakat amuyt'añasäkiti, ukax wali jach'a carga jilxatayaspawa. Impuesto a la propiedad ukax wali askiwa, juk'ampirus khitinakatix mä uta alañ amtapki ukanakataki. Ukax sistema ukan gastos ukanakat uñakipañan chikanchatawa.

Achani Samon Biaou: Kunawsatix mä hipoteca 5% jan ukax 6% ukjam payllañax ukhamarak impuesto a la propiedad ukar yapxatañax (ukax California markanx wali jach'apunispawa), efecto acumulativo ukax mä utar apnaqañax inas jan qullqi independencia amtanakamp chikachaschispa. Ukax inamayaruw tuku, ukax qullqi tuqit independencia ukan uñisiripawa.

Olumide Ogunsanwo: Vanidad ukax mä suma amuyumpiw FOMO sañ muni. Yaqhip jaqinakax qullqi tuqit independencia jikxatañat sipansa, amigonakapar copiañaw nayrankapxi.

Achani Samon Biaou: Impuestos ukax jan iyawsañjam wakiskiriwa, ukat nayax experienciajat arsuñjamawa. Nayax janiw thakijar arkiriskayätti ukat qullqi tuqit independencia ukaruw ukham nayrïr pachanx puriñjamäkiriskayätti, walja impuesto payllañjam jakañax utjaspa ukhaxa. 20 maranak irnaqt'asajja, pä marat juk'ampiw impuesto pagañajatak tiempo apst'asiyäta.

Olumide Ogunsanwo: Ukax janiw iyawsayañjamäkiti.

Achani Samon Biaou: Khitinakatix amuyapki jupanakataki: "Ukampis ¿kunjamarak thakhinakax ukhamarak servicios públicos ukanakax qullqimp yanapt'atäni, janitix impuesto payllktan ukhaxa?" Jumatix política fiscal ukat gobiernon gastos ukanak jan amuyasksta ukhax sapxsmawa, kunayman yänak mä tuqit jan ukax yaqha tuqit payllapxtaxa.

Olumide Ogunsanwo: Jichhürunakanx impuesto ukanakax qharürutpach amtanakam laykuw utji. Impuesto a la renta ukax kuna irnaqäwtï ajlliwaykta ukat apsutawa, impuesto a la propiedad ukax alasitamat apsutawa, ukat aljañ tuqit impuesto ukax kuna yänaktï alaskta ukat apsutawa. Jumaw uka amtanakar puriwaytaxa, ukat jumaw ukanak mayjt'ayasma. Janiw juchañchasiñax externalizañamäkiti ukat jach'a impuestonakat quejasiñamäkiti. Amtañani, juma pachpa atinisiña, juma pachpar atinisiña, ukat juma pachpar atinisiñ tuqit aruskipäwinakasa, ukhamat qullqi tuqit juk'amp independencia ukar puriñ amtanakar puriñamataki. Janiw pacha ina ch'usar apt'añati Estados Unidos markan gobiernopax impuestos federales ukanakar jisk'achañapawa sasin quejasiñataki. Ukajj janiw jumanakan jan walt'äwimakïkiti. Janiw Nueva Jersey markan impuestonak jisk'achañatak lobby lurañ thakhinak jikxatañax llakisiñamäkiti. Ukatxa, janiw jumanakan jan walt'äwimäkiti. Antisas akham jiskt'asiñamawa: "¿Akan jakañ munasmati?" Jumatï impuesto pagañ jan munksta ukhajja, yaqha cheqar sarjjañwa amtañama.

Achani Samon Biaou: Yaqhip markanakanx alquiler ukanakatakix propiedades ukanakax alañax yaqha incentivos tributarios ukanakampiw jutaspa, ukax deducibilidad estándar de gastos de intereses hipotecarios ukanakat sipanx juk'ampiwa. Ukax irnaqäw maranakanx juk'amp jisk'a tasa impuesto ukamp qullqi imañamp kusist'añamp sasiwa. Kunjamatix jubilacionar mayjt'ayasktaxa, uka propiedades ukanakat alquiler ukan qullqix mä valoraniruw tuku, kunatix qullqichasiwinakax valor acumulado ukar jist'aratawa.

Olumide Ogunsanwo: Jiwasan principio de curiosidad uk amtañäni. Internetan "kunjamsa [kawkhantï utjki uka cheqan] impuestonak jisk'achasma" sasaw thaqt'añama. Uka responsabilidad ukax amparanakamankiwa, ch'amanchañatakiw kunjamas situación específica tributaria ukar sum apnaqañataki. Samon chachan amuyunakapax wali wakiskirïkchisa, juk'amp jach'a amtäwix yatxatañ munañamatakiw ch'amañcht'añama, kusisiñamarux ch'amañcht'añawa, ukat kuna jan walt'äwinakas utjki ukarjamaw yatxatäwinak luraña xa. Janiw aka chiqan uñacht'ayat específicos ukanakax chhaqt'añati. Janiw kuna detalles ukanakas utjkiti; ukax thakhin thaqhañ, phuqhañ, lurañ, ukat yatintañ munañam phichhantañawa.

Achani Samon Biaou: Ukhamaraki, planes patrocinados patrones ukanakarux yäqañamawa, ukax sapa patakatx qullqimx pensión jan ukax ahorro sin impuestos ukar churasi. Uka yanapt'anakat amuyt'añamawa, kunapachatï contrato de trabajo lurañ amtapkäta ukhajja.

Olumide Ogunsanwo: Akax sistema ukarjam amuyt'awinakampiw chikancht'asi, qullqix jilxatañapataki, ¿janich ukhamäki? Janiw crudo sueldonak sapak uñch'ukiñakiti (jan ukax Empresa A ukax $40k ukjwa, Empresa B ukax $50k ukjwa churaraki). Ukhamakipansti, taqpach compensación ukat perks ukanakamp mayacht'asis amuyt'añatakix perspectivam jach'anchayam. Empresa A ukax mä paquete de compensación total $78k ukjam churaspa, kunapachatix factor 401K, jaya irnaqawi, impuestos juk'amp jisk'a, ukat juk'ampinaka. Sueldo base ukat sipansa juk'amp amuyt'añamawa; uñakipaña taqpacha compensación ukhamaraki impacto ukaxa gastos, utanaka, transporte, ukhamaraki impuestos ukanakaru, amuyt'añataki cuentas ventajosas tributarias ukanakaru 401K, IRA, ukhamaraki HSA

Achani Samon Biaou: Jumatix utat irnaqsta ukat utam mä oficina ukham apnaqasma, ukhamat utanakam apnaqañataki, inas alquilerat mä chikat qullqix mayisma jan ukax apsusisma. Naya pachpatakix kunapachatï Sudáfrica markar avionat sarkta, ukhamat yänakajar uñjañatakisa, machaq arrendamientonak firmañatakisa, jan ukax kunayman lurañanak lurañatakisa, uka gastonakax mä juk'a apsutäspawa. Taqi kuna askinakas sistema ukax utji uk amuyt'añäni. Impuesto pagañ jan sinti ch'amäñapatakix walja tuqinakatwa yanapt'asma.

Olumide Ogunsanwo: Jichhax, jutir ch'ama gasto, wawanakamp chikt'at gastos ukar atipjañäni.

5. Wawanaka: Wali askiw qhawqha wawanakas utjañ amtkta uk sum uñakipaña, ukat qullqi tuqit independencia ukar sarañax kuna jan walt'awinaks apanispa uk amuyaña. Wawanakar uywañax qullqimpiw juti, ukax walja kutiw ch'ama, ukat impuesto ukat utanakan qullqit sipans juk'ampiw jilxattaspa, ukax nivel de apoyo awk taykan churataparjamaw lurasispa.

Pä jan ukax kimsa wawanïñ taypin ch'iyjatäsma sañäni. Qalltanjja, uka mayjt'äwejj janis kunäkaspa ukhamäkchisa, jubilasiñatak thakimanjja wal yanapt'istaspa. Nayax janiw jumatakix qawqha wawanakas askïspa uk dictar akankkti, kunatix ukax mä ajlliwjamaw qhiparaski. Jan ukasti, kuna mayjt'äwinakas utji uk qhanañchañ munta, 42 maranïkasajj pä wawampiw jubilasiña, 49 maranïkasajj kimsa wawampi jubilasiñampi. Ukat juk'amp wawanakanïtapat kuna maranakas juk'amp irnaqt'añasa uk amuyt'añäni.

Inas jumax wali ch'amampi amuysta, wawanïñax walikïskiwa, ukat ukax wali sumawa. Ukampis janïr familia qalltkasax sum amuyt'asis mä amtar puriñasa ukat ukanak amuyt'añasa wali wakiskiriwa. Mä kutix wawanïxäta ukhaxa, jakäwiman wali munat churäwiruw tukupxi, taqi munasiñampi ukat uñjatäñamatakiw wakisi.

Achani Samon Biaou: Aka tuqit kimsa uñakipäwinak uñacht'ayañ munta. Nayraqatxa, kuna pachas wawanakax utjani ukax qullqi tuqit independencia ukar sarañamarux mayjt'ayiwa, kuna pachas wawanïñax wakisi ukarjamaw lurasi. Jumatï jisk'at wawanïsta ukhajja, yateqañ toqet lup'iñajj ch'amäspawa. Ukampis qhepat wawanïsta ukhajja, janiw profesionaljam irnaqt'añamäkiti, ukat juk'ampiw qont'asiñama. Wawan jaqinakax janiw mayjt'awinak lurapkiti ukat yaqha chiqar sarxapxi. Qhepat wawanïñajj inas juk'amp mayjt'ayañatak yanapt'chispa.

Payïri, wawanakar uywañ tuqitxa, jumatï nayratpach irnaqt'asksta ukhaxa, inas qullqix juk'amp jan utjkchiti, ukhamat munat uywañataki. Qullqix wawanakamar uywañatakix wali askïchi ukhaxa, qhipat wawanïñ amtañax wali askïspawa, kunapachatï wakiskir yänakax utjki ukhaxa.

Kimsïri, wawanïñ tuqit lup'kasaxa, kuna jan walt'äwinakas carreraman utji uk amuyt'añamawa. Yaqhip industrianakax jach'añchäwinakatakix wali ch'ama irnaqañaw munapxi, ukax wawanakar sum uywañamp chikachasiñax ch'amäspawa. Ukanakax walja kutiw jan arsut temas ukanakax política ukan chiqapar uñjatapata.

Olumide Ogunsanwo: Jiwasax uka tuqit aruskipt'añasawa. Wali wakiskiriwa.

Achani Samon Biaou: Mä jach'a estrés ukan irnaqaskta sañani, mä asociado ukhat director cargo ukar sarañ amtampi. Aka pachanx wawanïñax niveles de estrés ukaruw jilxattayi, ukax k'umaräñamaruw jan walt'ayi. Ukhamarakiw jisk'acharakiw wawamamp chikt'atäñataki kunatix inas payllat wawanakar uñjañ yanapt'anakar atinisiñax wakischispa. Walja toqenakatwa amuyt'añasa.

Olumide Ogunsanwo: Ukat jan armasipxañäniti, Samon, jan uñjkañ mayjt'awinakax utjarakiwa. Gerenteman amuyunakapax akhamawa: "Ay, wawanïtawa, ukhamax juk'akiw irnaqäta ukat juk'amp jan amuyt'asirïtawa.". Inas jumax amuyasta, gerenteman ukham amuyt'añax janiw walïkiti, ukampis jakäwix ukhamawa.

Achani Samon Biaou: Jumatix kuna pachas ukat kunjams wawanïñax ukx jan sinti llakisksta ukhax inas ukax wali askïchispa, carrera profesional ukan juk'amp suma jikxatasiñkama. Aka amtawix qullqi tuqit independencia ukat wawanakamamp chika tiempo apst'asiñ yatiñatakiw askiwa. Ukhamarus jichhax walja empresanakax kunayman amtawinak uñacht'ayapxi, sañäni, óvulo congelación ukat tiempo de vinculación de bebé.

Olumide Ogunsanwo: Wawanakanïñax qullqi gastañ tuqitx wali jach'a ch'amanchawiwa, juk'ampirus utanakan, transporte ukat manq'añanakax wali askiwa. Inas escuelapar jak'achasiñ munsta, ukajj alquiler jan ukajj hipoteca juk'amp pagañ sañ munaspa. Inas jupanakar sarnaqañatakejj mä auto alañajj wakischispa, ukajj gas ukat mantenimiento qollqeruw juk'amp jiljjattaspa. Ukat manq'añanakajj kuntï munapki ukat kuntï manq'añ munapki ukarjamaw mayjt'ayañama. Janiw kunjams jakañ amtkta uk juzgañatakis ni qawqha wawanïñas wakisi uk yatiyañatakis akankktanti. Kunjamsa familiamax qullqi tuqit amtanakamar jan walt'ayi ukat kunjamsa ukarjamax amtasma uk amuyt'añ yanapt'añ munapxta.

6. Divorcio ukat jan walt'äwinaka: Sombra Kimsa gastos ukan qhipa ch'amapax divorcio ukat jan walt'äwinakawa. Yaqhip markanakanxa, divorciasiñax 50% ukja yänak chhaqhayañaruw puriyistaspa, ukax qullqi tuqit independencia ukar puriñkamax jan walt'ayaspawa. FI ukar puriñkamax qullqi tuqit independencia ukax chhaqt'aspawa, chikat yänakam chhaqhayasa. Janiw qullqi tuqit jan walt'awinakakix utjkiti;

chuyma ch'allxtayirix wali jach'äspawa. Walja maranaka mayacht'asis sarnaqasajja, munat masimar chhaqhayañajja, qollqe toqet jutïrin jan waliruw puriyistaspa. Taqiniruw ch'amanchapxsma, chiqap masir jikxatañatakix tiempo apst'asipxañapataki. Amuyt'añatakix pachpa valores ukat compatibilidad ukanakamp chikachasïtati. Kawkhantï divorciasiñajj kuna jan walinakansa uñjasispa uk amuyañatakejj tiempo apst'asiñamawa. Janiw jaqichasiñat jan ukax jaqi masimp sarnaqañat jithiqtañamatak iwxt'apkti, jan ukasti divorciasiñax kuna jan walinakansa uñjasispa uk amuyt'añamawa, ukhamatwa amtanakar purisma.

Achani Samon Biaou: Jichhax, jan walt'äwinakat amuyt'añäni, juk'ampis k'umaräñ tuqit uñt'ayañäni. Waljaniw jan atipjañjamäkaspas ukham amuyañ yattanxa, jan suyt'at jan walt'äwinakax puriñkama. Ukampirus wali askiw uñt'añaxa, janiw khitis k'umaräñ tuqit jan walt'awinakat qhispiyatäkiti. Ukatwa proactivamente amtañasa ukat wakicht'asiñasa wali wakiskirejja. Mä ch'aman estrategia de seguro de salud uñstayañax listaman nayrïr chiqankañapawa. Amuyt'añatakix cobertura específica ukax wakisiwa ukat asegurar ukax aplikasiw markanakar sapa kuti sarañataki. Ukat jark'aqasiñajj wali wakiskiriwa. Sapa kuti uñakipaña ukhamaraki medidas proactivas ukanakaxa wali sumawa k'umara jakaña tuqita jan walt'awinaka askichañataki. Ukatjja, kunatï wali wakiskirïki ukanak asegurar lurañajj kunja wakiskirisa uk janiw amuyañamäkiti. Wali wakiskir yänak jan asegurado jaytañax qullqi tuqitx wali jach'a q'ipinakaruw puriyaspa. Amtañäni, jichhürunakan mä jisk'a prima de seguro ukar qollqe churasajj jaya tiemponjja walja qollqew qhespiyasma.

Olumide Ogunsanwo: Taqiniruw wal ch'amanchapxsma, divorcio ukat yaqha jan walt'äwinakan jark'aqasiñap nayrar sartayañataki. Kunaymana yänakaxa utjiwa, seguro de propiedad ukhamaraki seguro de salud. Uka jan walt'äwinakan sarnaqasajja, kunjamsa jark'aqasiñama uk jikjjatañajj wali wakiskiriwa. Kuna amtanakarus amuyt'añamawa, sañäni, janïr jaqichatäkasax jaqichasiñatakix acuerdonak lurañamawa, seguro de salud ukat seguro de propiedad de casa jan ukax propiedad ukanak katuqañamawa. Seguro sum utjañapatakix wali wakiskiriwa, jan ukax jan walt'äwinakaruw puriyistaspa, sañäni, utan nina naktäwipa. Janis sapa jan walt'äwitak mä qhawqha iwxt'anak churapkchiñäni, ukampis qullqi tuqit jan walt'awinak utjañapatak ch'amanchañ munapxta. ¡Jan walinak lurañaw wakisi, ukhamat jark'aqasiñataki!"

Ukax jiwasan Jach'a Kimsa ukat Sombra Kimsa gastos ukanakan áreas ukanakaruw uñt'ayi. Valores ukarjam gastos ukar mä juk'a qhanañcht'añataki: Valores ukar uñt'aña ukat nayrar sartayaña. Ukarjamaw gastonak askichañama ukat FOMO ukar jan katuyasiñat amuyasiñama. **FOMO ukax jan walt'awiwa ukatx valores ukarjam gastos ukax antídoto ukhamawa** . Jichhax, iwxt'awinaka ukat referencias ukanakaruw sarañäni.

Achani Samon Biaou: Nayax " Qullqimax jan ukax jakäwima [5]" sasaw iwxt'sma, Vicki Robin jupan qillqata. Janis qullqi tuqit independencia tuqitx chiqpachapun uñt'kchixa, jubilacionatakix qullqi tuqit amtäwinak tuqitx wali aski irnaqäwinak uñacht'ayi. Ukanx kunayman tuqinakatw arsu, manu trampas ukanakat qhispiña, amuyump qullqi imañ costumbres ukar ch'amanchaña ukat jan wakiskir yänak chhaqtayasa jakäwimar jan ch'amäñapataki.

Olumide Ogunsanwo: Wali askiwa jumax arsuwayta janiw chiqak qullqi tuqit independencia tuqitakiti. Yaqhipanakax 1992 maran libron versión ukarux qullqi tuqit independencia movimiento ukan uñstawipjamaw amuyapxi, janïr FI/RE (Independencia Financiera / Jubilación Anticipada) uka arux uñstayatäkipansa. Ukaw kunatsa jan uka conexión lurapkta uk qhanañcht'aspa. Mä jan iyawsañjam wakiskir librowa, ukax jaqinakarux kimsa tunk maraniw empresan jakäwip jaytxapxasp uk amuyayäna. Jichhax, kimsa iwxt'awinakaw utjitu:

" Extremo de jubilación temprana [6]" Jacob Fisker jupan qillqata. Uka jaqix mä genio ukhamawa. Aka librox wali sumawa ukat wali askiw liyt'añataki. Fisker, nayrïr arunakat maynïrix finanzas personales ukat independencia financiera ukan espacio ukanx principios ukat sistema ukarjam uñakipañ thakhinak uñt'ayi, gastos ukat costos ukanakar sum apnaqañataki.

" Millonario uta jak'ankiwa [7]" Thomas Stanley sat chachan qillqata. Aka pankax millonario estadounidense jaqinakan jakäwipat amuyt'awinak

5. https://yourmoneyoryourlife.com/

6. https://www.amazon.com/Early-Retirement-Extreme-philosophical-independence-ebook/dp/B0046LU7H0

7. https://www.amazon.com/Millionaire-Next-Door-Surprising-Americas-ebook/dp/B0BX7G7PZN

uñacht'ayi. Yatxatäwipampix qillqirinakax millonarionakax chiqañchatäpxiwa ukat qullqi imañ yatipxi, ukat jan sinti jach'a jakäwinakat jithiqtapxi, uk jikxatapxatayna. Uka jaqinakan amuyunakapata, qullqi gastañ tuqita, ukhamarak valores ukarjam qullqi gastañ tuqitaw juk'amp yatxatapxi. Uka libronjja, patak patak millonario jaqenakan perfiles detallada ukanakaw utji.

" Jan qamiriñ jaytxapxamti [8]" Thomas Stanley sat chachan qillqata. Aka librox qhananchtʼiwa, sueldo sapakix janiw patrimonio neto ukarux uñt'aykiti; ukax maynix kunjamsa qullqi gastaski ukarjamaw lurasi. Ukax muspharkañ jikxatawi uñacht'ayi, yatichañjam profesiones ukanakax juk'a sueldonak katuqapkchisa, juk'amp patrimonio neto ukanipxi kunatix tendencias FOMO ukanakax juk'amp jisk'akiwa. Maysatxa, abogadonakax juk'amp sueldonak katuqapkchisa, suyt'atapat sipans juk'amp jisk'a patrimonio neto ukanipxi kunatix FOMO ukar katuyasipxi ukat luxus yänakaruw gastapxi masinakapamp chikachasiñataki.

Achani Samon Biaou: Kunjamtix tukuyktanxa, FOMO ukax uñisirimawa sasaw wasitat arsuñ munta.

Olumide Ogunsanwo: Qullqi tuqit independencia tuqir sarañatakix valores ukarjam gastos ukat qullqi jikxatañ jach'anchayañ ch'aman mayacht'asiw katuqañamawa. Parcialidad ukanakam uñakipt'añamawa ukat panpachan mä suma equilibrio uñstayañamawa, kuna oportunidades ukanakas utji, circunstancias, yatiñanaka, conexiones ukat medio ambiente ukanakat amuyt'añamawa. Jutïr qhipa jaljanx FIREDOM jakäwiruw juk'amp yatxatañäni, ukatx qullqi tuqit independencia ukar puriñkamax kunjams jakasktan uka tuqitx wali aski amuyunakampiw uñacht'ayañäni. ¡Uñt'apxañani!

8. https://www.amazon.com/Stop-Acting-Rich-Living-Millionaire/dp/0470482559

7: FIREDOM sarnaqäwinaka, Independencia Financiera, Libertad & Jakäwima tukuyañataki

Olumide Ogunsanwo: ¡Jiwasax lurapxtanwa! Jiwasan qhip qhipa jaljasanxa. ¡Kunja viajiñasa! Taqi ukanak tukuyañäni, qullqi tuqit independiente ukhamäxasax kunjams jakäwisax mayjt'awayi uka tuqitw aruskipt'añäni.

Achani Samon Biaou: ¡ Munastawa! Qullqi tuqit independencia thakhi tuqit aruskipt'apkchiyätsa, uka thakhi phuqhañ tukuyatat kunas juti uk amuyt'añax ukhamarakiwa.

Olumide Ogunsanwo: Nayax wali kusisitaw aka aruskipäw utjatapata.

Achani Samon Biaou: Nayan experienciajat ukhamarak Olumide ukan experienciap uñt'asax qullqi tuqit independiente ukhamäñax wali sumaw jikxatasi sasaw jan axsaras siristxa.

Olumide Ogunsanwo: Jumatix nayrïr jaljanakarux chuym ch'allxtayirjam jikxatasmaxa, ukhamax aka jaljanx juk'amp kusisitaw jikxatasïta. Nayra jaljanakat sipansa, nayra pachat amtañanak allsusipkayätan ukhama, aka sarnaqäwix amuyunakasanx machaqäxiwa. Aka jaljanjja, jichha tiempon jakasktan ukat kunanaksa jichhürunakan lurasktan ukanakatwa parli.

Achani Samon Biaou: [Q'ucht'awi] Libertad ukat juk'ampinaka. Liwirtara. Liwirtara

Olumide Ogunsanwo: [Laughter] Jumax inglés arun q'ucht'askta. Ukajj juk'amp sumawa. Janiw francés arunxa. Jiwakipuni.

Achani Samon Biaou: [Larusiña] Janiw suyt'añjamäkiti aka jaljan qalltañataki.

Olumide Ogunsanwo: Samon, kunats jan jaqunukutaskta? Qullqi tuqit independencia ukar puriñkamax kunas pasäna?

Achani Samon Biaou: Mä juk'a contexto ukamp qalltañani. Nayatakix qullqi tuqit independencia qalltawipax 2018 maranwa, 35 maranïkayäta, jichhakiw Dubai markar Programa de Embajadores de BCG ukan kutt'anxayäta, ukanx mä maraw Sudáfrica markan jikxatasiyäta. Uka pachanw qullqichasiwinakajax mä phaxsi qullqi pasivo uñstayañ qalltawayi, ukax qullqi independencia objetivo ukat sipanx juk'amp jach'awa. Uka machaq qollqe libertad jikjjatatajja, trabajojan juk'amp apnaqañwa yanapt'itäna, ukat naya pachpaw kuntï munkta uk lurañajatak yanapt'itäna. Ukat nayrajj jan wali yatichäwinakat parlt'asajj juk'amp sumwa jikjjatasiyäta. Nayax Principal ukar jach'añchañatakiw sarta, ukax McKinsey Associate Partner ukar uñtasitawa, uka pachax. Llatunk phaxsitx promoción ukax katuqawayta ukatx BCG ukanx transición uka lurañ qalltawayta.

Olumide Ogunsanwo: Kunawsatix qullqi tuqit independiente ukhamäktan ukhax wali askiwa mä juk'a juk'amp irnaqañax pä tuqitwa.

Nayraqatxa, mä buffer ukaw utjañapa, ukax wali askiwa. Mä ingeniero ukhamaxa, buffers ukanakax wali askiwa, ukat qullqi tuqit amtäwinakanx pachpa kamachiw apnaqasi. Jutïrin kunanaktï munkta ukat kunanaktï munkta uk yatiñajj janiw sinti chiqapar uñjañ munktati. Mä juk'a pacha irnaqasax mä qullqi buffer lurasma, jutïr pachan kuna mayjt'awinakas intereses jan ukax necesidades ukanakat cuenta churañataki.

Payïri, kuna amtawinakas utji ukat kuns lurañ munasma uk yatxatañataki ukat yatxatañatakix pachaw munasispa. Inas yaqhep jaqenakajj nayratpach jawsäwip jikjjatapjjchïna, ukampis jila parte jaqenakajj kunanaktï munapki uk yatiñatakejj tiempow munasispa. Netflix uñch'ukiñatak irnaqawim jaytañax janiw phuqhasiñ jikxatañatakix askïkiti.

Ukampirus wali askiw mä equilibrio uñstayaña ukat jan "síndrome de un año más" (OMY) ukan sipitapar jaquntaña, kawkhantix qullqi tuqit independencia ukar puriñkamax walja maranakaw irnaqaskaki. Janitï chiqäkaspa ukhaxa, amtäwimax irnaqaskakiñawa, kunattix wali kusisitaw jikxatastaxa. Kunjamtï jakäwin taqe kunas luraski ukhamarakiw kunatï mayjt'ayaski ukanak pesaña ukat suma equilibrio jikjjataña.

Achani Samon Biaou: Nayax iyawstwa. Nayax niya 1,5 maraw BCG ukan qhiparawayta, kunatix qullqi tuqitx nayratpach independiente ukhamaw jikxatasiyäta. Mayninakat sipansa mayjäyätwa ukat kamachinakajarjamaw anatirïta. Ukajj nayatakejj wali askipunïnwa.

Olumide Ogunsanwo: Uka pachat mä juk'a yatxatañäni. ¿Kuna arunakampis qullqi tuqit independencia pachar purisax kunjams jikxatasiyäta uk qhanañcht'asma?

Achani Samon Biaou: Nayax jilïr jaqjamaw jikxatasiyäta.

Olumide Ogunsanwo: [Muspharťataw] ¡Waw!

Achani Samon Biaou: Rata t'ijuñ tukuyatajat amuyasiyäta. Nayax wali maquina corporativa ukan chikanchasirïtwa ukampis janiw ukat dependirïkti. Uka firmankir pä Director Gerentenakampiw parlt'asirïta, jupanakaruw atinisiyäta, ukan irnaqaskakiñajati janicha uk ewjjt'apjjañapataki. Naya pachpaw uka aruskipäwinakan sarnaqayäta, ukajj jilïr jaqëjjataj uñacht'ayitäna. Uka aruskipäwinakax carrera ukarux jan walt'ayaspawa kunatix jumatix sarxañ amtasksta ukhax mä Director Gerente ukax janiw jumatakix ch'axwañapakiti jan ukax qullqichrantaskakispawa. Ukampis, sumankañan jikxatasiyäta ukat janiw jupanakan amuyunakapat llakiskti.

Olumide Ogunsanwo: Independencia Financiera ukar puriñkamax jilïr jaqjamaw jikxatasiyäta ukat sumankañan jikxatasiyäta ukax amuyañjamawa kunatix mä jach'a amtäwiwa. FI/RE ukanx pä jach'a amtawiw utji: qullqi tuqit independencia (FI) ukat jubilacionax nayraqat (RE) ukax irnaqawit jithiqtañawa kunatix yaqha lurawinakaruw lurañama. Aka pankax nayraqatax FI ukaruw uñt'ayasi, ukax kawkhantix maynix walja yänak apthapiwayi, ukhamat jakäwip tukuykam gastos ukanakap phuqhañataki. FI ukaruw puripxta ukax jan iyawsañjam jach'a amtäwiwa, jaqinakar kusisiyañatakiw ch'amachasipxta. ¿Kunjamsa jikjjatasta uk qhanañchañatakejj yaqha arunak apnaqañ munasmati?

Achani Samon Biaou: Mä jamuqax - francés arunx apesanteur satawa (pesanteur ukax gravedad ukawa, apesanteur ukax gravedad jan utjatapawa)

Olumide Ogunsanwo: [Jachaqt'asis] ¡Muspharkañawa!

Achani Samon Biaou: Nayax uma taypinkäyätwa. Nayax aka amuyunakax mä taqpach uraqpachaw utji sasaw amuyasta ukat qhipharux nayan amuyujarjam uñakipañatakix librëtwa. Jan chint'ataw jikjjatasiyäta, ukampis uka pachparakiw kun lurañas wakisispa sasaw lup'iskayäta. Ukax mä libertad, ansiedad ukat taqi ukanak amuyt'añatak ch'amachasiñawa.

Olumide Ogunsanwo: Nayax ist'kta ukhamakipans, jumanakan uñacht'ayañ yant'apxatamat wal kusista. Nayax amuyta, qalltanx pä maraw BCG ukan qhiparañ amtawayta, ukampis niya suxta maraw qhiparawayta. Qhipharux qullqi tuqit independencia ukar puripxtaxa, ukat nayax amuyt'asmawa kuna punkunakas jumatakix jist'arawayi ukat ch'amanchawix jumatakix utjañapawa ukanak arknaqañataki.

Achani Samon Biaou: Nayax mä juk'a jach'a jach'a tukuñ ukhamarak validado ukhamaw jikxatasiyäta. Mä deportista olímpico ukham amuyasiyäta. Wakichäwinakanx yaqhipanakax pächasiñap uñacht'ayapxäna, ukat akham arunak arsupxäna: "Armtasipxam, ¿kuns amuyt'apxta?" Ukampis sapa mayni amuyt'irjamaw qheparayäta, amtajar phoqañatakiw wal ch'amachasiyäta, ukat qhepatjja, sumwa jikjjatayäta.

Aka lurawix nayrïr lurawiwa, nayatakix taqpach propiedad ukawa, naya pachpaw amtäwix utt'ayawayta ukatx janiw normas societales ukarjam sarnaqkti. Ukampirus, jakäwijan yaqha askinak jikxatatanakax jaqinakan suyt'awinakapampix ch'amanchatawa, ukat mä amtar puriñatakikiw yanapt'awayi. Amuyt'añataki, mä jach'a escuela de negocios ukar mantañatakiw ch'amachasiyäta, ukhamat naya pachpa jiltañataki ukat mä jach'a pagat irnaqäwi jikxatañataki, ukat mä amtar puriñ ch'amanïñataki. Ukhamarakiw consultoría irnaqawijanx walja horanak irnaqawayta ukatx suma jikxatawiruw puriwayta, ukampis janiw jayp'u arumanakax munaskti - ukax irnaqäwin mä chimpunakapakïnwa.

Qullqi tuqit independencia tuqitxa, sapa mayniw munasiñax utjäna. Nayraqatax qullqi tuqit independencia ukaruw thaqhaskayäta, kunatix qhiparuxa taqiniw ukat naya sapakïñ munta. Kunapachatï qollqe toqet independiente ukhamäjjäyäta ukhajja, mä suma luräwi, apesanteur ukat dueño ukham amuyasiyäta.

BCG ukat escuela de negocios ukan experienciajamp uñt'ayat confianza ukampix París markar sarxañ amtawayta ukat 2020 mara qalltanx mä qalltawimp yatxatañ amtawayta kunatix BCG ukanx winding down ukhamawa. Mä mara nayraw mä arrendamiento firmawayta, kunattejj París markan mä cheq jikjjatañajj ch'amäspawa. Arabia Saudita markan BCG ukan mä proyecto ukan irnaqaskakchiyätsa, París markan machaq jakäwijaruw mayjt'añ qalltawayta, ukanx nayratpach mä apartamento jikxatawayta. Ukatx COVID-19 usux purintäna, ukat París markanx ch'amakt'ataw jikxatasiyäta. Emprendimiento ukan saräwijax janïr qalltaskipanw suyt'ayatäna, kunatix uka apartamentot aljasiñataki jan ukax mä juk'a sarnaqañatakikiw mistuñax jaysatäna. Uka tiempo jak'anjja, Emiratos Árabes Unidos markankir mä jilïr jaqew yanapt'a mayipjjetäna. Ukajj qollqe toqet independencia jikjjatasajj libre jakasiñ jikjjatkayäta ukanak apnaqañatakejj nayrïr oportunidadanakat maynïriwa.

Olumide Ogunsanwo: Mä jan uñt'at situación ukaw utji. Jumax qullqi tuqit independencia pachax 2018 maranx utjawayiwa, ukampis BCG ukan irnaqaskaktawa 2020. BCG ukar sarxasax mä nayrir contacto ukaw nayrir irnaqäw experiencia ukarjam uñt'apxtam, jupax mä proyecto lurañatakiw mä oportunidad uñacht'ayawaytam. Ukax juma pachpan términos ukarjam lurasma ukat kunjamtix munkta ukhamarjam alcance lurasma ukat juk'amp pachaw ejecución ukar apst'asisma. Ukax mä jach'a oportunidad ukhamäspawa clientes ukanakarjama.

Achani Samon Biaou: Jaqinakamp irnaqañax nayatakix wali askiwa, ukat akax nayrïr chiqpach askiw sasaw amuyasta, mä impacto uñstayañataki ukhamarak kuns uñstayañataki jan consultoría ukan limitaciones ukanakampi.

Olumide Ogunsanwo: Jumax uka agencianïnwa, janiw BCG maquinamp jark'atäktati, ukax yaqhip tuqinakanx wali sumawa ukat wali sumarakiwa, ukampis yaqha tuqinakanx janiw ukhamakiti.

Achani Samon Biaou: Chiqpachansa. BCG ukan irnaqkasax mä equipo de analistas ukat asociados ukanakaw utjäna, jupanakax análisis ukanakan lurapxañapataki ukat diapositivas ukanakan lurapxañapataki. Ukampirus BCG ukar jaytxasinx machaq proyecto ukar purisax juk'amp kunayman lurawinakampiw jikxatasiyäta, analista ukhat director gerente ukar puriñkama. Ukanx lurawinakaw utjäna, sañäni, diapositivas qillqaña, amtawinak luraña, ukat proyecto phuqhaña. Proyecton dirección ukan taqpach propiedad ukaniñax mä experiencia ukhamänwa ukat wali kusiskañänwa. Uka experienciajj wal gustitäna. Uka pacha jak'anx medio plazo ukan sarnaqañ munatax yatxatañ amtarakiyätwa (uka pachanx kunayman chiqanakan phaxsinakaw jakasiyäta), ukax nayrax irnaqäw jan walt'äwinakat ch'amapunïnwa

Uka saräwitjja, mä qhawqha yatichäwinakwa yateqawayta. Nayraqatxa, qullqi tuqit independencia ukax wali askiwa, tunka kutiw juk'ampi.

Olumide Ogunsanwo: Janiw juk'amp iyaw sañjamäkiti. FI ukax muspharkañawa.

Achani Samon Biaou: Payïri, ukatakix wakicht'asiñaw wakisi. Walja horasanakaw jaqenakajj reclutañ munapjjetäna. Nayraqatxa, BCG ukan qhipa phaxsinakanx mä machaq oficinasan mä juk'a pachan mayacht'asiñ thakhiw sasaw sapxitu. Ukatxa, nayrir clientenakas kimsïr jaqinakas jak'achasipxarakituwa. Ukax consultoría ukan suma uñnaqapawa: jumax wali qhathur aljañ yatta. Jaqenakajj juk'amp qollqe churapjjetäna, ukat mä jilatajj mä marajj uk lurasmati ukat juk'amp independiente jaqëjjsmati sasaw jiskt'asipjjerïta. Uka yant'awinakax kunjams qullqi tuqit independencia munañamax chiqpachans ch'amanïpachati janicha uk uñakipt'añawa. Ukhamächi ukhajja, janiw qollqe churapjjatam laykukejj nayra irnaqäwimar jan ukajj ukham irnaqäwimar kutt'kätati.

Olumide Ogunsanwo: Akax mä suma amuyuwa. Mä juk'a uka toqet lup'iñäni. Nayraqat aka pankanx iwxt'apxtwa, wali askiw mä qhana ukat ch'amanchañ uñjawi, kawkhantix qullqi tuqit independencia ukar sarañ thakhinx jikxatasiñ munkta. Kunawsatix uka jutïr vision ukar munasiñax jikxatasma ukat uñjäwimampix mä ch'aman conexión emocional ukan jikxatasma ukhax juk'ampiw ukaruw ch'amanchasisma. Jan uka conexión utjkipanxa, jichha irnaqäwit sipansa juk'amp suma uñstatapatwa machaq irnaqäw katuqañ yant'asma. Jakäwin kunanaktï cheqpachapun munkta uk amuyt'añatakejj tiempo apst'asiñajj wali wakiskiriwa. Qullqi tuqit independencia ukar puriñ tukuyasax machaq irnaqäwir jan ukax carrera ukar mayjt'añax amtanakamarjamäkaspas ukham amtasksta ukhaxa, janiw kuna jan walïkisa. Ukampirus, juma pachpa lup'iña ukat juma pachpa uñt'asiñax wali wakiskiriwa, jutïr pachatakix suma amtanakar puriñatakiwa.

Achani Samon Biaou: Janiw juk'amp iyaw sañjamäkiti. Qullqi tuqit independencia ukax jumatakix askïpachati janicha uk jiskt'asksta ukhax mä jank'ak yant'äwiw utji. Janiw kuntï jutïrin lurañ munkta uk sum yatiñamäkiti, jan ukasti kuntï jichhajj luraskta uk janiw sarantañ munktati, uk yatiñamawa. Qullqituqit independencia ukax arktañax wali askiwa, jumatix amuyassta ukax proceso ukat uka tuqir sarañax juk'amp kusiskañawa, ukax pachpa resultadot sipansa.

Olumide Ogunsanwo: Vulnerabilidad ukat exploración ukanak katuqañax wali wakiskiriwa, qullqi tuqit independencia ukar arktañataki. Jumatï mä jach'a grado de certeza nayrar uchasma ukhajja, mä estructura corporativajj uk churaspawa ukat chuymankipstañkamaw ukan qheparaspa. Maysatxa, qullqi tuqit independencia ukax yatxatañ munañawa ukat yatxatañ amuyumpiw lurasi, ukax jumatakix mä kusiskañ machaq jakäw jist'araspa.

Achani Samon Biaou: Qullqi tuqit independencia ukar puriñax juk'amp wakiskiriwa, ukax libertad ukawa. Janiw juk'amp suma trabajo jikjjatañat parlkiti. Janiw mä ch'amañcht'kir vision jikjjatañas wakiskiti, ukajj wali wakiskirïkchisa. Jan ukasti, kuntï thaqhañ munkta uk thaqhañatakisa ukat kuntï munkta uk lurañatakisa, kunapachatï munkta ukhakiw libre sarnaqañama. Ukham amuyuman kusist'añamawa ukat munasiñas utjarakiwa. Kunawsatix qullqi tuqit independencia utjki ukhax intereses ukat pasiones ukanakat yatxatañ yatiñaw utji, jan ukax jan kuns yatxatañ amtañamawa. Juma pachpaw kuntï lurañ munkta uk amtañama ukat kuntï cheqpachapuni lurañ munkta uk lurasma. Nayatakix qullqi tuqit independencia ukar puriñax BCG ukan irnaqawijatakix kuna ch'amanchawitix utjkitu ukx kunatix naya pachpaw ajlliwaykta ukaruw mayjt'ayañ sañ munäna.

Amtäwijasti, naya pachpaw tiempo ukat espacio churaña, ukhamat yatxatañataki ukat ch'amaj yaqha tuqinakar irpañataki. Nayax janiw Netflix jakäwimp jakañ munkti kawkhantix sapa kutiw kusist'awinakar lip'katata. Nayax kuntix lurañ munkta uk ajlliñ yatiñaniñ munta, ukat machaq yänak yatxataskakiñ munta.

Olumide Ogunsanwo: Suma uñnaqt'ani. Mä qawqha puntonak yapxatañani. Jakäwin walja wakiskir tuqinakat taqpach askichañax ch'amawa. Sañäni, jaqi masimp sum apasiñatakixa, munasiñ masimampi, familiamampi ukat markamampix sapa kutiw parlt'asipxi, ukat uka tuqit juk'amp sum apasiñatakix sapa kutiw ch'amachasiskta. Uka amtanakax janipuniw taqpach askichatäkiti ni phuqhaskiti, jan ukasti mä sarantañ thakhiw jilxattañataki ukhamarak juk'amp sumaptañataki. Ukhamarakiw k'umaräñ tuqitxa - kunayman machaq yatxatañanakax utjapuniwa, kunjamas manq'añatakisa, ejercicio lurañatakisa, estrés ukar apnaqañatakisa, ukat p'iqin k'umaräñapataki. Ukampirus qullqi tuqit independencia ukax mayj mayjawa, kunatix jakäwin mä qawqha jach'a lurawinakat maynïriwa, ukax niya taqpach askichatäspawa. Qullqi tuqit jan khitin jark'atäxäta ukhaxa, yaqha tuqinakatwa lup'iñama, sañäni, maynit maynikam sum apasiñataki ukat k'umaräñataki, uka tuqinakatxa sapüruw ch'amachasiñama. Qullqituqit independencia ukax mä ch'amanchawiwa, ukax juk'amp pacha, ch'ama, ukat qullqi churarakiw yaqha wakiskir chiqanakar qullqichañataki kunatix jan tukuskir askinchañ thakhinaka.

Kunjam irnaqäwis utjchi, pintor, banquero de inversiones, consultor de gestión jan ukax tecnología ukan irnaqt'irïsta, irnaqäwit sipansa yaqha munañanakas ukat pasiones ukanakas utjarakpachätawa. Inas jumar nadañ, voleibol anatt'añ, patinaje jan ukajj viajañ munaraksta. Uka amtanakar puriñatakikix tiempo ukat ch'ama jikxatañax ch'amakïspawa, jumatï irnaqäwin jan ukax negocioman qullqi jikxatañatak taqi tiempo apst'asïta ukhaxa. Qullqi tuqit independencia ukax kunanaktï munkta jan ukax munaskta sasin amuyki ukanak lurañatakiw juk'amp tiempo apst'asiñama.

Jaqinakjamax walja tuqinakanïtanwa, walja interesanakanïtanwa. Kuntï munkta ukanak thaqhañatakejj juk'amp tiempo apst'asisma, mä negocio qalltañatakisa, oraqpachar sarañatakisa jan ukajj yaqha ukhamanakarus apt'asisma uk amuyt'añäni. FIREDOM ukax librew kuns luraň munta tiempomampi ukat ch'amamampi. Ukatpï nayax qullqi tuqit independencia ukarux walpun munasta, kunats aka libro qillqt'apxta ukat FIREDOM (Independencia Financiera + Jubilación Temprana + Libertad) sasaw sutichapxta.

Achani Samon Biaou: Jumatix Google ukan irnaqaskayäta ukhax walja razonanakax utjiwa kunatix inas jan mä libro qillqt'ksta. Mä toqetjja, inas qellqañatakejj jan tiemponïkayätati. Ukatjja, inas departamento jurídico ukankir maynimp uñt'asiñamajj wakischispa, ukhamat permiso katoqañataki. [Larusiña] Nayax akanx sawkasiskta.

Olumide Ogunsanwo: [Larusiña] Aka uñt'ayañax wali muspharkañawa, ukampis chiqpachanx Afrobility qalltañatakix 2020 maranw q'umachañax wakisïna, janiw sawkasiñ munkti.

Achani Samon Biaou: Jaqinakax sarnaqäwin elementos claves ukanakat lup'ipxaspa ukhax wali askiwa. Qhanañchañatakix akax kunjams jikxatasiyäta uka tuqit mä jisk'a qhanañcht'awiwa: Nayraqatxa, jilïr jaqjamaw jikxatasiyäta. Payïrix, juk'amp manqhan jikxatawayta, MBA ukax wali uñt'at yatiqañ utanakan negocios ukan jikxatasiñamp chika, kawkhantix mä juk'a validación ukar thaqhaskayäta.

Olumide Ogunsanwo: Chiqpachansa. 35 maranïkasax qullqi tuqit independencia ukar puriñax mä excepcionalmente ch'amäspawa, Stanford GSB (Escuela Graduada de Negocios) ukar katuqañat sipanx juk'amp ch'amawa. Ukax juk'amp chiqawa, kunatix jumax Benin markan yuritayna ukat jilsuwaytaxa. Kunawsatix Benin markanx jumamp pachpa pachan jilsuwayapki ukat 35 maranïkasax qullqi tuqit independencia ukar puriñx atipjawayapki uk amuyt'asax 0,01% ukjat jiläspa ukhax musphart'asiristwa. Ukajj janiw creyiñjamäkiti.

Achani Samon Biaou: Jilapart masinakajax akham sapxirïtuwa: "¿Kuna amuyt'awis aka amuyt'awix jumax parlaskta? ¿Kunsa jumajj jan irnaqt'askakiñ munktati?"

Olumide Ogunsanwo: Masijax mä irnaqir masijaruw qullqi tuqit independencia tuqit mä libro qillqt'askta sasaw säna. Ukarux, irnaqir masipax akham sasaw jaysawayxi: "qullqi tuqit independencia ukxat yatxatwa, ukax sañ muniw irnaqañax utjkitu ukat jasakiw kuna irnaqäwtix munkta uk jikxatasma" sasa. [K'aja]

Achani Samon Biaou: [Larusiña] Jiwasan psiquis ukanx wali ch'amanchatawa. Mä qawqha jaqinakarux qullqi tuqit independencia tuqit yatiyta ukat jupanakax akham sasaw jaysapxitu: "Walikiwa, ukhamax ¿kuna irnaqäwsa jichhax lurapxäta?"

Olumide Ogunsanwo: [Histérico larusiña].

Achani Samon Biaou ukax akhamawa: Jumax mä irnaqäw lurañamawa sasaw sapxi. Niya janipuniw juma pachpa lurañamatak sarañamäkiti. Jichhak experienciajat mayamp parlt'asajja, jilïr jaqëtwa ukat kunanaktï lurawaykta ukat jach'añchasirïtwa. Nayra tiempot sipansa, janiw mayninakar muspharayañatak ukham luririkti. Wawäkasajj kunjamtï libre sarnaqkayäta ukhamarjamaw kutt'jjayäta sasaw amuyayäta. Amtañäni, wawatpach sarnaqäwijanjja, nayrïr amtatajat maynïrejj libre sarnaqañwa amuyayäta sasaw sista. Jilkasax aka libertad ukax juk'at juk'at apsutäkaspas ukhamaw amuyasta kunatix sociedad ukan suyt'awinakaparjam sarnaqañ yant'awayta ukat qullqi tuqit independencia ukax herramienta ukawa libertad ukax kutt'ayañataki. Ukhamarus, mä sensación de sin peso jan ukax "apesanteur" ukham uñt'ayawayta, ukax francés arut jan gravedad ukat uñt'atawa. Ukax espacio exterior ukan jalnaqkasmas ukhamaw amuyasi ukat taqi kunas jach'aptayatawa. Maya tuqiru sarasma, qhispiyasiñawa ukampisa jan amuyt'kayarakiwa. Ukhamaw nayajj jikjjatasirïta.

París markaruw sarxayäta ukat emprendimiento ukar yatxatañ amtawayta, ukampirus ukatx COVID-19 usux purintäna ukatx taqi kunas jist'antatäxänwa. Ukampirus mä jan suyt'at askiw nayarux uñacht'ayapxitu, Emiratos Árabes Unidos markan mä institución ukan thakhipar uñt'ayañataki, ukax mä impacto lurañ munañampiw chikancht'asi. Nayax proyecto irptañ munta ukat phuqhasiñapatak uñjañ munta, ukax nayrir lurawijat sipan mayjawa BCG ukan kawkhantix mä proyecto irptañ munta ukatx taqi iwxt'awinak ukhamarak phuqhañ empresar katuyañ munta.

Olumide Ogunsanwo: Jïsa, jumax taqi proyecton entregables ukanakax clientes ukanakaruw katuyawayta ukat jupanakarux suerte munapxta. [K'aja]

Achani Samon Biaou: Awisax mä amuyump walpun munasksta ukhas pächasiñax utjaspawa, kunatix mä qawqha aspectos ukanakakiw phuqhasispa, ukatx mayninakax armatäxaspawa. Ukhamäkchïnsa, akajj nayrïr experimentojapunïnwa. Payïr yant'ajajj viajañatakïnwa. Machaq saräwinakat yatxatañax nayatakix wali askiwa, ukatwa masijampix mä mara sarañ qalltawaytanxa, sapa markar visitt'apkta ukanx walja phaxsinakaw qhiparapxta. Inas yaqhip irnaqir masinakajax uka jach'a saräwix jan uñt'atjam uñjapxchispa, ukampis suxta kunayman markanakar uñt'añ atipxta, jupanakan saräwinakaparu ukhamarak arunakapar ch'amanchasa.

Kimsïr amuyujajj arunak yateqañänwa. Nayratpach paqallq arunak sum yatjjatasajja, juk'amp mä qhawqha arunak yateqañwa amtawayta. Jichhax chino aru yatxataskta ukat árabe aru yatiñanakax sum tukuyañataki. Nayax janiw China markan irnaqäw jikxatañ yant'kti. Nayax janiw kawkir árabe markanx político ukhamäñ yant'kti. Nayax arunakaruw wal munasta ukat nayax arsuñ munta ukat uraqpachan periodiconak ullart'añ munta jan medios de comunicación ukanakaruk atinisisa.

Ukampis janiw taqe kunas barcot sarañajj faciläkänti. Emiratos Árabes Unidos markan proyecto lurañ tukuyatatsti, naya pachpaw empresa qalltañ amtawayta, ukat nayra inseguridadanakax wasitat uñstatap amuyasta. Stanford ukan yatiqañ tukuyirjamaxa, mä unicornio qalltawi lurañatakix ch'amanchawiw utji, ukampis qullqi tuqit independencia ukax nayan pachpa phuqhawijaruw nayrar sartañapatak jaytawayi, ukat chiqpachan nayatak askïki uka emprendimientos ukanakak arktañataki. Jan walit uñt'atäñat sipansa, naya pachpaw jakäwijar ch'amañcht'atäñatak ch'amachasta.

Olumide Ogunsanwo: Jïsa. Juman ch'amañcht'äwimax chuymamat jutañapawa.

Achani Samon Biaou: Niya suxta phaxsiw uka tuqit ch'am tukuwayta. Uka tiemponjja, mä qhawqha semananakaw Silicon Valley markar kutt'irïta, amigonakajampi sarnaqañataki ukat amuyunakajar sum amuyt'añatakis ch'amachasirïta. Qhipharux yaqha molde ukar paloma ukham uñt'ayasiñampïskatap amuyasta (emprendimiento ukax taqi kunat sipansa), ukax libertad jikxatatax ina ch'usar apt'asispawa. Ukajj nayra tiempopunïnwa. Jichhürunakanxa, arunakaruw chuym churaskta, kunattix uka arunakax nayatakix wali wakiskiriwa. FIREDOM ukampixa, kawkhans jakaskta ukat khitinakampis muyuntatäni uk ajlliñax ch'amanïtwa. EE.UU. markan jakañax nayatakix wali askiwa kunatix walja amuyunaka ukat libertad ukanakaw utji, janiw yaqha chiqanakan uraqpachan jikxataskiti. Ukhamatwa, nayatakejj kunanakatï juk'amp wakiskirïki ukanakan tiempo apst'asiristjja.

Olumide Ogunsanwo: Chiqansa, estadounidenses ukanakax libertad ukaruw munapxi. Ukax markan ethos ukan chikanchatawa.

Achani Samon Biaou: FIREDOM ukat Libertad ukax nayan valores ukanakamp wali sumpunw chikancht'asi, ukampis janiw jakäwijanx America markan qhiparañ amtkti. Nayax viajañ munta ukat inas jutïrin yaqha chiqar sarxarakchi. Nayatakix wali wakiskiriwa, kawkhantï jakaskta uk ajlliñax wali ch'amaniwa. Qullqi tuqit independencia jikxatañax jilïr jaqïtwa ukat kuna lurañas wakisispa ukhamwa amuyasiyäta. Nayax machaq yänak yant'añatakiw ch'amanchasta, pachat pachar yant'añataki, sañäni, aka FIREDOM libro qillqt'aña, qalltawinakan irnaqaña, ukat machaq proyectos ukanakar katuqaña.

Mä qhipa proyectox África uksan colegionkir yatiqirinakar informática tuqit yatichañawa. Inglés aru yatichäw taypin mayacht'asisax uka yatiqirinakarux uraqpachan jaqinakamp chikt'atäñapatakiw suyt'apxta, ukat inglés aru parlir markanakan yatxatañax wakisispa. Inas janïr jach'a yatiqañ utar sarkasax industria tecnológica ukan irnaqäwinak jikxatapxchispa jan ukax modelo de aprendizaje ukan yatiqapxchispa. Yatxatañatakix jan tukuskir oportunidades ukanakaw utji, ukampis llakisiñawa, janiw walja jaqinakax libertad ukat intereses ukanak arktañatakix utjkiti.

Olumide Ogunsanwo jupax akham siwa: Qullqi tuqit independencia ukax espacio mental, ancho de banda, tiempo ukat attención ukanak churaraki, kunatix kunatix piques interes ukar chuym churañataki. Ukaw taqi ukanakan suma uñnaqapaxa. Qullqi tuqit independencia ukax kuntix munkta uk arktañatakix libertad ukaw utji. Inas Samon chachan sarnaqäwipax jan jumar gustkchiti, kunatix jumax janiw yatiqañ tuqit jan ukax aru tuqit munasktati. Ukax walikïskiwa. Punto ukax qullqi tuqit independencia ukax kuntix munkta uk lurañ yati, pasiones ukar arktañatakis jan ukax machaq oportunidades ukanakar thaqhañatakis.

Achani Samon Biaou: Nayax qullqi tuqit independencia ukarux walja razonanakatwa wal munasta. Nayraqatxa, nayax flexibilidad geográfica ukarux wali askit uñjta. Janiw yaqha juyphi pachanx ch'uqimp ukat ukampi chikt'at jan walt'awinakamp apasiñ munkti, kunatix janiw kusisiñ apankiti. Payïrix, redes sociales ukat jaqinakamp chikt'atäñax nayatakix wali askiwa, jupanakax amuyt'awinak ch'amanchapxitaspawa. Ukatpï San Francisco markan jakañ amtawayta, Área de la Bahía uksan. Qhipharux, nayax libertad de exploración ukat tinker ukax walpun munasta.

Akax qullqi tuqit independencia tuqit mä transversal uñakipañawa. Jakäwisax kimsa phaxsiruw jaljasispa, kunapachatix qhispiyasiñax utjki ukhaxa. Qalltanjja, librew yuritanjja. Qhepatjja, jubilasjjtan ukhajja, wasitatwa libre sarnaqtanjja, kunattejj janiw trabajompejj jark'atäjjtanti. Ukampis irnaqäw maranakan chika phaxsinxa, kunayman lurañanakaw utjistu, ukat kunayman jan walt'äwinakaw utjarakistu, ukanakaw libre sarnaqañasatakix jark'istu.

Akax FIREDOM ukan esenciapawa – chika pachar comprimir ukhamarak jiwasan términos ukarjam jakañ jakañ yatiñawa, pasiones ukar arktañataki ukhamarak kusisiña ukat amtäwinak jiwasan productivo maranakanx juk'amp jach'aptayañataki. Mä juk'a arumpixa, qullqi tuqit independencia ukax kuntix juk'amp munktan uk lurañ yatiñatakiw yanapt'istu, ukat ingenio ukar sociedad ukar aski amtanakamp yanapt'añasataki.

Olumide Ogunsanwo: Pä tunk kimsa tunk marani qullqi tuqit independencia ukar puriñax jan iyawsañjam kusiskañawa. Aka pachanx jakäwimanx waynäxtawa, ch'amampiw phuqt'ata ukat akapach uñt'añ munaraktawa. ¿Kunatsa jan nayraqat qullqi tuqit independencia jikxatañatakix kunanak lurañas wakisispa, ukhamat juma pachpan qhanañchäwiparjamax juk'amp amtampi, kusiskañ jakañataki? Chiqansa, janiw mayninakax kuntï suyapki ukarjam sarnaqañ munkiti, familiamasa, jefemasa jan ukax gerentesa. Ukax juma pachpan kamachinakaparjam jakañ jakañawa ukat thakhinak uñt'ayañawa.

Akax chiqpachapuniw kunatix aka panka lurapxta – qullqi jutïr pachan apnaqañ yanapt'añataki ukhamarak mä jakäw munañamataki. Jiwasan yatiyawix jumanakatakix jakäwit kusisiñawa ukat chiqpachan munat jakawimar sarañatakix amtanakar puriñ qalltañawa. Janiw 80 maranïñkamax suyt'añamäkiti, munat jakañ qalltañataki – jichhaw qullqi tuqit independencia ukar puriñkamax thakhinak lurañ qalltañama, ukhamat suma jakawim jakañataki.

Achani Samon Biaou: Nayax pä uñacht'äwiw utjitu, ukax kunjams yaqha jaqinakax FIREDOM ukar wali askit uñjapxi uk uñacht'ayi. Nayrïr uñacht'awix 20% proyecto personal ukan pachap amuyt'awiwa, ukax Google ukham empresanakax irnaqirinakaparux churapxi. Esencial, jupanakax irnaqirinakaparux 20% pachap kutt'ayasipki, proyectos ukanakan irnaqapxañapataki, jupanakax wali munatawa. Empresax proyectox potencial ukaniwa sasin amuyaspa ukhax empresa taypin lurasiñap munapxi ukhamat mä juk'a mistuwipat reclamapxañapataki. Akax mä uñacht'awikiwa, kunjams empresanakax jaqinakar munañanakap phuqhañatak libertad churañax wali askïtap uñt'apxi.

Payïr uñacht'awix ingreso básico universal (UBI) uka amuyuniwa, uka tuqitx walja jaqinakaw aruskipt'apxi. UBI ukax amtiw mä nivel de ingreso jaqinakar churañax ukhamat jan llakisipxañapatakix necesidades básicas ukanakat kunjamakitix manq'añanaka ukat uta, ukax jaqinakarux mä aski impacto uñstayaspa, kunatix jaqinakarux qhispiyiw kuntix munapki uk arktañataki. Ukax uñacht'ayiwa, arco de la humanidad ukax juk'amp libertad ukaruw ch'amanchaskistu, jakäwis uñstayañataki, jan ukax yaqha jaqiw jiwasatak uñstayañapataki (jan ukax gobiernox UBI ukampi, jan ukax empresanakax 20% tiempo personal ukampi).

Qhipharux aka libron valoran propuesta ukax kunjamas FIREDOM thakhix jank'ak puriñapa ukawa. Thakhijanjja, mä juk'a rata t'ijuñan sarnaqañaw wakisïna, ukampis amtampiw uk lurapjjerïta. Jiwasax qullqinak sum apnaqapxta ukat qullqix juk'amp jach'aptayapxta yaqhip pistas ukar arktasa, kunjamakitix servicios profesionales ukanaka. Jumax ukhamarakiw lurasma ukat repurpose (jubilasiñat sipansa) nayraqat rata t'ijtäwitxa, ukat ninam akapachar churasma.

Olumide Ogunsanwo: FIREDO ukan sarnaqäwimax wali sumapunïnwa. Nayax sarnaqäwimat yatichäwinak mä juk'a qhanañcht'añ yant'ä. Jiwasan sarnaqäwis liyt'apkta ukhax mä qawqha yanapt'ir kamachinak apthapipxañamatakiw suyt'apxta, ukanakx thakhin yatiqawayapxta. Ukanakax akanakawa: juma pachpar iyawsaña, sapa mayni ukat k'arinak amuyt'aña, mayninakar jan copiaña, wakiski ukhax jan walinak luraña, kuna jan walinakas utjaspa ukanak jan axsaraña ukat uka costumbrenak uñstayaña. Ukhamarus, jutïr pachat kusisiñax wali wakiskiriwa ukat jan sinti khuyapt'ayasisin mä amtar phuqhañax qullqi tuqit independencia ukar puriñatakiwa.

Mä kutix ukanak phuqhasxäta ukhax mä jach'a ukat mágico jakäwiw FIREDOM (FI + RE + Libertad) ukax mayni tuqinx suyt'aski, kawkhantix jumax jakäwimanx juma pachpaw jakasma.

Achani Samon Biaou: Olumide, jichhax turnomawa. Nayax wali kusisitaw FIREDOM ukhatpach jakäwit amuyunakam katuqañataki. ¿Jichhax mä juk'a yatiyasmati contexto ukat kawkhans jikxatasiyäta kunapachatix FIREDO jakäwim qalltawaykta ukhaxa?

Olumide Ogunsanwo: Qullqi tuqitx independiente ukhamaw jikxatasiyäta, kunapachatix 35 maranïkayäta ukhax 2020. Jan iyawsañjamäkaspas ukhamaw amuyasiyäta. ¡Wali muspharkañaw jikxatasiyäta! Nayajj wal kusisiyäta. Uka urux jakäwijan wali kusiskañ urunakat maynïrïpachänwa. Walja maranakaw mä amtar puriwayta ukat naya pachpaw uka amtar puriñkamax irnaqawayta, ukat qhiparusti, ukaruw puriwayta. Oxford markat mantañ carta katuqkta uka pachar uñtasitänwa, kunapachatix cuartojan wali kusisitaw thuqt'ayäta. Jakäwijajj janipuniw mayampsa nayrjamäjjaniti, uk sum yatiyäta.

Qullqi tuqit independencia jikxatañax janiw faciläkiti, uk yatisax jach'a jach'a tukusaw jikxatasirïta. Nayax 2014 maran jallupachan amtastwa, kunawsatix FI uka amuyump munasiñax utjkän ukat amuyasta, ukax lurasispawa. 2020 marakamax jank'akiw nayrar sartañama, ukat nayax ukax phuqhasiwaytwa. Ukajj wali kusisita jikjjatasiñajj janiw creyiñjamäkänti, ukat mä muspharkañ luräwi lurawaykaspa ukhamwa amuyasiyäta. Naya pachpampi ukat thaknam saratajampiw satisfacta.

Achani Samon Biaou: Nayax uka amuyump taqpach amuyasta, ukat jumar uka tuqit parlt'ir ist'añakiw kusisiyitu. Chiqansa, nayrïr jaljan mä iwxt'a churawaykta ukax nayatakix wali askiwa. Qullqi tuqit independencia jikxatkasasa, janïr kuna jach'a amtanakar puriñkamax mä juk'a tiempo irnaqaskakiñax wali askïspawa sasaw sista. Nayax juk'amp ist'añ munta jumanakan experiencia personal uka tuqita. ¿Kuntï lurkta uka toqet parlt'asmati?

Olumide Ogunsanwo: Akax kuntix nayax lurkta ukat kuntix nayax mayj lurkiristxa, wasitat lurañax wakisispa ukhaxa. 2020 mara qalltanx Bankole ukamp podcast Afrobility ukax qalltawayta kunatix industria tecnológica ukarux walpun munasta, negocios ukanakat uñakipt'asa, ukat jupamp mä proyecto ukan yanapt'asiñax wali kusiskañawa sasaw amuyasta. Uka pachax FI ukar jan puriñjamäkchïnxa, podcast qalltañax identidad ukar mayjt'ayawayitu ukat juk'amp sumaw empresarial ukan oportunidades ukanakat yatxatañax nayarux yanapt'itu, anqäx markan lurawijatxa. Nayax Googler ukhamarak podcaster ukhamaw amuyt'añ qalltawayta.

Google ukan irnaqañax janiw jaytkti kunatix ukan irnaqañax nayatakix wali askiwa ukat taqi kunas wali sumaw sarantaski. Ukampirus 2021 marakamax podcast Afrobility ukax jank'akiw uñt'ayasi ukatx nayax Fondo Adamantium ukaruw qalltawayaraki. Ukhamatwa, identidad ukax wasitat mayjt'añ qalltawayi, ukatx Googler, Podcaster ukat Inversor ukhamaw uñjasiñ qalltawayta.

2021 marakamax podcast ukat qullqix jilxattawayiwa, ukatx juk'amp ch'amaw empresan lurawix proyectos personales ukanakamp equilibrar. Ukhama, kimsa phaxsi sabático 2021 Q4 maran apst'asiwayta, kunjams jakawix utjaspa uk yant'añataki, nayax fondo ukat podcast ukak uñch'ukiskä ukhaxa. Ukajj wali kusiskañänwa ukat muspharkañarakïnwa. Nayax janiw mä juk'a lurawix jaytkti ukhamat kunapachatix 2022 maran kutt'ankta ukhax mä qhana amtäwiw utjawayitu mistuñataki ukat qhipharux Google uksat 2022 mara tukuyanw jaytawayta.

Nayax wasitat lurañjamaspa ukhax juk'amp oportunidades empresariales ukat proyectos personales ukanakat nayraqat yatxatañ qalltasma. Nayax wali askiwa, qullqi tuqit independencia ukar puriñkamax niya pachpa pachan yaqha emprendimientos ukar arktañ qalltawayta. Afrobility ukar grabañx walpun munta ukat africano qalltawinakar Fondo Adamantium tuqi yanapt'añ munaraktwa.

Wayn tawaqunakatakix iwxt'awijax 20 maraniw side hustles ukat lado negocios ukanakamp yant'asiñ qalltapxañapa, irnaqawip layku. Walja jaqinakaw pusi horanak urux TV uñch'ukipxi, ukax juk'amp askiwa mä proyecto de pasión jan ukax oportunidad empresarial ukar arktañataki. Ukax janiw qullqi tuqit jank'ak independiente ukhamäñak yanapt'ktamti, jan ukasti kuna kusiskañ yänakaruw amuyumarux uñt'ayaraki. Qullqi tuqit sum yatxatasksta ukat mä suma irnaqäwinïsta ukhasa, janipuniw yaqha munañanakat yatxatañ qalltañatakix nayrax jan ukax qhipt'kiti. Chiqansa, nayratpach qalltañax juk'amp askiwa, kunattix kunatï munaski ukanakxa juk'amp tiempow kusist'añama ukat tiempo apst'asiñama. Janiw jisk'a thakhinak thaqhañamäkiti ukat qamiriñ esquemas ukanakax utjañapawa, wakicht'ataw irnaqañar uchañataki.

Janiw qullqi tuqit independiente jan ukax jubilasiñ suyt'añamäkiti, ukhamat munañanakam phuqhañataki; jichhat qalltañamawa ukat uka thakhi saräwimp kusist'añamawa. Qullqi tuqit independencia ukar puriñkamax mä empresan irnaqäwipat mistuñ qhiphart'ayañax mä suma amtäwiwa, qullqi tuqit mä buffer uñstayañataki. Jutïr pachan munañanakam ukhamarak qullqinak jakt'añax janiw mä ciencia chiqapäkiti, ukhamax mä buffer ukaniñax juk'amp amtawinak ukhamarak flexibilidad ukanakaw machaq ukat juk'amp qullqini proyectos ukanakar arktañatakix churapxätam, ukanakx janiw qullqi tuqit independencia amtkasax amuyt'apktati.

Irnaqäwim jaytañax juk'amp askiwa, kunapachatï yaqha proyectonakanïkta ukhaxa, tiempomsa ch'amamsa chuym churañamawa. Nayan amuyujax Google ukar jaytañax wali askiwa kunatix nayax nayratpach Adamantium Fund ukat Afrobility podcast ukanak irnaqañatak utjawaytwa. Ukampirus, jan kuna amtampis sarxaspän ukhax inas "jubilacionan blues" ukar puriristxa. Akax aburrimiento jan ukax ch'usat jikxatasiñawa, ukax kunapachatix mä akatjamat sapürunjam irnaqañatx llätunk horanak urun TV uñch'ukiñatak walja tiempo libre sarnaqañar mayjt'ayaskta ukhax utjaspawa [Larusiña]. Ukham jan utjañapatakix yaqha lurawinakaw jan ukax proyectos ukanakax utjañapawa, ukhamat jumatakix ch'amanchañataki ukhamarak ch'amanchañataki. Nayan amuyujax janiw jubilacionan blues ukar uñt'kti kunatix pusi fundadores ukanakamp jawsatanakaw utjawayitu Fondo Adamantium ukataki ukat jutir episodio de Afrobility ukatak wakicht'asiwayta Google ukat mistxañ urut qhipat. Ukat jawsatanakaja taypinjja, cuartojan thuqt'asirïtwa. Ukajj wali muspharkañänwa.

Tukuyañatakix, janïr jaytkasax mä qawqha phaxsinakaw sabático jan ukax mini jubilación luraň amtañamawa, ukhamat jan irnaqañax kunjamas jikxatasi uk yant'añataki. Naya pachpaw uk lurawayta ukatx kimsa phaxsiw samarawayta janïr Google ukan irnaqawijat jaytkasa. Ukax fondo, podcast ukat yaqha proyectos personales ukanakan sapürunjam irnaqañax wali askïspati janicha uk uñjañ yanapt'itu, ukat kunjams urunak wakicht'añ munta ukat pachax apst'asiñ munta uk lup'iñatakiw yanapt'itu. Ukajj wali valorani experienciapunïnwa, ukajj mayjt'äwitak wakicht'asiñatakejj yanapt'itäna, ukat trabajot mistjjayäta ukhajj tiempojj sum apnaqañ yanapt'itäna.

Achani Samon Biaou: Akax wali amuyt'ayiriwa. Naya pachpa trayectoria uñakipt'asajja, janiw jumar uñtasit munkta uka jakäwir mayjt'añajajj faciläkti sasaw amuyayäta. Kunawsatix París markar mä jan qhan amuyump sarkäyät ukhax EdTech ukan espacio ukan mä qalltawi lurañax janiw nayraqat wakicht'asiñax wakiskiti. Nayax janiw kunjam jakañtï munkayäta uk yant'añarux chuym churkti, ukatwa uka mayjt'äwix wakiskäna ukat sipansa juk'amp ch'amäxäna. Ukatpï nayax ist'irinakaruw qhananacht'añ munta, kunjams amtanakam wañt'ayañax wali wakiskirixa. Nayax suerteniyätwa kunatix COVID-19 pandemia ukax mä juk'a introspección lurañaruw wayt'itu. Jan ukhamäkaspa ukhajja, uka mayjt'äwejj juk'amp ch'amäspawa. Jumatï 21 maranïsta ukhajja, kunanaktï munkta ukat kunanaktï kusist'kta ukanak yatjjatañamawa. Kun lurañ qalltañamawa ukat chiqpachapunit jumar katunttam uk uñjañamawa. Qullqi tuqit independencia ukar puriñkamaxa, yaqha sabático mä qawqha phaxsinakaw apst'asiñama, kuna lurawinakatix empresa jan ukax negocios ukanakat mistxasax lurañ munkta ukanak lurañataki. Kunjamsa jikjjatasta uk uñjam ukat kunatï jumatak askïki uk jikjjatañkamaw mayamp mayamp parlt'añama.

Olumide Ogunsanwo: Jïsa. Taqiniruw ch'amanchapxta proyectos personales ukat hustles laterales ukanakamp yant'asipxañapataki kunatix machaq yatiñanak yatiqapxañapatakiw yanapt'aspa, machaq intereses uñstayañataki, machaq jaqinakamp uñt'asiñatakiwa, ukat pasión ukat jakäwipan amtap jikxatañataki. Profesional jakäwiman anqäxapan kusist'añanakaru ukhamarak proyectonakar tiempo apst'asisax machaq tuqinakan yatiñanaka ukat experiencianak jikxatasma, ukax juk'amp suma jaqiruw tukuyätam jupamp parlt'añataki. Corporativo ukan utjawiparuki chuym churañat sipansa, kunayman tuqinakatw aruskipt'añama ukat mayninakamp chika yatiyañama.

Jiwasatï cheqaparjam sarnaqañäni ukhajja, cheqapuniw waljanejj amparanakasan walja tiemponïtanjja, ukampis jila partejj janiw sum apnaqktanti. Kunapachatï 20 maranïkayäta ukhajja, jila parte urunakajj mä qhawqha horanakaw videojuegonaka ukat televisionan programanak anatt'irïta, ukhamatwa kusist'añanakar sarañajj kunja munasiñas utji uk amuyasta. Ukampis qhepat uñakipt'asajja, yaqha walja yänakaw utjäna, ukanak yatjjatañasa ukat yant'añasa, ukampis janipuniw uka toqet amuyt'asirïkti.

Ukhampachas uka proyectos personales ukanakax qhipharux qullqi jikxatañ negocios ukar tukuspawa, ukampis ukanak uñakipañax janiw qullqitakikiti, jan ukasti juma pachpat juk'amp amuyt'añatakiwa, kunatix yant'asisax kunatix jumax waynäkasax tiempo ukat ch'ama apst'asiñ munkta uk jikxatañataki . Kimsa tunk pusi tunk maranïxäta ukhax walja maranakaw yant'äwinakax utjani ukatx kunatix jumatakix askïki uk yant'apxasmawa, YouTube ukan videonak lurañasa, podcasting, qillqaña, blogueo, póquer anatt'aña, jan ukax kunatix chuymamax munki ukanak luraña. Qhipharux kawkir lurawinakas jan ukax proyectos ukanakatix juk'amp pacham ukat ch'amam apst'asiñ munkta ukanak jikxatasma.

Walja maranaka uka proyectonak yant'asax inas qullqi jikxatañ thakhinak jikxataschisma. Ukhamatwa qullqi tuqit independencia ukax juk'amp jank'ak puriñax juk'amp jasakiw lurasini, ukax mä efecto sinérgico uñstayañataki. Qullqi tuqit independencia ukar jak'achasisax mä sabático ukar sarasma, kunjams juk'amp pachax proyectos favoritos ukar apst'asiñax jikxatasi uk yant'añataki.

Qhipharux kunayman proyectos personales ukanakamp yant'añax juk'amp kusiskañ jakawiruw puriyaspa. Kunawsatix Afrobility podcast qalltawayta ukhax juk'amp kusisitaw jikxatasiyäta. Janiw qullqi tuqit independencia suyt'añamäkiti machaq yänak yant'añataki ukhamarak jakäwiman jakañataki. ¡Jichhax machaq yänak yant'apxam!

Achani Samon Biaou: Nayax jumamp chikaw taqpach iyawstxa. Ukarux yaqha capa yapxatañani. Pä tunk maranit yant'asiñ qalltañax walja askinakaw utji. Nayraqatxa, jakäwimanx kuna pachatix yant'awinakax juk'amp jisk'a qullqix utjki ukawa. Jakañatakix qullqix juk'akiw utji, qullqix juk'akiw utjaraki. Payïri, kunawsatix costo social jan ukax cultural de experimentación ukax jisk'akiwa. Podcast ukan jan walt'ayassta ukhax jasakiw yaqha uñstayasma. Kimsïri, niyakejjay janïr familianïksta ni wawanïkstajja, inas jichhajj juk'amp tiemponïsta, qhepat sipansa.

Jichhax qullqi tuqit independencia ukar puriñatakikix principios ukat proceso ukanakat aruskipt'apxta, kunjams qullqi tuqit independencia ukar puriñkamax jakäwimax mayjt'awayi uk yatiñ munta. Maysatxa, ¿kunjamsa sapa uru lurañamax jan ukax horariomax mayjt'awayi uka tuqit chiqap uñacht'äwinak churasmati? Sañäni, ¿qhipürut sartaskta jan ukax juk'a horanak irnaqt'askta? ¿Kuna mayjt'äwinakas sapa uru jakäwiman uñjasiwayi?

Olumide Ogunsanwo: Jakäwijan kunayman jach'a lurawinakampiw juk'at juk'at mayjt'awinakax utjawayi. Nayrïr amtäwix 35 maraniw qullqi tuqit independencia ukar puriñänwa, ukampis uka pachanx janiw kunas sinti mayjt'känti. Nayax Google ukan nayrïr irnaqawijan irnaqaskaktwa, podcast ukar jilxatayasa.

Ukampis 35 marat 37 marakamajja, kunaymaninakaw mayjt'awayi. Qullqi tuqit independiente ukhamätaj laykuw juk'amp sum jikxatasiyäta, ukat naya pachpaw irnaqt'irïta. Uka jach'a mayjt'äwix kunapachatï irnaqäwit jaytañ amtañ qalltkayäta ukhaw utjäna. Podcast ukat qullqix jilxattaskäna, ukatx mä natural transición ukhamaw jikxatasïna kunatix identidad ukax evolucionawayiwa Google ukat corporativo jakäwijar jan jach'añchañataki. Nayan identidadajajj juk'at juk'atwa akham mayjt'awayi:

Googler (2014-2020) -> Googler & Podcaster (2020-2021) -> Podcaster, Inversionista & Googler (2021-2022) -> Qullqichir & Podcaster (2022-Jichhüru)

Nayax Google ukan jayarst'añax wali amuyumpiw amtawayta, ukhamat sumakiw sarantawayxi. Google ukar jaytxasinx mä juk'a mayjt'ataw pachax wakicht'awayta, ukampis taqpachanx jakäwijax niya ukhamarakiwa. Mayjt'awix juk'amp sumaw jikxatasiyäta ukat proyectos personales ukanakamp yant'añatakix juk'amp agencia ukanïnwa. Google ukan pacha tukuyañampïskäyät ukhax kunapachatix Podcaster, Investor & Googler ukham uñt'ayaskta ukhax janiw yaqhanak arktañatakix ancho de banda ukax utjkitänti. Ukampis Google ukar jaytxasinx juk'amp pachaw proyectos personales ukanakar chuym churañatakix utjawayitu, ukat aka FIREDOM libro qillqt'añatakis utjarakiwa.

Kunjams horariojax mayjt'awayi uka tuqit jiskt'awimar jaysañatakix, juk'amp chiqaparu, nayax horario ukat jakäwix mayjt'ayawaytwa taqi saräwijanxa, ukhamat Google ukan mistxasax jakäwijax janiw sinti mayjt'kiti. Nayax janiw Google ukan jaytañ suykti, munat jakäw lurañataki. Jakañax wali jisk'akiwa, janiw kuntï munkta uk jikxatañatakix suyt'añamäkiti.

35 maranïkayäta ukhajja, wali jayaruw sarjjayäta, ukatwa Miami sat suma markar sarjjayäta. Uka pachanw Afrobility podcast ukax qalltawayta. Mä mara qhepatjja, 36 maranïkayäta ukhajja, Adamantium sat fondot qalltawayta. Ukat 37 maranïkasaw Google ukan empresan irnaqäwip jaytawayta. Nayax mä akatjamat, jach'a mayjt'äwinakat sipansa, yant'äwinak tuqi juk'at juk'at mayjt'ayañaw juk'amp askixa.

¿Walja qollqe laykuti empresanakan jakañar kutt'aristjja? Janiwa. Uka amuyt'awix wali uñisiñawa. Pä mara chikatani (2020 maran) qullqi tuqitx independiente ukhamäkchiyätsa, ukatx Google uksatx pasïr marakiw jaytawaytxa (2022 maran), jichhax nayratpach jakäwijaruw ukham yatintawayta. Qullqi tuqit jan independiente ukhamäñax nayatakix ch'amakiwa. ¡Jakäwijarux walpun munasta!

Achani Samon Biaou: [Jachaqt'asis] Jichhürunakanx walja amuyunakax utjiwa. Qullqi tuqit independencia thaqhasax kuns juma pachpat yatiqawayta uk jiskt'añ munta. Jumax walja yant'awinak lurawayta ukat nayax yatxatañ munta, juma pachpas ukat amtanakam amuyasiñatakis jak'achasisktati, jan ukax yant'awinakamax machaq punkunak jist'arawayi. ¿Kunjamsa jumanakax jilxattasipkta ukat panqarapxtaxa aka machaq jaljan qullqi tuqit independencia ukanx yatiyapxasmati?

Olumide Ogunsanwo: Kunawsatix 32 maranïkayäta ukat niya chikat qullqit independencia ukar puriñkamax jutïr pachax uñacht'ayañatakiw tiempo apst'asiwayta ukatx independencia geográfica ukax taqpach kusisiñajatakix wali wakiskiriwa sasaw amuyasta. Qalltanx independencia geográfica ukax qullqi tuqit independencia ukampikiw jikxataspa sasaw amuyayäta, kunatix nayax amuyasta, empresas ukanakat mistuñax wakisispawa kawkhantix munkta ukan jakañataki. Nayratpach independencia geográfica ukax wali askiwa sasin uñt'asax uka tuqiruw irnaqañ qalltawayta, janïr qullqi tuqit taqpach independencia ukar puriñkama. Ukax independencia geográfica ukan walja askinak apthapiñ yanapt'itu, qullqi tuqit libertad ukar sarañax wali ch'amanchawayitu.

Qhipharux COVID-19 usump usuntatapatx taqpach jayaruw puriwayta ukat independencia geográfica ukax kuna askinakas utji uk amuyasta. Janis qullqi tuqitx taqpach independiente ukhamäkchiyätxa, kawkhans jaya chiqat irnaqañ yatiñax 50 ukhamarak 70% qullqit independencia ukan askinak churitu. COVID-19 usut yuspajarapxsma.

Nayax waliw iwxt'apxsma, jumatix jaya chiqat irnaqañax utjaspa ukat geográficamente independiente ukhamästa ukhax jank'akiw apsuñama. Walja askinakwa utji, ukanakjja inas jan amuyt'ksta, qollqe toqet janis independiente ukhamäksta ukhasa.

Mä uñacht'äwimp uñacht'ayañ munta: janis uk lurawaykchiyätxa, pusi semanas Guatemala markar sarañax wakisispänwa ukat ukatw Google ukan irnaqañax wakisispa ukx amuyasta. Ukatjja, mä phajjsiw España markar saraskiriyäta ukat ukhamarakiw lurarakiriïta. Ukanakax kimsa tunk mara qalltanx janipuniw amuyañjamäkänti, ukampis independencia geográfica ukat jaya chiqan irnaqañax chiqäxänwa. Taqiniruw ch'amanchapxsma, janïr qullqi tuqit independencia ukan yaqhip askinak jikxatañatakix thakhinak thaqhapxañapataki. Independencia geográfica ukat jaya chiqan irnaqañax mä qawqha uñacht'awinakakiwa. Jan suyt'amti. ¡Yant'am ukat uñjam kunas jumatakix askïspa!

Qhipharux yatxatawaytwa, geográficamente independiente ukhamäñax mä autodescubrimiento viaje ukaruw puriyitu, ukax jichhakamaw sarantaski. Walja maranakax qullqi tuqit independiente ukhamäkchiyätsa, Google ukar jaytañax janiw jakäwin mayjt'äwinakap sinti utjayawaykiti kunatix nayratpachx walja maranakaw juk'amp mayjt'äwinak luraskta.

Achani Samon Biaou: Nayax uñjtwa. ¿Kuna machaq kamachinakas jikxatastati jan ukax qullqi tuqit independencia ukar puriñkamax jakañ tuqit utjki ukanakat juk'amp amuyt'awaytati?

Olumide Ogunsanwo: Nayax amuyta, taqiniw qullqi tuqit jank'ak independiente ukhamäñatakix ch'amachasipxañapa. Ukajj jan tukuskir lurañanak jist'araraki, kunanaktï nayrajj jan lurañjamäkaspas ukhamäkaspa ukanak lurañatakiw yanapt'tamjja. Jakäwijajj wali kusiskañawa. Kuntï munkta uk lurañatakejj librew utjitu. Jichhüruw (miércoles) mä boleto alasisma, España markar sarañataki, ukat martes urukamaw kutt'aniristxa. Kunanakatï lurañjamäki ukajj janiw tukuskiti. Qullqi tuqit jan khitin jark'ata jakañax muspharkañäspawa sasaw amuyirïta, ukampis kuntï suykayäta ukat sipansa juk'ampïnwa.

Chiqpachans taqinitak ukham munta, ukatwa nayax wali munasiñampiw yatiyañ munta ukat yaqhanakar qullqi tuqit independencia ukar sarapxañapatak ch'amanchañ munta. Nayan amtäwijasti jaqinakar qullqi tuqit qhispiyasiñ tuqit yatxatañ munapxañapataki ukhamarak kusisipxañapatakiw ch'amanchañawa, ukat uka jikxatañatakix wakiskir amtanakar puriñatakiwa. Qullqi tuqit independencia ukax janiw banco ukan millones de dólares ukjam apthapiñakikiti; ukax mä jakawiwa, ukax valores ukat aspiraciones ukanakamp chikancht'atawa. Ukax sañ muniw kunatix munaski ukanak phuqhañatakix walja yänakanïñawa, jan facturanakat jan ukax manunakat llakisisa. Mä irnaqäwiru jan ukax kawkhantï jan chint'atäkasin thakim ajlliñax libre sarnaqañ sañ muni. Ukaw viajañataki, machaq yatiñanak jikxatañataki, wali kusiskañ proyectonak qalltañataki ukat familiajampi amigonakajampix suma tiempo apst'asiñ yanapt'itäna. Ukat sarnaqäwix yatiyañatakis yanapt'arakituwa, ukhamatwa mayninakar qullqi tuqit qhispiyasiñatak yanapt'arakta.

Lagos (Nigeria) markanwa mä jisk'a familian jilsuwayta. Walja jan walt'äwinakaruw atipjayäta, 27 maranïkasaw escuela de negocios ukan manunïyäta, ukampis 35 maranïkasaw qollqe toqet independencia jikjjatayäta, ukhamatwa valoranakjam sarnaqawayta. Uka viajejj walpun gustitäna, ukat qollqe toqet independenciajj libre jakasiñatak churitu ukat wal yuspärta. Taqinis ukham experiencianïpxañap munta.

Jumax uka amtar puriñ yatiñanïtawa. FOMO ukax jach'a ch'amaka materia jark'awiwa, ukax samkanakamar t'unjaspawa. Kuntï mayninakan utjki uk munañajj cheqpach munañanakamatwa jitheqtaytamjja, ukhamatwa juma pachpa jikjjatasiñama ukat yatjjatañama. Ukajj inas qollqe toqet jan sum amuyt'ir jaqemp chikachasiñatak ch'amachasisajj walja qollqe gastañamatak yanapt'istaspa. Amuyt'añataki, amigomax BMW sat auto alasispawa, ukampis millonario jaqïpxaspa jan ukax manunïpxaspa. Maynix gasto lurañ amtaparjam sarnaqañax ch'amawa, jan valoranakap, qullqip, gastos ukat amtäwinakap jan amuyasa. FOMO ukan gastos ukax inherentemente jan walt'awinakaniwa kunatix jan phuqhat yatiyawinakar atinisi.

Achani Samon Biaou: EE.UU. markanx manüñ amtax jach'añchatawa, jaqinakarux amuyayapxiwa, manu apnaqañax wakisispawa ukat apnaqañaparakiwa, kunatix jupanakax janiw munapkiti jan ukax munapkiti jan ukasti sociedad jan ukax jaqi masinakapan wali askit uñjapxi. Ukax mä jach'a k'achacht'at quqa alañjamawa, kunapachatix Navidad urus jan amtkäta ukhaxa. ¿Mä típico semanan irpapxitasmati, ukhamat jaqinakax qullqi tuqit independiente jaqitakix jakäwipax kunjamas uk amuyt'apxañapataki?

Olumide Ogunsanwo: Ukax wali askiwa. Nayax janiw yatiskti jiskt'ar jaysañax askïkaspati kunatix ullart'irinakaruw mayjt'ayaspa. Ukhamasti, naya pachpan tiempo apnaqañ tuqit filosofía uñacht'ayañ munta. Tiempojajj nayankiwa sasaw amuyasta, ukat kuntï munkta uk lurañatakejj librew utjitu. Walja qullqi tuqit independiente jaqinakax janiw urunakpachax kusist'añanakan sarnaqapkiti. Ukhamäspawa, kunattix jaqinakax mä amtampi, satisfacción ukat kusisiñ munapxi, ukanakxa janiw kusist'añatakikix yanapt'kaspati. Amuyt'añataki, qharüruw 12 Star Wars peliculanak uñch'ukiñ ajlliristxa, ukampis jaqinakan iyawsäwiparjamaxa, urujax janiw kusist'añanakamp phuqt'atäkiti ukat janiw jilpachax uñacht'äwinak uñch'ukiñatak jan ukax playa uksan apst'askti [Smile].

Aka qhipa pä maranakanx kusisiña, autosatisfacción ukat jakäwin satisfacción uka tuqit walja pankanak uñxatt'asax amuyasta, kusisit jakañatakix kuna yänakas utji ukax akanakawa: comunidad, amigonaka, suma k'umaräña, autonomía ukat sapa mayni jiltaña. Nayan urujax ukanak tuqiw muyunti. Introvertido ukhamäkchiyätsa, mayninakamp chikt'atäñatakiw ch'amachasta. Sapa phaxsi jan ukax mä phaxsiw jaqinakar tantacht'añatak wakichäwinak wakicht'ta. Samon juparux pasïr simanan (2023-enero phaxsin) uñjta kunatix San Francisco markan mä evento wakicht'awayta. Nayax Bankole masijampiw podcast Afrobility ukx grabawayta, juk'amp yatxatañataki ukhamarak ecosistema African Tech ukar yanapt'añataki. Nayax utt'asirinakarux yanapt'twa empresanakapar jiltayañ yanapt'añataki ukhamarak aljirinakatakix yänak lurañataki, Adamantium qullqit chikancht'asis.

Nayan urujax proyectos personales ukanakamp mayacht'atawa, ukax elementos ukanakax pata tuqin utjki ukanakar puriñatakiwa, ukax juk'ampiw kusisiyitu. Nayatakix kunatï wali wakiskiriki ukat wali askïki ukanak thaqhañatakix tiempow luxus utjitu. Nayax sapa uru horariojampix wali kusisitaw jikxatastxa kunatix kusiskañawa ukat sapa urux mä aventura ukhamawa.

Ukax nayan FIREDOM jakäwijan mä juk'a qhanañchäwipawa. ¿Kunsa juk'amp siristjja? ¡Muspharkañawa ukat nayax walpun munasta!

Akax qhipa jaljawa, ullart'irinakasatakix mä jisk'a t'aqa uñacht'ayañäni. Samon, ¿kuna aspectos sarnaqäwiman utji - wawatpacha, escuela de negocios, yatiqañ uta, carrera, ukat qullqi tuqit independencia ukar sarañ - ukanak jiwasan uñjirinakasatak uñacht'ayañ munasmati?

Achani Samon Biaou: Jïsa, ukat juk'ampinaka. Jiwasax kuna kamachinakas qullqi tuqit independencia ukar puriñamatakix juk'amp ch'amanchaski ukanakatw aruskipt'apxta. Olumide jilatampi nayampejj janiw taqenis uka yatichäwinak mä pachpa tiempon uñjapkti. Aka kamachinakax qullqi tuqit independencia ukar purir jaqinakax yatiqapxi, uñacht'ayapxi, ukat jakäwipanx mä juk'a pachanakanx apnaqapxi.

Walja toqenakatwa amuyt'añasa, jisk'atpachwa amuyt'añasa. Nayatakix tatajan contabilidad tuqit irnaqatapat uñt'ayasisa ukat yaqha markan qullqi tuqit apnaqañax naya pachpar iyawsaña ukat naya pachpar atinisiñ yatichawayitu. Uka experienciajja, naya pachpaw amuyt'asirïta, naya pachpar atinisiñataki ukat kunanaksa phoqaristjja sasaw creyiyäta. Ukaw nayrïr jach'a horasajj utjäna.

Universidadan yatiqatajax juk'ampiw naya pachpar atinisiñaja ukat naya pachpar iyawsäwijarux juk'amp ch'amanchawayitu, Cotonou markan awk taykajat jayarst'at jakasax practicaskäyätwa. Francia markankasajja, waranq waranqa kilometronakwa awk taykajat jayarst'äna, ukatwa jiwas pachpar atinisiñasa ukat jiwas pachpar confiyañas juk'amp wakiskirïna. Uka tiemponjja, yatiñ munañajasa ukat mayninakat yatjjatañasa, sapaki amuyt'añampiw chikachasiyäta. Nayax qhanpach identidad ukat wakicht'ataw soluciones ukanakat creativo ukhamäñataki, ukampirus taqpach responsabilidad ukat cuentas ukanak katuqañataki.

Nayrïr irnaqäwijanx mä irnaqäw jikxatañax wali askipunïnwa, ukax viajes ukar munañajampiw chikancht'asi, ukax yaqha culturanak thaqhañajatakiw ch'amanchawayitu ukat jan axsarañajatakis ch'amanchawayitu. Nayan amtäwijax profesional ukhamarak qullqi tuqitx juk'amp jach'aruw tukuwayi, kunatix jach'a firma de servicios profesionales ukan jaqinakamp chikt'ataxänwa ukat kunatix mä analista de nivel de entrada ukhamaw mä jach'a sueldo jikxatawayta. Amuyt'añataki, París markan yaqha trabajo katoqaspäna ukhajja, inas jach'a amtäwijajj jan ukham jach'äkaspänti, ukat inas negocio lurañ escuelar jan sarkaspänti.

Olumide Ogunsanwo: Jïsa. Ukhamaraki, kunjamsa uñt'ayasiñama ukarjamaw lurasi.

Achani Samon Biaou: Chiqpachansa. Uka chiqar puriñkamaxa, niya 20 markanakaruw sarxayäta, Alemania markan qullqi jikxatatajat sipansa kimsa jan ukax phisqa kutiw qullqix jikxatasiyäta. Ukhamatwa, janiw sueldonak juk'amp jiltayañsa ni sapa mara mä qhawqha markanakar juk'amp visitt'añas chuym churkti. Ukampirus, consultoría de gestión, capital privado ukat fondos de cobertura ukanakan jaqinakamp uñt'ayasiñax nayatakix jach'a amtanakar puriñ yanapt'itu.

Olumide Ogunsanwo: Ukatpï machaq amuyunaka, amuyunaka, jaqinakamp uñt'ayasiñama. Jan ukhamäkanixa, nivel de ambición ukax promedio ukampiw limitatäni, kunatix jichha pachanx utjki ukanakxa.

Achani Samon Biaou: Francia markan jilpach masinakajax janiw MBA jan ukax expatriado jakäwir sarañax kuna askinakas utji ukx amuyapkänti, ukax nayax uk lurañ tukuyatatw amuyasipxäna. Jak'a masinakajatxa, phisqax INSEAD ukan MBA ejecutivo ukar sarapxäna ukat sapxituwa: "Jumax MBA ukar puriñajatakiw ch'amanchapxista". Jichhax walja yaqhanakaw Emiratos Árabes Unidos jan ukax EE.UU. Mä juk'a arumpixa, uñacht'ayañax wali wakiskiriwa amtanakam uñstayañataki. Jichha pachanx janis walja oportunidades ukanakax utjkchixa, mä jach'a muyuñamp muyuntañatakiw ch'amachasiñama, ukax juk'amp jach'a amtanakar puriñ yanapt'ätam. Wali askiwa, walja lurawinakampiw uñt'ayasiyäta, ukat jach'a amtäwijasti alaxpachar puriñkamaw utjäna. Nayax 10 jach'a MBA yatiqañ utanakarukiw solicitud uñt'ayawayta.

Olumide Ogunsanwo: Jïsa chiqpachansa. Jumax nayratpach Deutsche Telekom ukan irnaqirïtawa.

Achani Samon Biaou: Chiqpachansa. Kunawsatix MBA ukar sarañ amtkta ukhax janiw sueldo jilxatañatakikix utjkänti. Nayax niyaw expatriado ukhamax walja qullqinak jikxatirïta, niya 10.000 dólares phaxsitx jikxatasirïtwa. Post-MBA, nayax BCG ukanx 12.000 dólares phaxsit phaxsiruw ch'allt'añ munta. Sueldo jiltayañax janiw nayatakix jach'a ch'amanchawikiti. Nayax jach'a amtäwijaruw escuela de negocios ukar apawayta ukat machaq amtanakar puriwayta. Nayax tecnología jan ukax consultoría ukat sipans juk'ampiruw sarañ munta, kunatix impacto ukamp qalltañataki, ukax uraqpachar mayjt'ayañatakiw ch'amanchaspa. Nayra pachax kunapachatix Deutsche Telekom ukan irnaqkayäta ukhax janiw uka jach'a amtanakar uñt'ayañatakis ukat arktañatakis jilïr jaqïkti. Ukampis akapach uñjasa, yatiqañ utar purisa, ukat mä red uñstayasa, jach'a samkañajax yatiyätwa.

Qalltanx kuna escala de impacto lurañas wakisispa ukxat lup'iyäta, ukampis qhiparux, uraqpachan impacto ukar lup'iñ qalltawayta. Nayatakix mä suma pachaw juk'amp jach'a yänakar pasañaxa. Jach'a amtanakaj thaqkasajj qollqe toqet independencia katoqañ amtar puriñajajj yattwa.

Olumide Ogunsanwo: ¿Kuna lurawinaksa jan suyt'at p'iqin operacionapax sarnaqäwimanx lurawayi?

Achani Samon Biaou: Mä llaki ukhamarak axsarkañ pachas ukhamäkchïnsa, p'iqin operacionapax walja qhananchawinak churawayitu. Operañ mesankkasajj jiwañaw jan ukajj jan sum irnaqt'as mistuñaj amuyayäta. Kunapachatï ukham jan walt'äwinakar saykataskta ukhajja, kuntï amuykta ukajj juk'amp qhanaw amuyasi. Uka pachanx kunatix amuyujan utjkän ukax akapachar ukhamarak familiajarux kunjams jan walt'ayañ munkayäta ukawa. Tiempojj wali valoraniruw tukuwayjjäna.

Olumide Ogunsanwo: Akax kimsa tunk mara chikatanw lurasiwayi, kunawsatix jumax 50 jan ukax 60 maranakax jakañax utjaskakiwa sasaw amuyayäta. Uka tuqit lup'iñas wali axsarañawa.

Achani Samon Biaou: ¿Jumax amuyt'asmati? Mesa de operación ukankäyät ukhax amuyunakajax wali qhanaw uñjasiwayi, janiw BCG ukan irnaqawijatsa jan ukax clientes ukanakan uñacht'awinakapats lup'irïkti. Antisas pä jiskt'aw amuyujan utjäna: ¿Kunjamsa jan ch'amäki ukanak lurasajj juk'amp kusisit jikjjatsna, sañäni, awk taykajar visitt'asa, amigonakajampi tiempo apst'asiñasa ukat larusiñasa? ¿Kunjamatsa jach'a amtanakajar chuym chursna, akapachan ch'ajjwañanakapamp jan mayjt'ayasa?

Operayasjjayäta ukhajj taqe kunas qhanäjjänwa. Consultoñajj mä amtar puriñatak mä thakïnwa. Nayax wali llakitäki uka chiqanakan yant'añ munta, ukat qullqi tuqit qhispiyasiñaw ukanak phuqhañatak yanapt'itu. Nayrajj qollqe toqet libre sarnaqañ amtaskchiyätjja, janiw kunjamtï operayaskäna uka qhepat amtaskänti. Jichhax, modelo Excel ukax "qhawqha qullqis jikxatasiristxa? " "¿qhawqha juk'a tiempos munaski uka qollqe jikjjatañatak apst'asiristjja?"

Olumide Ogunsanwo: Tiempo ukar sum apnaqaña, ukax qullqit sipans juk'amp valorani qullqiwa.

Achani Samon Biaou: Nayax modelo financiero ukarux alambrada ukamp uñt'ayawayta, mä opción desplegable ukamp yapxatasa, ukax BCG ukan qhipa urux nayraqatar qhipäxar sarxañatakiw yanapt'itu. Ukax parámetros ukanakar uñt'ayañ yanapt'itu, qawqha qullqis imañax wakisi ukat qawqha jach'as bono ukax wakisi, ukax qullqi tuqit independencia ukar puriñ misión ukar irpawayitu. BCG ukan wali uñt'at programa Embajador ukar mayiñax janiw mä jach'a askikiti jan ukasti niya pä kutiw qullqi jikxatañax utjawayi, ukhamat qullqi tuqit independencia ukar puriñ thakhix jank'akiw puri. P'eqejar operayaskäna uka horasajj wali sumwa jikjjatasiyäta. Jiwasan ullart'irinakasatakix janiw sum qhanañcht'irjamäkti, mä FTE jan walt'ayir jikxatañax wali askiwa, ukax qhananchañ yanapt'i, ukat wakischi ukhax juma pachpaw ingeniería ukar puriñama. Mä kutixa zona ukanxa, ukaxa katxaruñawa ukatxa ejecutar. Yant'añanakasa ukat distraccionanakas jumat t'ijtjjaniwa.

Qhiparusti, wawanïsta ukhaxa, kuna experiencianakatï jupanak pachpar iyawsapxañapataki ukat jupanak pachpar atinisiñapatakiw yanapt'i. Jupanakar nayrar uchañama ukat jumat jayarst'at tiempox jank'akiw jilxattaspa uk amuyañamawa. Yatiqañataki ukat jank'ak pantjasipxañapatakiw ch'am churañama. Yaqha markanakaru irpapxañani, ukhamaraki uñacht'ayapxañani kunjamasa akapachaxa irnaqapxi.

Olumide Ogunsanwo: Ukhamajj ¿kunjamsa machaq pachanakan sum sarnaqapjjaspa uk yateqapjjaspa?

Achani Samon Biaou: Chiqpachansa. Yatiqañ muniriñamawa. Jichhakiw Dublín, Irlanda markar sarawaykta ukhax Uber apnaqirijampiw aruskipt'awayta, kunjams jaqinakax Dublín markanx askinak jikxatapxi. Jach'a impuesto ukan pachapata ukhamarak tecnología ukan irnaqäwinakatx qullqi jikxatañ tuqitw aruskipt'apxta. Walja jaqinakamp parlt'añax wali askiwa, ukampis janiw kuntï lurapki uk copiañaki. Jan ukasti, kunanaktï jumajj ch'amanïkta ukat kuntï luraň yatkta ukarjamaw experiencianakapat parlt'añama.

Nayrïr etapanakanxa, janiw suma irnaqäwinakampix phuqasiñamäkiti.

Sinti jach'a amtanïñamawa ukat jach'a amtanïñamawa. Akham jiskt'asiñamawa: "¿Kunjamatsa mä analistat Director cargoru sarasma?" jan ukax "¿Kunas CEO ukhamäñatakix wakisi?" jan ukax "¿kunas ukham jach'a empresa qalltañatakix wakisi?"

Kuntï lurañ munkta uk jach'añcham, jan ajjsaririñamawa, ukat sapa suxta phaxsiw mä jach'añchäwi jan ukax mä bono katuqañakix satisfacta, ukhamatwa suma irnaqäwimat premio churañama.

Olumide Ogunsanwo: Empresanakax migas ukanakaw manq'ayapxätam, jumatix jaytapxäta ukhaxa. Masinakamat sipansa juk'ampi uñakipt'añamawa, jupanakan ch'amapajj jach'a jach'a tukuñ munañam jisk'achaski ukhajja. Jichhax masinakaman tamamax juk'amp jach'a jark'atäspawa. Jiwasan sarnaqäwinakas ullart'asax, jumanakarux ch'amanchañ munapxta, kuna jan walt'awinaktix jumax jikxataskta ukat sipans juk'amp amuyt'añamataki, ukat juk'amp jach'a amtanakar puriñamataki. Janiw kawkhantï jikxataskta ukampi kusisiñamäkiti, amigonakamax jakäwinakapamp kusisitakïpxatap laykuki. Amtañäni, sapa mayniw mayj mayj amtanakani ukat kunayman amtanakani.

Kuntix jumax amuyasta ukax lurasispawa ukat jan mediocridad jakäwimpix jikxatasiñamäkiti. Jan satisfacta ukham amuyasiñajja, juk'amp askinak jikjjatañatakiw ch'amañcht'iristamjja. Ukatwa aka panka qillqt'apxtanxa. Jiwasax janiw qullqix munaskiti, qullqi tuqitx niyaw independiente ukhamäxtan. Ukampis mayninakar yanapt'añwa muntanjja, jiwas pachpaw jiljjattaskakiñ muntanjja. Jiwasax yatiñ munasaw qhipararaktanwa ukat sapa mayniw jiltañatakix ch'amachasisktanxa, qullqi tuqit independencia ukar puriñkamas. Jaqinakax mä nivel de cumplimiento ukham jikxatasipxi kunapachatix jilxattaski ukhaxa.

Achani Samon Biaou: Suma uñnaqt'ani. Jumampix taqpach iyaw sañamawa. Nayra 9-5 irnaqawimax wakicht'atawa, cuerpomax jan ch'amanïñapkama ukat 70 maranïñkamaw jubilasiñamataki, ukampis qullqi tuqit independencia ukampix uka línea de tiempo ukarux comprimirjamawa ukat 10-20 maranakanx ratas t'ijtäwit mistuñamawa . Ukhamatwa qullqi tuqit jan kuna jan walt'äwin uñjasisax wali suma maranakan kusist'asma. Qullqi tuqit independencia ukax mä ecuación simple ukhamawa - walja qullqinak mä racional thakhin jikxatañamawa ukat jan sinti gastañamawa. Uka qullqix juk'ampiw jilxattaspa ukat qhiparux qullqi tuqitx independiente ukhamaw tukuni. Esencialismo ukax wali wakiskiriwa. Kuntï jumax wali wakiskirïkaspas ukham uñjkta ukanak lup'iñamawa, ukhamat qullqim juk'amp jisk'achañataki. Ukatakejj cheqañchaña ukat jiwayañaw wakisini, ukampis tukuyarojj walikïskaniwa.

Jichhürunakanxa, jakäwijax walpun munasta. Kunatix nayatakix wali askïki ukanak lurañ yatiñax nayatakix wali askiwa, sañäni, viajes, machaq arunak yatiqaña, machaq proyectos ukanakat yatxataña, ukat tinkering ukanaka.

Olumide Ogunsanwo: ¡FIREDOM familiarux arnaqasipxam!

Achani Samon Biaou: Olumide ukamp jikisiñax nayatakix wali askipunïnwa. Notanak maynit maynikam maynit maynikam maynit maynikam yatiyapjjerïta ukat sarnaqäwinakajat yatiyapjjerïta. Wali sumapunïnwa kunatix amuyunakamar jilxatir jaqinakamp aruskipt'añax wali askiwa. Nayatakix aka experienciax jumamp chika aka libron irnaqañax nayatakix wali askiwa. [Sixsi]

Olumide Ogunsanwo: Nayax jumamp irnaqañx walpun munta. [Jachaqt'asis] Jiwasax underdogs ukhamäpxtwa ukat ukaruw puripxta. Jani chiqa! Akax jichhakamax jakäwijan sarnaqäwipawa.

Lagos (Nigeria) markanwa jilsuwayta, ukat wali librew jilsuwayta. Naya pachpaw creyiyäta ukat naya pachpaw kuns amuyt'asirïta, kunattejj yateqañ toqet wali sum yatta. Ukatwa, América markar sarxañax wali askipunïnwa, kunattix colegionxa sapa kutiw juk'amp jach'a calificacionanak jikxatirïta. Suertejj awk taykajan qollqenïñapatak yanapt'kchïnjja, calificacionanakajajj juk'amp jach'a kunsa jikjjatañjamätap uñacht'ayäna, ukajj qhanaw amuyasïna

17 maranïkayäta ukhaw América markar sarjjayäta, ukat jank'akiw naya pachpar atinisiñ yateqawayta, kunattejj janiw khitis uñjkitaniti sasaw yatjjayäta. Yaqha markat jutirirjamajja, janiw mä red de apoyo ukanïkti, ukatwa naya pachpar atinisiñajäna. Suertejj sum sarnaqañajatak yanapt'kchïnjja, jan walinak nayatak ch'amañcht'añatakejj taqe kunwa ch'amachasiyäta. Juma pachpa uñt'asa ukat iyawsasa, chiqap yänakan ch'amampi irnaqasa, machaq yänak yant'asa, ukat chiqap jaqinakamp muyuntat sarnaqasa, suerte jikxatañax juk'ampiw ch'amanïtaxa. Jakäwin suerten ch'amapjja janiw jisk'achañamäkiti, jan ukasti janiw uka ch'amapar atinisiñamäkiti, ukhamatwa jumajj sapakïspa. Jan ukasti, juma pachpa ukat

yatiñanakamar juk'amp ch'amañcht'añamawa, ukhamatwa juk'amp sum sarnaqasma ukat kuna askinakas utjaspa ukhajj wakicht'atäñamawa.

Ukat jutïrinjja, sapa mayniw jilsuñapäna. Nayax jisk'atpachaw desarrollo personal ukar chuym churayäta, kunatix qullqi jikxatañax juk'amp wakiskirïtap yatiyäta. Ukatpï Ingeniería Química ukan yatxatawaytxa, Oxford ukat MIT ukanakanx jach'a yatiqañ utanakan yatiqawayta. Naya pachpan nayrar sartañapatakix nayrar sartaskakiyätwa, sapa uruw machaq yatichäwinak yatiqañatakix tiempo apst'asirakta. Mayo phaxsit 2023 maratpachax sapa uruw uñakipt'atax akanakawa: Sábado urunx Relaciones ukat Gestión de Productos, Sábado urunx K'umaräñamp Aljasiñamp, Lunes urux AI, Martes urunx Cloud ukat Autonomos Autos, miércoles urunx Blockchain, Web3, ukat Crypto, ukatx China Tech & India Jueves urux Tech, ukatx viernes urux Africa Tech.

Desarrollo personal ukax niya capa fundamental ukawa capital humano ukar ch'amanchañataki. Ukatwa aka libro alawaytaxa. Aka librox qullqi tuqit independencia tuqitwa, ukampis juk'ampiw sapa mayni desarrollo tuqit parli.

Qullqi tuqit jan khitin jark'atäñwa qhan amuyayäta, kunattix janiw mä patronan khuyapayasiñapar uñjañ munkayätti. 21 maranïkasajj nayrïr trabajo apt'asitajajj mä cambiopunïnwa. Janiw khiti empresas nayat mä juk'a arskänti, uk jank'akiw yatjjayäta. Aka tantachäwix MJ DeMarco jupax "FTE" jan ukax "fuck this event" sasaw sutinchawayi, nayatakix mä sartasiwïnwa. Ukaw jakäwij apnaqañ wakisitap amuyayäna. Aka libro liyt'asksta ukhax mä circunstancia jan ukax situación uñstayañamawa, kawkhantix qullqi tuqit independencia ukax kunja wakiskiris uk amuyañatakix jan ch'amanïkasma. Jumax orquestañamawa juma pachpa FTE evento, kunjamatix nayax waynäkasin uñjkayäta ukhama, ukhamat qhananchañataki qullqi independencia ukax wali wakiskiriwa.

Achani Samon Biaou: Kuntix jichhax siskta ukax nayatakix yaqha capa de insight ukhamawa. Uka FTE ukax puente ukawa, ukax munirinakaruw jaljayi, khitinakatix munapki ukanakaru. Mä FTE ukax mä evento ukawa, ukax mä amuyawimpiw tukuyi, jakäwim mayjt'ayañaw wakisi. FTE ukax carrera de consultoría ukanw pasäna, kunapachatix operación lurapkta ukhaxa. Yatiqañ tuqitsa ukat irnaqäwinsa sumsa lurkchiyätsa, jan walin uñjasirïta ukat jan ch'amanïkayäta, uk amuyayäta. Nayax amuyasta, kunanaktï jikxatkta ukax anqäx tuqitwa, ukax janiw jaqirjam uñt'aykituti. Ukampirus llakisiñawa, janiw taqinix FTE ukan suertenipkiti.

Olumide Ogunsanwo: M. J. DeMarco jupax amuyiwa, jumatix mä FTE ukan jan walt'äwip uñt'ayasksta ukhax inas jan uñt'kstati. Kunawsatix mä experiencia uñt'ayaskäta ukhax mä qhana ukat mayjt'ayir pachaw utjani, ukax jakäwiman trayectoria ukar mayjt'ayaspawa ukat jutïr pachatakix valores ukat amtanakam mayjt'ayaspawa. Mä arunxa, mä FTE ukan lurawipax mä kunaw jakäwimarux mä jach'a ch'amanchawi jaytawayi, ukatx janiw pächasiñakiti, jumax ukham uñjawayta.

Achani Samon Biaou: Mä qawqha amuyunaka kunayman maraninakataki:

Wawanakamataki: Jumatix wawamarux qullqi tuqit independenciatak wakicht'añ munsta ukhaxa, jichhürunakan utaman qullqi tuqit uñjañ qalltañamawa. Utan qullqip apnaqapxpan, jumax sinti waynäkaspas ukham amuyasksta ukhasa. Jaqenakajj jan tukuskir ch'amanïpjjewa. Nayax 7 maranïkayäta ukhax mä utan presupuestopat sipans juk'ampiw apnaqawayta; Nayax mä empresa mediana ukan P&L ukan irnaqaskäyätwa. Wawanakamarojj jilïr jaqjamaw uñjapjjañama ukat lurañanak phoqapjjañapatakiw confiyañama. Inas askinak jikxatapxchispa jan ukax jan atipkaspa, ukampis uka experienciat yatiqasipxani.

Yatiqirinakataki: Markamat sarxapxam, mä mara yaqha markan yatiqañataki jan ukax yatxatañataki, uka markan saräwipar ch'amanchañataki ukat aru yatiqañataki. Amuyt'añataki, jumatix MIT ukan pregradon yatiqirïsta ukhax mä mara samarañ apsuñamawa ukat Corea jan ukax Sudáfrica uksan yatxatañamawa. Aka experienciax jumarux juk'amp jach'aptayaspawa ukat akapach tuqit juk'amp amuyt'añatakiw yanapt'ätam.

Jilïr jaqinakatakix: Mä sabático uruw lup'iñataki ukat juk'amp uñt'asiñatakix sarañamawa, jan ukax machaq lurañ yant'añamawa, ukax zona de confort ukat apsuñamawa. Rutinamat mistxasax machaq munañanakama ukat yatiñanaka jikxatañatakiw yanapt'iristamxa.

Olumide Ogunsanwo: Guatemala jan ukax Uganda ukham markanakar sarañ amtañamawa, jaqinakan jakäwip ukhamarak saräwinakap juk'amp amuyañataki. Kunayman saräwinakar ch'amanchañax machaq amuyunakaruw jist'araspa ukat machaq amuyunakaruw sartayaspa.

Achani Samon Biaou: Machaq pachamanx mä amtar puriñamawa, janiw utar kutt'anx yanapt'a mayiñakiti. Juma pachpa atinisiñ yatiqañamawa ukat wakischi ukhaxa, juma pachpaw jakañamatakix irnaqañama. Uka jan walt'äw uñstayañax thakhinx mä qawqha thakhinak puriyapxätam. Ukatwa kunanaksa yateqäta. Kunapachatï markamar kutt'xäta ukhaxa, kutt'añ amtaskäta ukhaxa, jakäwimax ukatakix walikïskaniwa. Nayax FTEs ukanakax jakäwiman lurañaw sasaw iwxt'apxsma, ukhamat sapa mayni jiltañapataki, chiqpach jaqir uñt'añ yanapt'asa. Ukax qullqi tuqit independencia ukar puriñatakiwa.

Olumide Ogunsanwo: FTE ukan 21 maraniw irnaqäw chhaqhayañamp uñjasax amuyasta, janiw khitis yaqhax atinisiñatak utjkiti, jan ukasti naya pachpaw atinisiñaja. Ukatwa qullqi tuqit independencia tuqir sarañ qalltawayta, ukhamat jakäwij mayjt'ayañataki. Uka tiempot aksarojja, amtajar phoqañaw wakisïna. Kuntï lurañajajj wakiski uk yatiyätwa ukat mä amtar puritajat wal yuspärta. Nayax ukhamarakiw akapachankir taqinitak munta. Samon jupax chiqpachan amuyt'ayir arunak arsuwayi, kunapachatix qullqi tuqit independencia ukaniñam munapxta ukhamat nina uraqpachar churapxañamataki sasaw säna. Nayax taqinitak ukham munta. Ukatpï aka panka qillqt'apxta, sarnaqäwinakajax mayninakar ch'amanchañapataki ukhamarak irpañapataki, qullqi tuqit independencia ukar puriñapataki ukhamarak suma jakañapataki.

Nayax suyt'twa jumanakax mä qawqha kamachinak apsusipxañama, ukanakx jakäwimaruw apnaqapxasma: juma pachpa iyawsäwi, juma pachpat atinisiña, yatxatañ munañ, independiente amuyt'aña, jach'a amtäwi, jan axsart'aña, amtanakar puriña, desarrollo personal ukat intencionalidad ukamp jakañax qullqim juk'amp jach'aptayañataki ukhamarak gasto ukar alineación ukar puriñapataki jumanakan valores ukanakama. Uka yatichäwinakat parlt'awayktan ukanakajj taqeniruw yanapt'i, ukampis jakäwiman apnaqañajj mayjäniwa. Uka kamachinakax jumatakix askïñapatakix juma pachpaw thaqhañama.

Taqi ch'amampiw ch'amachasiñama. Ukat juk'amp jan wali arrepentisiñajja, janiw sum jakasiñataki ch'amachasktati uk yatiñawa. Nayajj taqe ch'amachasitaj yattwa. Naya pachpaw nayrar sartañatak ch'amachasiyäta ukat kunanakatï jak'ajan utjki ukarjamaw taqe kuntï yateqkayäta uk yateqawayta. Ukatwa aka libro alawayta, kunattix yant'añ munatam yatta. Suma jakañan jakasisma, ukampis juma pachpa ch'amañcht'asiñatakix janiw chuymacht'äwit sipansa juk'amp uñch'ukiñatak ch'amachasiñamäkiti. Jumax kunayman muspharkañanak lurañ yatta, taqi ch'amampi ch'amachasisaxa. Janiw jach'a kankañan definición personal ukar puriñjamäkiti ukat urunakpachaw TV uñch'ukiñax wali suma jakawimanx sarnaqañjamäkiti. Ukatwa aka panka qillqt'apxta, janiw qullqi tuqit independencia ukatakikiti, jan ukasti jumanakan jach'añchasipxañamatakiw munapxta.

Akax mä jaljaw grabañatakix nayatakix wali munatänwa kunatix walja hilos ukanakaw apthapita ukatx taqpachaw ullart'irinakatak mayacht'i. Musparkaña!

Achani Samon Biaou: Nayax wali munastwa. Jiwakipuni. Yuspajarapxsmawa ukat aka saräwinkapxatax wali kusisitaw jikxatasipxta.

Olumide Ogunsanwo: ¡Kunja jan iyawsañjam saräwis mayacht'asis sarnaqapxta! Uka librojj tukusjjatap creyiñajj ch'amakiwa. Jiwasan sarnaqäwinakajax qullqi tuqit independencia ukar puriñkamax jakäwiman aski mayjt'äwinak lurañatakiw ch'amanchapxätam sasaw suyt'apxta.

Aka pachanx pä jaqiruw yuspajarañ munta. Nayraqatxa, Samonar mä jach'a yuspajarawi. Samon jilatampi irnaqañax nayatakix wali askiwa. Aka proyecto ukar mayacht'asis sarañax wali kusiskañawa. Mä libro lurañax janiw jasakïkiti, ukampis Samon jupax taqi uka thakhinx wali muspharkañ masiwa. Jupamp chika irnaqañax wali askiwa sasaw yuspärta.

Ukhamaraki, aka panka ullart'irinakaru, taqi chuyma yuspajarañ munapxsma. Aka thakhi saräwin nanakamp chikt'atäñatakix pacha apst'asipxatamat yuspajarapxsma, kunatix qullqi tuqit independencia tuqit experiencianakas ukat amuyunakax uñt'ayasipxta. Jumax nayra sarnaqäwinakat amtañatakiw nanakamp chikt'asiwaytaxa, ukat tiempo churatamat yuspärapxsmawa. Mä libro lurañ suyt'apxta, ukax wali askiwa, wali askiwa, ukat juma pachpaw qullqi tuqit independencia ukar thaqhañamatak yanapt'ista. ¡Yanapt'apxatamat yuspajarapxsma!

hello@myfiredom.com ukaruw puripxäta ukatx substack yatiyäw qillqatarux firedom.substack.com ukaruw mantapxasma [1]kawkhantix FI tuqit aruskipäw sarantañatak uñt'ayapxä. Nayax taqiniruw mä urux qullqi tuqit independencia ukar puripxañamataki ukat samkanakaman jakäwiman jakapxañamatakiw suyt'askta. ¡Taqiniruw yuspajarapxsma aka thakhinjam

1. http://firedom.substack.com

nanakamp chika sarnaqapxatamata!

Achani Samon Biaou: Nayax taqi kunatix arsuwaykta ukanakx taqpach iyawstwa, Olumide. Uka suma experienciat yuspärapjjsmawa. Sapa kutiw mä grabacionatak wakicht'asipkta ukhajja, wali suyt'ataw suyayäta, kunattejj wali suma parlt'asiñaw utjani uk yatiyäta. Taqi ullart'irinakasarux pankax yanapt'aniw sasaw taqi chuyma suyt'apxta, jupanakax jupanakan saräwip qalltasipki. Mä juk'ampi, kunjamtix nayrax sisktxa, suma kusisiñarux walpun munasta...

Olumide Ogunsanwo: [Histérico larusiña] Nayrïr jaljanx ukham arsuwayta. Jichhaxa, paqallqu jaljanxa mayampiwa sasktaxa.

Achani Samon Biaou: Nayax juk'amp kusisitaw jikxatasirist juk'amp jaqinakax qullqi tuqit independencia ukar puripxani ukhaxa. Amtañani, yaqha jaqin qullqi tuqit independenciapax janiw juma pachpan uka jikxatañatak ch'amamarux jark'kiti.

Olumide Ogunsanwo: Ukax iyaw sataynawa. Chiqansa, jumax juk'ampiw iyaw sasma qullqi tuqit independencia ukax jumatakix utjaspawa, jumatix uñacht'äwinak uñjäta ukhaxa.

Achani Samon Biaou: Nayan filosofía personal jakäwijanx mayninakar yanapt'añawa, kuntix nayax jikxatkta ukat sipan juk'amp sum lurapxañapataki. ¿Kuntix nayax luraw aykta ukx mä cimiento ukham apnaqasmati, machaq lurañanak lurañataki? Nayax wali kusisitaw khitinakatix aka tuqit yatxatañ munapki ukanakatakix juk'amp manqhar uñakipt'apxañamataki ukat jiwasan sarnaqäwinakas uñakipt'apxañamataki, iwxt'anakamp chikancht'asipxañamataki, ukat juk'amp askixa, kuna kamachinakas qullqi tuqit independencia ukar puriñatakikix apnaqasispa. Arunakajax jumanakarux ch'amañcht'apxtam, jisk'a thakhinakas ukhamaraki, qullqi tuqit independencia ukar puriñ yanapt'apxtam, uk yatiñax wali kusiskañawa. Ukat kunjamtix Olumide jupax siskänxa, jumatix kunapachas jak'achasiñ munsta ukhax correo electrónico tuqiw jawst'apxirista jan ukax FIREDOM aruskipäwix sarantaskakiwa, jiwasan subpila yatiyäw qillqatar mantasa. Comunidad ukax kunaymaninak juk'amp sumaptayi ukhamax qullqi tuqit independencia comunidad ukar jiltayaskakim!

Olumide Ogunsanwo: ¡Kunja muspharkañas saräwix! Yuspajarapxsmawa Samon. ¡Taqiniruw yuspajarapxsma! **Juma pachparu**

ukhamarak yaqhanakarus pampachañamawa, jupanakax chuym ust'ayapxtam, juma pachpar iyawsañamawa, chiqpach jaqim tukuñamawa, jutïr pachan jakäwimat mä ch'amanchañ vision uñstayañamawa, jach'a amtanakar puriñamawa valores ukanakamp irpata ukat sapa uruw amtanakamar phuqhañatakix ch'amanchañama.
¡FIREDO ukar sarañamawa ukat atipt'añamawa!

www.ingramcontent.com/pod-product-compliance
Lightning Source LLC
LaVergne TN
LVHW100132051026
849525LV00004B/1371
9798869007056